Breve historia de Estados Unidos

Philip Jenkins

Breve historia
de Estados Unidos

Alianza editorial
El libro de bolsillo

Título original: *A History of the United States.*
Fourth Edition
Traducción de Guillermo Villaverde López

Publicado originalmente en inglés por Palgrave Macmillan, una división de Macmillan Publishers Limited, con el título *A History of the United States, Fourth Edition* por Philip Jenkins. Esta edición ha sido traducida y publicada bajo licencia de Palgrave Macmillan.

Primera edición: 2002
Cuarta edición: 2012

Diseño de colección: Estudio de Manuel Estrada con la colaboración de Roberto Turégano y Lynda Bozarth
Diseño de cubierta: Manuel Estrada

© Philip Jenkins, 1997, 2002, 2007, 2012
© de la traducción: Guillermo Villaverde López, 2005
© Alianza Editorial, S. A., Madrid, 2012
    Calle Juan Ignacio Luca de Tena, 15;
    28027 Madrid; teléfono 91 393 88 88
    www.alianzaeditorial.es

ISBN: 978-84-206-0847-1
Depósito legal: M. 21.375-2012
Printed in Spain

Si quiere recibir información periódica sobre las novedades de Alianza Editorial, envíe un correo electrónico a la dirección: alianzaeditorial@anaya.es

Índice

Prefacio a la segunda edición

Escribí la mayor parte de este libro en 1995-1996, los sucesos de los últimos años han exigido una revisión completa, en especial de la parte que cubre la época contemporánea. Supongo que sería difícil encontrar en la historia de Estados Unidos un período de esa duración que no nos obligara a cambiar en cierta medida nuestra actitud hacia el pasado inmediatamente anterior; pero los desastrosos sucesos del 11 de septiembre de 2001 y sus consecuencias han de cambiar de forma radical cualquier intento de entender la historia norteamericana contemporánea. Aun así, es demasiado pronto para decir cuáles serán todas las consecuencias de estos ataques terroristas, y quizás sus repercusiones totales no sean visibles durante décadas. En esta edición he intentado analizar las circunstancias más próximas al «9/11» –como suelen decir los norteamericanos–, pero en general todo mi planteamiento gira en torno a lo que esta tragedia ha significado para nuestras percepciones sobre la guerra y la violencia (es posible que los lectores europeos no sepan

Prefacio a la cuarta edición

Cuando escribí la tercera edición me lamentaba de la intensa polarización que ha sufrido la política estadounidense, y de lo extraordinariamente difícil que es escribir una descripción de los hechos recientes que sea aceptada de manera generalizada como objetiva y justa. Pues bien, ¡esa consideración es ahora más verdadera que nunca! Además, desde que escribí esa edición en el año 2007, Estados Unidos ha estado en el centro de la tormenta de una crisis económica mundial cuyas consecuencias todavía se dejan sentir en la política y la cultura del país.

En esta edición he intentado dar el peso adecuado a las condiciones económicas que dieron lugar a este desastre y he analizado para ello las raíces del fenómeno, que se remontan al menos hasta la década de 1980.

Prefacio a la tercera edición

A la hora de actualizar este libro para su tercera edición, mi principal dificultad ha estribado, naturalmente, en enfrentarme a los hechos históricos más recientes, que abarcan aproximadamente los acontecimientos de la pasada década. En este período, los Estados Unidos han entrado en un marco de radicalización partidista realmente intensa, cosa que es poco probable que disminuya a corto plazo, independientemente de quien ostente la presidencia en los próximos años.

He hecho todo lo que ha estado en mi mano para proporcionar un relato lo más objetivo posible, aunque estoy seguro de que siempre habrá lectores que consideren que me he escorado más en un sentido político o en otro.

que 9/11 no es sólo la abreviatura de la fecha de los ataques, sino también el número de emergencia que se marca para contactar con la policía o con los servicios médicos: también en este sentido simbólico, el 11 de septiembre supuso una desesperada llamada de auxilio). Cada vez parece más claro que la historia de Estados Unidos no puede entenderse sino en términos del impacto de sucesivas guerras. Se ha dicho incluso, de una manera siniestra, que Estados Unidos está siempre en una de estas dos situaciones históricas: o en período de guerra o en período de entreguerras, y que los norteamericanos se ponen en peligro al no prestar atención a este hecho. Durante muchos años a cualquier historiador le resultará muy difícil analizar la historia de la Norteamérica contemporánea sin recordar en algún momento las horrendas imágenes de los ataques suicidas sobre Nueva York y Washington.

Prefacio a la primera edición

Esta «historia» no es un libro largo, y no es difícil suponer que un libro de este tamaño sólo pretende ofrecer un bosquejo introductorio bien de la historia política de Estados Unidos, bien de su historia económica, cultural, demográfica o religiosa. El intento de integrar todos estos elementos en un solo volumen podría parecer una empresa ambiciosa e incluso temeraria, y seguramente haya omitido temas que para algunos lectores serían esenciales. Aun admitiendo que al destacar unas cosas en vez de otras se tiende siempre a lo subjetivo, creo que este libro se justifica a sí mismo por su propósito global, que es el de presentar una visión general, breve y accesible, de los principales temas y pautas de la historia de Estados Unidos, y ofrecer así una base para lecturas o investigaciones más detalladas.

Quizá debería también explicar lo que puede parecer un excesivo hincapié en grupos fácilmente etiquetables como los *outsiders* de la historia de este país: las minorías raciales sobre todo, pero también disidentes políticos y religiosos.

Aunque escribir la historia «desde el principio» es una práctica que ha perdido en gran medida el favor de que gozaba, no obstante sigue estando justificada en el contexto de Estados Unidos debido a sus peculiares tradiciones. Dicho en pocas palabras, calificar a alguien de «marginal» presupone una norma o una tendencia principal, y durante gran parte de la historia de este país no está muy claro quién o qué exactamente puede denominarse principal o marginal. Sobre todo en cuestiones religiosas, muchas ideas y conductas que parecerían muy extrañas en otros países han sido perfectamente «normales» en Estados Unidos, y como tales deben ser tratadas. Me gustaría pedir la tolerancia del lector por cuanto haya efectivamente en este libro de desviación hacia los «márgenes», dondequiera que en realidad estén.

Introducción

Los historiadores han discutido mucho sobre la cuestión de la «excepcionalidad de Estados Unidos», es decir, sobre la idea de que este país está de alguna manera sujeto a leyes y tendencias distintas de las que prevalecen en otros países avanzados. En el peor de los casos, esta tendencia puede llevar a los estudiosos a una feliz teoría de consenso, según la cual los estadounidenses son en cierto modo inmunes a las pasiones o a los problemas que afectan a otras sociedades comparables, con lo cual se ignoran síntomas de tensión política o social importantes. No obstante, es cierto que el enorme tamaño del país y las dificultades de comunicación interna crearon unas circunstancias bastante diferentes de las europeas, y determinaron que su historia se desarrollara de hecho, en algunos aspectos, de manera fundamentalmente distinta. De estas diferencias estructurales se derivan muchos de los elementos que han configurado la historia de este país desde los primeros años de las colonias hasta el presente.

El territorio que finalmente se convirtió en la parte continental de Estados Unidos tiene casi ocho millones de kilómetros cuadrados. Sin tener en cuenta Hawai y Alaska, la mayor distancia de norte a sur es de 2.572 km; de este a oeste, de 4.517 km. Alaska y Hawai añaden otro millón y medio de kilómetros cuadrados. Para hacernos una idea, la Francia actual tiene una superficie de unos 544.000 kilómetros cuadrados; el Reino Unido e Irlanda suman 315.000; Alemania, 357.000. En otras palabras, sólo el Estados Unidos continental tiene más o menos el mismo tamaño que todo el continente europeo: una nación ocupa una superficie tan grande como las cuarenta y tantas entidades independientes que forman Europa. A lo largo de toda la historia norteamericana, las grandes dimensiones del Nuevo Mundo crearon problemas y oportunidades a los que generalmente los europeos apenas estaban acostumbrados y para los que apenas estaban preparados.

El tamaño mismo de Estados Unidos planteó problemas específicos a los gobiernos; el interior del país está marcado por unos accidentes geográficos que podrían haberse convertido fácilmente en fronteras políticas, especialmente los Apalaches y las Montañas Rocosas. Este hecho ofreció extraordinarias oportunidades a los que temían el control oficial. A lo largo de toda su historia ha habido grupos que han escapado de una situación política insostenible mediante la migración interna, normalmente hacia zonas periféricas de las tierras colonizadas. Así lo hicieron, por ejemplo, los puritanos disidentes durante la década de 1630, los «vigilantes» de Carolina del Norte en la de 1770 y los mormones en la de 1840. Otros crearon colonias basadas en utopías, en zonas sin colonizar, donde los gobiernos no tenían la capacidad, ni por lo general la voluntad, de llegar.

Lo llamativo no es que en ocasiones se produjeran fenómenos de secesión en las regiones periféricas del país, sino que quedara un núcleo del que separarse.

Las amenazas de separatismo y escisión tuvieron que ser contrarrestadas mediante la flexibilidad política y la innovación tecnológica. Los medios de transporte han moldeado la historia de Estados Unidos al menos en la misma medida en que lo han hecho sus partidos políticos: los mundos creados sucesivamente por el barco de vela, la carreta Conestoga, el barco de vapor, el ferrocarril y el automóvil eran tan distintos entre sí como las épocas que suelen definirse con simples etiquetas políticas. Esto es particularmente cierto en la cuestión del desarrollo urbano. Como escribió Thoreau en la década de 1850,

> Boston, Nueva York, Filadelfia, Charleston, Nueva Orleans y otros son los nombres de muelles que se proyectan hacia el mar (rodeados por las tiendas y viviendas de los comerciantes), sitios apropiados para cargar y descargar las mercancías[1].

Cuarenta años después, otro observador bien podría haber descrito las ciudades de su época diciendo que eran principalmente estaciones de ferrocarril. El transporte también ha configurado la política estadounidense. A finales del siglo XIX, el control o incluso la regulación política del ferrocarril era uno de los asuntos clave que separaban a los radicales de los conservadores. Más recientemente, los conflictos raciales han enfrentado muchas veces a zonas residenciales (habitadas predominantemente por blancos) con grupos minoritarios del centro de las ciudades, división geográfica propiciada en un principio por los trenes de cercanías y más tarde por los automóviles y las grandes autopistas.

La tendencia de los grupos de población a ir por delante de las estructuras de gobierno explica en gran medida por qué es tan frecuente el recurso a la violencia y a la «vigilancia» en las comunidades fronterizas –la historia de esa violencia estadounidense requiere, no obstante, una explicación mucho más profunda que la de la mera influencia de las fronteras–. Como veremos, en el siglo XIX las localidades rurales del Este y del Sur se regían por la ley de las armas, al menos en la misma medida que las poblaciones ganaderas y los campamentos mineros del Lejano Oeste.

Como Estados Unidos se convirtió en una nación y perduró como tal, tendemos a hablar de «regiones» y regionalismo, pero esas unidades eran a menudo mayores que las naciones más importantes del resto del mundo. Hoy, California posee una economía que, si ese estado fuera políticamente independiente, sería la sexta potencia mundial. El federalismo estadounidense era necesariamente muy distinto de cualquier paralelo europeo, aunque sólo fuera porque los distintos estados eran, por lo general, más grandes que, por ejemplo, los reinos que finalmente formaron Alemania o Italia. Se suponía además que la unión de los estados no tenía por qué ser un vínculo eterno, o al menos así se pensaba hasta que las circunstancias de la Guerra Civil transformaron la relación con el gobierno nacional. La extrema diversidad entre y dentro de las regiones ha sido siempre una de las principales características de la vida estadounidense.

Las cuestiones de escala y regionalismo que de todo ello se derivan han tenido a menudo implicaciones políticas. Al menos desde mediados del siglo XVIII, algunos visionarios consideraron que su destino era extenderse por todo el territorio, aunque pocos se dieron cuenta verdaderamente de lo pronto que se iba a alcanzar ese objetivo, y de la rapidez con que el centro de gravedad demográfico del país iba a desplazarse hacia el Mississippi. Por tanto, a la hora de planificar la política había que contar con esta expansión para las siguientes décadas, algo que apenas preocupaba a los dirigentes europeos. A principios del siglo XIX, el crucial debate sobre la esclavitud se basaba por completo en la potencial expansión hacia el Oeste y sus implicaciones políticas en relación con el equilibrio entre estados esclavistas y estados abolicionistas.

Cuanto más grande se hacía el país, mayor era el riesgo de que las diferentes regiones pudieran entender su destino de muy distintas maneras. En política exterior, Nueva Inglaterra y el Noreste han tenido a menudo una orientación europea, considerada extraña e incluso desleal por los habitantes del Oeste, quienes apenas veían razones para intervenir en los enredos políticos de Europa y consideraban a Gran Bretaña más como un amargo enemigo que como un progenitor cariñoso. De diferentes formas, esta división afectó a la actitud de Estados Unidos con respecto a la guerra de 1812, así como a las dos contiendas mundiales. Incluso en la década de 1990 sigue configurando la opinión de los estadounidenses sobre el futuro comercial e industrial de la nación: los poderosos atractivos de la Costa del Pacífico equilibran continuamente la orientación europea de la Costa Este.

La otra división regional constante era la que separaba Norte y Sur, una distinción inevitable por el hecho de que el clima y la economía de uno y otro territorio son radicalmente diferentes. De hecho, desde la época colonial las dos sociedades parecían tan distintas, tan irreconciliables incluso, que no deberíamos sorprendernos de la ruptura de la unidad nacional que se produciría después, en la década de 1860. Quizá la cuestión no debería ser por qué estalló la Guerra Civil en 1861, sino cómo se alcanzó antes la unidad, y cómo se mantuvo intacta durante décadas.

Las diferentes regiones desarrollaron sus propias culturas, y se ha debatido mucho a propósito de cuál es la naturaleza exacta de estas culturas. La cuestión de la «sureñidad» ha sido habitual en este tipo de debates, aunque el propio término delata el prejuicio de considerar el Sur algo atípico desde el punto de vista de una norma estadounidense o incluso mundial. En realidad, cabría sostener igualmente que fue más bien el Norte de principios del siglo XIX el que produjo un conjunto de supuestos culturales e intelectuales extraños, según los criterios del mundo occidental de la época, mientras que el Sur aristocrático, rural y cortés, era una entidad mucho más «normal» que sus vecinos igualitarios, urbanos y evangélicos del Norte. Para todo el que conozca bien la extraordinaria turbulencia social de las ciudades del Norte antes del inicio de la Guerra Civil, resulta una curiosa ironía hablar de la tendencia típicamente sureña a la violencia.

No obstante, es cierto que las culturas del Norte y del Sur se enfrentaron desde finales del siglo XVII sobre la cuestión de la esclavitud africana: no sobre su legalidad (inicialmente), sino sobre hasta qué punto debía ser fundamental esa institución para el orden económico del país. Desde 1700 hasta la década de 1950 el Sur se caracterizó por una división racial clara, en la que los blancos aventajaban enormemente a los negros en condición social y privilegios económicos. Aunque en el Norte existieron a veces divisiones similares, hasta la década de 1920 no hubo en esa zona un número de negros lo suficientemente amplio como para plantear el «dilema americano», el «problema negro», de una forma aguda. Así, el regionalismo ha estado íntimamente relacionado con el conflicto racial, que ha sido siempre un componente muy difícil de la vida del país y que ha moldeado su historia cultural y social no menos que la política.

El hecho de que a los negros de este país se les haya asignado tan a menudo el papel de una casta laboral inferior se ha traducido en frecuentes divergencias entre la historia de Estados Unidos y la de Europa en cuanto a la formación de clases sociales y de las actitudes asociadas con ellas. Aunque Estados Unidos tiene de hecho una rica tradición de organización y solidaridad obreras, esa tradición se ha visto muchas veces saboteada por las hostilidades raciales y el uso de estrategias del tipo «divide y vencerás» que han conseguido enfrentar a blancos y negros. De este modo, la presencia de una importante minoría racial en Estados Unidos ha supuesto que se identificasen los conceptos fundamentales de raza y clase, algo que resultaba completamente extraño a los observadores europeos –al menos hasta que empezaron a enfrentarse a ese mismo problema con la diversificación de sus propias poblaciones étnicas a partir de la década de 1950–. En la de 1970, los dirigentes del Reino Unido, Francia, Alemania y otras naciones comenzaron a reconocer, a regañadientes, que las experiencias raciales estadounidenses ofrecían valiosas enseñanzas que quizá deberían tomar en serio en sus propias sociedades. Hoy en día, también en Europa los problemas raciales invaden los debates sobre temas como la seguridad social o la justicia penal, algo con lo que Estados Unidos está familiarizado desde los tiempos de la esclavitud.

Paralelamente a la polarización racial en el Sur, se produjo un aumento de la complejidad étnica en el Norte y después en el resto de las regiones del país. Mientras que el Sur pudo vivir durante décadas de una rentable agricultura de plantaciones, era inevitable que el Norte tendiera hacia la expansión industrial y el desarrollo urbano que ésta lleva asociado. La disponibilidad de puestos de trabajo y tierra virgen convirtió a Estados Unidos en un destino enormemente atractivo para los emigrantes –al principio grupos procedentes del norte de Europa vinculados con el continente americano desde época colonial, pero después aparecieron grupos de distinta procedencia que podían viajar gracias a los avances del transporte marítimo–. Mientras que la división étnica en el Sur estaba escrita literalmente «en blanco y negro», el resto de Estados Unidos se hizo cada vez más políglota y diverso, y tanto en términos étnicos como religiosos. Y aunque otros países han experimentado grandes movimientos de población, ninguna nación ha conocido una inmigración tan prolongada y casi constante como Estados Unidos, con todo lo que eso implica en términos de crecimiento económico, movilidad social y relaciones entre las distintas comunidades.

El hecho de que Estados Unidos sea tan grande y diverso significa que, para preservar su unidad nacional, se precisan unos medios políticos bastante diferentes de los de Europa, y supone la creación de ideologías nacionales lo suficientemente flexibles como para adaptarse a una población que cambia a gran velocidad. El simbolismo de Inglaterra y su monarquía fue suficiente durante gran parte de la historia colonial, y no hizo falta cambiarlo demasiado para acomodarlo a las necesidades de una nueva nación que elevaba a un presidente, considerado como un héroe, casi al rango de rey. Así sucedió igualmente en la esfera religiosa, en la que a una Iglesia establecida sucedieron varias doctrinas independientes pero, sin embargo, militantemente protestantes. La aparición de nuevos grupos étnicos y religiosos dio lugar a una situación más compleja. Por ello, Estados Unidos ha tendido a acentuar unas ideas de patriotismo exacerbado y de destino nacional que resultan excesivas a los ojos europeos, y cuyo rasgo más sorprendente es la devoción por un símbolo nacional muy utilizado: la bandera. Todas las etnias recién llegadas han aceptado, en gran medida, una mitología nacional que incluye a los *Pilgrim Fathers* («Padres Peregrinos») y su primer Día de Acción de Gracias, a héroes como George Washington y Abraham Lincoln, y míticas lecturas de la Guerra Civil y el Viejo Oeste. A cambio, se les ha permitido añadir a esa construcción sus propios elementos –e incluso se les ha animado a hacerlo–. Así, el Día de Colón se convirtió en la celebración del orgullo italoamericano, mientras que otros grupos han encontrado a sus héroes culturales entre amigos y consejeros de distintas nacionalidades de George Washington. Recientemente, los afroamericanos han añadido su figura propia al panteón nacional: Martin Luther King Jr., el único héroe que se conmemora con una fiesta de igual importancia que las de Washington y Lincoln.

Aunque quizá resulte un poco extraño en un país que surgió con una combativa personalidad antiaristocrática, el patriotismo estadounidense se ha expresado a menudo en términos militares e incluso militaristas. Nada menos que siete presidentes consiguieron ser elegidos gracias principalmente a sus carreras militares, aun cuando, como en el caso de William Henry Harrison y Theodore Roosevelt, sus logros no fueran muy destacados; a nivel federal y estatal, además, un sinfín de candidatos han sacado un gran partido de sus hazañas de guerra (los siete casos más claros son

Washington, Jackson, Harrison, Taylor, Grant, Theodore Roosevelt y Eisenhower; quizá podríamos añadir a Kennedy y Bush a la lista). En política interior, los grupos de militares veteranos han desempeñado a menudo un importante papel político, normalmente desde posturas muy conservadoras y «patrióticas».

La unidad nacional y el patriotismo se ven reforzados por los valores militares, pero, ¿se sacrifican por ello otros valores? Según fueron creciendo las funciones de Defensa del gobierno a mediados del siglo XX, la militarización de la sociedad estadounidense planteó cuestiones críticas sobre la posibilidad de conciliar los objetivos de republicanos y demócratas con la seguridad nacional y una presidencia imperial. ¿Qué pasa, por ejemplo, con valores como el de la transparencia del gobierno, sobre todo en ámbitos como la política exterior? Estas cuestiones han estado en el centro del debate político en Estados Unidos desde antes de la Segunda Guerra Mundial, y se hicieron acuciantes durante crisis como las de la Guerra de Vietnam, el Watergate o el escándalo Irán-Contra. La «seguridad nacional» ha supuesto también el aumento del tamaño y del intrusismo del gobierno hasta unos niveles que quizá resulten, en último término, incompatibles con las formas democráticas que se esbozan en la Constitución del país.

Los estadounidenses suelen exagerar el carácter singular de su complejidad étnica, lo cual refleja el mito nacional del «crisol de razas». En realidad, la mayoría de los países europeos ha contado con múltiples grupos étnicos, con ejemplos tan claros como el Imperio Austro-húngaro. Incluso el Imperio Británico fue creado y gobernado por las distintas naciones de las islas Británicas, además de por hugonotes, judíos y otros grupos. Por otro lado, la emigración a Norteamérica a partir de 1820 la convirtió en un mosaico étnico mucho más complejo que cualquier otro estado avanzado, pues la diversidad se daba en un contexto democrático –de hecho, a partir de la década de 1830, en una radical democracia de masas–. Por lo tanto, a diferencia de los imperios de los Habsburgo o los Romanov, los complejos intereses de los grupos que constituyeron Estados Unidos tuvieron que resolverse mediante la acción de grupos de presión y la creación de coaliciones. Las consecuencias que de esto se derivan se analizarán muchas veces en las siguientes páginas, pero podemos identificar ya fácilmente algunas de esas constantes.

Una de ellas es la tradición estadounidense de estigmatizar a los «marginados peligrosos», misteriosos conspiradores cuyas acciones clandestinas amenazaban tanto a la seguridad de la República como a la forma de vida nacional. Identificar a este tipo de grupos sirve para unir a la comunidad nacional mayoritaria o «normal», a la vez que excluye a otros grupos, normalmente de carácter religioso o étnico –aunque esto no se suele reconocer–. Debido a la naturaleza democrática de la política estadounidense y a la libertad de prensa, el discurso público es vulnerable a este tipo de manifestaciones de denuncia histérica, lo que Richard Hofstadter llamó el «estilo paranoico» de la política norteamericana[2]. La historia de Estados Unidos se puede escribir en función de los grupos «marginados» que, uno tras otro, supuestamente han desafiado a la política nacional, desde los *illuminati* y los masones hasta los católicos y judíos, comunistas y satánicos. Otra cuestión relacionada con ese «estilo paranoico» es la de la política simbólica, a saber, la táctica de atacar a un grupo rival no directamente sino mediante la condena o incluso la prohibición de alguna de sus características. La historia de las campañas de pureza moral y de las prohibiciones de drogas es en gran medida una historia de autoafirmación étnica frente a los marginados, definidos en términos de raza o religión. Aunque a menudo se despachan con demasiada facilidad como simple «pánico moral» o «caza de brujas», que son irritantes digresiones de las cuestiones centrales del debate partidista o el conflicto de clases, esos enfrentamientos morales están en realidad en el centro de la evolución social de Estados Unidos.

La diversidad étnica ayuda a entender la religiosidad que ha sido siempre un rasgo tan marcado de la vida del país. En la época colonial, la sorprendente novedad fue la coexistencia de numerosas entidades religiosas sin reconocimiento estatal; hoy, en una época de tecnología y organización social avanzadas, lo sorprendente es el poder que todavía tiene la religión radical y evangélica. Además, en Estados Unidos, las nuevas ideas y tendencias sociales suelen expresarse más de una manera religiosa que política, es decir, más en la formación de nuevas iglesias que de partidos políticos. En parte, esto se puede explicar por el hecho de que las iglesias proporcionan una identidad y una solidaridad étnicas a diferentes grupos, los cuales asocian el abandono de determinadas formas religiosas con la traición a toda una cultura.

Este vínculo es aún más fuerte por el hecho de que las iglesias estadounidenses normalmente no se identifican ni con el poder político ni con una casta gobernante. Además, la movilidad social y geográfica siempre ha añadido a los atractivos de las iglesias la ventaja de que éstas ofrecen, de una manera fácil y rápida, redes y ayudas sociales en lo que de otra forma serían nuevos territorios desconocidos. Aunque todo esto es aplicable a la mayoría de las comunidades, el mejor ejemplo lo ofrece el protagonismo que las comunidades religiosas negras han logrado conservar en la vida afroamericana durante los dos últimos siglos. Cualesquiera que sean las causas, la permanente fuerza de las ideas religiosas ha configurado siempre el discurso político de Estados Unidos, bien sea en una dirección utópica o en una apocalíptica.

En 1842 Charles Dickens viajó a Estados Unidos, visita de la que posteriormente dio cuenta en los libros *American Notes* y *Martin Chuzzlewit*. Los estadounidenses consideraron que ambas obras eran profundamente hostiles por su despiadada denuncia de la esclavitud, de la violencia generalizada y la hipocresía de la vida nacional, además de la superficialidad y sensacionalismo de los medios, entre otras muchas cosas. Para entender la crítica de Dickens, conviene recordar que él era simplemente uno más de los numerosos observadores europeos que viajaron a Estados Unidos esperando encontrar una versión mejorada y ampliada de Inglaterra. Sin embargo, en vez de eso, para su sorpresa, encontraron una sociedad radicalmente diferente, con sus propios defectos y virtudes. Es justamente esa mezcla de familiaridad y extraña rareza la que tan a menudo ha resultado desconcertante, y en no pocas ocasiones, aterradora, a los europeos. Pero la explicación radica tanto en las expectativas por ellos creadas como en la realidad con la que se encontraron.

Por varias razones –tamaño, diversidad étnica y racial, religiosidad–, Estados Unidos ha desarrollado desde sus inicios una cultura radicalmente diferente de la de sus raíces europeas, y cualquier intento de encajar la sociedad estadounidense en un molde europeo es en el fondo distorsionador. Aunque no es inmune a tendencias económicas y políticas más amplias, el contexto en el que hay que ver la historia de Estados Unidos es el de un continente distinto, y no simplemente el de otra nación.

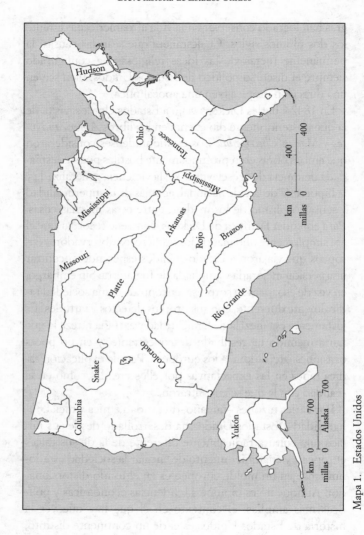

Mapa 1. Estados Unidos

1. Tierras sin nombre: la colonización europea (1492-1765)

En la década de 1490 navegantes europeos empezaron a hablar de que habían encontrado nuevas tierras en el hemisferio occidental. Aunque el «descubrimiento» se suele asociar con Cristóbal Colón, los autores de la época daban más crédito a las afirmaciones de otro italiano llamado Américo Vespucio, de quien «América» toma su nombre. Los primeros exploradores desembarcaron sobre todo en el Caribe, pero pronto quedó claro que el Nuevo Mundo era una masa de tierra continental tan vasta que casi era imposible de imaginar, cuyas dimensiones exactas no se conocerían hasta un siglo después.

Empezando por los patrocinadores españoles de Colón, varias naciones europeas intentaron crear en el Nuevo Mundo grandes imperios según el modelo de la madre patria. A Nueva España siguieron Nueva Francia, Nueva Holanda, Nueva Inglaterra e incluso Nueva Suecia; en todos los casos se daba por hecho que los modelos sociales y políticos de la metrópoli podrían llevarse con éxito al otro lado del Atlántico y que prosperarían en tierras tan distintas. Tales esperanzas resultarían vanas, pues los colonos, para disgusto de las autoridades metropolitanas, se adaptaron a las condiciones características de las nuevas tierras y aprovecharon las oportunidades que éstas les ofrecían. Especialmente en el caso de los ingleses, cuyas empresas colonizadoras finalmente serían con diferencia las más logradas, la tendencia hacia la diversidad religiosa y social se hizo imparable, dificultando gravemente cualquier posibilidad de solidaridad política.

En 1492, estas consideraciones pertenecían al futuro lejano. Cuando los europeos descubrieron una tierra completamente nueva para ellos, su atención inmediata se centró en la riqueza quizá ilimitada que podría contener, y en conocer y valorar a los extraños pueblos que se estaban encontrando.

La población nativa

Como había descubierto las «Indias», Colón llamó lógicamente indios a sus habitantes, un duradero error que los autores modernos hacen lo posible por corregir utilizando la expresión «americano nativo», aun cuando el propio término «americano» sólo conmemora el nombre de otro explorador europeo, y mucho más hábil que Colón. ¿Quiénes eran aquellos nativos? Durante siglos los observadores blancos inventaron numerosas explicaciones, normalmente con el objetivo de insertarlas en un esquema histórico reconocible. ¿Serían quizá los descendientes de una oleada perdida de colonizadores anteriores, que podrían haber sido egipcios, hebreos, galeses incluso? Esa necesidad de hipotéticas raíces se hizo aún mayor cuando los exploradores del siglo XIX hallaron restos de estructuras monticulares medievales en el sur de Ohio y a lo largo del valle del Mississippi, prueba de que habían existido unas culturas perdidas demasiado complejas como para asociarlas con los ignorantes «salvajes» que veían a su alrededor.

En realidad, la existencia de pueblos indígenas en el continente americano se remonta al Paleolítico. Durante muchos años, para establecer la antigüedad de la población de Norteamérica se utilizaban utensilios de piedra que databan de unos 12.000 o 15.000 años, las llamadas puntas Clovis, las cuales se relacionan con la caza de mamíferos hoy extinguidos. Presumiblemente, estas herramientas fueron utilizadas por cazadores que habían cruzado el puente de tierra que en su día unía Alaska con Siberia. En tiempos más recientes se ha sostenido que, aunque resulta difícil detectar la presencia humana en esos territorios antes de la invención de los utensilios de piedra, es posible que hubiera gente viviendo en América desde muchos años antes de la época Clovis.

Testimonios cada vez más numerosos sugieren que hubo actividad humana mucho antes, remontándose a unos 25.000 años, y otras teorías más controvertidas llegan a los 40.000 o 50.000 años. Los primeros pobladores tampoco tuvieron por qué haber entrado necesariamente a través de aquel puente de tierra: es posible que siguieran la costa en pequeñas embarcaciones. No deja de ser curioso que algunos de los primeros asentamientos confirmados se encuentren en Suramérica, lo que sugiere que las familias que emigraron de Siberia debieron de extenderse a gran velocidad por sus nuevos e inmensos dominios, presumiblemente siguiendo manadas de caza. Por la época en que comenzaban a surgir las civilizaciones en el Viejo Mundo, las comunidades indígenas americanas solían vivir ya en grupos asentados –al menos en algunas épocas del año–, y existían rutas comerciales entre zonas distantes.

Es difícil determinar la magnitud exacta de la población precolombina, sobre todo porque se trata de una cuestión políticamente polémica. Los que defienden una visión esencialmente benévola de la colonización europea minimizan la presencia india, con lo que Norteamérica habría sido una *Terra Nullius,* una tierra que no pertenecía a nadie y por tanto factible de ser reclamada y utilizada. Recientemente se ha puesto de moda la opinión contraria, con unas estimaciones sumamente altas del tamaño de la población indígena, con lo que se sugiere que los invasores blancos fueron responsables del genocidio de prósperas comunidades preexistentes. En todo ello suele estar implícito que las culturas aniquiladas representaban una suerte de armonía ecológica que fue destruida por los egoístas europeos, capitalistas y cristianos. Aunque es cierto que en Centroamérica y Suramérica se produjo una catástrofe demográfica, la situación en el Norte fue diferente, pues la población era mucho menor y el ritmo de conquista fue mucho más lento. La hipótesis más plausible es que en torno al año 1500 de nuestra era, al menos dos millones de personas vivían al norte de lo que hoy es la frontera mexicana.

En lo que ahora es Estados Unidos, la geografía condicionaba la existencia de varias regiones desde los puntos de vista medioambiental y cultural –Alaska pertenece a otra zona distinta, la ártica/subártica–. La mitad oriental del país se puede denominar *The Woodlands* («zona de bosques»), y posee una gran riqueza alimentaria en caza y pesca, a la que se añaden cultivos de cucurbitáceas y, sobre todo, maíz. Las poblaciones costeras hicieron un gran uso de los recursos del mar —pescado y marisco—. Hacia los siglos XII y XIII, los habitantes de esta parte oriental vivían ya en sociedades complejas y prósperas. Los abundantes bosques proporcionaban madera para largos barracones colectivos (las llamadas *long houses),* y algunos poblados crecieron hasta convertirse en grandes ciudades fortificadas con imponentes templos. Estos pueblos dejaron su huella en el paisaje en forma de tumbas con complicados ajuares funerarios y estructuras rituales públicas que no les habrían resultado extrañas a los antiguos europeos que construyeron Stonehenge y los monumentos megalíticos. Los restos más llamativos son los extensos yacimientos de montículos, que pueden considerarse versiones modestas de los templos piramidales de Centroamérica, además de algunos conjuntos de adobe *(earthwork)* y recintos geométricos. El complejo de Moundsville, en Virginia Occidental, y el montículo de la Gran Serpiente de Ohio se cuentan entre los mejores testimonios que se conservan de aquel florecimiento cultural.

La cultura de Hopewell se desarrolló durante los primeros siglos de la era cristiana, y la construcción de montículos se reavivó en la «época del Mississippi» (800-1500 de nuestra era). Es probable que hacia el siglo XII los mayores asentamientos monticulares tuvieran varios miles de habitantes, y fueran comparables con ciudades medianas de la Europa de la época. Hay cierta polémica sobre la correspondencia exacta entre la percepción arqueológica que tenemos de los constructores de montículos y las tribus históricas que encontraron los primeros colonos blancos. No obstante, algunos grupos tribales crearon estructuras políticas poderosas y duraderas, en especial la Confederación Iroquesa de las Cinco Naciones (que después serían seis), en la zona del estado de Nueva York. Formada en el siglo XVI, esta confederación siguió siendo una formidable fuerza militar hasta los primeros años de Estados Unidos. En el Sureste había tribus muy desarrolladas, como los creeks y los cherokees.

También se han encontrado asentamientos centralizados e incluso un cierto desarrollo urbano en el desierto del Suroeste. Era un entorno muy duro, que dependía de forma crucial de los ciclos climáticos y las lluvias, y en el que la recogida y el ahorro de agua eran de la máxima importancia. A partir del año 1000 d. C., más o menos, se desarrollaron allí importantes comunidades rurales que aprovecharon ingeniosamente las características del medio para crear unos asentamientos bien protegidos o *pueblos,* en cuyo centro se situaban las *kivas,* cámaras circulares y parcialmente enterradas utilizadas para rituales religiosos. Las comunidades pueblo, que duraron varios siglos, estaban relacionadas con las culturas más conocidas de México. Hoy se hallan en esta zona las reservas con diferencia mayores y más pobladas de Estados Unidos. La comunidad navajo de Nuevo México y Utah cuenta actualmente con unas 150.000 personas, más que las veinte reservas siguientes en orden de tamaño juntas.

Los estereotipos europeos convencionales sobre los «indios» suelen referirse a culturas de jinetes y cazadores de bisontes de la región de las Grandes Llanuras, a tribus como los lakota (sioux) y los cheyenes, aunque en realidad este tipo de estructura social apareció relativamente tarde. Las llanuras tuvieron una población escasa hasta tiempos históricamente recientes, cuando empezaron a asentarse allí comunidades orientales, armadas con arcos y flechas, que se acababan de inventar. Y aunque en Norteamérica habían existido caballos en la Prehistoria, estuvieron extinguidos durante milenios, y hubo que esperar para su reintroducción a los colonizadores españoles. Una vez reintroducido, el caballo fue la base de la poderosa y militarmente peligrosa cultura con que se encontraron los estadounidenses del siglo XIX. Los grupos sociales de las llanuras vivían de los rebaños de bisontes, aparentemente inagotables: en un año cualquiera anterior a la década de 1840 podía haber 60-70 millones de ejemplares.

Más al oeste había ecosistemas todavía más variados, incluyendo la Gran Cuenca *(Great Basin),* con centro en Utah y Nevada, y habitada por tribus como los utes y los payutes, y la región mesetaria de lo que hoy es Idaho. En gran parte de lo que después sería el sur de California, las duras condiciones desérticas sólo permitían la existencia de pequeños y empobrecidos grupos que vivían de la recolección. En el noroeste del Pacífico, por el contrario, prosperaron los asentamientos en grandes aldeas, basados en la abundante pesca y la caza de mamíferos marinos. Las estructuras sociales eran complejas, y existía una nítida conciencia de las diferencias de clase. Estos desarrollados grupos sobresalieron también en las artes plásticas, cuyos mejores ejemplos son los imponentes postes totémicos que tan ávidamente coleccionaron los europeos del siglo XIX. Las mayores densidades de población indígena se encontraban probablemente en la costa del Pacífico.

Los exploradores y colonizadores europeos encontraron en Norteamérica muchas cosas de incalculable valor, aun cuando quedaban siglos para que descubrieran los metales preciosos que buscaban. Hallaron cultivos como el maíz, el tabaco y la batata, que integraron en sus propios sistemas agrícolas. A cambio, incluso los mejor intencionados dejaron un desastroso legado en forma de enfermedades que diezmaron las poblaciones indígenas mucho antes de que hubiera una política sistemática de «retirada de los indios». Este proceso se vio acelerado por las hambrunas derivadas de la destrucción de su medio familiar y (a partir del siglo XVIII) por la difusión del alcohol. Los efectos de las enfermedades, la guerra y la destrucción medioambiental fueron desgarradores. En California, la población india probablemente estaba en torno a las 300.000 personas en 1750, pero no llegaba a 50.000 en la década de 1860. En ocasiones, la destrucción por medios biológicos fue absolutamente deliberada, como cuando en la década de 1760 los británicos registraron hospitales buscando enfermos de viruela, cuya ropa de cama infectada era ofrecida como regalo a los habitantes de Ottawa. A pesar de la brutalidad de las guerras durante cientos de años, los indios norteamericanos sufrieron mucho menos por las balas o los proyectiles de cañón que por lo que se ha denominado «la unificación biológica de la humanidad».

Los conquistadores

Al igual que en Suramérica, la primera presencia europea en el Norte fue española, cuando Juan Ponce de León avistó Florida en 1513. Tras la caída de México en 1519-1520, los conquistadores españoles se desplazaron al norte y al sur en busca de nuevos imperios, impulsados a menudo por historias sobre las ricas ciudades que se encontraban tras la siguiente cadena de montañas o al otro lado del desierto. Esas historias eran a veces ciertas, y hacia 1533 la gran civilización inca había sido ya descubierta y aniquilada. Norteamérica ofrecía un botín mucho más pobre. En 1528, Alvar Núñez Cabeza de Vaca tomó parte en una expedición a Florida, la primera incursión importante en lo que sería el territorio de Estados Unidos. Pasó varios años con tribus indias antes de regresar a Ciudad de México, donde sus relatos sobre las ricas ciudades del Norte causaron gran excitación e hicieron que se enviaran dos nuevas expediciones.

En 1540, Francisco Vázquez de Coronado viajó en busca de la fabulosa riqueza de las míticas «Siete Ciudades de Cibola». Aunque no encontró nada que pudiera rivalizar con el esplendor de México o Perú, su viaje representa la primera exploración europea de lo que ahora son los estados suroccidentales de Estados Unidos; fueron también españoles los que se toparon con el Gran Cañón en el norte de Arizona. Los sucesores de Coronado penetraron lo suficiente en la región de las llanuras como para maravillarse ante los inmensos rebaños de bisontes en movimiento. Precisamente en esa época Hernando de Soto estaba embarcado en un viaje de tres años por las ciudades y los templos del Sureste, alcanzando Georgia e incluso los Apalaches meridionales. Atravesó al menos diez de los futuros estados de Estados Unidos. Tanto Coronado como Soto llegaron al río Mississippi.

Hacia 1565, la colonia española de San Agustín, en Florida, se había convertido en el primer asentamiento europeo permanente de Norteamérica, y se realizaban incursiones esporádicas hacia el norte y el oeste: en 1603 los españoles habían llegado incluso a las costas de Alaska. Santa Fe, en Nuevo México, se fundó en 1610. En los siglos XVII y XVIII las autoridades españolas de México intentaron consolidar su poder en los territorios al norte, que constituyen actualmente los estados de Texas, California y Nuevo México, pero encontraron una decidida resistencia por parte de algunas tribus bien organizadas, caso de los navajos. En 1680 una masiva revuelta de los indios pueblo supuso un serio revés para la colonización y evangelización españolas en Nuevo México; y en 1740 un levantamiento de los yaquis acabó con la vida de un millar de españoles.

A pesar de ello, la empresa misionera continuó. A finales del siglo XVIII existía ya sólo en Texas una red de unas treinta misiones. San Antonio era el principal centro político, y contaba con su propio fuerte o «presidio» (1718) y con la misión que posteriormente alcanzaría la categoría de leyenda: El Álamo. Desde finales del siglo XVII, las misiones se extendieron hacia el norte desde la Baja California, siguiendo la costa del Pacífico; célebres evangelizadores como Junípero Serra intentaban no sólo convertir a los indígenas, sino integrarlos además en la economía imperial como agricultores o pastores. También aquí había una estructura de «presidios» centrada en Monterrey, y hacia la década de 1760 la expansión hacia el norte se contuvo por el miedo a una posible rivalidad militar e imperial con Inglaterra y Rusia. De 1762 a 1801 España gobernó el territorio de Louisiana, que había sido francés, lo que teóricamente le daba la soberanía sobre una parte importante del continente.

En el momento del nacimiento de Estados Unidos, por tanto, los exploradores y misioneros españoles se habían extendido ya ampliamente por la mitad occidental del país; las colonias españolas se convertirían más tarde en los núcleos de ciudades tan importantes como Albuquerque (Nuevo México), Tucson (Arizona) o San Antonio y El Paso (Texas). Los Angeles fue en principio una aldea, fundada en 1781, para promover la colonización. Los nombres que todavía hoy se utilizan para designar la zona de las montañas (Montana), la región de las nieves (Nevada) y la de los ríos de aguas muy teñidas (Colorado) ponen de manifiesto la amplitud geográfica de la exploración española. En el Suroeste, los españoles desarrollaron una economía y una cultura que más tarde serían tan famosas en todo el mundo como las del «Oeste americano», con sus vaqueros o *cowboys* y su destreza con el caballo y el lazo. De hecho, muchas de las palabras corrientes de este mundo son de raíz española, como *ranch, corral, lasso, chaps, lariat y bronco*. Tanto el término como el concepto de «rodeo» son en origen españoles.

En el siglo XVI Norteamérica estaba incluida en la parte del Nuevo Mundo que el Papa había asignado al dominio español. Pero en seguida esa concesión fue contestada por muchos de los recién llegados, de los que los más fuertes eran los franceses. En 1535, Jacques Cartier exploró el río San Lorenzo y comenzó una serie de empresas colonizadoras que dieron finalmente su fruto en 1608 con la fundación de la «ciudad» de Quebec (en realidad, una estación o destacamento comercial). En la década de 1630 la colonización se estaba extendiendo ya a lo largo del San Lorenzo, y en 1663 Nueva Francia se convirtió en colonia de la Corona reinando Luis XIV. A principios del siglo XVII las autoridades francesas patrocinaron expediciones de jesuitas con el objetivo de crear una unidad espiritual y política entre tribus indias cristianizadas como los algonquinos y los hurones, principalmente en lo que hoy es la provincia canadiense de Ontario. A mediados de siglo, las misiones fueron arrasadas y muchos misioneros martirizados, pero el dominio francés siguió extendiéndose. En 1675 la sede católica de Quebec tenía jurisdicción eclesiástica sobre toda la Norteamérica francesa. En 1713 Inglaterra recibió concesiones territoriales en Canadá, pero la imponente presencia francesa quedaba simbolizada en las nuevas fortificaciones de Louisbourg (1717).

En 1673, el gobernador de Nueva Francia envió una expedición, comandada por Louis Joliet y Jacques Marquette, para determinar si el gran Mississippi se dirigía hacia el sur o hacia el oeste, hacia Florida o hacia California. El descubrimiento de su desembocadura en el golfo de México fue crucial para la futura colonización francesa, y el Mississippi se convirtió entonces en la principal arteria de un imperio en el Nuevo Mundo que parecía decidido a dominar el continente a medida que se producía el constante declive del poder español. Los colonizadores canadienses que viajaban por el Mississippi hasta el golfo de México pusieron el nombre del que en ese momento era rey de Francia a la nueva provincia de Louisiana. En 1680 el padre Hennepin exploró lo que después sería Minnesota. Se crearon colonias francesas en Biloxi (Mississippi), Cahokia (Illinois, 1699), Detroit (Michigan, 1701) y Mobile (Alabama, 1702). La ciudad de Nueva Orleans data de 1718. En 1749, una nueva expedición levantó un mapa del valle del Ohio para confirmar las pretensiones francesas frente al expansionismo británico.

A pesar de su gran tamaño, Nueva Francia era muy diferente de las posesiones inglesas, más una red de rutas comerciales que una auténtica colonia asentada. Hacia 1700, todo el territorio francés desde Louisiana hasta Quebec contaba con apenas 25.000 colonos, frente a los 250.000 que poblaban los territorios británicos, más compactos, en la costa oriental. Incluso tras décadas de un desarrollo relativamente intenso, la Norteamérica francesa apenas tenía 80.000 habitantes en 1763, cuando todo el territorio cayó en manos británicas.

En el Medio Oeste de Estados Unidos la herencia francesa se refleja hoy en numerosos nombres de lugares que suelen estar asociados con colonias importantes: Detroit (Michigan), Racine y Fond du Lac (Wisconsin), Terre Haute
(Indiana), Des Moines (Iowa) o San Luis (Missouri). Como
reconocía Thoreau en la década de 1850, «*prairie* [pradera]
es una palabra francesa, al igual que *sierra* es española», y
los estadounidenses que viajaban por el Oeste necesitaban,
incluso en una fecha tan tardía, la guía de su *voyageur* o
coureur de bois.

La colonia inglesa

Sobre todo en el Oeste, la expansión estadounidense a partir
de finales del siglo XVIII tuvo un sustrato latino y católico. En
la Costa Este, otras potencias europeas llevaban tiempo tratando de conseguir un rincón del Nuevo Mundo. En 1624
los holandeses establecieron un centro comercial en la isla de
Manhattan, donde se fundó Nueva Amsterdam. La colonia
holandesa se extendió a lo largo del valle del Hudson, y en
1655 se anexionó la colonia sueca que había a lo largo del río
Delaware, en los actuales estados de Delaware y Pensilvania.

La primera incursión inglesa en Norteamérica la realizó
John Cabot, un explorador italiano que en 1497 reclamó
Terranova para su patrocinador el rey Enrique VII. Tras décadas en las que no se le prestó mucha atención, el interés
inglés por el Nuevo Mundo se reavivó con la rivalidad
geopolítica que mantenía con España: en 1579 sir Francis
Drake reclamaba aún, de forma poco creíble, unas tierras
que había descubierto en el norte de California. En 1584 el
geógrafo Richard Hakluyt escribió que la colonización in-

glesa «podía impedir que el rey español se abatiera sobre toda la superficie» de Norteamérica, y poco después se hicieron serios intentos de colonización. Entre 1585 y 1590, las iniciativas colonizadoras se centraron en Roanoke (Carolina del Norte), donde surgió un efímero asentamiento. Aunque a largo plazo este intento no tuvo mucha importancia, quizá simbólicamente su principal logro fuera el nacimiento de una niña llamada Virginia Dare, el primer súbdito inglés nacido en el Nuevo Mundo (1587).

Los esfuerzos colonizadores se reavivaron después de 1603, con Jacobo I, y estuvieron dirigidos a varios puntos, desde Maine hacia el sur. En 1606 el Parlamento creó las Compañías de Londres, Plymouth y Virginia para promover la colonización, y al año siguiente la primera de ellas estableció una colonia permanente en Jamestown, en lo que hoy es el sur de Virginia, cerca de una misión española abandonada. Los primeros tiempos de la empresa fueron peligrosos, pues la colonia estaba situada en una región especialmente insalubre. De los 104 colonos que había en junio de 1607, sólo 38 seguían vivos en enero del año siguiente; la mayoría había sucumbido a las fiebres tifoideas y a la disentería, agravadas por el hambre –1609 fue la «época del hambre»–. Las enfermedades siguieron diezmando a los colonos hasta 1624, cuando la desaparición de la Compañía de Virginia y la creación de una colonia real permitieron una reforma y una reorientación generales. Las escaramuzas con la población india también causaron grandes pérdidas, especialmente la sangrienta guerra de 1622, que acabó con la vida de unos 350 colonos; pero también en este caso los mayores peligros se habían erradicado hacia la mitad de la década. En 1634 la población de Virginia se acercaba ya a los 5.000 habitantes; en la década de 1670, a los 40.000.

Tampoco fue mucho mejor al principio la situación económica. En el proyecto inicial se pretendía establecer plantaciones subtropicales para cultivar «caña de azúcar, naranjas, limones, almendras y semillas de anís». No prosperó ninguno de estos productos, y las condiciones sólo mejoraron en 1612 con la introducción del tabaco. Fumar se convirtió en una moda enormemente popular en Inglaterra y Europa Occidental, y la riqueza de Virginia se incrementó de manera vertiginosa. Lo mismo le ocurrió a la otra colonia de la bahía de Chesapeake, Maryland, fundada en 1632 por otorgamiento a Cecilius Calvert, lord Baltimore, con la idea de crear un refugio para los católicos ingleses perseguidos. Los doscientos colonos que llegaron a la nueva tierra en 1634 se dividían por igual en protestantes y católicos. Maryland ofrecía una atmósfera de tolerancia religiosa que resultaba atractiva a muchos otros, no sólo a los católicos, pero en 1655 las relaciones se volvieron violentas y los colonos puritanos derrotaron a los católicos. La situación siguió siendo tensa hasta 1689, cuando se puso fin al poder de los Calvert y a los privilegios de los católicos.

Los habitantes de Maryland se dedicaron al comercio de tabaco con el mismo entusiasmo que los de Virginia. En la década de 1650, las dos colonias juntas exportaban anualmente unas dos mil toneladas de tabaco, y su futuro estaba asegurado. Hacia 1700 el tabaco de Chesapeake suponía ya las cuatro quintas partes del valor total de las exportaciones de la Norteamérica británica. En unas colonias con escasez de efectivo, el tabaco siguió siendo el medio normal de intercambio hasta bien entrado el siglo XVIII, llegándose incluso a especificar los salarios del clero colonial en términos de libras de tabaco. Ciertamente, era una economía construida sobre humo.

Muchos inmigrantes llegaban allí gracias a un sistema de servidumbre pactada, una relación contractual por la que aceptaban trabajar para un amo durante varios años hasta devolver el coste del pasaje. Aunque la perspectiva de quedar libres al cabo de un tiempo convertía esta práctica en algo diferente de la esclavitud, a menudo las condiciones de transporte y de trabajo eran poco mejores que las de los esclavos. Como éstos, los siervos estaban sujetos al llegar a lo que era prácticamente una venta, en unas condiciones que más adelante se harían famosas en los mercados de esclavos que subastaban a los africanos recién llegados, así como a abusos físicos y sexuales de amos sin escrúpulos. En el siglo XVII, el cumplimiento del período de servidumbre les prometía la oportunidad de establecerse como agricultores y ganarse bien la vida, pero en las décadas siguientes lo más habitual fue que los antiguos siervos conservaran su condición servil. Este tipo de servidumbre resultaba cada vez menos atractiva a los europeos, a medida que la población de Europa Occidental, antes en rápido crecimiento, se estabilizaba desde mediados del siglo XVII. La consiguiente falta de mano de obra blanca incitó a los plantadores y agricultores a buscar nuevas fuentes; en 1717 el gobierno británico instauró el traslado al Nuevo Mundo como pena para delitos que antes se pagaban con la vida. Pero ni siquiera así se consiguió resolver el problema, y los nuevos cultivos comerciales que se estaban desarrollando en las colonias meridionales imponían unas condiciones de trabajo que prácticamente constituían, ya de por sí, una condena a muerte para los colonos blancos.

Se encontró una solución en el empleo de esclavos africanos. La primera importación de esclavos a las colonias británicas que se conoce tuvo lugar en 1619, aunque los españoles y portugueses tenían una larga experiencia en esta práctica, pues habían transportado ya a casi un millón de africanos. Los esclavos no representaron un grupo importante en los territorios británicos hasta después de la década de 1680. En 1670 sir William Berkeley estimó que, de los 40.000 habitantes de Virginia, sólo había 2.000 esclavos negros y 6.000 siervos blancos. Para 1700 había ya de 10.000 a 20.000 esclavos en la Norteamérica británica, cuya población total era de 275.000 habitantes, es decir, casi un 5% del total. Virginia, Maryland y Carolina del Norte duplicaron su población de esclavos entre 1698 y 1710. Por término medio, entre 1700 y 1790 se importaron anualmente unos 3.000 africanos. El ritmo se aceleró durante la década de 1760, en la que cada año llegaron a Norteamérica más de 7.000 esclavos. En el transcurso del siglo XVIII llegaron probablemente 300.000. Tras lo que parecía ser el final del comercio de esclavos en la década de 1780, un breve resurgir a comienzos del nuevo siglo supuso la llegada de otros 40.000 africanos más. A lo largo de la segunda mitad de ese siglo, la proporción de africanos en la población nunca cayó por debajo de una quinta parte, y en algunas regiones era mucho mayor. Hacia 1775 Virginia tenía unos 500.000 habitantes, y Maryland, 250.000, y casi un tercio del total de ambas era de origen africano.

Nueva Inglaterra

Durante muchos años, la percepción popular de la primera historia de Norteamérica estuvo dominada por las experiencias de los colonos de Nueva Inglaterra, y especialmente de las colonias asentadas en torno a Plymouth y la bahía de

Massachusetts. En consecuencia, a generaciones enteras de escolares estadounidenses se les inculcaron animadas explicaciones sobre los motivos religiosos y sectarios que estaban tras el origen de su país. «Puritano» se convirtió así en sinónimo de colono, y el primer Día de Acción de Gracias ofrecía un símbolo profundamente religioso para los inicios de la presencia blanca en el Nuevo Mundo. Aparte de ignorar la amplia historia de las colonizaciones anteriores, la francesa y la española, es una visión errónea por subestimar la importancia de las colonias de la zona central, que alcanzaron la viabilidad económica mucho antes que sus equivalentes del Norte. El hincapié en los «peregrinos» y en lo septentrional sólo se puede explicar en términos de las luchas retóricas de comienzos del siglo XIX sobre el carácter de la sociedad estadounidense, y por la necesidad de Nueva Inglaterra de presentarse a sí misma como el verdadero Estados Unidos, frente al esclavista, aristocrático y secesionista Sur.

La colonia puritana de Nueva Inglaterra fue resultado de la insatisfacción de algunos clérigos y laicos con la reforma de la Iglesia de Inglaterra bajo el reinado de Isabel I, para ellos insuficiente, y con la supervivencia de lo que consideraban prácticas papistas. Inicialmente, los puritanos ingleses se habían embarcado en una lucha política para controlar la Iglesia nacional con miras a poner en práctica sus propias ideas, pero para finales del siglo XVI había quedado claro que eso no sería posible, y que cualquier nueva agitación sería severamente reprimida. Desde 1615 más o menos, los militantes protestantes estaban también alarmados por la expansión del pensamiento arminiano dentro de la Iglesia Establecida que moderaban o suavizaban la estricta teología calvinista. En respuesta, aparecieron pequeños grupos que habían perdido toda esperanza con respecto a la Iglesia nacional y pensaban en una Iglesia purificada, compuesta por «hombres santos», visibles, un elenco espiritual no contaminado por las masas no regeneradas. Estos sectarios provenían principalmente de Londres y de las ciudades comerciales del sureste de Inglaterra, y por lo general sus líderes se habían formado en los *colleges* de Cambridge. Las primeras «iglesias reunidas» se refugiaron en los Países Bajos, donde fueron recibidos con hospitalidad, pero donde no parecía probable que pudieran conservar su idioma inglés y su identidad en años futuros. Los separatistas o independientes centraron entonces sus esfuerzos en la «Nueva Inglaterra» transoceánica, en «la parte norte de Virginia».

Navegando en el *Mayflower,* alrededor de un centenar de «peregrinos» llegaron al cabo Cod en noviembre de 1620. Al encontrarse fuera de la autoridad de Virginia, los colonos idearon para ellos un pacto de autogobierno, dando lugar así a la colonia que poco después se asentaría en Plymouth. El grupo estableció relaciones amistosas con los indios wampanoag, quienes generosamente les instruyeron sobre los alimentos de su nueva tierra. El milagro de su supervivencia se celebró en el primer Día de Acción de Gracias en 1621, pero la colonia siguió siendo pequeña, con apenas 300 habitantes en 1630.

Plymouth pronto se vio ensombrecida por su vecino de la bahía de Massachusetts, que en 1629 se convirtió en colonia al recibir la correspondiente carta real. En un año había 2.000 colonos en Massachusetts que vivían principalmente en torno al puerto de Boston. Las colonias del Norte se fortalecieron muchísimo durante la década siguiente, a medida que la Iglesia ortodoxa *(High Church)* y las ideas arminianas iban ganando apoyo en Inglaterra. Hacia 1640 habían llegado ya de 15.000 a 20.000 colonos, incluyendo 65 clérigos, y proliferaron los asentamientos. Esta «Nueva Inglaterra» se extendió por nuevas regiones. En 1636 Thomas Hooker había llevado ya a cien personas a Hartford, que se convirtió en la base de Connecticut y fue pronto reconocida como colonia por derecho propio (en 1662 se le añadió la colonia de New Haven, antes independiente). A mediados de siglo, la bahía de Massachusetts albergaba ya a unos 15.000 colonos europeos, con otros 2.500 en Connecticut, aproximadamente 1.000 en Plymouth y casi 2.000 en las colonias periféricas de Rhode Island, New Hampshire y Maine. Boston se presentaba como la capital de la región, con 3.000 residentes en 1660. Cuando en 1643 amenazaba la guerra, la bahía de Massachusetts era el núcleo de una entidad llamada las «Colonias Unidas de Nueva Inglaterra».

La justificación religiosa de las nuevas colonias se expresó en la extensión de las misiones a la población indígena. La figura clave en este ámbito fue John Eliot, pastor de Roxbury, quien para la década de 1650 había traducido ya el catecismo y algunas de las Escrituras a las lenguas indias. Su proyecto misionero implicaba también la formación de comunidades cristianas, «ciudades de oración», que imitaban el modelo promovido por los católicos en Suramérica y otros lugares. En la década de 1670, varios miles de indígenas habían sido ya convertidos al cristianismo. A estas relaciones relativamente benévolas hay que contraponer la a menudo extrema brutalidad de los choques militares con los pueblos indígenas. En 1636 la guerra contra los pequod supuso el exterminio de aldeas enteras, con posiblemente varios cientos de víctimas indias en cada enfrentamiento.

Ortodoxia y herejía

Los testimonios posteriores sobre la temprana colonia puritana en Massachusetts suelen calificarla como una teocracia radical, y no hay duda de que los colonos consideraban realmente su mundo como un nuevo Israel, en el que los mandatos del Antiguo Testamento se aplicaban con especial fuerza. La suya era una ciudad sobre una colina, y Boston era un nuevo Jerusalén, en el que se imponía severamente la rectitud moral y religiosa por miedo a que un Dios furioso castigase a sus descarriados habitantes. Fundamental para la ideología de la nueva colonia era la noción, tomada del Antiguo Testamento, de pacto entre Dios y su pueblo, contrato que exigía escrupulosa observancia. Había, no obstante, muy pocas de estas ideas que no fueran compartidas por los protestantes europeos de esa época, o incluso por la opinión religiosa mayoritaria en la Inglaterra de los Estuardo, donde también se obligaba a acudir a la iglesia y se penalizaba un inmenso abanico de conductas inmorales que hoy se considerarían exclusivamente una cuestión personal. Los días obligatorios de ayuno y acción de gracias eran asimismo una práctica corriente en Inglaterra, en una época donde lo natural y lo moral estaban íntimamente interrelacionados. Y aunque los primeros códigos legislativos de Massachusetts nos parecen draconianos, se diferenciaban muy poco en tono o severidad de los estatutos de la república de Cromwell.

Estrictamente, los puritanos de Massachusetts eran cristianos calvinistas ortodoxos, y sus ideas en materias como la Trinidad o la Inmaculada Concepción las habría aceptado sobradamente cualquier anglicano normal, e incluso cualquier católico. Los puritanos no estaban dispuestos a aceptar la más mínima desviación o ni siquiera especulación sobre las ideas básicas, lo cual era una postura difícil de mantener cuando tantos creyentes tenían su propia interpretación de las Escrituras. A medida que se agravaba la crisis política en Inglaterra en 1640, el hundimiento del control eclesiástico se tradujo inevitablemente en la proliferación de ideas sectarias radicales y en su propagación mediante libros, panfletos y visitas personales de los misioneros. Entre 1630 y 1670, Nueva Inglaterra sufrió repetidas crisis a causa de especulaciones heréticas asociadas a sectas como los familistas, los antinomistas, los anabaptistas y, los más espeluznantes de todos, los cuáqueros. Cada nuevo enfrentamiento con la intolerancia religiosa de la colonia de Massachusetts fomentaba la expansión de los asentamientos colindantes.

Las primeras crisis doctrinales estallaron a mediados de la década de 1630 con los planteamientos liberales de Roger Williams y Anne Hutchinson. Williams sostenía ideas radicales sobre la tolerancia religiosa y sobre el hecho de que el Estado pudiera imponer el cumplimiento de las obligaciones del culto: según él, «el culto forzado apesta a la nariz de Dios». Se le acusó de querer extender la tolerancia a los paganos, judíos y turcos, y seguramente a todos los creyentes cristianos. Contra las ideas incorrectas, recomendaba la actitud de «lucha sólo con palabras, no con espadas». Su excentricidad llegaba incluso a la idea de que nunca se deberían quitar tierras a los indios sin pagarles adecuadamente. En 1635 había sido ya desterrado con sus seguidores, quienes construyeron un nuevo refugio en la zona de Providence, en lo que más tarde sería la colonia de Rhode Island.

Anne Hutchinson era una reciente inmigrante inglesa que celebraba debates religiosos con una serie de devotas mujeres de Boston. Esta actividad exclusivamente femenina ya era sospechosa de por sí, pero además su planteamiento místico la llevó a restar importancia al papel del hombre en la salvación a través de la lectura de la Biblia, la asistencia a la iglesia y las «buenas obras». Cayó así en lo que los ortodoxos consideraban la herejía del antinomismo, y en 1637 ella y sus seguidores fueron procesados por «calumniar a los sacerdotes». Al sostener que sus acciones estaban directamente inspiradas por Dios selló su destino: fue desterrada al año siguiente. Lógicamente se dirigió a la nueva colonia formada por Williams en la bahía de Narrangasett. Después llegaron otros disidentes. Entre los primeros colonos de New Hampshire había también exiliados antinomistas de Massachusetts, aunque allí el asentamiento se había producido por motivos mucho más diversos.

Más o menos a partir de 1640 Rhode Island representaba un fenómeno liberal único en el mundo cristiano y posiblemente en el mundo entero, que era más notable aún por el hecho de producirse en una época de violentos enfrentamientos entre las distintas denominaciones cristianas: al fin y al cabo, en Europa estaba en su apogeo la Guerra de los Treinta Años, y era el peor período de la inquina alemana contra la brujería. En 1647 Rhode Island abolió los juicios a brujas. En la Carta de la colonia (1663) figura la sorprendente afirmación de que «toda persona, en todo momento, puede ejercer libre y plenamente su propio juicio y conciencia en materia de asuntos religiosos». Durante el siglo siguiente, Rhode Island tuvo muy mala reputación entre los ortodoxos de Nueva Inglaterra, quienes la consideraban una Sodoma espiritual cuya perniciosa influencia se reflejaba en las especulaciones místicas y ocultistas que se realizaban en las aldeas de las costas meridionales de Massachusetts y Connecticut. El puritano Cotton Mather llamó a esa zona la «cloaca de Nueva Inglaterra». En torno a 1640 Rhode Island fue sede del movimiento baptista, de donde surgirían más tarde grupos sectarios, como los que aceptaban el sabbat judío –los baptistas del Séptimo Día–. Aparte de sus excéntricos movimientos cristianos, Newport albergaba un núcleo de familias judías desde 1677, y en 1763 acogió la primera sinagoga pública de Norteamérica. Despreciadas por sus intolerantes vecinos, Providence y Newport se consolaron convirtiéndose en el siglo siguiente en los principales puertos comerciales de la región.

Los sectarios más radicales eran los cuáqueros, cuyas actividades dieron lugar a algunos de los capítulos más oscuros de la temprana historia colonial. Surgido en Inglaterra en la década de 1650, este grupo impugnaba prácticamente todas las creencias y valores esenciales de la época al sostener que Cristo se encontraba en la Luz Interior que guía a cada creyente. Como demócratas radicales, los cuáqueros rechazaban los símbolos de jerarquía social y sumisión –como por ejemplo descubrirse ante los superiores–, e insistían en el tratamiento más cercano del tuteo. Desafiaban el poder del clero interrumpiendo a voces los servicios formales de los templos (*steeple houses,* por la torre que los coronaba), y su rechazo de los juramentos amenazaba con desestabilizar la base del gobierno civil. Y, lo que era aún peor, algunos de sus predicadores más activos y elocuentes eran mujeres. A partir de 1656 Massachusetts persiguió repetidamente a los misioneros cuáqueros, castigándoles con severas palizas y el exilio, y amenazándoles con cosas peores si osaban volver; por supuesto, volvieron. Entre 1659 y 1661 fueron colgados cuatro cuáqueros en el distrito de Boston. Uno de ellos era una mujer, Mary Dyer, que había sido amiga íntima de Anne Hutchinson. Hacia 1676, los colonos cuáqueros buscaban más tolerancia en otras tierras, y fundaron una nueva colonia en la parte occidental de Nueva Jersey.

También en Inglaterra los cuáqueros eran la prueba última de cualquier proyecto de legislación tolerante; la persecución alcanzó un nuevo apogeo bajo el gobierno de los *tories* a principios de la década de 1680. No obstante, el dirigente cuáquero William Penn contaba con la simpatía del rey Carlos II y su hermano el duque de York, y en 1681 recibió una cédula de propiedad sobre las tierras que se convertirían después en Pensilvania –«los bosques de Penn»–. El asentamiento cuáquero se extendió por zonas de lo que más tarde serían Delaware y Nueva Jersey. La colonia tuvo un éxito inmediato: en julio de 1683 habían llegado ya cincuenta barcos que elevaron a 3.000 el número de habitantes, afluencia sólo comparable a la primera emigración a la bahía de Massachusetts.

En 1682, la «Gran Ley» de Penn para la nueva colonia ofrecía tolerancia a todos los que confesasen y reconociesen que «el Dios único, poderoso y eterno es el creador, sustentador y señor del mundo», siempre que se comportasen correctamente. En sus primeras décadas, la colonia intentó institucionalizar los principios cuáqueros en una legislación que reducía considerablemente la aplicación de la pena de muerte y utilizaba de forma creativa las prisiones y los centros de trabajos forzosos; pero el período de experimentación acabó con la adopción del código penal inglés en 1718. Ello era parte de un pacto en virtud del cual a los cuáqueros se les liberaba de la obligación de prestar juramento al ocupar cargos públicos, limitándose simplemente a afirmar su lealtad.

Una tolerancia tan amplia resultaba tentadora para las minorías religiosas de Europa Occidental; era el caso de grupos sectarios alemanes, cuya posición se iba deteriorando en los represivos estados de la época. Los germano-americanos sitúan el inicio de su historia en un día de 1683, cuando el primer grupo de colonos se asentó en Germantown, actualmente en las afueras de Filadelfia. Estaban también los inevitables baptistas –ingleses, galeses e irlandeses–, cuyas agrupaciones de la zona de Filadelfia fundaron en 1707 la primera asociación baptista norteamericana. Hacia el cambio de siglo, los ortodoxos veían a Pensilvania como un zoológico de sectas, en buena medida como antes habían visto a Rhode Island, y al igual que en aquella colonia, el clima de tolerancia de Pensilvania fomentó un rápido crecimiento del comercio y la agricultura. Para mediados del siglo XVIII Filadelfia había superado ya a Boston como principal ciudad de la Norteamérica británica, y en 1770 rivalizaba con Dublín por ser la segunda ciudad del Imperio.

Mientras que a muchos colonos británicos les movía la búsqueda de un refugio religioso, otros territorios fueron colonizados por intereses económicos o imperialistas. En 1664 los ingleses tomaron posesión de las colonias holandesas que tenían su centro en Nueva Amsterdam, rebautizada entonces como Nueva York. Inglaterra controlaba así los antiguos territorios holandeses y suecos del Nuevo Mundo, con lo que eliminaba también una amenaza potencial para la seguridad de las colonias de Nueva Inglaterra y Chesapeake. También en esos años, los asentamientos británicos se fueron extendiendo por las tierras al sur de Virginia, entrando en las Carolinas. Ya en 1629 se había planeado la colonización de esa zona, que por eso recibió su nombre del rey Carlos I, entonces en el poder, y no de su hijo, bajo cuyo reinado se llevó realmente a cabo el plan décadas más tarde. El norte de Carolina se colonizó en la década de 1650, el sur a partir de 1670 aproximadamente (véase cuadro 1.1). Otros asentamientos más antiguos alcanzaron también el rango de colonia de pleno derecho: Rhode Island en 1647 y New Hampshire en 1679.

Cuadro 1.1.
Formación de la Norteamérica británica

Territorios británicos	Fecha aproximada de los primeros asentamientos europeos
Nueva Inglaterra	
Connecticut	1634
Massachusetts	1620
New Hampshire	1623
Rhode Island	1636
Vermont	1724
Maine	1624
Atlántico central	
Nueva Jersey	1664
Nueva York	1614
Pensilvania	1682
Atlántico meridional	
Delaware	1638
Georgia	1733
Maryland	1634
Carolina del Norte	1660
Carolina del Sur	1670
Virginia	1607

Hacia 1675 los colonos ingleses habían afirmado ya sus pretensiones territoriales en la costa oriental, con al menos un núcleo de asentamientos que abarcaba desde las fronteras de la Florida española por el sur hasta los actuales estados de Maine y Vermont. Por el interior, la presión colonizadora había llegado hasta la llamada *Fall Line,* donde los rápidos impedían seguir navegando por el río. En la siguiente generación se alcanzarían las estribaciones de los Apalaches y los montañosos valles que se extienden desde las Carolinas y Virginia hasta Nueva York.

La crisis (1675-1692)

A finales de la década de 1670 aquella parte del Israel de Dios que era Nueva Inglaterra prosperaba ya en muchos sentidos, pero empezaban a manifestarse graves problemas. En 1675 estalló una devastadora guerra entre los colonos y los indios wampanoag, liderados por Metacom, el «rey Felipe». La guerra se prolongó durante un año y acabó con la vida de seiscientos colonos y unos tres mil nativos. En 1676 la perspectiva de una confrontación generalizada con los indios hizo que se extendiera la exigencia de una mejor preparación militar y se pidiera a las capitales de las colonias que dieran más autonomía a las propias comunidades fronterizas.

En Virginia, el detonante de los disturbios fue la orden del gobernador de que no se siguiera penetrando en territorio indio sin su autorización y se levantaran fuertes para hacer respetar dicha orden. El descontento culminó en una abierta rebelión dirigida por Nathaniel Bacon, que unió a exploradores y siervos en una campaña populista basada en ideas antielitistas y antiaristocráticas y en el rechazo de unos impuestos injustos. Los rebeldes consiguieron incluso el apoyo de los esclavos, asegurándose el reconocimiento de posteriores historiadores radicales como ejemplo pionero de militancia de las clases bajas y de colaboración interracial –aun cuando uno de los objetivos principales de los disidentes era la supresión de la amenaza india–. Jamestown, la capital, fue incendiada, y el gobierno inglés tuvo que enviar un millar de soldados para contener la revuelta.

Las tensiones aumentaron durante la década siguiente. Tras la victoria de los monárquicos en Inglaterra en 1683, el partido cortesano trató de hacer una revisión general de los privilegios de los municipios ingleses (los *boroughs)* dotados de cierto nivel de autogobierno, que tantos problemas constitucionales habían generado en los cincuenta años anteriores. De manera similar, la revocación de las cartas coloniales vigentes –incluyendo la de Massachusetts en 1684– puso de manifiesto una nueva política imperial. Hacia 1688 ya se habían instituido procedimientos *quo warranto* contra todas las cartas coloniales de Norteamérica, y se pensaba en crear una nueva estructura regional, un «Dominio de Nueva Inglaterra» bajo el mando de un gobernador directamente responsable ante el rey. Esta tendencia suscitó todo tipo de preocupaciones –constitucionales, religiosas y personales: el nuevo rey era el católico Jacobo II, de quien se creía que albergaba pretensiones absolutistas–. Derogadas las cartas, todos los acuerdos de propiedad de las colonias quedaban en el aire, y, como poco, los colonos corrían el riesgo de sufrir enormes incrementos de sus rentas. En el peor de los casos, podrían verse igual de sometidos que los irlandeses, e igualmente expuestos a algún tipo de recolonización. A finales de 1686, sir Edmund Andros fue nombrado gobernador del Dominio de Nueva Inglaterra, que en 1688 se extendía ya desde el río Delaware hasta el San Lorenzo, incluyendo Nueva York. Además de su talante autoritario, el gobernador y su círculo utilizaban también, de manera llamativa, el libro de rezos anglicano, que para los puritanos de Nueva Inglaterra se alejaba muy poco del papismo; las protestas se generalizaron.

En noviembre de 1688, el estatúder holandés Guillermo de Orange llegó a las costas de Inglaterra para enfrentarse al rey Jacobo, quien para finales de año ya había sido apartado del poder. Cuando, pocos meses después, la noticia llegó a América, provocó una revolución general. En Boston se estableció un Consejo de Seguridad que tendría el mando hasta la restauración del gobierno tradicional en mayo. En Nueva York, un aventurero alemán llamado Jacob Leisler lideró una revolución social sirviéndose de su autoridad sobre las milicias; a medida que la posibilidad de una invasión francesa se hacía cada día más real, Leisler se fue manifestando como un dictador. Mantuvo su posición hasta 1691, cuando se negó a reconocer la autoridad del nuevo gobernador y fue ejecutado. La revolución de 1689 en Maryland terminó con el triunfo de una asociación protestante que se había formado como oposición al propietario, lord Baltimore, cuya familia perdió sus privilegios en la colonia hasta que se convirtió a la Iglesia Establecida. La capital se trasladó además de la católica Saint Mary's City a la protestante Annapolis («Ciudad de Anne Arundel»). Se emitió una orden de arresto para otro propietario, William Penn, acusado de alta traición, y su concesión fue suspendida. A lo largo de 1689, todas las colonias sufrieron revueltas con mayor o menor intensidad hasta que finalmente todas reconocieron a la nueva familia real.

Aun cuando el gobierno había sido más o menos restaurado, quedaban pendientes otras cuestiones. Las antiguas cartas coloniales habían sido derogadas, y muchas veces se tardó años en tener los nuevos documentos (en el caso de Massachusetts, hasta 1691). Además, las nuevas cartas solían ser muy diferentes de las antiguas: en Nueva Inglaterra se modificó el criterio de participación política, sustituyendo la tradicional idea de pertenencia a la Iglesia por la más inglesa de posesión de bienes. Fue también en este momento cuando la colonia de Massachusetts absorbió la plantación de Plymouth. Y difícilmente podía olvidarse la atrevida visión de los Estuardo de una Norteamérica británica unida. Aunque el régimen de Andros como gobernador era intolerable, se había sentado un importante precedente para futuros esfuerzos conjuntos en pro de un interés imperial común.

El sueño de una Nueva Inglaterra devota pasaba por serias dificultades, y la situación de guerra agudizaba el problema. En 1690 Nueva Inglaterra se había aliado con Nueva York en una campaña conjunta contra Nueva Francia, un desastroso fracaso que contribuyó a la ruina económica de la Norteamérica británica. Un hecho que permite apreciar hasta qué punto eran profundos el temor y la desilusión en esos años es el pánico a las brujas que estalló en Salem en febrero de 1692, tras descubrirse que algunas adolescentes estaban metidas en asuntos de magia popular y adivinación. El resultado de la espiral de histeria y acusaciones que se produjo entonces fue que, para mediados de año, decenas de personas habían sido acusadas de brujería, y veinte ejecutadas. Aunque este asunto ha pasado a formar parte del folclore común de la Norteamérica puritana, el incidente no era en absoluto típico, y habría sido inimaginable en unas circunstancias menos desesperadas o inestables que las de principios de la década de 1690.

Las colonias británicas en el siglo XVIII

Hacia 1640 la presencia inglesa en Norteamérica era ya un hecho consumado. Los dominios británicos tenían en ese año unos 27.000 habitantes; a partir de entonces la expansión demográfica fue prodigiosa, superándose la línea de los 100.000 a mediados de la década de 1660 y alcanzándose el cuarto de millón de personas en torno a 1700. A partir de ese momento, la cifra se duplica cada 24 años aproximadamente, lo que supone una tasa de crecimiento anual sostenido del 3%.

Ese ritmo de crecimiento se mantendrá hasta casi finales del siglo XIX. Había unos 470.000 habitantes en 1720, un millón a principios de la década de 1740 y dos millones a mediados de la de 1760. En 1790, según el primer censo federal, habitaban los nuevos Estados Unidos algo menos de cuatro millones de personas. Esta cifra se dobló a 8 millones aproximadamente hacia 1814, a 16 millones hacia finales de la década de 1830, a 32 millones en 1861 y a 64 millones más o menos en 1890. Para hacernos una idea de lo que supuso este logro demográfico, si esa extraordinaria tasa de crecimiento se hubiera mantenido hasta hoy, Estados Unidos tendría ahora una población aproximada de 1.000 millones de habitantes, rivalizando con la de China.

Al mismo tiempo que crecía, la población colonial también se distribuía más homogéneamente entre las colonias

Cuadro 1.2.
Crecimiento demográfico, 1700-1770

	Población (en miles)		
	1700	1740	1770
Nueva Inglaterra			
Connecticut	24	70	175
Massachusetts	70	158	299
New Hampshire	6	22	60
Rhode Island	6	24	55
Total	106	274	589
Atlántico central			
Nueva Jersey	14	52	110
Nueva York	19	63	185
Pensilvania	20	100	275
Total	53	215	570
Atlántico meridional			
Georgia	–	–	26
Maryland	31	105	200
Carolina del Norte	5	50	230
Carolina del Sur	8	45	140
Virginia	72	200	450
Total	116	400	1.046

(cuadro 1.2). En 1700 las mayores densidades de población eran con diferencia las de las colonias de Massachusetts, Maryland y Virginia: entre las tres poseían más del 60% de la población de la Norteamérica británica. Hacia 1770 ese porcentaje se había reducido ya a casi un 40%, una disminución relativa que reflejaba el crecimiento de las nuevas colonias de Pensilvania y Carolina del Norte. Incluso la diminuta Rhode Island pasó de 7.000 habitantes en 1700 a 50.000 en 1765.

Las divisiones formales entre colonias ocultan las diferencias regionales, que son más importantes; por ejemplo, la región natural de Chesapeake estaba a caballo entre Virginia y Maryland, atravesando la frontera oficial. A mediados del siglo XVIII había básicamente seis regiones principales, grosso modo, tres en el norte y tres en el sur, y todas con un importante desarrollo urbano.

La zona septentrional de Nueva Inglaterra tenía un suelo pobre para la agricultura pero fabulosos recursos madereros. Ofrecía también abundantes posibilidades de pesca, caza de ballenas y comercio marítimo, centrado todo ello en la ciudad de Boston y en localidades menores como Gloucester y Salem. Hacia 1730, la población de Boston se acercaba a 16.000 habitantes, cifra que se mantuvo constante hasta la Revolución. En la primera mitad del siglo, los colonos ingleses se extendieron rápidamente por las regiones septentrionales que se convertirían en Maine y New Hampshire: allí había unos 6.000 colonos blancos en 1690, y 60.000 hacia 1760.

El sur de Nueva Inglaterra se fundió paulatinamente con la colonia de Nueva York, que se caracterizaba por tener mejores suelos y un importante comercio a lo largo del río Hudson hasta el estrecho de Long Island. Este comercio estaba ya sentando las bases de la posterior prosperidad de la ciudad de Nueva York, que tenía 25.000 habitantes en 1760. Otro puerto floreciente era Newport, en Rhode Island, la quinta ciudad en tamaño de la Norteamérica británica con 11.000 habitantes en la década de 1760. El peso de las localidades costeras y los puertos regionales era igualmente significativo en la rica región del río Delaware, dominada por Filadelfia, con sus 25.000 habitantes en 1760 y sus 45.000 en el decenio de 1780. En los demás lugares el desarrollo urbano era lento, y poblaciones como Williamsburg, Richmond y Annapolis eran absolutamente insignificantes comparadas con auténticas ciudades como Boston y Filadelfia.

Más al sur, la región de Chesapeake conservó su economía basada en el tabaco, pero el comercio fluvial permitió también el acceso a los productos agrícolas del interior y el desarrollo de una producción comercial a gran escala de trigo y maíz en la próspera región de Piedmont, común a Maryland, Virginia y Carolina del Norte. Esa producción tenía su salida en el puerto de Baltimore.

En el extremo meridional del territorio británico estaban las Carolinas, que en 1712 quedaron oficialmente divididas en Carolina del Norte y Carolina del Sur. La del Norte, junto con la Virginia meridional, era el corazón de una nueva región tabaquera; no obstante, la colonia diversificó su economía mediante el comercio de madera y artículos navales. En el tercio sur de este territorio no hubo asentamientos hasta 1733, cuando se convirtió en la colonia de Georgia. A mediados de siglo, las plantaciones de arroz e índigo de Carolina del Sur y Georgia eran ya la base de una próspera actividad comercial, que se refleja en el desarrollo urbano de Charleston (llamada entonces, propiamente, «Charles Town») y Savannah. Charleston tenía 12.000 habitantes en el decenio de 1760, lo que hacía de ella el mayor centro urbano al sur de Filadelfia. Es en esta zona del extremo meridional donde más se utilizaban esclavos, más incluso que en la región de Chesapeake.

Las ciudades actuaban como centros de difusión de las nuevas normas de «progreso» y cultura, que solían proceder de Londres o París. En 1704, con la publicación del *Boston Newsletter* comenzó la ininterrumpida historia de la prensa norteamericana, y en la década de 1770 todas las colonias, excepto Delaware y Nueva Jersey, tenían ya al menos un periódico: Boston, Filadelfia y Nueva York tenían 15 entre las tres. En 1732 Benjamin Franklin empezó a publicar su famoso *Poor Richard's Almanac* [«Almanaque del pobre Ricardo»]. Franklin fue un destacado científico que trabajó sin descanso para hacer de Filadelfia un modelo de progreso ciudadano. En 1743 fundó la Sociedad Filosófica Americana *(American Philosophical Society)*. A mediados de siglo, la mayoría de las ciudades importantes tenía ya una red de clubes, sociedades y grupos de debate. A partir de 1710 las colonias se acercaron más unas a otras gracias a un sistema postal. Hubo un notable crecimiento de las instituciones públicas y otros signos de «civilización» en Filadelfia, que abrió una escuela de medicina en 1765 y el primer teatro permanente de las colonias al año siguiente.

A medida que iban creciendo, las colonias fueron desarrollando de forma natural sus propias y distintivas pautas culturales y sociales, y formulando estilos de vida que llegarían a reconocerse como «americanos». No obstante, en lo que se refiere al gobierno y la legislación, Norteamérica era mucho más británica entonces de lo que lo había sido en la década de 1690, cuando el débil Estado británico tenía muy poca capacidad para mantener a raya a sus traviesos hijos. Los gobiernos británicos del siglo XVIII trataron sobre todo de imponer algún tipo de homogeneidad imperial, por pequeña que fuese. El desarrollo del gobierno de la Corona se refleja en la situación constitucional de las colonias. En 1775, al menos ocho de las trece colonias tenían ya una carta real; Pensilvania, Maryland y Delaware seguían siendo colonias de propietario, mientras que Connecticut y Rhode Island eran colonias corporativas, con cartas obtenidas por los propios colonos en suelo americano. Quedaban ya lejos los días en que el gobierno giraba en torno a la Iglesia y los derechos políticos estaban condicionados a la pertenencia a un grupo religioso. De hecho, en las colonias reales el derecho a voto había dependido de la pertenencia a la Iglesia Establecida. Ahora todas las colonias tenían un gobernador designado por el rey o por el propietario, y un órgano legislativo completo, con dos cámaras según el modelo de Westminster. Y, como en Inglaterra, las leyes aprobadas por ese órgano requerían la firma del monarca. Un ejemplo del proceso de «normalización» fue la imposición del código penal inglés, con todas sus penas de muerte, en la Pensilvania cuáquera, que había sido hasta entonces uno de los estados más radicalmente singulares.

Las colonias se integraron en las rutas comerciales atlánticas del conjunto del Imperio. Barcos norteamericanos llevaban productos coloniales a las islas Británicas, a otros centros europeos y a las Antillas, sobre todo tabaco, artículos navales y madera. A cambio, importaban de Inglaterra bienes manufacturados. La flota colonial participaba también en el famoso «comercio triangular» con África y el Caribe: el ron se enviaba a África para contribuir a la compra de esclavos, que eran embarcados hacia las Antillas, la cual a su vez abastecía de melaza a Norteamérica. Hacia 1710, se dedicaban ya a esta actividad 60 barcos, contando sólo los que operaban desde Newport; hacia 1750, casi la mitad de los 340 barcos de la ciudad se dedicaban al comercio de esclavos. Los puertos también albergaron a una buena cantidad de bulliciosos corsarios durante las prolongadas guerras anglofrancesas. Muchas veces, sus actividades se confundían prácticamente con la piratería, pero contaban con la justificación del Imperio.

Las colonias nunca habían sido igualitarias, ni en la teoría ni en la práctica, y siempre había existido una elite rica y poderosa. No obstante, el siglo XVIII se caracterizó por una significativa polarización de la riqueza y por la aparición de nuevas y poderosas elites. En las colonias centrales, esas elites solían estar formadas por plantadores y terratenientes con inmensas propiedades, como las aproximadamente cincuenta familias de Virginia que ocupaban magistraturas y formaban parte del consejo del gobernador. Algunas de esas familias eran los Byrd, los Lee, los Randolph y los Carter, de cuyo esplendoroso estilo de vida son un buen ejemplo las mansiones que aún se conservan, como Westover y Carter's Grove.

En Maryland, Richard Tilghman –que había llegado en 1657– y su hijo del mismo nombre consiguieron acumular unas 6.000 hectáreas en la Costa Este. Richard hijo entró por primera vez en la asamblea legislativa de la colonia en 1697, y a ella pertenecieron también durante los siguientes noventa años nada menos que diez de sus hijos y nietos. Su dominio sobre dos condados –que se reflejaba en numerosos cargos como el de juez de paz y el de miembro de la junta parroquial– estaba consolidado por abundantes alianzas matrimoniales con otras familias poderosas de la región. Pero incluso los Tilghman quedaban empequeñecidos en riqueza y poder por los Carroll de Carrollton. Charles Carroll (1737-1832) dejó una herencia por un valor total de 1,4 millones de dólares aproximadamente, y unas 23.000 hectáreas de tierras. Terratenientes como éstos formaron el núcleo de la resistencia patriótica durante la década de 1770; Carroll sería uno de los firmantes de la Declaración de Independencia.

No obstante, la nobleza americana no fue un fenómeno exclusivamente sureño. Nueva York era una de las colonias más feudales, y contaba con inmensas propiedades que habían sido fundadas por los holandeses a lo largo del río Hudson. En torno a 1700, cuatro familias (Philips, Van Cortlandt, Livingston y Van Rensselaer) poseían ellas solas 640.000 hectáreas de esta colonia. En las ciudades también se desarrolló una elite de comerciantes y financieros, igualmente vinculada a los dirigentes políticos de la sociedad provincial. Filadelfia estaba dominada por grandes familias cuáqueras como los Cadwallader, los Lloyd y los Biddle. En 1770, el 5% de los contribuyentes de Boston que más pagaba controlaba los bienes gravables de la mitad de la ciudad, mientras que desde 1690 la proporción de bostonianos que carecían de bienes de ese tipo había aumentado de un 14 a un 29%.

La política colonial estaba marcada por la tensión entre las elites provinciales y la masa de colonos, tanto los establecidos en la frontera como los que habitaban unas ciudades cada vez mayores. Los choques entre «integrados» y «marginados» se agravaban por las rivalidades religiosas y étnicas. En Pensilvania, el pacifismo de la elite cuáquera era anatema para los presbiterianos (y los escoceses-irlandeses) residentes en los territorios fronterizos, que exigían sólidas medidas de preparación militar. Antes de la década de 1740, las asambleas legislativas de Filadelfia se mostraron reacias a aprobar ayuda militar para combatir a los piratas o hacer frente a las incursiones indias. La rivalidad entre las metrópolis y sus territorios explotó en 1764, cuando un grupo de «vigilantes» del interior, los llamados «Paxton Boys», mataron a unos indios que habían manifestado de todas las maneras posibles su intención de vivir en paz con los colonos. Los «Boys» amenazaron con marchar sobre Filadelfia.

En las Carolinas, la oposición fronteriza al gobierno colonial se institucionalizó en el movimiento «regulador» de 1766-1771, una mezcla de movimiento populista contra los impuestos y organización de «vigilantes». El discurso de los reguladores atacaba a las corruptas y satisfechas elites que se habían hecho ricas gracias a cargos y sinecuras que se pagaban con los impuestos de la población, y que al mismo tiempo no ofrecían los servicios y la protección exigidos a cualquier gobierno. En 1771, 2.000 reguladores que «imitaban la forma de lucha de los indios» fueron derrotados en una importante batalla con las fuerzas del gobernador en Alamance. La ira contra la elite del este de la colonia llevó a muchos de estos hombres de la frontera a emigrar hacia el oeste, e incluso a apoyar al bando de los leales en la Revolución.

La dimensión religiosa

La evolución de la sociedad colonial se puede ilustrar con la historia de sus iglesias y denominaciones religiosas; la extrema diversidad de la religión norteamericana tiene sus fundamentos en el período colonial. A lo largo de toda su historia, tanto colonial como nacional, Estados Unidos se ha caracterizado por unas pautas y prácticas religiosas que resultaban extrañas según los criterios del resto del mundo cristiano. A la mayoría de las otras confesiones cristianas de los siglos XVII y XVIII les chocaba especialmente el hecho de que hubiera una multitud de denominaciones compitiendo entre sí, y que además fueran independientes del control o el patrocinio del Estado. Aunque las estimaciones sobre el número de miembros o asistentes son especulativas, el cuadro 1.3. da una idea general del cambiante número de iglesias y capillas que reclamaban las distintas denominaciones en la era colonial.

Cuadro 1.3.
Afiliación religiosa en las colonias británicas, 1660-1780 (en miles)

	1660	1740	1780
Congregacionalistas	75	423	749
Episcopalianos	41	246	406
Holandeses reformados	13	78	127
Alemanes reformados	–	51	201
Católicos	12	¿20-40?	56
Presbiterianos	5	160	495
Luteranos	4	95	–
Baptistas	4	96	457
Cuáqueros	–	–	200
Judíos (sinagogas)	1	–	6
Total (aproximado)	150	1.200	2.500

A mediados del siglo XVII, el culto estaba dominado de forma clara por los congregacionalistas, principalmente en Nueva Inglaterra, y los episcopalianos, en su mayoría en torno a Chesapeake. Un siglo después la situación era considerablemente más compleja. Hacia 1780 los congregacionalistas poseían ya más o menos el 30% de las iglesias, mientras que presbiterianos, baptistas y episcopalianos tenían entre los tres el 55%. En otras palabras, cuatro grandes denominaciones poseían cerca del 85% del número total de lugares de culto. Los grupos alemanes (luteranos y reformados) ya destacaban claramente en el segundo grupo de denominaciones religiosas. En este punto la lista es algo engañosa, porque no incluye los centros de reunión de los metodistas, que pronto constituirían una poderosa denominación por derecho propio.

Estas cifras ponen de manifiesto el considerable progreso de la Iglesia Establecida de Inglaterra, y reflejan la transición generalizada de las colonias hacia las costumbres y leyes inglesas «normales». La Iglesia anglicana tuvo una poderosa presencia desde los primeros tiempos en colonias como Virginia, Maryland y Carolina del Sur, donde llegó a ser un auténtico poder fáctico. En Virginia, no había una gran separación entre Iglesia y Estado; la institución clave del gobierno civil era la junta parroquial electa, cuya jurisdicción abarcaba un inmenso abanico de reglamentos civiles y morales. En la práctica, el ministro ejercía el poder a satisfacción de los terratenientes y comerciantes locales. Hacia 1760 había unos 60 clérigos anglicanos en la colonia.

Técnicamente, la Iglesia anglicana del hemisferio occidental estaba bajo la jurisdicción de los obispos de Londres, pero a partir de 1689 a esta autoridad teórica se le sumó la presencia de activos comisarios, que patrocinaron una considerable expansión. A su vez, a estos comisarios se les unieron los misioneros de la Sociedad para la Propagación del Evangelio –de talante claramente ortodoxo–, que encontraron grandes oportunidades en la Nueva Inglaterra congregacionalista, donde desde principios del siglo XVIII el debate intelectual en las universidades suscitó un amplio descontento con las posturas tradicionales. En 1722, siete miembros de la Facultad de Yale firmaron un documento en el que expresaban sus dudas sobre la validez de la ordenación no episcopal, tras lo cual varios de ellos viajaron a Inglaterra para ser reordenados. Esta manifestación de ortodoxia ritualista causó espanto en los círculos puritanos de ideas tradicionales, pues era una demostración concreta de que su miedo al sibilino ascenso del papismo estaba justificado. Los avances episcopales también eran claros en la tolerante Pensilvania, donde la Iglesia de Cristo de Filadelfia logró convertirse en un centro influyente. En la década de 1720, la Iglesia anglicana disfrutaba ya de una popularidad generalizada.

No obstante, la creciente fuerza de los anglicanos no ocultaba la heterogénea naturaleza de la vida religiosa norteamericana, ni el carácter radicalmente diferente de su panorama cultural respecto de los existentes en cualquier otro lugar del mundo cristiano. Los anglicanos y los congregacionalistas coexistían y rivalizaban con otros grupos protestantes, especialmente con los presbiterianos –que llegaron en un número considerable desde el Ulster a mediados del siglo–, con los baptistas y los cuáqueros, que encontraron en Norteamérica el refugio de tolerancia del que tan claramente carecían en casi toda Europa. La mayoría de estas confesiones no sólo tenía numerosas congregaciones individuales, sino también abundantes agrupaciones federales, ya fueran sínodos o asociaciones regionales.

Los grupos religiosos dominantes se enfrentaban a unos vecinos que no sólo empleaban una retórica y una teología distintas, sino que incluso hablaban otro idioma. La adquisición de Nueva York, por ejemplo, supuso la incorporación al gobierno británico de una población seguidora de la Iglesia holandesa calvinista reformada, a la que en el siglo XVIII se le concedió apoyo oficial allí donde la mayoría de los colonos así lo deseara. A partir de 1720, aproximadamente, creció la presencia alemana, con migraciones masivas. Las iglesias alemanas, reformada y luterana, representaban a respetables comunidades con una tradición de carácter estatal en sus respectivos lugares de origen, pero había también numerosas sectas, entre ellas diferentes tipos de anabaptismo y grupos aún más peculiares, que estaban profundamente imbuidos de ideas ocultistas, místicas, utópicas, pacifistas y comunitarias, y que mostraron una gran preferencia por Pensilvania, donde prosperaron grupos como los *brethren* y los *dunkers,* junto a sus innumerables descendientes. Un buen ejemplo de esto era el monasterio protestante de Ephrata, donde vivían en comunidad los llamados «perfeccionistas del celibato». Algo más cercana a la corriente religiosa mayoritaria, Pensilvania contaba también con una red luterana muy organizada, que tenía su propio *ministerium.*

El compromiso religioso de los primeros colonos se manifestaba en su deseo de fomentar la educación, tanto para crear una sociedad laica alfabeta, capaz de leer las Escrituras, como para cultivar al clero. Los colonos congregacionalistas de Nueva Inglaterra dieron prioridad a la creación de universidades de orientación religiosa: Harvard se fundó en 1636, Yale en 1707. También otras denominaciones fomentaron activamente la creación de sus propias universidades, que se fundaron en su mayoría a mediados del siglo XVIII y que constituirían las instituciones de elite de la educación superior del país. Los esfuerzos anglicanos dieron lugar al College of William and Mary en Virginia (1693), el Kings College en Nueva York (1754, convertido más tarde en la Universidad de Columbia) y la Philadelphia School, que se convertiría en la Universidad de Pensilvania (1755). Los baptistas patrocinaron la Brown University en Rhode Island (1764), mientras que Princeton (1746), en Nueva Jersey, tenía raíces presbiterianas. También en Nueva Jersey, la Rutgers University (1766) estaba asociada a la Iglesia holandesa reformada.

El «Gran Despertar»

En mayor o menor grado, las distintas denominaciones se vieron todas afectadas por una revolución religiosa que barrió las colonias a partir de finales de la década de 1730: el «Gran Despertar». No fue de ningún modo un fenómeno exclusivamente norteamericano, pero sí fueron claramente norteamericanas las circunstancias que crearon las condiciones necesarias para su aparición, en particular la ambigua situación en que se encontraban los descendientes de los puritanos de Nueva Inglaterra.

En un principio, a los «santos reunidos» les había resultado relativamente sencillo identificar a los candidatos prometedores, quienes eran entonces sometidos a un intenso interrogatorio para probar la autenticidad de su conversión. Pero ¿qué pasaba con sus hijos y sus nietos, que habían crecido en el grupo y no tenían la necesidad de un dramático renacimiento espiritual? ¿Había que admitirlos o excluirlos? En 1662 las iglesias de Nueva Inglaterra propusieron un «pacto intermedio», un nuevo tipo de adhesión para los hijos e hijas de los «santos». En lenguaje sociológico, los congregacionalistas estaban haciendo una clásica transición desde el carácter de secta (voluntaria y comprometida) hasta el de iglesia, en la cual la pertenencia se hace hereditaria y por tanto adquiere un carácter más oficial y más en sintonía con la cultura circundante.

Hacia la década de 1730 existía ya una creciente tensión entre la retórica de la teología evangélica y la realidad de la vida, en el seno de una Iglesia relativamente confortable al estar patrocinada por el Estado y financiada por los impuestos. Como en la Alemania de la época, algunos clérigos protestantes denunciaron las cómodas fantasías de los «santos» en Sion, e insistieron en que ni una prodigiosa instrucción académica ni la simple conformidad con las reglas sociales eran formas de auténtico cristianismo. Subrayaban en cambio que el cristianismo exigía una conversión de corazón, una catártica experiencia psicológica en la que el individuo reconociera su estado absoluto de pecado y su total confianza en la salvación por los méritos de Jesucristo. Tras esto, debía reorientar radicalmente su vida hacia Dios y apartarse de los vanos placeres de este mundo.

El «Gran Despertar» se suele asociar a la obra de Jonathan Edwards, ministro de Northampton, Massachusetts, quien en sus sermones instaba a sus fieles a verse a sí mismos como «pecadores en manos de un Dios furioso», pecadores que sólo podrían salvarse del fuego eterno mediante una acción decisiva e inmediata. Sus palabras encontraron una respuesta entusiasta y pronto todo el mundo parecía preguntarse «¿qué debo hacer para salvarme?». Hacia finales de la década, las preocupaciones espirituales se vieron agravadas por las crecientes amenazas a la vida cotidiana, como el estallido de la Guerra del rey Jorge con España, y una crisis económica y comercial generalizada. En 1741 hubo una supuesta conspiración de esclavos en Nueva York, en la que, según se decía, los negros se habrían aliado con enemigos extranjeros y agentes católicos.

Para 1740 el *revival* estaba ya en pleno auge con la aparición de una serie de predicadores itinerantes que se dedicaban a ofrecer sorprendentes espectáculos oratorios, y cuya fluidez y pasión les convertían en superestrellas. Las giras de predicación de George Whitefield en 1739-1740 tuvieron un éxito extraordinario; un buen ejemplo del salvaje fervor que despertaban los *revivalists* es el de James Davenport, quien pronunciaba sermones de veinticuatro horas de duración que volvían histérica a su audiencia. Para los conservadores era un repulsivo aviso de la locura y la desorganización social a las que llevaría el «entusiasmo». Por su parte, los evangelistas denunciaban a los instruidos ministros que carecían de la experiencia de conversión, requisito fundamental para difundir la palabra de Dios. En 1740 el presbiteriano Gilbert Tennent pronunció un famoso sermón titulado «Los peligros de un ministerio sin convertir», en el que destacaba la superioridad del celo divino sobre el aprendizaje mundano. Si los clérigos oficiales eran «hombres muertos», ¿cómo podían generar hijos vivos? Tennent se moderó algo tras protagonizar difíciles enfrentamientos con gentes como Davenport y el conde Zintzendorf, un místico alemán que se estaba aventurando notablemente en especulaciones heterodoxas.

Estos debates disfrutaron después de una larga vida en la historia de la religión norteamericana, y casi todas las denominaciones se vieron en cierta medida afectadas por ellos. ¿A quién hay que dar preferencia, a los ministros devotos y entusiastas, o a los que están adecuadamente instruidos y ordenados? Las implicaciones de clase eran claras, y algunos evangelistas estaban dispuestos a preguntar si Dios había prohibido específicamente que el espíritu profético descendiera sobre los esclavos africanos. Los baptistas se hallaban básicamente divididos entre los *Old Light Regulars* (seguidores de la «Luz Antigua»), que recelaban del «entusiasmo», y los *New Light Separates* (grupo separado partidario de la «Luz Nueva»), que querían una renovación de los criterios de pertenencia. Similares tensiones afectaban a los presbiterianos, así como a algunas agrupaciones alemanas (los luteranos, por ejemplo), a miembros de la Iglesia Reformada y a los menonitas.

En algunos casos hubo auténticas escisiones: los metodistas se apartaron de sus orígenes episcopalianos hacia finales de siglo. En 1768 Nueva York tenía ya una capilla propiamente metodista. Dio la impresión de que el movimiento estaba acabado cuando John Wesley condenó directamente la causa revolucionaria, pero hacia la década de 1780 el metodismo era ya una iglesia estadounidense, con un gran potencial de crecimiento. Hacia 1790 la Iglesia Metodista Episcopal había conseguido 40.000 seguidores en los nuevos Estados Unidos. Las iglesias alemanas dieron lugar a una multitud de sectas como los United Brethren y la Evangelical Association, que crecieron extraordinariamente a finales de siglo. Los *revivals* y «despertares» resultaron un poderoso incentivo para nuevas colonizaciones, pues familias y grupos empezaron a formar nuevos asentamientos en los que poder vivir en devoción y unidad: desde Nueva Inglaterra principalmente, los colonos de la «Luz Nueva» se extendieron en dirección oeste hasta Ohio.

El «Gran Despertar» alcanzó su auge a principios de la década de 1740, pero es difícil señalar con precisión su final. Aunque otros hechos acaecidos a lo largo del siglo suelen describirse como fenómenos distintos e independientes, en realidad fueron continuaciones o consecuencias de la explosión original. En la Norteamérica alemana el máximo «entusiasmo» se vivió en las décadas de 1750 y de 1760. En Virginia, la actividad de los predicadores metodistas y baptistas de la Luz Nueva provocó agitaciones sociales esporádicas desde la década de 1740 hasta la de 1770, y preparó el camino para los desafíos democráticos que las autoridades políticas iban a sufrir durante los años revolucionarios.

Al igual que en Inglaterra en la década de 1650, la Virginia rural dominada por la nobleza quedó consternada ante el atrevimiento de los predicadores baptistas itinerantes, que se negaban a respetar los símbolos tradicionales de estatus social y se exponían por ello a la violencia y los malos tratos de los terratenientes y la muchedumbre. Entre 1768 y 1776, unos cincuenta predicadores fueron condenados a penas de prisión de diversa magnitud. Durante veinte años se produjeron reiteradas y encarnizadas disputas en torno a la negativa oficial a autorizar a los predicadores y sus centros de reunión, y la tensión alcanzó nuevos máximos cuando los baptistas hicieron conversiones masivas entre los esclavos: las primeras congregaciones baptistas negras aparecieron en Georgia y Virginia a mediados de la década de 1770. Aunque no explícitamente democráticas ni igualitarias, los «entusiásticos» insistían en ideas peligrosas, sobre todo la de situar el mérito más en la experiencia espiritual personal que en la riqueza, la posición social y la inteligencia.

Hacia la década de 1760, la difusión de la religión evangélica estaba invadiendo ya la esfera política, con la exigencia de que se ampliaran considerablemente unos derechos y libertades no muy distintos de los que pedían los militantes políticos. Entre ellos estaban la libertad de predicación, la no obligatoriedad del pago de impuestos para sostener el aparato oficial, el fin de la discriminación en la vida civil por razón de fe y la extensión de estos derechos a todas las denominaciones. En la Norteamérica colonial, el *establish-ment* religioso y el *establishment* político se mantendrían juntos o caerían juntos.

Las guerras anglofrancesas

Aunque las colonias británicas estaban desarrollando por sí mismas una floreciente vida cultural y económica, su prosperidad dependía de la tensa relación internacional con Francia. Desde comienzos del siglo XVIII, Francia era una fuerza militar y comercial de primer orden en el continente norteamericano, y las guerras anglofrancesas solían tener repercusiones en él, de modo que la preparación militar era un factor constante en la vida política de las colonias. De 1689 a 1763 las guerras obligaron a revisar periódicamente las fronteras entre las distintas posesiones coloniales –aunque los fuertes y asentamientos solían devolverse al término de las hostilidades–, y de vez cuando las incursiones e invasiones producían devastadoras pérdidas demográficas. La magnitud de la destrucción fue mucho mayor debido al empleo de aliados indios por ambas partes, fuerzas que generalmente no respetaban ni siquiera la primitiva caballerosidad de las guerras europeas. Durante todo este período, los ingleses mantuvieron una firme alianza con los iroqueses, y los franceses con los algonquinos y los hurones, por lo que los conflictos europeos se extendieron a unas guerras vicarias entre estos sustitutos.

En consonancia con los acontecimientos europeos, la guerra colonial anglofrancesa se desarrolló entre 1744 y 1748, año en el que los ingleses tomaron la plaza clave de Louisbourg. El acuerdo de paz ayudó muy poco a definir las fronteras entre los disputados territorios limítrofes en

Acadia y los Grandes Lagos, con lo que era inevitable otra ronda de combates. En 1753 los franceses construyeron una cadena de fuertes en la zona de los ríos Mississippi-Ohio, territorio que los ingleses consideraban suyo, especialmente a lo largo del río Allegheny, en la parte occidental de Pensilvania. Las tropas británicas enviadas para expulsarlos fueron derrotadas al año siguiente en Fort Duquesne (después Pittsburgh), en una campaña que por cierto supuso el debut militar de un oficial de Virginia llamado George Washington. Con la guerra en marcha, los representantes de las colonias dieron un paso cuyas enormes consecuencias se ven retrospectivamente: convocaron un congreso en Albany, Nueva York, para discutir la posibilidad de una acción conjunta, e incluso de algún tipo de unión política –unas Colonias Unidas de América, quizá–. En este punto, los norteamericanos no querían ciertamente romper con Inglaterra, pero sus sentimientos de agravio se iban acumulando.

La necesidad de tomar medidas urgentes se fue intensificando con cada nueva victoria francesa durante los dos años siguientes. El mayor golpe para el prestigio inglés fue la derrota de una expedición dirigida por el general Braddock contra Fort Duquesne, en la que los soldados regulares ingleses, tras caer en una emboscada, se retiraron desordenadamente. Asistir a esta humillación dejó en Benjamin Franklin y en otros una huella duradera y la importante impresión de que el poder británico era frágil. Peor aún, de que el desastre de Braddock se debió directamente a que se desoyeron las advertencias de oficiales coloniales como Washington. Quizá los norteamericanos supieran mejor cómo manejar sus propios asuntos.

A partir de 1756 la guerra en Norteamérica se fue integrando poco a poco en la gran contienda europea que suele

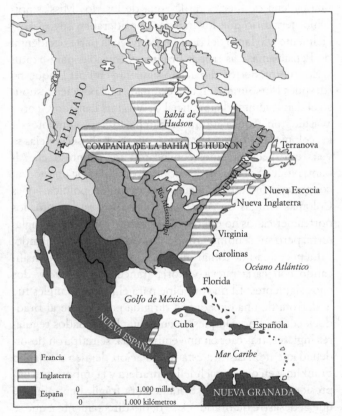

Mapa 2. Norteamérica en 1713

1. Tierras sin nombre: la colonización europea (1492-1765)

NO EXPLORADO

Bahía de Hudson

COMPAÑÍA DE LA BAHÍA DE HUDSON

Terranova

OREGÓN
(disputado por
Rusia y España)

San Pedro
y Miquelon
Nueva (Francia)
Escocia

LOUISIANA

Río Mississippi

RESERVA INDIA

Nueva Inglaterra

LAS TRECE

COLONIAS

Virginia

Carolinas

Océano Atlántico

Océano Pacífico

Florida
Occidental

Florida Oriental

Golfo de México

NUEVA ESPAÑA

Cuba

Honduras
Británica

Española

Haití
(Francia)

Mar Caribe

NUEVA GRANADA

Inglaterra

España

Línea de
demarca-
ción, 1763

0   1.000 millas

0   1.000 kilómetros

Mapa 3. Norteamérica en 1763

conocerse como la Guerra de los Siete Años, y nuevos dirigentes políticos y religiosos dieron un notable impulso a las fuerzas británicas. Entre 1758 y 1760 los ingleses tomaron la mayor parte de las plazas clave de los franceses, como Louisbourg, Ticonderoga y Niágara, en lo que más tarde sería el estado de Nueva York, y Fort Necessity en Pensilvania. La toma de Fort Duquesne (Pittsburgh) aseguró a los británicos el control de las cruciales bifurcaciones del río Ohio. La victoria inglesa en Quebec, en septiembre de 1759, no sólo dejó maltrecha la capacidad militar francesa sino que prácticamente puso fin a la guerra. El Tratado de París de 1763 supuso la aniquilación del imperio francés en Norteamérica, excepto algunas islas y derechos de pesca. Canadá y Nueva Francia pasaron a ser posesiones británicas, mientras Francia recompensaba a sus debilitados aliados españoles con el territorio de Louisiana. España, entre tanto, perdía sus territorios de Florida a manos de los británicos.

El Imperio Británico dominaba ahora toda Norteamérica al este del Mississippi. Aunque la expresión «Nueva Inglaterra» había llegado a tener un significado estrictamente regional, era el modelo británico del Nuevo Mundo el que ahora triunfaba sobre la «Nueva Francia» y otros competidores. Como se verá más tarde, este triunfo estaba condenado al fracaso por el mismo hecho de su victoria, pues el éxito imperial creó las condiciones previas esenciales para que surgiera Estados Unidos como nación independiente.

2. Revolución y construcción nacional (1765-1825)

Hacia la separación

En la década posterior a 1763 las colonias desarrollaron una confianza en sí mismas que desembocaría en una guerra de independencia a gran escala y a la separación del dominio británico. La presencia de agresivos vecinos franceses e indios había limitado seriamente la posibilidad de un sentimiento de insatisfacción con la autoridad británica, pues las tropas reales podían ser necesarias en cualquier momento para combatir posibles invasiones. La eliminación del riesgo francés permitió a los colonos pensar en sus objetivos y aspiraciones a largo plazo. Por su parte, los ingleses tuvieron que considerar las complejas necesidades de una población más diversificada. Además de los colonos ingleses, los súbditos del Imperio en Norteamérica eran ahora los habitantes de Canadá, católicos y francófonos, y los aliados indios que tan importante papel habían tenido en victorias anteriores. Los indios fueron una fuente de especial preocupación: en 1763 estallaron una serie de inquietantes guerras fronterizas, guerras que, aunque se asocian con el nombre del jefe Pontiac, probablemente eran el reflejo de la persistente influencia francesa.

Desde el punto de vista del Imperio Británico, era totalmente lógico limitar la expansión de los colonos hacia el Oeste, hacia las tierras de los indios, al mismo tiempo que ser tolerantes con los canadienses franceses y concederles cierta autonomía. En la decisión de frenar la expansión también intervinieron consideraciones económicas, como los intereses de los comerciantes de pieles y los especuladores de tierras. En 1763 la Corona fijó en los Apalaches el límite de las colonias británicas, declarando territorio indio todo lo que quedara al oeste de esa línea; a finales de la década, esa orden ya estaba empezando a resquebrajarse. La Ley de Quebec de 1774 extendió los límites de esa jurisdicción hasta la región al norte del río Ohio. Y, lo que era peor aún, la tolerancia e incluso la colaboración con la Iglesia católica formaban parte de la política de los ingleses en Quebec. Ninguna de estas medidas era aceptable para los ingleses americanos, a quienes los planteamientos del Imperio les quedaban muy lejos.

El final de Nueva Francia convenció también a los ingleses de que debían reestructurar su forma de gobierno en las colonias transatlánticas, y buscar una estructura gubernamental autofinanciada que pagase a una guarnición norteamericana compuesta por norteamericanos. Aunque se convirtió en el principal motivo de queja en la política colonial, la cuestión de los impuestos estaba entrelazada con otros muchos asuntos, sobre todo el del comercio colonial. Durante más de un siglo, los ingleses habían regulado el comercio y las manufacturas en sus territorios ultramarinos mediante las Leyes de Navegación, que establecían que los bienes exportados de las colonias debían viajar en embarcaciones británicas para fomentar el desarrollo de la flota mercante de la metrópoli. La década de 1760 vio cómo las viejas costumbres se convertían en motivo de agrias disputas, en parte por las nuevas leyes inglesas pero también por la alterada sensibilidad colonial.

En 1764, la Ley del Azúcar gravó las melazas que se traían a las colonias desde las posesiones de otros países, con el consabido objetivo de persuadir a los consumidores de que compraran productos de las colonias británicas. Dio también a los recaudadores de impuestos amplios derechos de búsqueda y embargo para asegurar el cumplimiento de la nueva norma. La ley fue radicalmente impopular, y en 1766 hubo una significativa reducción del impuesto, lo cual sentó el precedente de que las malas leyes se podían cambiar. La misma suerte corrió la Ley del Timbre (*The Stamp Act*) de 1765, que exigía poner pólizas en periódicos, documentos legales y otros elementos de intercambio comercial. Fue esta ley la que dio lugar al eslogan «impuestos sin representación es tiranía» y planteó la amenazante cuestión de la condición política de los colonos dentro del Imperio. Aquel otoño, delegados de nueve colonias se reunieron en Nueva York para formular una protesta contra la Ley del Timbre. En 1767, las polémicas Leyes Townshend establecieron impuestos sobre el té, el papel y otras mercancías que llegaban a las colonias. En las *Cartas de un agricultor de Pensilvania*, de John Dickinson, se razonaba con elegancia la postura constitucional norteamericana.

Entre 1766 y 1775, la oposición a los impuestos aumentó considerablemente, y los disidentes crearon una vigorosa red de propaganda y resistencia organizada, basada en los clubes clandestinos de los Hijos de la Libertad. Los militantes de Boston formaron una alianza de cooperación con las bandas locales, a las que se convenció para que emplearan sus energías contra los ingleses y no entre sí. En 1765 y 1767 una muchedumbre de bostonianos protagonizó violentas protestas contra la Ley del Timbre. Entre tanto, las relaciones entre los colonos y las tropas británicas empeoraban cada vez más. En 1770 el enfrentamiento entre soldados y una multitud de ciudadanos de Boston desembocó en la «matanza» de cinco colonos, el primer derramamiento de sangre real del conflicto. A partir de 1772 Boston se convirtió en el centro de una red de Comités de Correspondencia en continuo desarrollo, que compartían información y planeaban acciones conjuntas mediante las que promover la identidad de una Norteamérica unida en contra de la represión británica. En ese momento, el sistema fiscal de Townshend reportaba unas 300 libras al año, mientras que la presencia militar en las colonias americanas costaba 170.000.

La atmósfera política introdujo en los enfrentamientos partidistas y religiosos un nota ideológica y populista que de otro modo podría no haber existido, pero que adquirió entonces un fuerte matiz antielitista y antiaristocrático. Así ocurrió con los conflictos sobre la libertad religiosa y los predicadores baptistas itinerantes de Virginia, con el movimiento regulador en las Carolinas y con la rebelión agraria de Nueva York en 1766, en la que los agricultores y los arrendatarios se enfrentaron a las grandes propiedades feudales.

Hacia 1773 las colonias se estaban volviendo ya ingobernables, y los disidentes de Boston y otras zonas, como era obvio, se estaban preparando militarmente. En 1773 los mi-

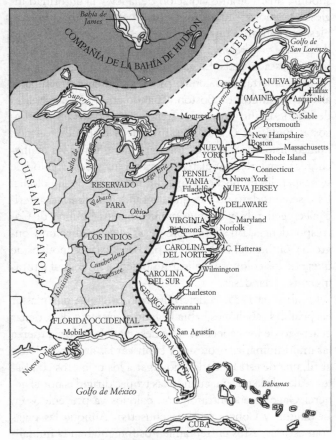

Mapa 4. Las colonias británicas en vísperas de la Revolución

litantes de Boston destruyeron en el puerto un cargamento de té de la India, el famoso Motín del Té *(Tea Party),* lo que suponía una flagrante violación de la ley y la autoridad inglesas. Como respuesta, las Leyes Coercitivas (o «Intolerables») instauraron una política represiva. Se cerró el puerto de Boston y se reafirmó con dureza la autoridad británica sobre Massachusetts. Llegado ese punto, era inevitable una revuelta abierta, y los conflictos se extendieron mucho más allá de los límites de Boston. Cuando en 1772 los rebeldes de Rhode Island quemaron frente a sus costas un guardacostas inglés, el *Gaspée,* los británicos respondieron con una comisión de investigación para identificar a los malhechores y enviarles a Inglaterra para ser juzgados, con lo que se suspendía de hecho la jurisdicción penal de la colonia. Esto se consideró un «ataque flagrante a la libertad americana en general», y dio más munición a los Comités de Correspondencia. En septiembre de 1774 se celebró un Congreso Continental en Filadelfia para analizar los motivos de queja de los colonos y aplicar un boicot a las manufacturas inglesas e irlandesas.

En abril de 1775, la determinación británica de aplastar las posibles rebeliones había llegado al extremo de ordenar el arresto de los cabecillas rebeldes, dispersar por la fuerza las multitudinarias protestas y confiscar las armas. El 19 de abril, una de estas redadas dio lugar a los primeros combates reales de la guerra, cuando las tropas dirigidas por el general Gage se encontraron con colonos ya prevenidos en Lexington y Concord (Massachusetts). Aunque las bajas eran escasas, estos enfrentamientos fomentaban la militancia entre los colonos, y pronto los soldados británicos tuvieron que hacer frente a unidades armadas de *minutemen,* así llamados porque aseguraban estar listos al minuto de ser avisados. En junio, los enfrentamientos entre patriotas y soldados regulares culminaron en una derrota norteamericana en la batalla de Bunker Hill. Para entonces, el Congreso Continental había surgido ya como un gobierno rebelde de facto de las colonias en armas, con George Washington como comandante en jefe de las fuerzas coloniales. En agosto, los ingleses declararon oficialmente que las colonias se hallaban en estado de rebelión.

Guerra e independencia

Aunque estaba bien entrenado, el ejército británico era demasiado pequeño como para poder sofocar una rebelión total en todo el enorme territorio de las colonias americanas. Aun contando con la ayuda de las milicias leales y los mercenarios alemanes (los *hessian),* probablemente las fuerzas británicas nunca superaron los 50.000 hombres. Por otra parte, tenían la gran ventaja de contar con bases cercanas en Halifax, Nueva Escocia, y las Antillas. Además, los ingleses no luchaban contra un enemigo completamente unido, pues muchos colonos (quizá una cuarta parte del total) no apoyaban la rebelión, hasta el extremo de tomar las armas contra ella; en algunas regiones estos *tories* tenían tanta fuerza que la Guerra de la Independencia se convirtió en una salvaje guerra civil marcada por las matanzas y la brutalidad en el trato a los prisioneros. Según John Adams, si no hubieran sido mantenidas a raya por sus radicales vecinos del norte y del sur, tanto Nueva York como Pensilvania se habrían unido a los británicos. El ejército continental en su conjunto se componía de unos 20.000 hombres, inferiores en entrenamiento y disciplina a los británicos.

La estrategia inglesa en las etapas iniciales de la guerra se centró en la destrucción de los principales centros de militancia patriótica. El objetivo de los norteamericanos era sobrevivir como fuerza política y militar el tiempo suficiente como para convencer a algunos enemigos extranjeros de Inglaterra de que interviniesen a su lado; en otras palabras, demostrar que se trataba de una auténtica revolución nacional, no de unos disturbios de agricultores y aprendices que se les habían ido de las manos. Aunque consiguieron su objetivo, la victoria se obtuvo lenta y costosamente, y no estuvo asegurada hasta 1781, el séptimo año de la guerra. Por lo menos hasta finales de 1777, hubo muchos momentos en los que la empresa norteamericana parecía una temeridad condenada al fracaso.

Durante 1776, las principales victorias para los rebeldes llegaron en el Sur, donde las fuerzas leales fueron derrotadas en Virginia y Carolina del Norte. En marzo, la llegada de la artillería norteamericana a las colinas que dominan Boston convenció al comandante inglés, el general Howe, de que debía evacuar la ciudad, pero a este triunfo le siguieron meses de derrotas casi fatales para la causa rebelde. Las tropas patriotas fueron expulsadas de Long Island, los soldados de Howe tomaron la ciudad de Nueva York y las fuerzas norteamericanas se vieron obligadas a levantar el asedio de la plaza británica de Quebec. Así de sombrío era el panorama militar aquel verano cuando se reunió el Congreso Continental en Filadelfia para analizar el cambiante contexto político de la guerra. Hasta entonces, el discurso patriota se había centrado en afirmar los derechos de los súbditos británicos dentro del Imperio y bajo la Corona. Con el aumento de la violencia y el bloqueo de los ingleses, lo principal pasó a ser la independencia política, radical cambio de rumbo que exigía una justificación apropiada ante la comunidad internacional.

En enero, la causa independentista había sido vigorosamente defendida por Thomas Paine en su panfleto *Common sense,* uno de los textos más influyentes de la época: vendió 150.000 ejemplares. El asunto se discutió durante todo junio, con John Adams como principal defensor de la independencia. Aparte de la soberanía, que era el tema principal, había también tensiones entre las colonias, así como desacuerdos entre el Norte y el Sur a propósito de la esclavitud. Thomas Jefferson redactó el documento que finalmente se convertiría en la Declaración de Independencia, aprobada por el Congreso el 4 de julio de 1776.

Basándose en la concepción ilustrada de la naturaleza humana y del contrato social, en dicho documento Jefferson enunciaba como verdades «evidentes» que

> todos los hombres son creados iguales; que son dotados por su Creador de ciertos derechos inalienables; que entre éstos están la vida, la libertad y la búsqueda de la felicidad; que para garantizar estos derechos se instituyen entre los hombres los gobiernos, que derivan sus poderes legítimos del consentimiento de los gobernados; que cuando quiera que una forma de gobierno se haga destructora de estos principios, el pueblo tiene el derecho a reformarla o abolirla e instituir un nuevo gobierno...

La monarquía británica había violado el contrato original al cometer «una larga serie de abusos y usurpaciones, dirigida invariablemente al mismo objetivo [...] someter al pueblo a un despotismo absoluto». Esos agravios, que se enumeraban de forma detallada, llevaban a la clamorosa conclusión de que

los Representantes de los Estados Unidos de América [...] solemnemente hacemos público y declaramos: Que estas Colonias
Unidas son, y deben serlo por derecho, Estados Libres e Independientes; que quedan libres de toda lealtad a la Corona Británica, y que toda vinculación política entre ellas y el Estado de la
Gran Bretaña queda y debe quedar totalmente disuelta.

La retórica era magnífica, pero por sí sola no podía mejorar la situación militar, que para finales de 1776 había llegado ya a un desesperado punto crítico. La pérdida de Nueva
York desplazó el escenario de la guerra a Nueva Jersey,
donde en los últimos días del año Washington organizó un
brillante contraataque. El 26 de diciembre sus tropas cruzaron el río Delaware y lanzaron un ataque sorpresa en Tren-
ton, a lo que siguió una victoria en Princeton a comienzos
de 1777. Esto al menos estabilizó la posición norteamericana en las colonias centrales. Entre tanto, el rey de Francia
había estado financiando en secreto al régimen rebelde.

En 1777 se produjo un cambio de fortuna, debido menos
al generalato de Washington que a la confusión del mando
británico. La principal ofensiva de los ingleses en aquel año
consistió en un ataque coordinado de las tropas del general
Burgoyne, desplazándose hacia el sur desde Canadá, mientras que Howe combatía en Pensilvania y ocupaba Filadelfia en septiembre. Con ello se aseguró una posición potencialmente valiosa para nuevas campañas, mientras que las
tropas de Washington se vieron obligadas a soportar el inminente invierno en durísimas circunstancias en la cercana
Valley Forge. Casi sin comida ni cobijo, aquellos «soldados
de invierno» sufrieron penurias que les han hecho un hueco
entre los mitos patrióticos. Pero la sección septentrional del
ejército británico se equivocó fatalmente de camino, y 8.000

2. Revolución y construcción nacional (1765-1825)

soldados de Burgoyne fueron interceptados en el norte del estado de Nueva York. Su rendición en octubre de 1777 fue un desastre militar y diplomático que animó a los franceses a entrar en la guerra como aliados de los norteamericanos a principios de 1778. Eso significaba soldados entrenados y, lo que es más importante, una flota francesa que podía desafiar con éxito la superioridad naval británica. Hacia 1780, España y los Países Bajos ya se habían unido también a la coalición internacional contra Inglaterra.

La guerra entró entonces en una nueva fase, en la que el ejército rebelde obtuvo victorias en casi todos los frentes. En junio de 1778 el propio Washington luchó en la última gran batalla de la región central, un incierto encuentro en Monmouth Court House (Nueva Jersey). Para la posterior expansión hacia el oeste fueron vitales las victorias conseguidas en Kentucky y a lo largo del valle del Ohio, que llevaron a un decisivo triunfo en Vincennes en 1779. A lo largo de los territorios fronterizos, las tropas norteamericanas consiguieron ahora dominar a los indios y *tories* que con sus incursiones habían estado devastando los asentamientos de la frontera; en estos combates del interior se cometieron algunas de las peores atrocidades de toda la guerra.

Aun en esta última etapa, los ingleses seguían teniendo algunos motivos para el optimismo, como por ejemplo la traición del comandante rebelde Benedict Arnold, que estuvo a punto de entregar el fuerte de West Point. Mientras, el descontento entre las tropas de Washington en Morristown se acercaba peligrosamente a un motín abierto. En el sur, los ingleses tomaron Charleston en mayo de 1780, y poco después prácticamente destruyeron a todo un ejército norteamericano en una importante victoria en Camden. La rendición de 5.000 soldados rebeldes en esta campaña supuso la mayor derrota de la causa patriótica en toda la guerra. Tras su triunfo, el general británico Cornwallis inició una campaña en Carolina del Norte y Virginia, donde eligió Yorktown como cuartel general. Como segundo tenía a un nuevo comandante en el bando británico, que no era otro que Benedict Arnold. Los éxitos continuaron hasta junio de 1781, cuando una incursión inglesa en Charlottesville estuvo a punto de capturar a gran parte del gobierno de Virginia, incluidos Jefferson y la mayoría de los dirigentes de ese estado.

Ese verano, Yorktown se convirtió en el objetivo de una importante operación conjunta de fuerzas francesas y patriotas, con la ayuda de una poderosa flota francesa que obligó a la Armada inglesa a retirar su apoyo. En octubre Cornwallis se vio obligado a rendirse con sus 8.000 hombres, y la guerra en tierra quedó prácticamente terminada. Las victorias navales británicas durante los dos años siguientes hicieron que el subsiguiente acuerdo de paz fuera mucho menos catastrófico de lo que podía haber sido. Del Tratado de París (1783) surgieron las nuevas fronteras de Estados Unidos, desde el Atlántico hasta el Mississippi, mientras que Inglaterra conservaba sus posesiones canadienses y antillanas. El establecimiento de la frontera en el Mississippi –que fue una idea de último momento– supuso en realidad un sorprendente éxito diplomático para los recién creados Estados Unidos.

La época de la Confederación

En 1783 los Estados Unidos de América se convirtieron en una nación libre y unificada, pero su futuro parecía muy incierto. La guerra estuvo acompañada de una gran violencia contra los *tories* y los lealistas, muchos de los cuales huyeron a Canadá y Nueva Escocia. Unos 50.000 exiliados eligieron ese camino, y en 1784 los ingleses crearon específicamente para los exiliados la provincia de New Brunswick. En 1791 los territorios británicos restantes se dividieron en Canadá Alta y Canadá Baja, correspondiendo la primera de ellas a los lealistas exiliados. Es difícil saber el número de esclavos que escaparon durante la contienda, pero fueron sin duda decenas de miles.

Dentro de Estados Unidos, la larga guerra había provocado lógicamente un gran desgarro social y económico. El gobierno había financiado la guerra con papel moneda «continental» (emitido por el Congreso Continental), que rápidamente perdió su valor, y la deuda pública era considerable. En 1780 el Congreso propuso reinstaurar la vigencia del papel moneda al nada generoso cambio de cuarenta a uno. La inflación se descontroló. En 1783 la paga de los soldados llevaba muchísimo retraso, lo cual era tanto más peligroso por cuanto que el ejército victorioso podía hacer valer sus deseos si así lo decidía. Aquel mes de marzo hubo rumores de sedición en el cuartel general de Newburgh (Nueva York), y una conspiración de incierta magnitud para exigir el dinero que se debía a los soldados; de lo contrario, el Congreso debía saber que «en cualquier hipótesis política, el ejército tiene la alternativa». En esta ocasión, una emotiva intervención del propio Washington acabó con el descontento.

No era, por tanto, una herencia fácil la que recibió el nuevo gobierno, que afrontaba una auténtica incertidumbre sobre su propio alcance y actividades. Mientras que los gobiernos de los estados eran entidades familiares con unas responsabilidades bien definidas, había más dudas sobre el carácter del gobierno nacional que se estableció conforme a los Artículos de la Confederación acordados por el Congreso en 1777 y ratificados en 1781. De hecho, la Confederación se parecía más a una alianza internacional que a un auténtico sistema federal, pues cada estado se definía como una entidad soberana. Además, cada uno de ellos disponía de un solo voto en la asamblea legislativa, para disgusto de los más grandes y poblados, que se veían bloqueados por los caprichos de vecinos más pequeños. Los estados signatarios accedían a ciertas obligaciones, como pagar impuestos a la Confederación nacional, pero en la práctica no había mecanismos con los que obligarles a hacerlas. Aunque en teoría había un presidente del Congreso, el cargo tenía poco que ver con el poderoso ejecutivo de las décadas siguientes.

Una política exterior por parte de la Confederación era casi imposible, pues cada estado tendía a defender lo que consideraba sus intereses, y las potencias extranjeras reconocían ese hecho como una dolorosa realidad. Los británicos sabían bien que, para ser eficaces, los tratados tendrían que firmarlos con los estados por separado. Esto ya es bastante peligroso en tiempos normales, pero en el decenio de 1780 existían además serias amenazas por parte de los vecinos que aún mantenían colonias: los británicos en la región de los Grandes Lagos, los españoles en Florida y el territorio de Louisiana, además de las tribus indias, en alianza con ambas o con una de estas dos potencias. Algunos estados eran partidarios del enfrentamiento con los vecinos, y otros, de la pacificación y el mantenimiento del comercio. En 1786, una propuesta de conceder a España la navegación por el Mississippi les pareció totalmente lógica a los habitantes de Nueva Inglaterra, que tenían poco que perder con la obstrucción de la expansión hacia el Oeste, pero a los sureños les pareció casi una acto de traición. ¿Quién decidiría qué intereses regionales debían prevalecer? ¿En qué sentido, si es que lo había, compartían un interés común un comerciante de Boston y un plantador de Georgia o, más aún, un hombre de la frontera de Kentucky? El Norte y el Sur eran regiones naturales y bien definidas, pero ¿qué tenían en común una con otra?

Al carecer de la protección de un gobierno central, a los estadounidenses les tentaba la posibilidad de buscarla en los españoles o los ingleses para comerciar y asentarse en sus tierras; y aunque en un principio sólo ciertos grupos de personas estaban dispuestos a abandonar su lealtad nacional, había rumores de que pronto territorios o estados enteros podrían considerar conveniente separarse. Análogamente, la inexistencia de acciones concertadas arruinó los esfuerzos por coordinar la política comercial. Algunos estados intentaron negociar tratados con otras potencias, con exclusión de sus vecinos estadounidenses, y en varias jurisdicciones se establecieron impuestos y aranceles al comercio entre antiguas colonias. Los estados que tenían puertos de gran actividad gravaban los productos que pasaban por ellos en dirección a los vecinos del interior, y otros utilizaban diversos mecanismos financieros, incluso acuñando su propia moneda.

La incertidumbre que rodeaba a las disputadas reclamaciones de tierras acentuaba las rivalidades entre los estados. Connecticut, por ejemplo, reclamaba un extenso territorio al Oeste que en esos momentos pertenecía a Pensilvania: los colonos rivales construyeron fuertes y se enfrentaron en sangrientos combates. Durante los primeros treinta años de independencia, la mayoría de los estados mostró una auténtica hostilidad hacia los mecanismos formales de la legislación inglesa, y muchos tribunales rechazaban ostentosamente todo el meticuloso aparato de la *Common Law* y sus precedentes tachándolo de mero residuo de la opresión colonial. Sin un marco jurídico, lo más probable es que las tierras disputadas simplemente cayeran en manos de la parte mejor armada y más agresiva.

El desprecio por la estricta legalidad y la enorme disparidad entre las políticas de los estados avivaron entre los propietarios el temor a que el republicanismo político pudiera incluir en breve un ataque a la jerarquía social. En casi todos los estados, la gran mayoría de los agricultores padecía una fuerte carga de deudas, agravada aún más por la extrema escasez de efectivo, que es lo que se exigía para pagar deudas e impuestos. Los comerciantes y acreedores consiguieron que se aprobaran leyes, según las cuales las deudas debían pagarse en oro o plata, no en el devaluado «continental». Peor aún, según la práctica inglesa, todavía vigente, el impago de deudas podía perfectamente llevar a la cárcel por un período indefinido, hasta la liquidación de la cantidad adeudada. Si se organizaban políticamente grupos de deudores en virtud de los nuevos y más amplios derechos políticos, ¿quién iba a impedirles que aprobaran leyes que pospusieran e incluso abolieran las deudas existentes, provocando en la práctica una masiva transferencia de riqueza entre unas clases y otras? De igual manera, gracias a la educación en cultura clásica, muchos dirigentes políticos conocían bien el precedente romano de una ley agraria que había expropiado grandes extensiones de tierra para redistribuirla entre los pobres y desheredados. Si un estado cualquiera se decidía a dar ese radical paso, no había instituciones nacionales o federales que se lo pudieran impedir.

La población tenía recientes y vivos recuerdos de acciones directas para remediar las tensiones sociales cuando algunos sectores se sentían explotados y sometidos a una fiscalidad excesiva. A partir de 1784 los movimientos de deudores asaltaron tribunales y subastas para sabotear el sistema de recaudación. Los temores a perder las propiedades y a una subversión del orden social se acentuaron notablemente en 1786, cuando estalló en la parte occidental de Massachusetts la rebelión de los «deudores de Shays», liderados por un soldado de la revolución que había luchado en Bunker Hill, lo que no deja de ser significativo. Aunque la base del levantamiento fue sofocada en diciembre, siguió habiendo actividad de guerrillas hasta la primavera siguiente. Si bien no fue especialmente sangriento en comparación con fenómenos similares en la Europa de la época, este levantamiento fue un incentivo crucial para que se iniciara el proceso de reforma y revisión constitucionales.

Ya antes se estaban debatiendo los planes de cambio. En 1785 se habían reunido en Alexandria representantes de Maryland y Virginia para hablar de cuestiones como los peajes y los derechos de pesca, y se había instado al Congreso a que regulara el comercio en el país. Bajo la preclara influencia del dirigente virginiano James Madison, en una reunión celebrada en Annapolis (Maryland), en 1786, se avanzó aún más en la idea de una nueva convención constitucional. Ésta comenzó sus deliberaciones en Filadelfia en mayo de 1787, con 55 miembros en representación de todos los estados excepto Rhode Island.

La redacción de la Constitución

El subsiguiente debate sobre la propuesta de una Constitución nacional se desarrolló con un grado notablemente alto de sofisticación retórica, y muchos de los delegados se descubrieron como destacadas figuras intelectuales. James Madison representaba una avanzada tendencia del pensamiento político ilustrado, que tenía sus raíces en el mundo inglés de finales del siglo XVII, del filósofo John Locke y el científico Isaac Newton. Como la mayoría de sus colegas, aceptaba una versión del contrato social en la que el gobierno es instituido por el pueblo, el cual tiene por tanto la facultad de cambiarlo a su gusto siempre que respete los derechos básicos e inalienables, incluido el de propiedad. Aunque el gobierno es necesario, tiende a sobrepasar sus propios límites, y hace falta un sistema de mutuos controles y contrapesos. Tradicionalmente, el gobierno tiene tres funciones principales –legislativa, ejecutiva y judicial–, y un buen sistema debe mantener la mayor separación posible entre ellas. En términos newtonianos, se podrían entender como unas fuerzas naturales que han de mantenerse en una relación estable, similar a la de los cuerpos celestes. Así pues, Madison era partidario de un gobierno nacional fuerte, pero constantemente limitado por controles y contrapesos internos.

La verdad es que el de Madison no era el único modelo, y no hay que exagerar su papel de radical innovador. De hecho, ahora parece que generaciones enteras de historiadores han subestimado mucho la influencia de Charles Pinckney, de Carolina del Sur, en el proyecto final. Y había otras propuestas: Alexander Hamilton prefería un modelo más parecido al de la monarquía y aristocracia inglesas como medio de controlar las pasiones populares que tanto temía. No obstante, la idea de equilibrar y separar los poderes tuvo gran aceptación. En el modelo que finalmente se adoptaría, el gobierno constaría de tres ramas: un poder legislativo (Congreso), un ejecutivo, encabezado por el presidente, y un poder judicial federal cuya máxima instancia era el Tribunal Supremo. Además de la mutua vigilancia entre las tres ramas, habría también una sana tensión en el seno de cada una de ellas, especialmente en el legislativo.

Para impedir que el gobierno pudiera sufrir alteraciones radicales debido a caprichos pasajeros del electorado (por ejemplo en materia de abolición de la deuda), la Constitución asignaba diferentes mandatos a los distintos elementos de la autoridad electa con la esperanza de que, al menos, parte del gobierno permaneciera seguro en el poder hasta que hubiera pasado la oleada de pánico o «entusiasmo» en cuestión. Todos los miembros de la cámara baja, la Cámara de Representantes, estarían sujetos a elección popular cada dos años, y serían por tanto los más sintonizados con la opinión pública. Los senadores no estarían sujetos a elección popular (lo cual sería posteriormente revocado por la Decimoséptima Enmienda constitucional, ratificada en 1913), sino que serían elegidos generalmente por las asambleas legislativas de los estados. El mandato de los senadores duraría seis años, y un tercio del total de ellos se renovaría cada dos años de forma rotativa. El presidente ocuparía su cargo durante cuatro años. En la rama judicial, los jueces federales serían designados más que elegidos, y permanecerían en su cargo hasta que murieran, se retiraran o fueran expulsados por encausamiento *(impeachment)*. A lo largo de toda la historia de Estados Unidos, este sistema de alternancias de los mandatos y condiciones de los cargos políticos ha sido criticado como obstáculo a una abrumadora voluntad popular –el ejemplo más llamativo se dio en la época del *New Deal,* en la década de 1930–, pero al mismo tiempo la mayor estabilidad del Senado y el Tribunal Supremo ha evitado también que los presidentes y el Congreso promulgasen leyes precipitadas e imprudentes. Para bien o para mal, esto era lo que realmente pretendían los autores de la Constitución.

Decidirse sobre las virtudes de una unión más estrecha fue fácil comparado con la cuestión de cómo deberían resolver sus disputas los estados constituyentes, sobre todo cuando un estado o región se sintiera amenazado en sus intereses. Los estados presentaban enormes diferencias de tamaño, riqueza y población. Según el censo de 1790, Virginia era con mucho el estado más grande, con 748.000 habitantes, mientras que en el extremo opuesto estaban Rhode Island con 69.000 y Delaware con 59.000.

¿Debía cada estado estar representado de manera proporcional a su población, en cuyo caso tres o cuatro grandes estados tendrían una hegemonía indefinida? Tal era la base del Plan de Virginia de Madison, que encontró sus mayores defensores en las delegaciones de los tres estados más grandes –Virginia, Massachusetts y Pensilvania–. Lo apoyaban también otros estados sureños que creían, correctamente, que sus regiones serían las más beneficiadas por las tendencias demográficas del momento, y que en una o dos décadas serían grandes y populosas. La otra opción era que cada estado tuviera un solo voto en un consejo nacional, al igual que en la Confederación, con lo que Virginia o Pensilvania podrían verse sistemáticamente bloqueadas por Rhode Island o Delaware. Este sistema formaba parte del Plan de Nueva Jersey, defendido por los estados más pequeños. Ambos planes eran, en su literalidad, inaceptables para uno u otro bloque, y la convención casi fracasó en sus primeros días, cuando Delaware amenazó con retirarse inmediatamente ante la amenaza de la representación proporcional.

La solución fue adoptar criterios distintos para las distintas partes del gobierno, en la línea del Compromiso de Connecticut (Connecticut desempeñó a menudo un papel clave en los debates como mediador entre los estados del Sur y de Nueva Inglaterra). En el poder legislativo, el principio de representación popular valdría para la Cámara de Representantes, que sería la más sintonizada con la voluntad del pueblo, y los estados tendrían un representante por cada 30.000 habitantes (la cifra actual es muy superior, clara violación de la Constitución que sigue existiendo porque nadie ha querido plantear la cuestión). En el Senado, cada estado, por fuerte o débil que fuera, contaría siempre con 2 representantes.

El hecho de que las leyes tuvieran que pasar por las dos cámaras satisfacía por tanto a las dos facciones, a los estados grandes y a los pequeños. Esta solución intermedia era de algún modo deudora del sistema de la Confederación Iroquesa, en la que cada tribu tenía un voto independientemente de cuál fuera su tamaño. El principal precedente era el Parlamento inglés, en el que los escaños se repartían entre condados y distritos municipales (*boroughs*). El Senado correspondería así a los escaños de condado, más prestigiosos, a razón de aproximadamente dos por cada uno, mientras que la Cámara de Representantes sería paralela a los escaños municipales, que podían variar en número, reflejando así teóricamente los cambios de las circunstancias sociales y políticas.

Cuadro 2.1.
Población de los estados en 1790 (en miles)

	Total	No blancos	Esclavos*
Massachusetts	378	5,0	0
Connecticut	237	6,0	3(1,3)
Rhode Island	69	4,0	1(1,4)
New Hampshire	142	0,6	0
Vermont	86	0,3	0
Nueva York	340	26,0	21(6,2)
Pensilvania	434	11,0	4(1)
Delaware	59	13,0	9(15,3)
Maryland	320	111,0	103(32)
Virginia	748	306,0	293(39,2)
Kentucky	74	12,1	12(16,2)
Tennessee	36	–	–
Carolina del Norte	394	106,0	101(25,6)
Carolina del Sur	249	109,0	107(43)
Georgia	83	29,4	29(35)

* Porcentajes entre paréntesis.

Así es que una parte del legislativo podía elegirse según la población. Pero ¿qué población? Los fundadores coincidieron en que se necesitaba un censo federal, y en que ese censo podría dar un idea razonablemente exacta del número de seres humanos que había en la nueva nación. Sin embargo, algunos no eran legalmente libres. En 1790, 790.000 habitantes eran descendientes de africanos –casi una quinta parte del total, y una proporción mayor que en cualquier época posterior–; y más del 90% de ellos eran esclavos. En algunas regiones los porcentajes eran mucho más altos: casi un tercio de los habitantes de Maryland y Virginia no eran libres, y más de un 40% en Carolina del Sur. En algunos condados los esclavos suponían más del 70% del total. ¿Debía contarse a esos esclavos en la población que daba a un estado su fuerza electoral? En principio el Sur dijo que sí, y el Norte, como era también lógico, dijo que no. El acuerdo final siguió el modelo de los años de Confederación, estableciendo que la población esclava contaría, pero en menor proporción que los blancos libres. El lenguaje utilizado es realmente interesante. Los estados se repartirían a los representantes según el número de «personas libres... y, excluyendo a los indios no contribuyentes, tres quintos de todas las demás personas». La palabra que no aparece, por supuesto, es «esclavo», omisión que se da en todo el documento.

Al igual que en 1776, en 1787 los padres fundadores eran dolorosamente conscientes de la potencial influencia que tendría la opinión pública internacional ante cualquier posible conflicto con naciones como Inglaterra. Era vital conservar la idea de que Estados Unidos era un refugio de virtud republicana y libertad, idea que se vería seriamente comprometida si se discutía o reconocía abiertamente el dilema de la esclavitud. Esa preocupación se desprendía también claramente de los pasos que se habían dado para evitar que un nuevo gobierno federal aboliera el comercio de esclavos. Lo más probable es que esa medida se terminara por adoptar, pero se retrasó veinte años. No por casualidad, la cláusula de la Constitución que se ocupa de este tema es tan oscura que quizá logre engañar a un lector ingenuo, refiriéndose como se refiere a que el Congreso no tiene poder para prohibir «la migración o importación de las personas que cualquiera de los estados actualmente existentes considere adecuado admitir» antes del año 1808. Aunque la migración aparece en primer lugar, la esencia de la cláusula tiene que ver con los sujetos de la «importación», que eran los esclavos.

Una cuestión muy relacionada con la esclavitud era la de las tierras del Oeste, los territorios entre los Allegheny y el Mississippi, que llegarían a ser una enorme fuente de riqueza y futura expansión. Varios estados reclamaban estas zonas, y sus pretensiones iban desde lo plausible hasta lo ultrajante: muchas cartas coloniales del siglo XVII establecían sus fronteras occidentales en la costa del Pacífico, y por ejemplo Virginia seguía realizando esporádicamente reclamaciones territoriales de ese tipo. Estas irreales demandas habrían de dar paso a la creación de nuevos estados en el Oeste, pero se planteó entonces la cuestión de cómo hacer la división y bajo qué condiciones. ¿Estaría permitida la esclavitud, junto a todas las demás formas de propiedad privada? Al margen de la división Norte-Sur, los estados con intereses en las tierras del Oeste obviamente veían el asunto de manera diferente a quienes, como Delaware, no tenían reclamaciones pendientes. Además, las grandes fortunas de los especuladores (muchos de los cuales eran también legisladores) se basaban en la regulación jurídica del Oeste. Entre tanto existía el claro peligro de que los conflictos por cuestiones de legislación y gobierno provocaran tal descontento que los habitantes de las zonas recién colonizadas pudieran rebelarse y separarse.

La prueba de fuego para la política de Estados Unidos fue el tratamiento de los territorios noroccidentales, inmensa región que terminaría convirtiéndose en los cinco estados que rodean a los Grandes Lagos. Virginia cedió sus supuestos derechos en esta zona al gobierno nacional en 1784, y en 1787 la Ordenanza del Noroeste esbozó la futura forma de gobierno de la región. En ella se ideaba un procedimiento ordenado y gradual para la admisión de nuevos estados, modelo que finalmente se siguió utilizando hasta que el continente estuvo unido de costa a costa. Las nuevas zonas tendrían la condición de territorios regidos por gobernadores nombrados hasta que su población llegara a 60.000 habitantes, un nivel suficiente para justificar un gobierno estatal. Ni siquiera en la fase «de prueba» los colonos se apartarían del sistema de gobierno nacional, mientras que los nuevos estados estarían en absoluta igualdad con sus equivalentes más consolidados. La Ordenanza ofrecía también un plan completo que prohibía la esclavitud a la vez que garantizaba a los propietarios de esclavos el derecho a capturar a los fugitivos. El proyecto no sólo hizo más fluidos los debates constitucionales, sino que también influyó en la política nacional sobre la esclavitud hasta la Guerra Civil.

Desde el inicio de la Convención, los intentos de revisar los términos de la unión encontraron una dura oposición, y así en el proceso de debate se producían casi a diario concesiones y cambios de bando. Quizá esto sea menos notable que el hecho de que finalmente saliera un documento, que deberían ratificar los distintos estados. El proceso de ratificación provocó agrias disputas, y federalistas y antifederalistas revivieron muchas veces las mismas batallas de Filadelfia, aunque en ocasiones se planteaban nuevas cuestiones que allí no habían sido tan importantes.

Delaware, Pensilvania y Nueva Jersey ratificaron la Constitución en 1787, y otros ocho estados hicieron lo propio en 1788. La adhesión de New Hampshire en junio de ese año fue crucial, porque significó el noveno voto necesario para que la Constitución entrara en vigor. Pero la cuestión no estaba aún cerrada, pues estados vitales como Nueva York y Virginia seguían indecisos. La necesidad de ganar la batalla se recalcaba en *The Federalist,* el monumento literario más importante de esta época. Era una serie de artículos de Alexander Hamilton, James Madison y John Jay en los que se daba respuesta a las objeciones a la nueva forma de gobierno. En el otro lado, los antifederalistas contaban con figuras de impecables credenciales patrióticas, como Patrick Henry. Sobre todo en Virginia, hubo un duro enfrentamiento antes de que los federalistas triunfaran finalmente.

En esta fase fue importante la cuestión de la carta de derechos, documento inspirado en la declaración inglesa de 1689, que especificaba los derechos de los súbditos dentro de una monarquía justa. Virginia había proclamado en 1776 una amplia declaración de derechos –cuyo autor principal fue George Mason–, y había presiones para que dicho documento se incorporara a la Constitución. Finalmente se añadió una carta de ese tipo que en 1791 se convertiría en las primeras diez Enmiendas a la Constitución. La carta era un catálogo de los agravios de la tradición *whig* protestante, y sólo puede entenderse en el contexto de décadas de luchas contra gobiernos opresores desde la época de Carlos II hasta los días de Jorge III y John Wilkes. El documento limitaba la facultad del gobierno de establecer una Iglesia estatal, de restringir la libertad de expresión y de acuartelar tropas en las poblaciones en tiempos de guerra; de desarmar a los ciudadanos leales, pisotear sus derechos en los tribunales penales o abolir los jurados, y de imponer penas crueles e inhumanas. Aunque en un principio estos derechos se referían solamente al poder federal, las sucesivas decisiones de los tribunales los han extendido al ámbito de los estados, y en el siglo XX estas Enmiendas han tenido consecuencias incalculables sobre el funcionamiento del gobierno y la imposición del cumplimiento de la ley.

A finales de 1788 Estados Unidos ya era una nación federal. Carolina del Norte se unió en 1789, y Rhode Island, en 1790 (véase el cuadro 2.2). En 1791 la Unión admitió también a Vermont, que se había separado de la jurisdicción de Nueva York en 1777. Al igual que Rhode Island, Vermont se incorporó a la Unión de muy mala gana, cediendo a unas amenazas apenas veladas.

Una nueva nación

La nueva nación siguió desarrollando sus propias instituciones. George Washington fue elegido presidente en 1789 (véase cuadro 2.3), y tuvo cuidado de equilibrar un gran respeto por el prestigio y las prerrogativas de su cargo con el rechazo de las tentaciones monárquicas. Su reputación personal otorgó importancia al cargo, a la vez que hacía de la presidencia un foco de patriotismo y unidad nacional. En 1794 Washington manejó hábilmente la primera crisis interna del nuevo sistema cuando miles de agricultores de Pensilvania se negaron a pagar un impuesto sobre el whisky; el presidente tuvo que enviar 13.000 soldados contra la «rebelión» (el número de combatientes en ambos lados superaba al de la mayoría de las batallas de la independencia). Su actuación fue clave, porque probablemente evitó que el movimiento se extendiera por todas las regiones occidentales. La decisión de Washington de no presentarse a las elecciones para un tercer mandato en 1796 supondría un poderoso precedente que después se tomó casi como ley y que nadie puso en cuestión hasta que Franklin D. Roosevelt se presentó a la reelección presidencial en las complicadas circunstancias de 1940.

Cuadro 2.2.
Estados, 1787-1820

	Año de admisión en la Unión	Capital moderna
Delaware	1787	Dover
Pensilvania	1787	Harrisburg
Nueva Jersey	1787	Trenton
Georgia	1788	Atlanta
Connecticut	1788	Hartford
Massachusetts	1788	Boston
Maryland	1788	Annapolis
Carolina del Sur	1788	Columbia
New Hampshire	1788	Concord
Virginia	1788	Richmond
Nueva York	1788	Albany
Carolina del Norte	1789	Raleigh
Rhode Island	1790	Providence
Vermont	1791	Montpelier
Kentucky	1792	Frankfort
Tennessee	1796	Nashville
Ohio	1803	Columbus
Louisiana	1812	Baton Rouge
Indiana	1816	Indianápolis
Mississippi	1817	Jackson
Illinois	1818	Springfield
Alabama	1819	Montgomery
Maine	1820	Augusta
Missouri	1820	Jefferson City

Cuadro 2.3.
Resultados de las elecciones presidenciales, 1789-1820

	Candidato ganador*	Candidato derrotado
1789	George Washington [69]**	Ninguno [–]
1792	George Washington [132]	Ninguno [–]
1796	John Adams (F) [71]	Thomas Jefferson (DR) [68]
1800	Thomas Jefferson (DR) [73]	Aaron Burr (DR) [73]
1804	Thomas Jefferson (DR) [162]	Charles Pinckney (F) [14]
1808	James Madison (DR) [122]	Charles Pinckney (F) [47]
1812	James Madison (DR) [128]	DeWitt Clinton (F) [89]
1816	James Monroe (DR) [183]	Rufus King (F) [34]
1820	James Monroe (DR) [231]	John Q. Adams (DR) [1]

* Entre corchetes, los votos electorales.
** No tenemos cifras de voto popular antes de la década de 1820.
F = Federalista; DR = Demócrata-republicano.

El gobierno nacional creó entonces una capital, algo esencial para la administración federal, que tendría que evitar la envidia que provocaría la elección de cualquiera de los centros existentes. Filadelfia habría sido la elección más probable, y de hecho fue la capital provisional desde 1790 hasta 1800. El lugar elegido para la nueva capital era un territorio virgen en la frontera entre Maryland y Virginia, y por tanto igualmente accesible por el norte y por el sur. Estaba también convenientemente cerca de los prósperos puertos de Alexandria y Georgetown, así como de la residencia del principal estadista de la nación, la propiedad que Washington tenía en Mount Vernon. En 1800 Washington D. C. fue declarada la capital de la nación. A pesar de un ambicioso proyecto inicial de Pierre L'Enfant, pasarían décadas hasta que la sede del gobierno adquiriera una auténtica vida de ciudad importante por derecho propio. Aun en 1850 su población apenas llegaba a 50.000 habitantes.

Un desarrollo notable del nuevo sistema se produjo en la rama judicial, en la que el Tribunal Supremo adquirió rápidamente una importancia mucho mayor de lo que habían imaginado los autores de la Constitución. El primer presidente del Tribunal Supremo (*Chief Justice*) fue John Jay, quien consideraba que el suyo era básicamente un cargo a tiempo parcial. De 1801 a 1835, sin embargo, el cargo fue ocupado por John Marshall, que hizo del Tribunal un eje del gobierno federal y un instrumento extraordinariamente eficaz para controlar a las otras ramas. Su decisión en el caso de Marbury contra Madison (1803) estableció el principio de que el Tribunal tenía el derecho y el deber de derogar leyes aprobadas por el Congreso que violaran la Constitución. Inclinándose hacia el lado federalista del espectro político de entonces, Marshall defendía un gobierno fuerte que sostuviera y defendiera los derechos de propiedad contra la posible intrusión del radicalismo. Durante las tres décadas siguientes esto llevó a una serie de decisiones que definieron el poder de los estados y el gobierno federal para conceder o revocar cartas, monopolios y donaciones de propiedad. Un buen ejemplo de sus ideas es el caso de Fletcher contra Peck (1810), que se refería a unas grandes extensiones de tierra que había concedido el gobierno de Georgia mediante sobornos generalizados. Marshall decidió que, a pesar de que estuviera muy extendida la corrupción, un estado no podía revocar simplemente derechos que habían alcanzado la condición jurídica de contrato, lo cual implicaba que las autoridades no debían poseer la peligrosa facultad de pisotear derechos de propiedad.

En 1819 Marshall se pronunció en otro caso crítico en el que se juzgaba un intento del estado de Maryland de exigir impuestos al Banco de Estados Unidos, que era federal. Como acostumbraba, Marshall fue mucho más allá de las cuestiones que estrictamente abarcaba el caso para exponer una doctrina de gran alcance sobre los poderes implícitos: aunque la Constitución no hubiera especificado todas y cada una de las facultades que tendría el gobierno de Estados Unidos, de hecho éste poseía unas competencias implícitas que le permitían alcanzar los fines supremos que requería la construcción nacional; además, en ámbitos de conflicto, la jurisdicción estatal quedaba anulada por la federal. Por tanto, «que el fin sea legítimo, que esté contemplado en la Constitución, y que todos los medios apropiados [...] sean constitucionales». Fue una base jurídica para el desarrollo de la nación y para la expansión del gobierno, cuyas implicaciones tardarían años en comprenderse por completo. Las decisiones de Marshall determinaron también que los debates políticos giraran a menudo en torno a cuestiones de derecho constitucional y terminaran por tanto en el terreno judicial.

Republicanos y federalistas

Como presidente, George Washington se mantuvo ostentosamente por encima de facciones y partidos en una época en la que la propia palabra «partido» tenía connotaciones negativas e incluso conspiratorias. Sin embargo, la década de 1790 fue testigo del nacimiento de un sistema de partidos en el que el conflicto entre las dos partes se hizo a menudo verdaderamente violento. Aunque predominaban los asuntos de política exterior, éstos estaban por lo general al servicio de intereses internos. Básicamente surgieron dos grupos: los federalistas, liderados por John Adams y Alexander Hamilton, y los republicanos, que seguían a Thomas Jefferson (a pesar del nombre, los republicanos de esta época son considerados los ascendientes directos del moderno Partido Demócrata, y los partidarios de Jefferson se conocen como «demócratas-republicanos»). En política interior, los federalistas querían un gobierno central más fuerte, y simpatizaban con los intereses comerciales y financieros que tenían su sede sobre todo en Nueva Inglaterra. Los republicanos hacían hincapié en los intereses agrarios y los derechos de los estados, y eran fuertes en los estados del Sur, especialmente en Virginia.

La división entre las dos corrientes quedó clara desde los primeros días de la Unión, cuando se discutió la creación de un sistema financiero nacional según las directrices que había propuesto Hamilton. En los primeros años de la república, el Departamento del Tesoro, que dirigía Hamilton, era con diferencia el mejor organizado de todos, y mucho más grande que sus rivales, el Departamento de Estado y el de Guerra. Esto dio a Hamilton una base institucional desde la que podía defender sus ideas sobre temas tan delicados y potencialmente críticos como el de la paralizante magnitud de la deuda pública. Aunque se objetara que los acreedores de la nueva nación eran avariciosos explotadores que no merecían mucha consideración, Hamilton subrayaba en su *Informe sobre el Crédito Público* que Estados Unidos debía pagar todas sus deudas para poder cimentar así el crédito nacional sobre una base tan sólida como la de la Inglaterra de la época. Este proyecto provocó una gran polémica en 1790, que se repitió al año siguiente cuando Hamilton propuso la creación de un Banco Nacional de Estados Unidos que mantuviera la estabilidad fiscal. Además, abogó por que el gobierno desempeñara un papel importante de apoyo y expansión de las manufacturas y de los medios de transporte de los que éstas dependen. Con el conjunto de todas estas ideas se postulaba un gobierno nacional de un alcance mucho mayor que el descrito por la Constitución, pero Hamilton justificaba sus opiniones con la teoría de que, una vez que una república se ha consolidado, necesita para conservar su salud firmes instituciones nacionales: en otras palabras, una versión pionera de los «poderes implícitos». La propuesta sobre el banco recibió el apoyo de Washington, pero fue duramente criticada por Jefferson, Edmund Randolph y otros, quienes consideraban que era una flagrante violación de los principios constitucionales, y además una peligrosa y monopolística concentración de poder. Según sus críticos, Hamilton estaba intentando convertir a Estados Unidos en una copia de la misma Inglaterra de la que se acababan de independizar.

Los asuntos del otro lado del Atlántico irrumpieron en el conflicto con el estallido de la guerra entre Inglaterra y Francia en 1793. Ambas partes tenían intereses navales y comerciales que chocaban con la soberanía de Estados Unidos, y los ingleses, al perseguir barcos estadounidenses por contrabando y utilizar a compañías que reclutaban a marineros locales, ofendían el sentimiento nacional; además mantenían una presencia militar en los fuertes del Noroeste, violando el Tratado de París. Los republicanos, que consideraban a Inglaterra un enemigo tradicional y un defensor de extraños principios aristocráticos y monárquicos, explotaron los numerosos agravios reales y potenciales. Lo que provocó especialmente la ira de los republicanos fue el Tratado de Jay de 1794, que orientaba de forma decisiva el comercio y la política estadounidenses en dirección a Inglaterra, al tiempo que eliminaba las polémicas guarniciones británicas.

A la inversa, los federalistas veían en la Francia revolucionaria el compendio de lo peor de la sociedad humana, que es lo que pasa cuando una nación abandona las normas tradicionales de respeto y jerarquía social. Y aunque Inglaterra había violado la soberanía nacional, eso apenas era nada comparado con la continua agresión francesa en el mar, y los claros intentos de subvertir la política estadounidense mediante el soborno y la propaganda revolucionaria. En 1797 los esfuerzos diplomáticos por eliminar el peligro naval francés se vieron complicados por los groseros intentos de sobornar a los representantes de Estados Unidos. Como los misteriosos agentes franceses se referían unos a otros por medio de letras clave, el incidente se hizo famoso como el «affaire XYZ», que casi desembocó en una guerra abierta entre los dos países. En 1798, los buques de guerra de la nueva Armada de Estados Unidos tenían ya frecuentes escaramuzas con los franceses, y la situación sólo se calmó después de que Napoleón consiguiera el poder en Francia al año siguiente.

El conflicto entre los partidos adquirió proporciones preocupantes en 1798, cuando estalló el pánico por las maquinaciones de unos supuestos conspiradores revolucionarios, que estarían organizados por la secta alemana de los *illuminati* y operarían por medio de logias masónicas. Según los conservadores, los extremistas no sólo pretendían establecer una dictadura política, sino que también estaban planeando eliminar la religión, la familia y la moral sexual;

los radicales encontraron su líder en Thomas Jefferson. En respuesta a las amenazas percibidas, el gobierno federal aprobó las draconianas Leyes sobre Extranjeros y Sediciosos, que imponían serios límites a la libertad de expresión, criminalizaban las críticas al gobierno y proponían la deportación de los extranjeros revoltosos. La medida parecía un preludio de la eliminación forzosa de los republicanos, y se hablaba de guerra civil y de ruptura de la unión constitucional con tanto esfuerzo obtenida. Jefferson y Madison escribieron las «Resoluciones» –aprobadas después por las asambleas legislativas de Virginia y Kentucky–, en las que se limitaba considerablemente el poder del gobierno federal, presentado como un pacto revocable entre los estados.

Siguió habiendo fuertes tensiones en el año electoral de 1800, cuando Jefferson venció a Adams en una campaña marcada por la histérica propaganda de ambas partes. Tras la «revolución de 1800», los enemigos del nuevo presidente veían a éste como un dictador revolucionario que podía llegar a ser tan radical como el nuevo emperador francés, Napoleón, con quien pensaban que tenía muchos puntos en común. A pesar del encausamiento de algunos jueces federalistas, Jefferson resultó mucho más moderado de lo que se temía, y de hecho ejerció la presidencia de acuerdo con la idea federalista de un gobierno nacional fuerte.

Fue este defensor de la limitación del gobierno y de los derechos de los estados el que realizó la arrogante compra del territorio de Louisiana a Francia en 1803, hecho que no tenía justificación reconocible en la Constitución. Esta medida sólo se justificaba por su resultado: las tierras adquiridas tenían unos 2,1 millones de kilómetros cuadrados, casi el doble del territorio nacional de Estados Unidos. Teóricamente, existía el peligro de que se creara un conjunto de nuevos estados que juntos ahogaran la influencia de la Nueva Inglaterra federalista, pero aun así eliminaba la horrible perspectiva de una presencia napoleónica en Nueva Orleans. Al año siguiente, Jefferson patrocinó una expedición dirigida por Meriwether Lewis y William Clark para explorar las nuevas tierras; la empresa, que duró dos años, extendió los derechos territoriales de Estados Unidos hasta las costas del Pacífico. Fue también la administración de Jefferson la que propuso un sistema nacional de canales y carreteras. El plan incluía una carretera nacional que uniría el Este con el Oeste, temprano ejemplo de cómo el gobierno federal usaba su poder para fomentar el desarrollo de los nuevos territorios. El proyecto se empezó en 1811 y finalmente se extendió de Maryland a Illinois.

La auténtica preocupación sobre el radicalismo se centraba no en Jefferson sino en su voluble vicepresidente, Aaron Burr, quien sí podía tener ambiciones dictatoriales. En 1804 hubo un intento federalista de que saliera elegido gobernador de Nueva York, como paso previo de la separación de Nueva York y Nueva Inglaterra, pero el plan no salió adelante porque Burr mató al dirigente federalista Alexander Hamilton, en un duelo en Nueva Jersey. En 1805-1806 Burr participó en un misterioso plan y reunió a miles de seguidores, posiblemente con la idea de invadir y ocupar el territorio español de Florida, o quizá de organizar algún tipo de secesión del Oeste. Cabe pensar que sus seguidores creyeran que Burr estaba actuando con la aprobación del presidente, en un plan privado y semilegal como el que había llevado a la adquisición de Louisiana. Burr fue acusado de traición, pero salió absuelto. Como no podía ser de otra manera, la «conspiración española» fue utilizada como arma arrojadiza contra los republicanos.

La Guerra de 1812

La división federalistas-republicanos siguió siendo crucial en la política estadounidense durante las presidencias de Jefferson y su sucesor James Madison, y culminó en la forma de reaccionar a la Guerra de 1812, tan distinta por ambas partes. El enfrentamiento se produjo tras la larga insatisfacción que producía el bloqueo naval y la presión por parte de ingleses y franceses para reclutar a nacionales. Algunas veces las provocaciones eran totalmente intolerantes, como en 1807, cuando una fragata inglesa atacó al buque de guerra estadounidense *Chesapeake* en la bahía del mismo nombre. Se reaccionó a estos ultrajes con una serie de embargos entre 1807 y 1809, cuyo desastroso efecto fue que prácticamente se cerró el comercio con Europa. En 1809 Francia accedió a respetar el pabellón estadounidense en el mar, pero no Inglaterra, y se intensificó la presión bélica.

Una vez más, la división política adoptó formas regionales: los «halcones» de la guerra se concentraron en el Sur y el Oeste, frente a las «palomas» de Nueva Inglaterra. Aunque los dirigentes de los territorios fronterizos tenían menos que temer de la venganza inglesa, esperaban obtener algún beneficio de posibles avances en Canadá y Florida y la eliminación de los aliados indios de los ingleses, que bloqueaban los nuevos asentamientos. Finalmente la declaración de guerra fue una decisión ajustada: en la Cámara de Representantes obtuvo el apoyo de 79 votos frente a 49, y en el Senado la mayoría fue sólo de 19 frente a 13. Durante los dos años siguientes, los estados de Massachusetts, Connecticut y Rhode Island demostraron tal hostilidad hacia la «guerra de Mr. Madison» que sus dirigentes rozaron a menudo la traición. La asamblea legislativa de Rhode Island votó en contra de permitir que la milicia del estado fuera llamada al servicio de la nación, y el gobernador amenazó con desobedecer cualquier orden federal que pareciera contraria a la Constitución. El gobernador de Massachusetts convocó un ayuno público para quejarse de una guerra «contra la nación de la que descendemos».

La contienda subsiguiente fue un enfrentamiento complejo, carente de un frente principal. La mayor parte de la lucha en tierra tuvo que ver con los intentos estadounidenses de asegurar el control de Canadá. Una invasión fracasó estrepitosamente en 1812, y las tropas de Estados Unidos sufrieron grandes bajas una y otra vez. Las escaramuzas fronterizas les obligaron a abandonar Fort Dearborn, en el centro de la futura ciudad de Chicago, mientras que Detroit cayó pronto en manos británicas. Al año siguiente, los estadounidenses obtuvieron una importantísima victoria naval en el lago Erie, tras la cual vencieron en tierra a ingleses e indios en la batalla del Támesis, y recuperaron también Detroit y gran parte de Michigan. Finalmente, las luchas fronterizas no fueron tan decisivas, y Estados Unidos se dio cuenta de que probablemente no podría hacerse con Canadá en un futuro cercano. Aunque no fue exactamente una «guerra de independencia canadiense», estos hechos determinaron que la historia del país se limitara a la mitad meridional del continente.

Aunque los corsarios estadounidenses dañaron su comercio, la hegemonía de los británicos en el mar raras veces se vio amenazada. Durante un tiempo pareció que Estados Unidos saldría de la guerra con bastante menos de con lo que la empezó, e incluso con su recién conquistada independencia gravemente comprometida. El optimismo de los ingleses aumentó aún más en el verano de 1814 ante la perspectiva de una invasión del estado de Nueva York con miles de soldados regulares que estaban disponibles gracias a la suspensión de la guerra con Francia. Una fuerza expedicionaria británica quemó además los edificios públicos de Washington D. C., provocando un gran pánico financiero. Los negociadores ingleses presentaron entonces un extraordinario paquete de exigencias como precio por la paz, entre las cuales estaba la creación de un inmenso estado indio que serviría de separación y que incorporaría la mayor parte de los futuros estados de Wisconsin, Illinois, Indiana, Ohio y Michigan. La nueva entidad tendría el apoyo militar de una flota británica en los Grandes Lagos, de donde se expulsaría a los barcos de guerra estadounidenses. Los ingleses reafirmaban también su tradicional derecho a la navegación por el Mississippi, lo que supondría un golpe para las ambiciones nacionales en el Oeste. Con el presidente Madison huyendo de su capital y los ingleses presionando con fuerza en la bahía de Chesapeake y a lo largo del lago Champlain, esas pretensiones no parecían tan fantasiosas.

Pero las tropas estadounidenses se mantuvieron firmes. Baltimore aguantó, a pesar de un bombardeo desde el mar que se acabaría convirtiendo en el tema del himno nacional *The Star Spangled Banner;* al mismo tiempo se frenó otro avance inglés con la victoria naval en el lago Champlain. La última gran batalla de la guerra tuvo lugar en enero de 1815, cuando el general Andrew Jackson venció a las tropas inglesas que intentaban tomar la ciudad de Nueva Orleans. Hacía un mes que se había firmado un tratado de paz en Gante, por lo que la batalla no tuvo un efecto directo en el curso de la guerra (no obstante, a la larga esta victoria quizá salvara Louisiana para Estados Unidos). En el acuerdo de paz definitivo se exigía principalmente la restauración del statu quo territorial y se pasaba por alto la cuestión de los embargos, que se había quedado obsoleta tras el final de las guerras anglofrancesas. El acuerdo tampoco garantizaba la protección que los ingleses habían pedido antes para sus aliados indios.

Estados Unidos salió de la guerra con su independencia nacional fortalecida y con un nuevo sentimiento de patriotismo y confianza. La desastrosa decisión de los dirigentes de Nueva Inglaterra de convocar una reunión en Hartford a finales de 1814 reafirmó la unidad nacional. A pesar de que hubo cierto radicalismo federalista y de que se llegó a hablar incluso de secesión, por lo general la convención tuvo un tono moderado, y en ella se propuso una reforma de la Constitución en vez de desligarse de ella por completo. Pero las deliberaciones salieron a la luz pública justamente cuando la nación estaba celebrando la victoria de Nueva Orleans, lo cual le acarreó al Partido Federalista numerosas acusaciones de traición. La oposición estaba debilitada y dejó que James Monroe ganara abrumadoramente las elecciones de 1816 y volviera a ganar en 1820.

Durante una década Estados Unidos fue prácticamente un país de un solo partido. Únicamente tres hombres ocuparon la presidencia entre 1801 y 1825 (véase cuadro 2.4), récord del que debía sentirse orgullosa una nación que salía de una sangrienta revolución, y que durante su primera década con plena independencia había estado constantemente marcada por conflictos partidistas y frecuentes amenazas de desorden civil.

Cuadro 2.4.
Presidentes de Estados Unidos, 1789-1829

	Años de mandato	Partido
George Washington	1789-1797	Ninguno
John Adams	1797-1801	Federalista
Thomas Jefferson	1801-1809	Demócrata-republicano
James Madison	1809-1817	Demócrata-republicano
James Monroe	1817-1825	Demócrata-republicano
John Quincy Adams	1825-1829	Demócrata-republicano

La continuidad de Monroe en el cargo presidencial dio mayor peso a las declaraciones internacionales de Estados Unidos. En el año 1823 proclamó la famosa «Doctrina Monroe», inspirada por las guerras de liberación que las naciones latinoamericanas estaban librando contra la España colonial. Atendiendo a las advertencias de que España podría recibir apoyo militar de las naciones autocráticas de Europa, unidas en aquellos momentos en la llamada «Santa Alianza», Monroe declaró que Estados Unidos no toleraría ninguna interferencia europea en la política del hemisferio occidental.

Aunque parecía una prohibición extraordinariamente ambiciosa, el plan encajaba muy bien con el propósito inglés de impedir que Rusia desempeñara en el futuro algún papel en las Américas, así que Londres no puso objeciones serias a la declaración del presidente estadounidense. Sin embargo, esta doctrina no revelaría toda su importancia hasta la segunda mitad del siglo, cuando Estados Unidos tuvo la capacidad para imponer su voluntad ante la presencia de intrusos extranjeros.

Expansión

A comienzos del siglo XIX, Estados Unidos se encontraba en
la mitad de un largo período de desarrollo interno y expansión exterior que avanzaba a un ritmo casi sin parangón en la
historia humana. Durante la crisis revolucionaria de la década de 1770 los colonos estaban ya rompiendo las fronteras
que les habían mantenido pegados a las costas. Había varias
rutas bien conocidas hacia el Oeste, como por ejemplo el
Mohawk Trail, que pasaba por el norte del estado de Nueva
York; la Cumberland Road, que iba desde Maryland hasta lo
que hoy es Virginia Occidental, o el legendario Cumberland
Gap, desde las Carolinas hasta Kentucky. Más al sur, los colonos de Georgia podían rodear los límites meridionales de
las montañas y acceder a Alabama y Mississippi. Una vez pasados los Apalaches, las rutas de transporte más importantes
eran los grandes ríos que fluyen hacia el Mississippi, sobre
todo el Ohio y el Tennessee. Pittsburgh, al encontrarse en el
centro de las redes fluviales, se convirtió en el punto de partida hacia Virginia Occidental y Ohio.

Aunque la migración fue un movimiento popular vasto y
autónomo, hubo algunos líderes decisivos. En 1775 el pionero Daniel Boone abrió la Wilderness Road hasta Kentucky
en nombre de la compañía denominada significativamente
Transylvania, que pretendía llevar las fronteras de la nación
«más allá de los bosques», hasta la «región de la hierba
azul» (Kentucky). Inicialmente, los asentamientos se apiña-
ron en torno a Lexington, y la categoría de estado se alcanzó en 1792. En torno a esta fecha la población de la zona se
aproximaba a los 100.000 habitantes, y para 1800, a los
220.000. En 1778 George Rogers Clark decidió defender
Kentucky de los ataques ingleses e indios trasladando la

guerra al territorio enemigo: dirigió a las tropas de Virginia en una ambiciosa campaña contra lo que más tarde sería Illinois e Indiana. Su victoria en Vincennes en 1779 permitiría a los estadounidenses reclamar más adelante tierras en el «viejo Noroeste» y la región de los Grandes Lagos.

Los nuevos territorios se hallaban a menudo en una situación jurídica poco precisa, con sus límites mal definidos. Los primeros colonos del este de Tennessee no estaban claramente bajo el gobierno de ninguna colonia o estado (Virginia y Carolina del Norte se los disputaban), y tuvieron que redactar una constitución propia para autogobernarse, la Asociación Watauga. La situación no se resolvió hasta la Ordenanza del Noroeste de 1787, que proporcionó una estructura jurídica y política a los colonos del Oeste. A partir de ese momento, el progreso fue rápido: Kentucky consiguió ser admitida en la Unión en 1792, Tennessee en 1796 y Ohio en 1803. Hacia 1815 Pittsburgh y Lexington eran ya asentamientos importantes, con unos 8.000 habitantes cada uno; Cincinnati, Louisville y San Luis tenían ya 2.000 o 3.000. En 1808 se empezó a editar en San Luis el *Missouri Gazette,* el primer periódico al oeste del Mississippi.

Estados Unidos eliminó entonces a España como posible rival en el Oeste. En 1795 el Tratado de Pinckney abrió el Mississippi al comercio estadounidense, mientras que en 1818 la campaña del futuro presidente Andrew Jackson contra el pueblo seminola se convirtió prácticamente en una invasión de Florida. (Jackson ejecutó también a dos súbditos británicos durante su provocadora aventura.) Al año siguiente España reconoció el *fait accompli* accediendo a vender sus derechos formales sobre el territorio. Las revoluciones independentistas de la década de 1820 acabaron con el control español sobre Centroamérica y Suramérica, y desde ese momento el principal enemigo de Estados Unidos en el sur sería la relativamente débil nación mexicana.

Hacia 1830 la expansión hacia el Oeste estaba ya tan avanzada que había creado un estado en Missouri y destacados asentamientos blancos en Arkansas y Michigan; en los años siguientes los colonos irían pasando a Iowa a medida que los indios iban siendo eliminados. La población no india de lo que más tarde sería el Medio Oeste era sólo de 51.000 habitantes hacia 1800, pero había 1,6 millones de personas en 1830 y más de 9 millones en 1860, y en fechas posteriores la zona albergaba el 29% de la población nacional (véase cuadro 2.5). Los montañeros y tramperos, que ya en la década de 1820 recorrían las llanuras y cordilleras, presagiaban por primera vez la gran ola migratoria que se produciría a mediados de siglo.

Cuadro 2.5.
Población de Estados Unidos, 1790-1820 (en millones)

Año del censo	Población nacional
1790	3,93
1800	5,30
1810	7,20
1820	9,60

Enfrentamiento con los indios

Los colonos no estaban entrando en un territorio deshabitado, y estallaron los conflictos con los pobladores indígenas. Un problema importante era que cada parte tenía un concepto distinto de la legalidad: mientras que los blancos creían que habían comprado una determinada zona de forma justa, los indios sostenían que los vendedores no tenían derecho a comerciar con los dominios de la tribu, e incluso que ese tipo de tierras no podían venderse. Los territorios del Noroeste fueron el escenario de repetidas batallas a mediados del decenio de 1790 y también en 1808-1809; algunos de estos enfrentamientos fueron decisivos, como por ejemplo la batalla de Fallen Timbers, que en 1794 acabó con el poder indio en Ohio.

En 1811 los estadounidenses se enfrentaron a uno de sus más serios desafíos hasta entonces, cuando el caudillo shawnee Tecumseh intentó formar una gran confederación, que amenazaba toda la frontera de Estados Unidos, desde Canadá hasta México, y buscar la alianza militar con los ingleses. En ese momento, Tecumseh era uno de los grandes diplomáticos del continente, y su experiencia militar se remontaba a la década de 1780. Le apoyaba su hermano, un visionario conocido como el Profeta, que bien podría haber aportado la dimensión espiritual necesaria para poner en marcha una gran cruzada. Si hemos de creer a los intérpretes, Tecumseh era un inspirado orador dotado de visión histórica. De él se decía que, oponiéndose a la colaboración con los blancos, había preguntado:

¿Dónde están hoy los pequod, dónde los narraganset, los mohicanos, los pokanoket?... Han desaparecido ante la avaricia y la opresión del hombre blanco, como la nieve ante el sol de verano.

Pero aun con un líder tan fuerte, la resistencia india siguió siendo inútil. En 1811 el Profeta fue derrotado por el gobernador de Indiana, William Henry Harrison, en la batalla de Tippecanoe. Tecumseh murió en la batalla del Támesis

(1813), y al año siguiente el general Andrew Jackson venció a los creeks de Georgia en la batalla de Horseshoe Bend.

En 1814 los ingleses exigieron como condiciones de paz a los estadounidenses que se creara un territorio indio permanente en el Noroeste, pero los acontecimientos militares de los meses siguientes hicieron de esta petición algo poco realista, y desde ese año los indios se quedaron sin aliados extranjeros. En 1819 el Tratado de Saginaw reconoció la hegemonía de Estados Unidos en el Noroeste. Los indios cedieron aproximadamente una sexta parte de su territorio, unos 2,4 millones de hectáreas, que se convirtieron en el estado de Michigan. En 1832, una campaña fallida del jefe sac Halcón Negro permitió a Estados Unidos consolidar su posición en todo Illinois y entrar en Iowa.

El indudable aumento del poder de los blancos dejaba pocas opciones a los pueblos indios. Aunque intentaran unirse siguiendo las ideas de Tecumseh, un esfuerzo concertado y sostenido de este tipo era prácticamente imposible. Al margen de la emigración hacia el Oeste, la única opción que les quedaba era hacerse estadounidenses, crear una nueva civilización que los blancos pudieran respetar y tratar con ellos en términos de relativa igualdad. Eso es lo que hicieron en el Sur los pueblos conocidos como las «Cinco Tribus Civilizadas»: los cherokees, los choctaw, los chikasaw, los creeks y los seminolas. Estos grupos tenían una larga tradición agrícola y de asentamientos en aldeas, y no les costó mucho adaptar las formas de vestir y de organización política según los modelos europeos. La transición fue bien acogida por los misioneros, que veían en la europeización un complemento crucial de la evangelización. Parecía también convertir en realidad el sueño de Jefferson de encaminar a las tribus hacia «la agricultura, las manufactu-

ras y la civilización». Las tribus llegaron incluso a poseer esclavos, signo último de civilización. La europeización estuvo simbolizada por los sequoyah, que desarrollaron una
versión escrita de la lengua cherokee. En 1828 apareció el
primer número del periódico *The Cherokee Phoenix*.

Pese a todos sus esfuerzos, las circunstancias eran muy
adversas para los pueblos indígenas. Hacia 1830, unos
60.000 indios ocupaban 10 millones de hectáreas del viejo
Suroeste, territorios que los colonos, plantadores y especuladores deseaban con avidez. Durante todo el decenio de
1820 aumentó la presión para que fueran eliminados, y la
toma de posesión del presidente Andrew Jackson en 1829
ofreció la oportunidad ideal a los defensores de la colonización blanca; en ella preguntó: «¿Qué hombre bueno prefe-
riría un país cubierto de bosques y poblado por unos pocos
miles de salvajes a nuestra extensa república, salpicada de
ciudades, pueblos y prósperas explotaciones agrícolas?». Y,
lo que era todavía peor para los indios, en 1829 se descubrió oro en sus territorios de Georgia. Se presionó a las tribus para que aceptaran ser reubicadas en un nuevo «Territorio Indio» al oeste del Mississippi, y al menos una parte
de sus jefes aceptó. En 1830 Jackson firmó la Ley sobre la
Retirada de los Indios. Estas medidas, además de despóti-
cas, eran ilegales, pero Jackson ignoró la condena del Tribunal Supremo de Estados Unidos. Durante la década siguiente, las tribus civilizadas fueron desplazadas por el
ejército, a menudo a punta de bayoneta. La resultante migración forzada de los cherokees, lo que se conoce como el
«Camino de las Lágrimas», se llevó la vida de miles de indios. El incidente prendió aún otra agotadora guerra en el
Sureste, cuando los seminolas de Florida prefirieron resistir
a sucumbir. Entre 1820 y 1845, el número de indios que vi-

vían al este del Mississippi descendió de unos 120.000 hasta menos de 30.000.

Crecimiento económico

Además de la expansión por tierra, la nueva nación se convirtió pronto en una potencia marítima de primer orden, lo que causó verdaderas preocupaciones a los observadores ingleses mucho antes de que ni siquiera se plantease la remota posibilidad de una hegemonía industrial estadounidense. En la primera mitad del siglo XIX, la flota estadounidense se benefició de las circunstancias internacionales, pues las naciones europeas dependieron de sus suministros de carne, grano y algodón durante las guerras anglofrancesas. Los avances de la tecnología y de la organización empresarial que aportaron los estadounidenses se reflejaron en los nuevos clípers y paquebotes, así como en innovadoras técnicas de navegación. Puertos de Nueva Inglaterra como Nantucket, New Bedford y Provincetown dominaban el sector ballenero internacional, que alcanzó su esplendor hacia 1840. En 1820 un barco que se dedicaba a la caza de focas hizo un viaje pionero que estableció las pretensiones de Estados Unidos sobre la Antártida. Además, sus veloces embarcaciones siguieron practicando el comercio ilegal de esclavos hasta mucho después de 1808, fecha de su abolición oficial. Para 1861 la marina mercante del país poseía un tonelaje de 2,5 millones, cifra que no se volvería a alcanzar en todo el siglo.

Los armadores y capitanes tuvieron que echarle imaginación a la hora de buscar nuevas rutas, pues inicialmente los ingleses apartaron a Estados Unidos del comercio, con destinos habituales como las Antillas. Empezaron a comerciar con el Báltico, y desde 1784 con China, dando la oportunidad a su país de vender más baratos los productos de la Compañía Británica de las Indias Orientales. Durante las cuatro décadas siguientes, los navíos estadounidenses recorrieron libremente el océano Índico y los mares de China. Fue un barco de guerra estadounidense el que en 1853 abrió Japón para Occidente, y los grupos protestantes llegaron a pensar que la evangelización de China y Asia Oriental era una tarea que Dios les había asignado a ellos particularmente. Aunque Estados Unidos no gobernaba los mares, hizo un impresionante esfuerzo, sobre todo en el Pacífico.

El capital mercantil acumulado en estos negocios marítimos se convirtió en el principal motor del desarrollo industrial de Estados Unidos, que comenzó en serio a partir de más o menos 1810. En última instancia la industria también se benefició de los embargos y las guerras, que obligaban a los consumidores a depender de las manufacturas nacionales. El enlace con el mar contribuyó a que las primeras empresas se ubicaran en Nueva Inglaterra, cerca de los puertos importantes, pero también contribuyó al desarrollo de esa zona la fácil disponibilidad de energía hidroeléctrica. El modelo de asentamiento de la nueva época era la ciudad textil de Lowell (Massachusetts), donde el patricio Francis Cabot Lowell fundó la primera fábrica de tejidos en 1812, junto a un socio cuyo dinero provenía del comercio con las Antillas. Lowell se convirtió en la «Manchester de América», pero la admiración que despertaba respondía menos a su productividad que al extremo paternalismo que ejercía sobre sus trabajadores. Como un proletariado industrial era impropio de la república estadounidense, de las jóvenes trabajadoras textiles sólo se esperaba que trabajaran lo justo como para tener el dinero suficiente para establecerse y asumir su adecuado papel de amas de casa rurales. Lowell estaba situada junto al río Merrimack, que también aportaba energía a los complejos textiles de Manchester y Nashua (New Hampshire) y Lawrence (Massachusetts).

Rhode Island responde a otro patrón. En una época tan temprana como la década de 1780, Moses Brown fundó allí una empresa de hilado de algodón, junto con versiones plagiadas de la última tecnología inglesa; en 1815 aparecieron los telares mecánicos en el estado, que para entonces tenía ya cien fábricas de hilado de algodón, con 7.000 empleados. Tras la Guerra de 1812 hubo un *boom* industrial. En 1832 el dinero invertido en la industria textil de Rhode Island triplicaba el invertido en el comercio marítimo, que empezaba a sufrir un relativo declive. El desarrollo del barco de vapor y el ferrocarril permitió una expansión aún mayor de la manufactura textil a partir de 1830, mientras que otras empresas se aventuraron en la metalurgia y la construcción de motores de vapor. Hacia 1860 aproximadamente, la mitad de la población del estado se dedicaba a la actividad manufacturera. Del mismo modo, en Maryland una industria algodonera fundada en 1808 tenía en 1860 una producción por valor de dos millones de dólares. También la siderurgia estadounidense se desarrolló rápidamente a finales del siglo XVIII, utilizando los suministros de carbón de regiones como Pensilvania. Aunque en Inglaterra ya no se utilizaba el carbón de leña como combustible, la tala de bosques para alimentar los hornos sirvió también para abrir nuevas tierras a la agricultura. Hacia 1815 Pittsburgh era ya una ciudad industrial de considerable tamaño.

Durante toda la primera mitad del siglo, el gobierno desempeñó un papel decisivo, aunque controvertido, en el crecimiento económico del país; Henry Clay resumía el espíritu de los pensadores nacionalistas que consideraban que el desarrollo futuro dependía de la acción política y del fomento público de canales, carreteras de peaje, ferrocarriles y manufacturas. También era necesario defender a la incipiente industria nacional. En 1816 y 1824 el Congreso aprobó unos elevados aranceles del tipo que requería el «sistema americano» de Clay, pero durante todos esos años la industria tuvo que librar una dura batalla contra los diferentes intereses de los plantadores y agricultores sureños. En 1819 el rápido crecimiento industrial y urbano se vio interrumpido por un catastrófico pánico financiero, que provocó serias dudas sobre la conveniencia del nacionalismo económico, y de hecho sobre todo el futuro industrial al que poco antes la nación había parecido irrevocablemente abocada. En 1820 Clay se lamentaba de que no hubiera habido una ruptura económica con Inglaterra: los estadounidenses seguían siendo «políticamente libres, comercialmente esclavos».

La libertad es un hábito

Según los criterios de la época, la sociedad surgida de la Revolución era radicalmente democrática, en el sentido de que garantizaba los derechos políticos a la gran mayoría de los hombres blancos, e incluso en algunos casos a los negros (por supuesto las mujeres y la mayor parte de los negros tendrían que esperar muchos años para participar como es debido en el proceso político). Aunque en algunos lugares seguía siendo la propiedad la que otorgaba el derecho a voto, la inflación redujo mucho su efecto sobre el tamaño del electorado. Varios estados daban el derecho a voto a los residentes que pagaban impuestos en vez de a los propietarios. Además de conceder el derecho de voto, los nuevos estados hicieron mucho más fácil su ejercicio, celebrando elecciones frecuentes y aumentando el número de colegios de electores. Esto era esencial en una sociedad de población tan dispersa.

A partir de mediados de la década de 1770, los gobiernos de los estados hicieron audaces avances en lo relativo a la declaración de derechos individuales y la introducción de reformas jurídicas, considerando que las injusticias sociales eran una herencia de los ingleses que debía ser abolida junto con el poder de la monarquía. Hacia 1784, ocho estados habían publicado ya cartas de derechos como documentos independientes, y otros cuatro las incorporaron a sus constituciones. La pionera Carta de Derechos de Virginia, adoptada en junio de 1776, era una agresiva afirmación de la teoría de los derechos naturales, que afirmaba, por tanto, todos los derechos básicos que finalmente se integrarían en la Constitución de Estados Unidos: derechos contra el doble procesamiento y la autoincriminación, las fianzas elevadas y las penas excesivas, afirmación del juicio con jurado y de la libertad de prensa. Los temas religiosos eran especialmente importantes, y el documento de Virginia proclamaba que «todos los hombres tienen el mismo derecho al libre ejercicio de la religión de acuerdo con los dictados de su conciencia». En Pensilvania, la radical Constitución de 1776 era igualmente humana, democrática y laica.

Entre 1775 y 1820 cambiaron muchas cosas de la vida estadounidense debido a la desaparición de las ortodoxias y los controles tradicionales, y a la aplicación de ideas democráticas mucho más allá del ámbito del gobierno y la política de partidos. Las implicaciones militares de los ideales democráticos quedaron dolorosamente claras en la Guerra de 1812, en la que las campañas estadounidenses fracasaron regularmente debido a la naturaleza de las milicias populares. Aunque bien preparadas para resistir la invasión, las tropas estatales no se adaptaban en modo alguno a otros tipos de lucha más complejos, empeñados como estaban en elegir a los oficiales sin tener en cuenta su capacidad. También celebraban masivos debates sobre las órdenes controvertidas y rechazaban las que no les gustaban. Esto significaba, por ejemplo, que las tropas volvían a casa cuando habían cumplido estrictamente el tiempo de servicio, por perjudicial que eso pudiera ser para el esfuerzo bélico, y eran muy reacias a salir del territorio estadounidense. Ciertamente el gobierno republicano no tenía nada que temer de esas tropas, pero el país tampoco podía aspirar a convertirse en una potencia militar importante.

Entre tanto, en el terreno legislativo la ruptura con Inglaterra permitió a las asambleas legislativas y tribunales de los estados experimentar con procedimientos de divorcio más sencillos y extender los derechos de propiedad a las mujeres casadas: algo impresionante para la época, aunque tímido según los criterios del siglo XX. En 1790 Pensilvania se convirtió en la primera jurisdicción del mundo en restringir la pena de muerte básicamente al homicidio, tendencia que pronto se extendió por todo el país, y en la década de 1840 Michigan dio el radical paso de abolir la pena capital por completo. Estados Unidos era a principios del siglo XIX la primera sociedad en la historia de la humanidad en la que cometer un delito grave llevaba por lo general a prisión, y no a la horca o al cadalso. La mayoría de los estados limitó, y después abolió, el proceso de prisión por deudas, que en la época colonial había sido el principal motivo de encarcelamiento, y que siguió siéndolo en Inglaterra hasta más de un siglo después.

La liberalización de las leyes estuvo acompañada por una desconfianza generalizada hacia los precedentes ingleses, y de hecho hacia los mecanismos jurídicos formales; incluso algunos estados prohibieron que en sus tribunales supremos ejercieran abogados formados. Este gusto por la innovación era aún mayor en la «periferia legal» de los nuevos estados fronterizos, donde se originaban audaces experimentos que luego se extendían a las jurisdicciones importantes. Hubo que esperar a los conservadores textos del jurista James Kent, en la década de 1820, para que el derecho estadounidense adquiriera un cuerpo de jurisprudencia bien definido que en la práctica estabilizaría el rumbo futuro del desarrollo legislativo.

Religión y cultura

Con los avances legislativos se planteó una cuestión: ¿hasta qué punto exactamente debían abandonarse los supuestos sociales coloniales, considerados como parte de los ornamentos de la aristocracia y la tiranía? En materia de religión fue igualmente notable esta transformación social. En sus inicios la nación había estado dominada por confesiones relativamente sobrias como los presbiterianos, los congregacionalistas o los episcopalianos, que en determinados estados y regiones disfrutaban de una posición cercana a la de la Iglesia oficial. En la primera mitad del siglo XIX se produjo una brusca tendencia hacia nuevas agrupaciones que daban mucha menos importancia a la formación e instrucción del clero y, más en consonancia con la democracia política de la época, predicaban la salvación universal. Del mismo modo, la jerarquía y las estructuras centralizadas dieron paso al amplio federalismo de los baptistas y metodistas. Entre 1800 y 1840 el número de miembros de la Iglesia baptista creció de 170.000 a 560.000 en todo el país, mientras que los metodistas aumentaron de 70.000 a 820.000, con un nuevo incremento –alcanzando quizá los 1,6 millones– en vísperas de la Guerra Civil. Las sectas que surgían se adaptaban a la perfección a las condiciones de las fronteras, donde escaseaban los ministros formados y el clérigo ideal era un hombre itinerante armado con poco más que una Biblia. Los ministros hacían giras en las que fundaban «células» de auténticos creyentes dondequiera que encontraran una audiencia y pudieran predicar una doctrina individualista de gracia gratuita, responsabilidad individual, conversión y regeneración.

La religión estadounidense se vio repetidamente transfigurada por los sucesivos y entusiastas *revivals,* que serían elementos muy característicos del paisaje cultural de la nación durante los dos siglos siguientes, y que se inspiraban en el recuerdo del «Gran Despertar» de la década de 1730. Los últimos años de la de 1790 trajeron un «Segundo Despertar» que tuvo su origen en Nueva Inglaterra, entre los estudiantes de Yale y de otras universidades. El momento no dejaba de ser significativo, pues coincidió con un ataque a los republicanos por su supuesto ateísmo e «infidelidad» que demostraba la necesidad de que la nación reafirmara su herencia ortodoxa.

Las esperanzas se vieron renovadas por el brote de espiritualidad popular que estalló en el Sur y en el Oeste, donde en 1801 una gran asamblea en Cane Ridge (Kentucky) se convirtió en el legendario modelo con el que se juzgarían todos los *revivals* posteriores, un «segundo Pentecostés». Esas masivas reuniones se caracterizaban por sorprendentes y extáticas explosiones de emoción, bailes y risas, con emisión de extraños sonidos y movimientos convulsivos. Los observadores subrayaban «las apasionadas exhortaciones; las intensas oraciones; los sollozos, chillidos o gritos en que prorrumpían los participantes, presos de una grave agitación mental; los súbitos espasmos que sufrían muchos de ellos y que inesperadamente les tiraban al suelo». Hubo numerosos *revivals* locales además de los eventos nacionales de 1798 y 1857, y las denominaciones «populares» se beneficiaron igualmente de ellos.

El crecimiento de la esclavitud

La difusión de los principios democráticos repercutió claramente en la situación de los que carecían por completo de libertad, cuya condición planteaba graves interrogantes sobre los ideales de la nueva sociedad. El sentimiento antiesclavista creció a finales del siglo, y la mayoría de los estados septentrionales –empezando por Vermont en 1777 y terminando con Nueva Jersey en 1804– abolieron la institución. Aun así, en el cambio de siglo seguía habiendo 30.000 esclavos en los estados del Norte, aproximadamente la mitad de los cuales estaban sólo en Nueva York. El comercio de esclavos terminó oficialmente en 1808. Las comunidades negras libres del Norte desarrollaron un notable sentimiento de solidaridad y autoconfianza, y una red institucional basada en diferentes iglesias, grupos de ayuda mutua y logias fraternas. Las comunidades religiosas negras separadas existían desde la década de 1770, principalmente entre grupos baptistas y metodistas, pero en 1816 la Iglesia Metodista Episcopal Africana se convirtió en la primera de estas congregaciones en emanciparse completamente del control legal y financiero de los blancos.

El esperado deterioro de la esclavitud en el Sur no llegó a producirse, y ello se debió a que en 1793 Eli Whitney inventó la despepitadora de algodón. Al separar el algodón de las semillas cincuenta veces más deprisa que la mano humana, esta máquina creó una nueva y masiva demanda de algodón en rama, al mismo tiempo que prometía un enorme crecimiento de la producción, capaz de satisfacer las crecientes necesidades de las fábricas textiles inglesas. El problema, como es obvio, era precisamente cómo cultivar y recoger el algodón necesario cuando la producción era tan intensiva en mano de obra y en tierra. La solución se halló en intensificar considerablemente el empleo comercial de los esclavos en las plantaciones, la forma más cruel y de peor reputación de una empresa ya de por sí manchada. La necesidad de tierras de plantación empujó a los colonos sureños a varios nuevos estados cuyo clima se adaptaba perfectamente a esa nueva economía: Alabama, Mississippi, Louisiana y partes de Tennessee e incluso del este de Texas. Se vieron entonces las consecuencias de la ley de la oferta y la demanda, pues el fin del comercio legal de esclavos aumentó mucho el valor de los que ya había y redujo la tentación de liberar a cualquier esclavo que no hubiera agotado completamente su utilidad.

Las exportaciones de algodón aumentaron de manera vertiginosa: de 3.000 balas en 1790 a 178.000 en 1810 y a 4,5 millones en 1860. Hacia 1820 Estados Unidos se había convertido ya en el mayor productor mundial de algodón, y unos diez estados y territorios dependían en gran medida del sistema de plantaciones. La esclavitud fue creciendo en paralelo a la producción algodonera. En 1810, los 4,5 millones de afroamericanos constituían casi la séptima parte de la población total del país, y de ellos cuatro millones seguían siendo esclavos.

También se deterioró la situación de los esclavos debido al temor a insurrecciones, y a lo que se percibía como una necesidad de vigilancia y un control más estrecho. Las rebeliones de esclavos no eran nada nuevo en Estados Unidos: el estado de Nueva York había sufrido una, preocupante, ya en 1712. En 1741, más de treinta esclavos habían sido ejecutados por una supuesta insurrección en la ciudad de Nueva York, y se habían producido muchos otros estallidos menos conocidos. La situación cambió radicalmente con las nuevas esperanzas alimentadas por la retórica de libertad de la Revolución y el levantamiento haitiano de la década de 1790, que dio lugar a la primera república negra del hemisferio. Es posible que los vínculos de Haití con el territorio francés de Louisiana contribuyeran a la violencia en esta región, donde en 1811 hubo una sangrienta revuelta. Ahora las rebeliones que se producían en el país recibían más publicidad y, al menos como rumor, amenazaban con adquirir terroríficas proporciones de conspiración regional o nacional.

Surgieron destacados líderes esclavos: Gabriel Prosser en Richmond (Virginia) en 1800, Denmark Vesey en Charleston (Carolina del Sur) en 1822, Nat Turner en Virginia en 1831. El plan de Vesey incluía la toma y destrucción de Charleston –que en esa época era la sexta ciudad del país–, y la posterior ejecución de treinta y seis supuestos conspiradores sugiere que hubo miedo entre la población. El levantamiento de Turner llevó a la muerte de unos sesenta blancos, y para los sureños confirmaba el riesgo inminente de que se dieran condiciones «haitianas» si el sistema esclavista vacilaba en algún momento. Estos temores se referían sobre todo a los negros libres, que tan fácilmente podrían convertirse en fuente de agitación, y desde 1816 los dueños de esclavos intentaron repatriar a los esclavos liberados a África. Los estados del Sur aprobaron entonces leyes que restringían o prohibían la manumisión de esclavos.

Desde aproximadamente 1815 estaba claro que debido a la expansión hacia el Oeste, la Unión pronto tendría que admitir a varios nuevos estados, con lo cual se planteó la cuestión de su actitud hacia la esclavitud. Como es lógico, el Sur era partidario de que admitiera a estados que practicasen y permitiesen la esclavitud, no sólo porque probablemente compartirían con ellos intereses comunes, sino también porque no apoyarían ningún intento de conseguir la abolición mediante una enmienda a la Constitución federal. A medida que se iba admitiendo a nuevos estados, se fue viendo la conveniencia de equilibrar los intereses regionales manteniendo una paridad general entre estados esclavistas y abolicionistas. Los ocho estados que entraron entre 1816 y 1837 fueron admitidos en parejas, uno con esclavitud y otro sin ella, sistema informal pero efectivo. Entre 1816 y 1819 los estados esclavistas de Mississippi y Alabama fueron admitidos en la Unión para equilibrar a Indiana e Illinois, abolicionistas y sin esclavos, y en 1819 los 22 estados de la Unión se dividían por igual en esclavistas y abolicionistas. Sin embargo, tal división no era en absoluto tan rígida como lo sería más tarde, sobre todo porque los nuevos estados abolicionistas solían tener muchos habitantes sureños. La parte meridional de Illinois, por ejemplo, atrajo a miles de personas de las Carolinas, Virginia y Tennessee, que habían emigrado siguiendo las obvias rutas fluviales; y no estaba nada claro que la región optara por el abolicionismo. Además, en este estado los negros tuvieron hasta la década de 1840 una condición jurídica claramente inferior.

La doctrina de la paridad se consagró en 1820, cuando Missouri intentó ser admitido como estado esclavista y se encontró con un feroz sentimiento abolicionista en el Norte y el Oeste. Se llegó a un acuerdo, el llamado Compromiso de Missouri, según el cual la admisión de este estado compensaba la de la parte septentrional de Massachusetts, que se convirtió en el nuevo estado (abolicionista) de Maine, y además se limitaba estrictamente la futura expansión de la esclavitud por el Oeste. Las adquisiciones territoriales del país se dividirían por una línea trazada en el paralelo 36º 30' norte. Por encima de esa línea, cualquier futuro estado sería admitido como abolicionista; por debajo de ella estaría permitida la esclavitud. Aunque a corto plazo el acuerdo parecía eficaz, en el futuro plantearía problemas al ser una partición de facto del país en dos sociedades distintas, partición basada en la institución de la esclavitud. Realmente tampoco resolvió los problemas del Sur, pues el Oeste «libre» era muchísimo más grande que la región esclavista, lo que significaba que en unas cuantas decenas de años habría una considerable mayoría de estados abolicionistas. Las consecuencias de este conflicto dominarían la política nacional durante las siguientes cuatro décadas, hasta que finalmente estallaron en un masivo derramamiento de sangre en 1861. Jefferson dijo que el debate sobre el Compromiso de Missouri era como oír «la campana de los bomberos en plena noche», incluso como el toque de difuntos de la Unión. Por una vez habló como un profeta.

3. Expansión y crisis (1825-1865)

En 1850 la novela de Herman Melville *Chaqueta blanca* ofrecía una visión del destino de Estados Unidos que hoy nos resulta intolerablemente arrogante e hipernacionalista. En su defensa sólo se puede decir que las opiniones que estaba expresando eran corrientes en el ambiente de la época, y que ese sentimiento de ilimitadas posibilidades se puede explicar por el sorprendente progreso de su país en las tres décadas anteriores. Melville escribió:

> Y nosotros los estadounidenses somos un pueblo singular y elegido –el Israel de nuestra época; llevamos al mundo el arca de las libertades–. Hace setenta años nos soltamos del yugo; y además de nuestro primer privilegio de recién nacidos –ocupar todo un continente–, Dios nos ha concedido como legado para el futuro los amplios dominios de los políticos paganos, que vendrán sin embargo a nosotros y se tenderán bajo la sombra de nuestra arca, sin que se alcen manos manchadas de sangre. Dios ha predestinado, y así lo espera la humanidad, grandes cosas de

nuestra raza; y grandes cosas sentimos nosotros en nuestros espíritus. Las demás naciones nos irán pronto a la zaga. Somos los pioneros del mundo; la avanzadilla enviada a las tierras salvajes llenas de cosas inéditas, para abrir un nuevo camino en el Nuevo Mundo que es nuestro. En nuestra juventud está nuestra fuerza; en nuestra inexperiencia, nuestra sabiduría [...] Y hemos de recordar siempre que en nosotros mismos, casi por vez primera en la historia del planeta, el egoísmo natural es ilimitada filantropía; pues no podemos hacer el bien a América si no socorremos al mundo[1].

Para hacernos una idea, la población de Estados Unidos prácticamente se cuadruplicó en esos años, pues pasó de aproximadamente 8 millones en 1815 a unos 31 millones en 1860 (cuadro 3.1). Esta expansión fue en parte una consecuencia natural de la libre disponibilidad de tierras y oportunidades económicas, gracias a lo cual a los jóvenes les resultaba relativamente fácil fundar un hogar y crear una familia a una edad temprana. Otros factores fueron la gran afluencia de inmigrantes y la adquisición de nuevos territorios en el Oeste. La expansión hacia esta zona avanzó a un ritmo que apenas se podía soñar en 1800. En 1860, entre las ciudades comerciales más importantes del país se encontraban ya algunas del Oeste recién llegadas, como Chicago, San Luis y Cincinnati. Hacia 1820, uno de cada cinco estadounidenses vivía en zonas que en 1790 no eran territorio nacional, y en 1850 uno de cada tres. A mediados de siglo Nueva York era la tercera ciudad más grande del mundo occidental, después de Londres y París.

Es difícil relatar la historia de Estados Unidos en esos años sin recurrir constantemente a superlativos, a estadísticas extraordinarias que muestran un grado de desarrollo sin parangón en Europa. Al mismo tiempo, esa enorme expansión estuvo acompañada de crecientes tensiones e injusticias, que se derivaban especialmente del desplazamiento hacia el Oeste. Los estadounidenses obtuvieron así un imperio continental y se convirtieron en una potencia industrial mundial, pero al hacerlo casi perdieron la nación.

Cuadro 3.1.
Población de Estados Unidos, 1820-1860 (en millones)

Año del censo	Población nacional
1820	9,6
1830	12,9
1840	17,1
1850	23,2
1860	31,4

Industria y comunicaciones

A partir de 1830 aproximadamente empezó a acelerarse el crecimiento industrial, inicialmente en sectores ya consolidados como el textil y el siderúrgico. Desde la década de 1840 la economía nacional comenzó a disfrutar de los beneficios de sus inmensas reservas minerales. La contratación de técnicos y administradores ingleses, y sobre todo galeses, dio pie a la creación de una nueva industria siderúrgica basada en la fundición con coque, con lo que se aprovechaban las muy ricas reservas de antracita de Pensilvania. En este estado se crearon nuevas poblaciones industriales para extraer carbón y surgieron ciudades nuevas, centros como Scranton, Carbondale y Wilkes-Barre. Pittsburgh se consolidaba ya como la «Birmingham de América» (los observadores que inventaban estos nombres seguían sintiendo la necesidad de trazar paralelos con Inglaterra). Entre 1840 y 1860 el valor de las manufacturas estadounidenses se multiplicó por cuatro.

El crecimiento industrial y comercial dependía de los medios de transporte en un grado mucho mayor que en los territorios europeos, relativamente pequeños y compactos. A comienzos del siglo XIX Filadelfia era la primera ciudad del país gracias a su acceso a las ricas tierras agrícolas de Pensilvania, pero después perdió esa supremacía, fundamentalmente debido a la construcción del canal del Erie en 1825, con el que se abría un adecuado enlace fluvial entre la región de los Grandes Lagos y la Costa Este a través del río Hudson. El canal enriqueció a la ciudad de Nueva York y también a Buffalo, final de trayecto en el lago Erie. Durante las dos décadas siguientes, Filadelfia intentó competir utilizando una complicada serie de rutas terrestres y fluviales hacia el interior, pero Nueva York terminó imponiéndose.

El canal del Erie enriqueció también al Medio Oeste, que gozaba de un envidiable *boom* económico debido a una caída radical de las tarifas de flete. A partir del decenio de 1840, Michigan y Wisconsin prosperaron gracias a la fuerza de la nueva industria maderera y al sorprendente descubrimiento de nuevos yacimientos minerales: cobre en la península de Keweenaw y hierro en torno al lago Superior. Sin los medios de transporte adecuados, todos esos recursos habrían sido una mera curiosidad científica. En 1855 la terminación de los canales de Soo «descorchó», como ha dicho

Robert Raymond[2], el lago Superior. La expansión del tráfico en los Grandes Lagos fue una bendición para la floreciente ciudad de Detroit.

La construcción de canales se intensificó rápidamente a finales de la década de 1820, pero esta fase pronto fue superada por el crecimiento de la red ferroviaria. El ferrocarril de Baltimore y Ohio se trazó en 1827 y se expandió durante la década de 1830. En la de 1850 las líneas férreas cubrían ya gran parte de la Costa Este y llegaban a ciudades del Medio Oeste como Cincinnati y San Luis. De los 5.300 kilómetros de vía férrea que existían en 1840 se había pasado a 27.300 en 1854, y se estaban construyendo otros 19.000 más. El ferrocarril hizo posible la conexión con la zona carbonífera de Pensilvania y también con los pastizales del Oeste. En 1837 Samuel F. B. Morse hizo una demostración del primer sistema eficaz de telégrafo, y en 1858 ya se podían enviar mensajes al otro lado del Atlántico por medio de cables subacuáticos.

Las comunicaciones mejoraron aún más con la aparición en los ríos del barco de vapor comercial, según el modelo inventado por Robert Fulton en 1807. Esta modalidad de transporte contribuyó sobremanera a la apertura del corazón continental incluso antes de la expansión del ferrocarril, con todo lo que ello significaba para el crecimiento urbano. Cuando Charles Dickens visitó los Estados Unidos en 1842, dejó testimonio de sus viajes en barco de vapor por el Ohio y el Mississippi hasta los principales puertos fluviales (Pittsburg, Cincinnati, Louisville y San Luis). Todos ellos experimentaron entonces un explosivo crecimiento demográfico como metrópolis del Oeste. Especialmente San Luis tenía un gran potencial al estar situada en la confluencia de dos grandes ríos, el Mississippi y el Missouri, y era accesible desde las rutas del Ohio. El comercio por el Mississippi también dio vida a otras ciudades, caso de Natchez, Vicksburg y Memphis, mientras que la lejanía de las rutas fluviales hizo que la antaño próspera Lexington cediera su protagonismo en Kentucky a Louisville –Lexington creció poco a partir de más o menos 1820–. La fortuna de Nueva Orleans se debió a que era el lugar de encuentro entre las rutas del río Mississippi y el comercio marítimo del golfo de México. En la década de 1860 los nuevos avances tecnológicos del ferrocarril, el telégrafo y el barco de vapor moldearían el curso de la Guerra Civil.

A pesar de un sistema financiero primitivo, que dificultaba la obtención de crédito fiable y que ofrecía grandes oportunidades a los timadores y los «tiburones» de las finanzas, la industrialización siguió avanzando. Las crisis financieras eran asimismo una amenaza constante, y causaban grandes daños a toda la economía. Al desastre de 1819 le siguieron otros comparables en 1837 y 1857. En 1842 los estados de Maryland y Pensilvania se vieron obligados a dejar de reembolsar sus créditos, minando la solvencia y reputación de Estados Unidos en Europa; al mismo tiempo, el ruinoso hundimiento del banco estatal de Alabama ponía de manifiesto la enorme fragilidad del sistema bancario.

Ciudades

Las nuevas industrias y los nuevos medios de transporte transformaron el entramado urbano de Estados Unidos. En torno a 1830, Nueva York, con unos 200.000 habitantes, dominaba la jerarquía de ciudades seguida de Filadelfia y Baltimore, con unos 80.000, y Boston con 60.000. En 1860

Nueva York tenía más de 800.000 habitantes, y había otras ocho ciudades con más de 100.000. En el corazón de la industrial Rhode Island, Providence multiplicó por diez su población entre 1820 y 1860, sin contar la red de poblaciones industriales en torno a ella. De igual modo, en Maryland la ciudad y el condado de Baltimore pasaron de 39.000 habitantes en 1790 a 211.000 en 1850, y el porcentaje de la población del estado que vivía en los condados circundantes septentrionales creció de un 33 a un 59%. Pero este predominio de la Costa Este estaba siendo ya desafiado por el súbito ascenso de nuevas ciudades a mediados de siglo, especialmente en el Medio Oeste, con San Luis, Milwaukee, Detroit, Cincinnati y Cleveland.

La advenediza Chicago demostró cómo una ciudad podía aprovechar espectacularmente las nuevas oportunidades económicas. En 1833, este bullicioso destacamento comercial se convirtió en el centro de un impresionante crecimiento especulativo tras el rumor de que sería la terminal de un canal entre Illinois y Michigan que estaba en proyecto. El ferrocarril llegó en 1854, y pronto once líneas convergían en la ciudad. Chicago se convirtió en centro del comercio de cereales, madera y ganado en el Medio Oeste, superando a San Luis a mediados de la década de 1850. En 1859 tenía ya una inmensa red de silos con elevadores mecánicos a vapor, lo que revolucionó el comercio agrícola de la región: la ciudad desarrolló en seguida los nuevos sectores del comercio de productos básicos y de los contratos de futuros. En 1865 ya contaba con corrales listos para recibir el ganado de los ranchos del Oeste. En 1869 la expansión occidental de la red ferroviaria la llevó hasta San Francisco, y la década siguiente trajo los vagones frigoríficos, lo que permitió que la carne empaquetada llegara al mercado continental y luego al mundial. El crecimiento de la población de Chicago fue prodigioso en una época llena de prodigios. La ciudad tenía menos de 5.000 habitantes en 1840, 110.000 en 1860, 300.000 en 1870 y un millón antes de que acabara el siglo.

La urbanización era mucho menos intensa bajando hacia el sur, donde sólo Nueva Orleans, con 100.000 habitantes en 1840, podía compararse con las ciudades del Norte. El número de habitantes en ciudades como Louisville, Memphis, Charleston, Mobile y Richmond estaba sólo entre 25.000 y 50.000 en la década de 1850, mientras que cinco de los estados del Sur no tenían aún ninguna población con más de 10.000 habitantes. Esto era en parte consecuencia de que la red ferroviaria se extendió más lentamente en el Sur, pero incluso allí se dejaba notar el impacto de las nuevas tecnologías. En 1837 un nudo ferroviario recién creado en Georgia fue bautizado con el nombre nada estimulante de «Terminus»; en 1845 se rebautizó como «Atlanta», por el ferrocarril Western and Atlantic, y la nueva ciudad experimentó un crecimiento sostenido.

La población de las ciudades estaba cada vez más diversificada. El *boom* de la construcción en esos años supuso una enorme demanda de mano de obra no cualificada, aún más difícil de encontrar por el atractivo rival de las tierras relativamente libres del Oeste. La solución fue la inmigración masiva. Entre 1821 y 1840 entraron en Estados Unidos unos 751.000 inmigrantes, pero la cifra ascendió bruscamente a 4,3 millones entre 1841 y 1860. Los irlandeses representaban un tercio del total en la década de 1830, y otros 250.000 entraron entre 1840 y 1844. Sólo en 1851 entraron 250.000 más. El punto de inflexión se produjo a mediados de la década de 1840, bajo los efectos de la «hambruna de la patata» en Irlanda. En los diez años que siguieron a 1846 llegó a Estados Unidos mucha más gente que durante toda su historia anterior desde la independencia. Entre 1840 y 1870 emigraron al país dos millones de irlandeses, así como un importante número de ingleses y alemanes.

En 1850, aproximadamente una décima parte de la población había nacido en el extranjero (cuadro 3.2), y en torno al 70% de la población de origen foráneo estaba concentrado en sólo seis estados del Noreste y el Medio Oeste. En Boston, el número de residentes irlandeses superó rápidamente al de autóctonos durante los primeros años de la década de 1850.

Cuadro 3.2.
Población de Estados Unidos, 1850 (en millones)

Región	Población total	Nacidos en el extranjero*	Esclavos*
Nueva Inglaterra	2,73	0,30 (11,0)	–
Atlántico central	5,90	1,00 (17,0)	–
Atlántico meridional	4,68	0,10 (2,0)	1,70 (36,3)
Centro-Noreste	4,52	0,55 (12,0)	–
Centro-Sureste	3,36	0,05 (1,5)	1,10 (32,7)
Centro-Noroeste	0,88	0,10 (11,0)	0,09 (10,0)
Centro-Suroeste	0,94	0,09 (10,0)	0,35 (37,2)
Montañas	0,07	0,004 (5,5)	–
Pacífico	0,10	0,02 (22,0)	–
Total	23,20	2,25 (9,7)	3,20 (13,8)

* Porcentajes entre paréntesis.

La nueva política (1828-1848)

En la vida política de Estados Unidos, el período 1814-1825 se conoce como la «época de los buenos sentimientos», pues las disensiones entre los partidos cayeron en gran medida en el olvido. Esos buenos sentimientos no fueron tan frecuentes en las décadas siguientes, pues las crecientes tensiones de la vida nacional se reflejaban en la política partidista. El viejo Partido Federalista nunca se recuperó de la Convención de Hartford, y el insulto «hijo de Hartford» sería una valiosa herramienta política en años posteriores. Por el contrario, la tradición democrática-republicana se vio reforzada por la presidencia de Andrew Jackson, y especialmente por las elecciones de 1828. En 1824 Jackson había obtenido más votos populares que todos sus rivales (véase cuadro 3.3), pero al no conseguir una mayoría absoluta de votos electorales la decisión pasó a la Cámara de Representantes, que apoyó la candidatura de John Quincy Adams. Encolerizados por la «corrupta negociación» entre Adams y Clay, los jacksonianos se prepararon para dar la batalla política en 1828.

Jackson no sólo manejó convincentemente esas elecciones, sino que además inició una política y un tipo de retórica que anunciaban una nueva época del enfrentamiento entre partidos. Ganó movilizando a grupos sociales y regiones que se sentían víctimas de los privilegios que seguían existiendo en la sociedad: el Oeste frente al Este, los obreros urbanos frente a los empresarios, los agricultores frente a los financieros. La reducción general de los requisitos para poder votar facilitó el populismo; la mayoría de los blancos libres ya tenía derecho de voto en ese momento, y en todos los estados más recientes se aplicaba ese sistema desde su admisión. En las elecciones presidenciales de 1840 se registraron unos 2,5 millones de vo-

3. Expansión y crisis (1825-1865)

tos, de una población total de 17 millones. Ahora se tendía a que fuera el voto popular, y no las asambleas legislativas de los estados, el que eligiera a los electores presidenciales.

La política jacksoniana estaba basada en un sistema de pura corrupción, en el que el partido ganador contaba con asignar

Cuadro 3.3.
Resultados de las elecciones presidenciales, 1824-1856

Año	Candidato ganador*	Candidatos derrotados
1824	John Q. Adams (DR) [0,10]	Andrew Jackson (D) [0,16] Henry Clay (DR) [0,05] William H. Crawford (DR) [0,05]
1828	Andrew Jackson (D) [0,65]	John Q. Adams (NR) [0,50]
1832	Andrew Jackson (D) [0,69]	Henry Clay (NR) [0,53]
1836	Martin van Buren (D) [0,76]	William H. Harrison (whig) [0,55]
1840	William H. Harrison (whig) [1,30]	Martin van Buren (D) [1,10]
1844	James K. Polk (D) [1,30]	Henry Clay (whig) [1,30]
1848	Zachary Taylor (whig) [1,36]	Lewis Cass (D) [1,20] Martin van Buren (Suelo Libre) [0,29]
1852	Franklin Pierce (D) [1,60]	Winfield Scott (whig) [1,40]
1856	James Buchanan (D) [1,90]	John C. Fremont (R) [1,40] Millard Fillmore (whig) [0,87]
1860	Abraham Lincoln (R) [1,87]	Stephen A. Douglas (D) [1,38] John C. Breckinridge (D) [0,85] John Bell (Unión Const.) [0,59]
1864	Abraham Lincoln (R) [2,20]	George McClellan (D) [1,80]

* Entre corchetes, los votos populares (en millones).
DR = Demócrata-republicano; D = Demócrata; R = Republicano;
NR = Nacional republicano.

libremente cargos a sus seguidores. Aunque la idea no era nueva, ahora aparecía ligada a una teoría democrática y antielitista, según la cual toda persona está técnicamente tan cualificada como cualquier otra para ocupar cargos públicos, de manera que la elección debía basarse propiamente en la corrección de sus opiniones políticas. En el ámbito local, el clientelismo se vio facilitado por la aparición de aparatos políticos: el más famoso era el Tammany Hall de la ciudad de Nueva York, que conseguía los votos a cambio de la distribución de empleos, favores, servicios y contratos. La democracia jacksoniana llevó la política a la vida diaria: se ayudaba, por ejemplo, a bancos «predilectos» y a grupos de intereses financieros que se ganaban el favor del partido gobernante. En 1837 el Tribunal Supremo siguió ese nuevo espíritu cuando en el caso Charles River Bridge acabó con los privilegios de un grupo establecido para abrir mercado a nuevas empresas.

Esta tendencia política aceleró el conflicto con el Banco de los Estados Unidos, cuya validez había sido básicamente un artículo de fe para los federalistas y los nacionalistas económicos desde la década de 1790. En 1817 se creó un segundo banco nacional, dirigido desde 1823 por la poderosa figura de Nicholas Biddle. En 1832 Jackson se negó a oficializar ese segundo banco, retiró los fondos públicos y comenzó una campaña en la que utilizó a Nicholas Biddle como perfecto ejemplo propagandístico de los privilegios del gran capital del Este.

El partido de Jackson consiguió un amplio apoyo: entre 1828 y 1856 ganó todas las elecciones presidenciales menos dos (cuadro 3.4), y en 1840 fue derrotado principalmente porque el pueblo asociaba al presidente titular Van Buren con la depresión que siguió al pánico financiero de 1837. No obstante, apareció entonces una oposición, en la que había al menos elementos del antiguo programa federalista en temas como la función del gobierno en la promoción de mejoras económicas. Para apoyar el desarrollo industrial y comercial, esos grupos defendían así una subida de los aranceles y veían a Jackson como el «*King Andrew*», demagogo e irresponsable en materia fiscal. Se oponían también a la decisión del presidente de no conceder un papel al gobierno federal en el desarrollo interno, como sugería su veto de la ley sobre la carretera de Maysville (1830). En 1828 y 1832 los demócratas tuvieron como oposición a candidaturas «nacional republicanas», y en 1836 el partido *whig* alcanzó una posición destacada. Los *whigs* consiguieron realmente recabar apoyo en toda la nación, obteniendo unos resultados más que dignos en todas las elecciones entre 1836 y 1852, y de hecho lograron la presidencia en 1840 y 1848.

Cuadro 3.4.
Presidentes de Estados Unidos, 1817-1865

	Años de mandato	Partido
James Monroe	1817-1825	Demócrata-republicano
John Quincy Adams	1825-1829	Demócrata-republicano
Andrew Jackson	1829-1837	Demócrata
Martin van Buren	1837-1841	Demócrata
William Henry Harrison	1841	*Whig*
John Tyler	1841-1845	*Whig*
James K. Polk	1845-1849	Demócrata
Zachary Taylor	1849-1850	*Whig*
Millard Fillmore	1850-1853	*Whig*
Franklin Pierce	1853-1857	Demócrata
James Buchanan	1857-1861	Demócrata
Abraham Lincoln	1861-1865	Republicano

Aunque los *whigs* eran afines a los grupos financieros e industriales del Este, el hecho de que incluso ellos tuvieran que adoptar una personalidad «fronteriza» nos da una idea de hasta qué punto Jackson había transformado el discurso político y el carácter retórico del «norteamericanismo». Tanto en el ámbito nacional como estatal, los patricios más respetables se presentaban en época de elecciones con un aspecto rudo y rústico que resultaba extraño en ellos, rodeados de símbolos como la cabaña de troncos, la capa de piel de mapache y la sidra fermentada. En 1840, William Henry Harrison basó su campaña en la victoria sobre los indios en Tippecanoe (1811).

La época de los disturbios civiles

El panorama político se vio lógicamente modificado por los cambios sociales de la década de 1830, por factores como la urbanización, la inmigración y la nueva diversidad étnica. Los padres fundadores habían hablado de una América futura que era en gran medida una extensión de la sociedad rural que conocieron, una tierra de explotaciones agrícolas y plantaciones, si bien con ciudades comerciales y artesanos. En el siglo XIX, el país siguió siendo predominantemente rural, e incluso en 1850 la población urbana representaba sólo el 15%. Pero, por otro lado, la aparición de las ciudades y centros industriales de la Costa Este fue un traumático *shock* para el viejo orden, que carecía de los mecanismos necesarios para manejar las nuevas conurbaciones. Como consecuencia, aproximadamente entre 1830 y 1860 la sociedad estadounidense estuvo marcada por repetidos estallidos de violencia urbana y política que, de haber ocurrido en la Europa de la época, los historiadores habrían analizado mediante el lenguaje normalmente reservado para las guerras civiles.

Caracterizaban a las nuevas ciudades los intensos conflictos de clase, y fue en ese momento en el que surgieron las organizaciones obreras. En 1828 existía ya un Partido de los Trabajadores, mientras que la ciudad de Nueva York tenía su Partido por la Igualdad de Derechos, los radicales Locofocos. Cuando más se dejaba notar la política obrerista era en épocas de recesión económica, como en 1837, cuando las multitudes exigieron lo que consideraban precios y alquileres justos. Había también una corriente de políticas de clase en industrias florecientes como la textil, donde a partir de la década de 1830 las huelgas se hicieron habituales. Así, en 1860 los zapateros de Lynn (Massachusetts) organizaron la mayor huelga en los Estados Unidos antes de la guerra, un paro que se extendió por todas las ciudades de Nueva Inglaterra.

La influencia de las ideas jacksonianas y radicales se reflejaba en las batallas políticas locales, en las que los movimientos populistas se enfrentaban a los atrincherados privilegios de los terratenientes y las cerradas elites políticas. En el estado de Nueva York, los arrendatarios de las grandes haciendas feudales organizaron en 1839 un movimiento «antirrentistas», cuyos líderes pretendían «tomar el relevo de la revolución [...] y llevarlo hasta la consumación final de la libertad y la independencia de las masas». En Rhode Island, Thomas W. Dorr organizó una protesta contra un sistema electoral que daba el poder sólo a los terratenientes e ignoraba a las crecientes masas urbanas e industriales que vivían en Providence y alrededores. La «rebelión» se hizo tan intensa que las fuerzas de Dorr pretendieron crear un nuevo gobierno rival, y Providence estuvo cerca de una guerra civil. Se declaró la ley marcial en 1842, y Dorr fue acusado de traición al estado de Rhode Island.

Al margen del usual lenguaje de clases, la política estadounidense se vio profundamente afectada por periódicos brotes de teorías conspiratorias que, como suele ocurrir, escondían tensiones sociales más profundas. Un caso célebre estaba relacionado con la masonería. En 1826 un masón renegado llamado William Morgan desapareció en el estado de Nueva York tras amenazar con revelar los secretos de su organización y darlos a la imprenta. Está claro que le secuestraron y probablemente le mataron. El consiguiente alboroto desembocó en la formación de un movimiento antimasónico encaminado a la destrucción de las sociedades secretas y su siniestra influencia en la vida estadounidense. En parte fue un *revival* del temor a los *illuminati* de 1798, que tanto influyó en la formación de posteriores interpretaciones de los problemas sociales. Todavía hoy algunos teóricos sostienen que en el simbolismo del billete de dólar se puede leer un programa masónico clandestino, y que la fecha «1776» que en él figura conmemora no la independencia del país sino la fundación de la orden de los *illuminati*.

El movimiento de la década de 1820 fue una reacción contra lo que se percibía como el poder de las cerradas elites, que retenían obstinadamente el control de la vida política y económica en una república democrática. Los antimasones describían una gran conspiración contra la moral y la religión, orquestada por grupos clandestinos que tiranizaban a sus seguidores mediante los más cruentos juramentos y amenazas –que, como demostraba el caso de Morgan, no dudaban en cumplir–. En la década de 1850 esas teorías sobre elites clandestinas y secretas tramas de asesinos se dirigieron contra la supuesta conspiración de los dueños de esclavos para controlar el gobierno del país. Las acusaciones de conspiración daban lugar a partidos y movimientos políticos que se dedicaban a desenmascarar y erradicar a los supuestos conspiradores. Un partido antimasónico tuvo una breve presencia en las elecciones nacionales en 1832, obteniendo casi el 8% de los votos populares, pero sus miembros se pasaron en seguida al partido *whig*. El deseo de los antimasónicos de hacer más abierto el proceso político llevó a instituir el novedoso procedimiento de las primarias. Del mismo modo, la idea del «poder esclavo» contribuyó al ascenso del Partido Republicano después de 1856.

Los temores a conspiraciones se dirigieron especialmente contra la Iglesia católica. Tanto la masiva inmigración como la urbanización provocaron una fuerte reacción de los «nativistas» protestantes, de mentalidad tradicionalista, que veían en la Iglesia católica el resumen de las peores pesadillas de autocracia y privilegios, magnificados por una superstición primitiva. Desde principios de la década de 1830, el antipapismo se convirtió en un tema central de la vida política nacional, y siguió siéndolo después, hasta el movimiento Ku Klux Klan un siglo más tarde. También desde esta fecha proliferaron los periódicos y boletines de escándalos como el *Protestant Vindicator,* al igual que sociedades cuya razón de ser era la confrontación ideológica y política con el catolicismo. Las divisiones religiosas y étnicas repercutieron en la política de partidos, que durante gran parte del último tramo del siglo XIX opuso sistemáticamente a demócratas católicos urbanos con republicanos protestantes «nativistas». Los enfrentamientos entre ambos se desarrollaban a menudo físicamente, por medio de bandas callejeras aliadas a partidos políticos y de organizaciones oficiales como las de bomberos. Estas luchas alcanzaron su apogeo entre 1840 y 1860. Había también conflictos simbólicos, como los que duraron décadas a propósito de la abstinencia y las «leyes azules» *(blue laws)* o la observancia del sabbat. Aunque los protestantes no aspiraran necesariamente a crear utopías prohibiendo el alcohol y santificando el sabbat, el hecho de que fueran capaces de poner en vigor dichas leyes era un poderoso mensaje simbólico sobre quién seguía controlando el país. Entre 1846 y 1861 trece estados prohibieron la venta de alcohol.

La cuestión católica fue siempre explosiva, y provocó estallidos a gran escala además de las sempiternas luchas entre bandas. Regularmente, la violencia sectaria se alimentaba de acusaciones de carácter sexual contra los sacerdotes y monjas católicos. Las más famosas fueron, en 1863, las confesiones de una supuesta ex monja llamada Maria Monk, que contó que se asesinaba y enterraba en secreto a los hijos de las religiosas. Se decía que para los sacerdotes la confesión era una oportunidad ideal para seducir a las monjas, y se daba por seguro que sus residencias estaban comunicadas con los conventos por túneles secretos. Se creía también que las iglesias y conventos católicos se utilizaban como depósitos de armas con vistas a un posible levantamiento. Los enfurecidos protestantes exigían que se registraran o allanaran sus locales, lo que a menudo desembocaba en luchas callejeras. En Charlestown (Massachusetts), una muchedumbre saqueó un convento de ursulinas en 1834 buscando, en vano, un cementerio secreto de recién nacidos; los disturbios «anticonventos» fueron un elemento constante en la vida nacional de antes de la guerra. En 1855, el intento de liberar a una (ficticia) monja encarcelada estuvo a punto de provocar una batalla en Providence. Boston también sufrió revueltas sectarias en 1837. En Filadelfia, en 1844, los rumores de que una iglesia local escondía armas estallaron en salvajes disturbios: el uso de cañones por ambas partes nos da una idea de la magnitud de la confrontación.

El antipapismo generó gran número de sectas, fraternidades y partidos políticos, como el Partido Republicano Americano (1841), que en 1845 cambió su nombre por el de Americanos Nativistas: de ahí que esa corriente política suela conocerse, en la historia de Estados Unidos, como «nativista». El muy patriótico Partido Americano o Partido No Sé Nada (Know-Nothing Party) se oponía a la inmigración extranjera y la influencia católica, y consideraba que la polémica sobre la esclavitud desviaba la atención con respecto a la causa del auténtico americanismo. El partido logró grandes éxitos tras las elecciones de 1852, en las que casi desaparecieron los whigs y vieron el retorno del demócrata Franklin Pierce a la Casa Blanca con el apoyo católico. Pierce se granjeó aún más hostilidad por sus polémicos nombramientos de católicos y extranjeros para cargos públicos; en 1853 los protestantes recibieron con ira a un arzobispo italiano enviado por el Papa para investigar el estado de la Iglesia católica en el país. Las elecciones de 1854 fueron un triunfo para los know-nothings, que consiguieron el control de Massachusetts.

Los know-nothings actuaban concertados con las temibles bandas callejeras de las principales ciudades, que intimidaban brutalmente a los inmigrantes y a los católicos para disuadirles de votar, aunque también ejercían una poderosa influencia en la política general. En 1854 el gobernador de Rhode Island formó, ante los rumores de un golpe católico, una milicia armada especial, de la que sólo podían ser miembros los protestantes blancos nacidos en el país. Hacia mediados de la década, los *know-nothings* dominaban las asambleas legislativas de Nueva Inglaterra y otras zonas, y en las elecciones de 1856 volvieron a obtener numerosos éxitos. En 1855, se enfrentaron abiertamente a tiros con inmigrantes alemanes en Louisville.

Entre 1830 y 1860 las ciudades estadounidenses fueron un modelo de desgobierno y violencia ciudadana. Las causas concretas de esta violencia eran radicalmente distintas de un año a otro, pero el resultado global fue una profunda crisis del orden social. La situación se vio agravada tanto por el crecimiento de la población urbana como por el aumento del electorado y de su compromiso partidista en el período jacksoniano. Las elecciones urbanas eran con frecuencia la ocasión para la violencia política en las calles, como en Filadelfia y Nueva York en 1834, así como en otras ciudades durante la peor parte de los llamados «años *know-nothing*». En 1856 Baltimore fue escenario de enfrentamientos orquestados por «miembros de la Compañía de Bomberos de Newmarket, los Rips Raps y otros clubes políticos».

A veces las multitudes recurrían a la violencia por razones explícitamente económicas, como en 1835, cuando Baltimore estalló tras descubrirse un importante fraude que había arruinado al Banco de Maryland. En parte siguiendo las tradiciones británicas, pero también en sintonía con las tradiciones norteamericanas de justicia popular, la muchedumbre quiso vengarse de los culpables, lo que dio un tono de guerra de clases al incidente: fueron asesinadas unas veinte personas, un número de víctimas importante pero lejos de ser infrecuente en estos conflictos. La violencia podía estallar por motivos aparentemente triviales. En 1849 Nueva York fue escenario de una revuelta originada por dos representaciones simultáneas de *Macbeth,* en las que simbólicamente se enfrentaban un actor estadounidense y el inglés Macready. El pueblo se puso de parte de su actor, y decidió que Macready representaba la dominación extranjera, la aristocracia y los privilegios de las elites. En aquella ocasión murieron treinta personas.

Estos amenazadores estallidos convencieron a las autoridades municipales de la necesidad de utilizar medios policiales, solución que antes habían rechazado por irremisiblemente europea. Los disturbios de 1844 en Filadelfia fueron de tal magnitud que hizo que los observadores de clase media se preguntaran si no sería preferible una dictadura a una anarquía tan violenta. Durante la década siguiente, todas las ciudades importantes crearon una fuerza uniformada según el modelo de la policía londinense de sir Robert Peel. Aunque esas nuevas unidades aliviaron algo la situación, es posible que, a corto plazo, las luchas religiosas y partidistas que se desencadenaron para el control de esta policía deteriorasen el orden civil. El nombramiento de oficiales de policía católicos en Boston y en otras ciudades fue motivo de agrias disputas, semejantes a los anteriores enfrentamientos por la admisión de las minorías raciales en cargos públicos. En la ciudad de Nueva York, las dos fuerzas rivales –una unidad patrocinada por el estado y respaldada por los «nativistas» republicanos, y una policía urbana apoyada por los católicos demócratas– luchaban por el control, y en 1857 esa lucha la libraron literalmente en las calles. En 1871 la ciudad se vio una vez más desgarrada por una batalla entre los manifestantes católicos irlandeses y la milicia.

Nuevos aires religiosos

Durante estos años las diferencias culturales con Europa se hicieron más marcadas a medida que el pueblo estadounidense empezaba a explorar las consecuencias de su democracia radical y la debilidad de los controles políticos o eclesiásticos sobre las ideas y las conductas. Al igual que en la política, el espíritu de la época se caracterizaba por la sensación de que las oportunidades eran ilimitadas, así como por un desafío total a las elites establecidas o tradicionales, un bíblico derrocamiento de los poderosos. El radicalismo se expresó a menudo en formas religiosas, y los años entre 1830 y 1848 fueron especialmente productivos en lo que a nuevas sectas y movimientos «entusiásticos» se refiere.

A mediados de siglo, las denominaciones religiosas más antiguas y serias ya habían sido sustituidas por agrupaciones democráticas y «entusiásticas». Los cristianos estadounidenses pertenecían sobre todo a tres grandes denominaciones: la baptista, la metodista y la presbiteriana. Los congregacionalistas y los episcopalianos se habían quedado claramente relegados a un segundo plano, donde debían competir con denominaciones que sólo tenían una presencia discreta en 1790, como los luteranos y los católicos. También a ese nivel estaba la Iglesia Cristiana Discípulos de Cristo, una nueva institución evangélica de raíces completamente autóctonas que se había forjado en los fuegos de los sucesivos *revivals*. Hacia finales de siglo la supremacía nacional de baptistas y metodistas era todavía más marcada.

Aunque los protestantes seguían creciendo, había preocupantes signos de que el cambiante equilibrio étnico podía modificar esa situación. En 1790 sólo había en Estados

Unidos 30.000 católicos, la mitad de los cuales eran colonos de pura cepa de Maryland. John Carroll se convirtió en el primer obispo nacional en 1789, y en 1808 era arzobispo con cuatro sedes sufragáneas. La posición de la Iglesia se vio revolucionada por la afluencia de irlandeses y alemanes a mediados de siglo. En 1870, 7.000 sacerdotes atendían a 7 millones de católicos organizados en 55 diócesis. En 1921 eran ya 20.000 sacerdotes, 20 millones de católicos y más de 100 diócesis.

Por muy horripilantes que pudieran parecer a las denominaciones mayoritarias de la época colonial, tanto los baptistas como los metodistas eran ortodoxos y aceptables comparados con los miembros de las innumerables sectas que aparecieron en Estados Unidos una vez suprimida la regulación oficial sobre experimentos espirituales. Las herejías y las innovaciones religiosas proliferaron en todos los niveles, intelectuales y populares, elitistas y plebeyos. En la categoría más intelectual se situaba el ataque a la ortodoxia de la Trinidad y, con ella, a muchas de las doctrinas cristianas antes básicas sobre la condición pecaminosa del hombre, la divinidad de Cristo y su obra redentora. Bajo la dirección de William Ellery Channing, el unitarismo se extendió rápidamente más o menos a partir de 1820, sobre todo en Nueva Inglaterra, donde sus ideas se resumían en «la paternidad de Dios, la hermandad del hombre y la vecindad de Boston». Los universalistas sostenían que todo el mundo se salvaría. Ambas corrientes exaltaban la razón humana y el potencial de progreso de la sociedad.

Hacia la década de 1830 el mundo intelectual de Nueva Inglaterra recibió la influencia de una nueva corriente filosófica, el trascendentalismo, que era una versión norteamericana del idealismo alemán. Los trascendentalistas no veían más realidad auténtica que el mundo del espíritu, ámbito que podía interpretarse a través de la razón. Uno de los representantes más distinguidos del movimiento en Estados Unidos era Ralph Waldo Emerson –miembro de una familia clerical establecida de antiguo en Nueva Inglaterra–, que abandonó la Iglesia Unitarista en 1831. En 1836 resumió en el libro *Naturaleza* sus nuevas ideas trascendentalistas, que siguió explicando durante las cuatro décadas siguientes; de 1842 a 1844 contribuyó a la edición de la revista *The Dial*. En el pensamiento de Emerson se subrayaba la liberación individual, la autarquía, la autosuficiencia y el autogobierno, y se atacaba frontalmente el conformismo social. En el ámbito político, el trascendentalismo era progresista, y sus seguidores apoyaban causas como el abolicionismo y el sufragio femenino. Aparte de Emerson, entre los defensores más famosos de este ideario se encontraban Margaret Fuller, Henry David Thoreau y Bronson Alcott. Aunque muy diferente en origen, una corriente que compartía un optimismo parecido era el espiritualismo, que en 1848 se convirtió en una sorprendente moda que penetró en todas las clases sociales. Su gran popularidad se debía en parte a que afirmaba demostrar científicamente doctrinas sobre la continuación del progreso humano más allá del ilusorio velo de la muerte.

Era habitual en el pensamiento religioso de la época un cierto sentimiento utópico, la idea de que la humanidad podía alcanzar una suerte de perfección en esta vida, de que no había necesidad de posponer esa perspectiva hasta llegar al cielo o al día del juicio. Estas ideas de perfección se pusieron en práctica en una serie de comunas utópicas y experimentos sociales que pretendían reformar la condición humana mediante nuevas formas de propiedad común, de relación sexual y (normalmente) cambios en la dieta. En las décadas de 1820 y 1830, estas comunidades solían seguir los modelos socialistas propuestos por los reformadores europeos Robert Owen y Charles Fourier. Pero a partir de la década de 1840 empezaron a salir a escena profetas estadounidenses. En 1841, un antiguo pastor unitariano llamado George Ripley creó una colonia colectiva en Brook Farm (Massachusetts), que atrajo a muchos trascendentalistas por su hincapié en la vida sencilla y el retorno a la naturaleza. Todavía más radical era la colonia fundada por John Humphrey Noyes sobre el principio de que la parusía se había producido ya, de modo que los santos debían vivir de acuerdo con nuevas reglas de conducta sexual y social. Su grupo practicaba la comunidad de bienes y experimentaba con sistemas de matrimonios compuestos y selección de los hijos. En 1847 la comuna se estableció en Oneida, en el estado de Nueva York, donde prosperó hasta la década de 1880. También aparecieron varias comunidades filiales en distintas zonas.

De los grupos de este tipo, uno de los que más éxito obtuvo es el de los *shakers* («agitados»). Se fundó en la década de 1770, pero alcanzó su mayor popularidad entre, más o menos, 1830 y 1860, años en los que contó con unos 6.000 miembros repartidos en diecinueve comunidades. La secta era famosa por sus complicadas danzas rituales, además de la creencia en la total igualdad de los sexos y la observancia de un estricto celibato, pues consideraban que el pecado tenía su origen en el acto sexual. Los *shakers* se adhirieron a otras doctrinas que llegarían a ser moneda común del radicalismo periférico: organizaron sesiones espiritistas antes del ascenso del movimiento espiritualista; su creencia en la curación espiritual prefiguraba las ideas posteriores de la Ciencia Cristiana, y sus concepciones se basaban en el principio de que la parusía estaba a punto de suceder o había sucedido ya.

Otras tradiciones religiosas de la época surgieron de la creencia de que las profecías de la Biblia se cumplirían rápida y literalmente, y de que Estados Unidos tendría un papel especial en los proféticos planes de Dios. Un famoso profeta de este tipo fue William Miller, veterano de la Guerra de 1812, cuyos estudios teológicos le convencieron de que el fin del mundo se produciría en 1843 (o quizá 1844). Atrajo a muchísimos miles de seguidores, y un núcleo de ellos siguió sin rendirse tras la «gran decepción» que supuso la continuación de la existencia material. Las ideas apocalípticas sobrevivieron en las nuevas iglesias adventistas, que tomaron la delantera en cuanto a experimentación social y dietética. Con el *Great Revival* de 1857, las ideas milenaristas adquirieron una mayor intensidad en toda la nación.

El milenio que se acercaba y la parusía dominaban el pensamiento protestante, y motivaron muchas veces la acción política. Las ideas milenaristas inflamaban a esclavos rebeldes como Nat Turner, mientras que en 1861 los partidarios de la Unión federal iban a la guerra cantando una canción popular que relacionaba el martirio de John Brown con un conjunto de imágenes bíblicas sobre el fin del mundo y la venida de Cristo. Los *revivals* fomentaron reformas de gran alcance en el gobierno y en los servicios sociales, instituyéndose el objetivo, al menos, de un trato humano y rehabilitador en las prisiones, psiquiátricos y centros de menores; a los movimientos pro abstinencia y abolicionistas les inspiraba igualmente la perspectiva de una eliminación de las injusticias estructurales que impedían la llegada de la felicidad y el reino de Cristo en la tierra. Los reformadores sociales de esta época solían compartir un bagaje intelectual común, derivado de los *revivals* evangélicos, el pensamiento milenarista y la abstinencia.

El «entusiasmo» milenarista era más intenso en algunas regiones occidentales del estado de Nueva York: las llamas del *revival* religioso las azotaban con tanta frecuencia que llegaron a conocerse como el «distrito quemado». No es casual que esta zona de excesos religiosos fuera la base principal de uno de los movimientos religiosos más notables de esa época, la Iglesia de Jesucristo de los Santos del Último Día, conocidos normalmente como los mormones. El grupo se formó a finales de la década de 1820 como respuesta a las supuestas visiones angelicales de Joseph Smith, quien anunció que había sido llevado místicamente a descubrir las placas de oro en las que estaba grabada la historia de una civilización judía que había florecido en la antigua América y que había recibido visitas del Cristo resucitado. Las fuentes de esta leyenda no están muy claras, pero algunos estudiosos actuales subrayan las muchas influencias místicas que recibieron Smith y su círculo, ideas derivadas de tradiciones ocultistas, herméticas, masónicas y alquimistas, así como de la magia popular y del folclore sobre la caza del tesoro, curiosas ideas que habían sobrevivido en el submundo religioso del sur de Nueva Inglaterra.

El nuevo designio de Smith se fue desarrollando bajo la guía de nuevas revelaciones, basándose en las cuales él y sus seguidores comenzaron a emigrar hacia el Oeste para construir una teocracia dirigida por una orden restaurada de patriarcas bíblicos y practicar la poligamia que ordena el Antiguo Testamento. Debido a los escándalos financieros, entre otras causas, hubo varios cambios de ubicación, hasta que los colonos mormones levantaron la que pronto sería la mayor ciudad del nuevo estado de Illinois, protegida por una fuerza paramilitar conocida como la «Legión de Nauvoo». A esto siguió lo que fue prácticamente una guerra civil con los habitantes locales que no eran mormones, los «gentiles», y Smith y su hermano fueron asesinados en 1844. Tras un período de discordia la secta encontró un nuevo y carismático líder en Birgham Young, quien condujo a los mormones en otra peregrinación en busca del nuevo reino. En 1847 se instalaron en el valle del Salt Lake («Lago Salado») y fundaron la colonia que terminaría convirtiéndose en el estado de Utah. En 1849 reclamaban ya un inmenso territorio occidental, lo que llamaban *Deseret,* que incluía la mayor parte de las Rocosas meridionales. Seis mil nuevos mormones llegaron a Utah antes de que apareciera allí el ferrocarril.

Aunque es indudable que los mormones fueron falsamente acusados de desviaciones morales y sexuales, es cierto que su sistema político incluía la violencia contra enemigos y disidentes: en 1857, por ejemplo, paramilitares mormones se aliaron con los indios para matar a más de cien colonos que viajaban en un tren que atravesaba la zona. Al margen de esta desagradable característica, la poligamia de los mormones escandalizaba tanto a los cristianos ortodoxos que los primeros no pudieron alcanzar la legalidad hasta finales de siglo, cuando una nueva revelación permitió la desaparición de esa práctica. Utah se adhirió a la Unión en 1896, pero algunas familias poligámicas han sobrevivido hasta nuestros días.

Comunitarismo, misticismo, ocultismo, dietas extravagantes, utopismo, innovación sexual, radicalismo político;

en muchos aspectos la oleada de experimentación de la década de 1840 se asemeja considerablemente a las circunstancias de nuestros radicales años sesenta. En ambas épocas se produjo un similar derrumbamiento de los viejos supuestos y normas sociales, así como una voluntad de emprender osadas aventuras en aspectos de la vida tan importantes como la estructura de la familia o las relaciones entre razas y sexos. El abolicionismo tiene un paralelo muy cercano con el posterior movimiento contra la Guerra de Vietnam. Otro punto de coincidencia está en la cuestión de la mujer, pues la década de 1840 supuso el comienzo de la ininterrumpida tradición de política feminista en la vida del país. En aquel febril y radical año de 1848, las feministas Elizabeth Cady Stanton y Lucrecia Mott convocaron en Seneca Falls (Nueva York) una convención sobre los derechos de la mujer que publicó una declaración de principios que afirmaba que «todos los hombres y mujeres son creados iguales». De esa manera, Stanton introdujo con fuerza en el escenario político, aun antes de la Guerra Civil, el problema de los derechos políticos de la mujer.

Cultura

Desde el punto de vista cultural, éste fue el período en el que Estados Unidos declaró su independencia de Europa. Los primeros narradores estadounidenses en tener una repercusión internacional significativa fueron Washington Irving y James Fenimore Cooper, activos ambos en las décadas de 1820 y 1830. Aproximadamente a partir de 1840 aparecieron numerosas e influyentes obras que constituyeron una literatura específicamente estadounidense, con temas y escenarios característicos de este país. Muchas de las obras de ese período alcanzarían la categoría de clásicos y atraerían la atención europea hacia lo que obviamente era una incipiente potencia cultural. Entre 1845 y 1860 estaban en su madurez escritores como Herman Melville, Edgar Allan Poe, Nathaniel Hawthorne, Walt Whitman, Henry David Thoreau, Ralph Waldo Emerson, Henry Wadsworth Longfellow y otros. El cuadro 3.5 se centra en las obras que se considera que tienen un valor literario, pero hubo un sinfín de otras que disfrutaron en su época de la condición de *best-sellers* aunque después pasaron a un merecido olvido, caso de la entonces popular *Ten Nights in a Bar-Room (Diez noches en un bar)*, de T. S. Arthur (1855).

La crisis política dio lugar a varios libros importantes, como la autobiografía del esclavo huido Frederick Douglass y *La cabaña del Tío Tom*, de Harriet Beecher Stowe. Puede que también la sátira política sea la clave de la enigmática *El timador*, de Herman Melville. Al margen de la ficción, Francis Parkman publicó algunas de las mejores obras sobre la primera historia del país. La nueva sociedad había alcanzado un nivel de madurez suficiente como para quedar cautivada por sus raíces y no tener miedo a explorar algunos de los aspectos más oscuros de esa tradición: un buen ejemplo son las obras de Nathaniel Hawthorne sobre sus antepasados puritanos. Fue en estos años cuando el estadista Daniel Webster registró a fondo la historia temprana del país para construir una mitología nacional que reforzara la unidad de los estados, por entonces severamente amenazada; fue de esta manera como Plymouth Rock, el Día de Acción de Gracias y Bunker

Hill alcanzaron la condición de iconos o puntos de encuentro nacionales.

Cuadro 3.5.
Principales obras literarias publicadas en 1845-1860

1845	Frederick Douglass, *Narrative of the Life of Frederick Douglass (Narración de la vida de Frederick Douglass);* Edgar Allan Poe, «The Raven» («El cuervo») y otros muchos cuentos y poemas.
1846	Herman Melville, *Typee (Taipi).*
1847	Ralph Waldo Emerson, *Poems;* Longfellow, *Evangeline.*
1849	Herman Melville, *Redburn;* Francis Parkman, *The Oregon Trail (La ruta de Oregón);* Henry David Thoreau, *Civil Disobedience (Desobediencia civil,* ensayo).
1850	Nathaniel Hawthorne, *The Scarlet Letter (La letra escarlata);* Ralph Waldo Emerson, *Representative Men (Hombres representativos);* Herman Melville, *White Jacket (Chaqueta blanca).*
1851	Herman Melville, *Moby Dick;* Francis Parkman, *The Conspiracy of Pontiac (La conspiración de Pontiac);* Nathaniel Hawthorne, *House of Seven Gables (La casa de los siete tejados).*
1852	Nathaniel Hawthorne, *Blithedale Romance (El romance de Blithedale);* Harriet Beecher Stowe, *Uncle Tom's Cabin (La cabaña del Tío Tom).*
1854	Henry David Thoreau, *Walden.*
1855	Walt Whitman, *Leaves of Grass (Hojas de hierba)*; Henry Wadsworth Longfellow, *The Song of Hiawatha (El canto de Hiawatha).*
1857	Herman Melville, *The Confidence Man (El timador).*
1858	Henry Wadsworth Longfellow, *The Courtship of Miles Standish (El noviazgo de Miles Standish).*
1860	Nathaniel Hawthorne, *The Marble Faun (El fauno de mármol).*

Ya en la década de 1770 se empezó a desarrollar una respetable tradición pictórica: Benjamin West, John Trumbull y John Singleton Copley habían seguido en buena medida ejemplos británicos en sus retratos y grandes tratamientos de temas históricos y políticos. En la de 1820 ya había surgido una sensibilidad innovadora y nacional, cuya expresión más clara era la actitud hacia el género del paisaje. Artistas como Thomas Cole estaban decididos a explorar los paisajes estadounidenses en vez de recurrir a cansadas representaciones de una Italia imaginaria que probablemente nunca habían visto. La «escuela del río Hudson» se especializó en pintar fragmentos de la naturaleza virgen que normalmente se fundían con un espacio en apariencia ilimitado, vistas por lo común de los estados de Nueva York o Nueva Inglaterra. Hacia mediados de siglo, la expansión hacia el Oeste había permitido a los pintores desarrollar una «escuela de las Montañas Rocosas», con paisajes de esa zona y con el Gran Cañón como tema predilecto. En la década de 1840 George Caleb Bingham pintaba motivos fronterizos, como comerciantes de pieles y políticos de las regiones remotas. George Catlin representaba a las diferentes tribus indias, sintiendo quizá que su obra pronto adquiriría un gran valor histórico como retrato de un mundo que se extinguiría en poco tiempo. Cuando llegó la Guerra Civil la pintura estadounidense se había diversificado mucho en temas y enfoques, y se estaban haciendo cosas de auténtica calidad. Quien mejor representa esa nueva autoestima es Winslow Homer, que surgió en la década de 1860 como un innovador estilista cuya obra estaba a la altura de lo mejor de la producción francesa de la época.

Pioneros: la expansión hacia el Oeste

A la vez que se desarrollaba la sociedad estadounidense, las dimensiones de la nueva nación crecían de manera vertiginosa. En torno a 1840 parecía que el Mississippi seguiría siendo una frontera natural por el Oeste, al menos durante la larga fase en la que se iban asimilando los nuevos territorios. Aunque finalmente el país se extendería hasta el Pacífico, no había razón para dudar de la estimación de Jefferson de que la conquista de todo el continente podría llevar varios siglos.

En 1845 había aproximadamente 20.000 blancos al oeste del Mississippi, y las Grandes Llanuras solían considerarse territorio indio más o menos permanente –«el Gran Desierto Americano»–. La actividad de la mayoría de los blancos no se centraba en la colonización, sino en comerciar con pieles y satisfacer la moda europea de los sombreros de piel de castor. En realidad estaba a punto de comenzar una nueva y aún más explosiva fase de expansión hacia el Oeste.

La anexión y colonización de todo el Oeste estaba bien avanzada antes de la Guerra Civil, cuando había ya dos estados bañados por el Pacífico. En 1870 la población blanca del Oeste se estaba aproximando al millón de personas, y a mediados de la década de 1890 había alcanzado los cuatro millones. El rápido crecimiento se manifestaba en la admisión de nuevos estados (véase cuadro 3.6), lo que demostraba que no sólo se había adquirido más territorios, sino que éstos habían sido colonizados, al menos de forma rudimentaria. El número de estados de la Unión casi se duplicó entre los años 1815 y 1865.

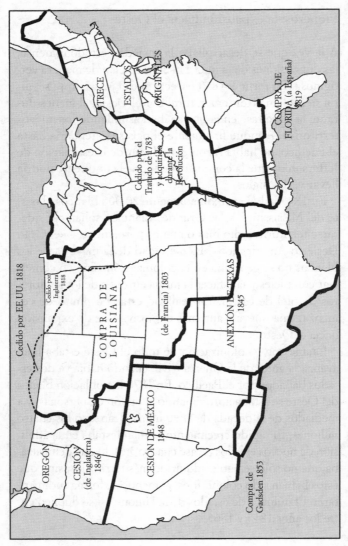

Mapa 5. Crecimiento de Estados Unidos hacia el Oeste

Within map:
- TRECE ESTADOS ORIGINALES
- COMPRA DE FLORIDA (a España) 1819
- Cedido por el Tratado de 1783 y adquirido durante la Revolución
- Cedido por EE.UU. 1818
- Cedido por Inglaterra 1818
- COMPRA DE LOUISIANA (de Francia) 1803
- ANEXIÓN DE TEXAS 1845
- OREGÓN
- CESIÓN (de Inglaterra) 1846
- CESIÓN DE MÉXICO 1848
- Compra de Gadsden 1853

Cuadro 3.6.
Estados admitidos en la Unión, 1836-1864

	Año de admisión	Capital moderna
Arkansas	1836	Little Rock
Michigan	1837	Lansing
Florida	1845	Tallahassee
Texas	1845	Austin
Iowa	1846	Des Moines
Wisconsin	1848	Madison
California	1850	Sacramento
Minnesota	1858	St. Paul
Oregón	1859	Salem
Kansas	1861	Topeka
Virginia Occidental	1863	Charleston
Nevada	1864	Carson City

En la década de 1830 ya se habían ocupado gran parte de los territorios más atractivos del Medio Oeste, dejando a un creciente número de colonos sedientos de tierras, mientras que la expansión de las plantaciones del Sur tendía a desalojar a los pequeños agricultores. También las nuevas técnicas (sobre todo la segadora mecánica, que construyó por primera vez Cyrus McCormick en la década de 1830) incrementaron considerablemente el potencial de expansión agrícola. La atención se centró entonces en Missouri y Arkansas, y la ciudad de San Luis se convirtió en la puerta de acceso a las llanuras centrales. Pocos estaban dispuestos a exponerse a los enormes peligros de cruzar el corazón del país para llegar al Lejano Oeste, al menos hasta 1843, cuando John C. Fremont publicó un libro en el que explicaba cómo los trenes de carga podían cruzar las Rocosas de forma segura, utilizando la vieja ruta de los tramperos a través del South Pass de Wyoming. Una vez superada la cadena montañosa, los emigrantes podrían escoger entre las tierras más ricas de California y el Territorio de Oregón. Desde ese momento, las rutas de Oregón, Santa Fe y California pasaron a ser las vías clave para la migración hacia el Oeste, y los colonos inundaron zonas como el valle de Willamette, en Oregón. Hacia 1850, había 13.000 no indios sólo en el territorio de Oregón. Entre tanto, los mormones construían su reino en Utah. Entre 1841 y 1867, 350.000 estadounidenses emigraron por los caminos de carretas hacia el Oeste.

En 1845, la *Democratic Review* hablaba de que el «destino manifiesto» de la nación era «extenderse por el continente designado por la providencia para el libre desarrollo de nuestros millones de habitantes, que se multiplican cada año». Que disfrutaban de la guía divina quedó claro en los tres años siguientes, en los que una serie de adquisiciones territoriales ofrecieron una estructura legal para el crecimiento. El principal competidor de Estados Unidos en el Oeste era México, que había conseguido su independencia de España en 1821. En la década de 1820, Texas, que pertenecía al norte de México, había sido colonizada por angloamericanos, y éstos lanzaron en 1835 una revolución a gran escala. Las tropas texanas rebeldes fueron vencidas y aniquiladas en las batallas de El Álamo y Goliad, pero su victoria en San Jacinto, en abril de 1836, hizo de Texas una república independiente. Tras repetidas peticiones, Texas entró a formar parte de la Unión como estado en 1845. La pérdida de este rico territorio avivó los recelos mexicanos hacia sus vecinos, y sus miedos demostraron estar justificados cuando la administración estadounidense anunció su intención de fijar la frontera de Texas en el río Grande, mucho más al sur que la frontera tradicional. En 1846 estalló una guerra entre ambos países, con gran entusiasmo popular en Estados Unidos, que alistó a unos 60.000 hombres. Tropas estadounidenses ocuparon Nuevo México y declararon la creación de una república rebelde en California. A medida que las tropas regulares estadounidenses penetraban en el corazón de México, se iban multiplicando las atrocidades por ambos bandos. La ciudad de México cayó en septiembre de 1847. Por el Tratado de Guadalupe-Hidalgo (1848), Estados Unidos adquirió los territorios que terminarían convirtiéndose en los estados de Arizona, Nuevo México, Nevada, Utah y California. En 1853 obtuvo de México, mediante la denominada «Compra de Gadsden», otra franja de tierras fronterizas.

Las otras modificaciones importantes se produjeron después de que las tensiones fronterizas con los británicos estuvieran a punto de provocar una guerra abierta en 1845. Las dos naciones compartían una larga y mal definida frontera, cuyo trazado no se fue decidiendo sino poco a poco. Las hostilidades se vieron agravadas por la simpatía de Estados Unidos hacia los movimientos democráticos canadienses, que alcanzaron proporciones alarmantes durante la rebelión de 1837; el presidente Polk defendió el derecho de «los habitantes de *este continente* [...] a decidir su propio destino». Maine y New Brunswick no determinaron definitivamente sus fronteras hasta que los gobiernos británico y estadounidense firmaron el Tratado de Ashburton en 1842.

Pero ésta era una cuestión trivial comparada con la inmensa y fructífera región noroccidental del Pacífico, que Inglaterra y Estados Unidos habían convenido en compartir según unos acuerdos firmados en 1818 y 1827. En 1844, los expansionistas estadounidenses exigieron la cesión de la mayor parte de lo que después sería la Columbia Británica y la colocación de la frontera en la latitud 54º 40': «cincuenta y cuatro cuarenta o guerra». Inglaterra, en cambio, la quería en el río Columbia, donde hoy limita el estado de Washington. Las disputas se resolvieron con un tratado firmado en 1846 que fijaba la divisoria en el paralelo 49. Estados Unidos había adquirido así unas fronteras nacionales muy parecidas a las que conservaría hasta la década de 1950, y la magnitud de esas nuevas incorporaciones era asombrosa. Sólo Texas aumentó la superficie del país en cerca de un millón de kilómetros cuadrados. El Territorio de Oregón añadió otros 725.000 kilómetros cuadrados al año siguiente, mientras que la cesión mexicana supuso alrededor de 1,4 millones más. Entre 1845 y 1848 el tamaño de Estados Unidos se había incrementado en unos 3,1 millones de kilómetros cuadrados, una extensión cinco veces más grande que Francia.

El descubrimiento de que el Oeste era rico en minerales intensificó todavía más el apetito de nuevas tierras, ya de por sí voraz. En 1848, aun antes de que California hubiera sido formalmente adquirida a México, un colono dio la noticia de que se había descubierto oro en el aserradero de Sutter, en las estribaciones de Sierra Nevada. Fue el comienzo de una afluencia de gente que en sólo veinte años aumentaría de 14.000 a 380.000 personas la población no india del territorio. California logró la categoría de estado en 1850, fecha en la que la nueva San Francisco se había convertido ya en una importante ciudad del Oeste. En 1852, la producción de oro de California alcanzó nada menos que las 120 toneladas.

Entre 1858 y 1875 sucesivas fiebres del oro y de la plata dieron un impresionante impulso a la colonización del Oeste: la apertura de muchas regiones se puede fechar a partir del primer descubrimiento (o incluso rumor) de la existencia de metales preciosos. Así ocurrió, después de California, con el descubrimiento del inmenso filón de Comstock (Nevada) en 1859, que contenía mineral de plata por valor de unos 400 millones de dólares. Colorado debe su fundación a la fiebre del oro de Pikes Peak de 1858-1859, y a posteriores descubrimientos de plata en el último tramo del siglo. Hacia finales de 1859 había 100.000 colonos, y la ciudad de Denver se incorporó en 1861. La fiebre, del oro o de la plata, infectó Oregón en 1860, Montana en 1864 y el Territorio de Dakota a comienzos de la década de 1870. A menudo, al explorar en busca de metales preciosos se encontraban accidentalmente muy ricas fuentes de otros minerales, como por ejemplo de cobre en Montana en la década de 1880, y de zinc y plomo en Idaho.

Todas las «fiebres» tendían a seguir un patrón claramente similar, con amplias repercusiones en la zona en cuestión. A los abundantes buscadores y mineros que iban llegando les acompañaban comerciantes, hombres de negocios y bribones que intentaban servirles o robarles. La presencia blanca se reflejaba en el crecimiento de pueblos y ciudades como San Franciso, Denver y Portland (Oregón), todos los cuales se convirtieron en importantes centros regionales. Aun comparando con los niveles –mínimos– de la Norteamérica urbana de la época, estas comunidades tenían poco o ningún gobierno efectivo, y la ley y el orden que existían estaban en las manos, rudas y dispuestas, de los movimientos de «vigilantes». Estos movimientos fueron especialmente activos en San Francisco en la década de 1850. Por otro lado, los pueblos que habían tenido un desarrollo explosivo podían hundirse fácilmente cuando se agotaba su prosperidad minera, como sugieren las numerosas ciudades fantasma que proliferaron en Nevada tras la «gran bonanza», terminada en 1878. El caso más recordado es el de Virginia City, que tenía 30.000 habitantes a mediados de la década de 1870 y luego se quedó en casi nada en las décadas siguientes. Estos rápidos cambios demográficos también podían tener consecuencias políticas muy visibles. En 1853, por ejemplo, el todavía nuevo Territorio de Oregón se subdividió para contentar a los colonos concentrados en torno al estrecho de Puget, lo que dio lugar al territorio (y posteriormente estado) de Washington. Una fiebre del oro terminó provocando otra subdivisión en 1863 y creando el nuevo Territorio de Idaho.

Los avances de la tecnología acercaron cada vez más las ciudades y los estados del Oeste a las regiones del Este, más desarrolladas. En 1840 las noticias podían tardar cinco meses en cruzar el continente. En 1860 el Pony Express funcionaba con un eficaz sistema de relevo de correos a caballo, que sin embargo casi inmediatamente quedó obsoleto con la llegada del telégrafo transcontinental en 1861. Desde 1858 una línea transcontinental de diligencias unía San Luis con San Francisco. En 1862, el presidente Lincoln firmó la Ley del Ferrocarril del Pacífico, según la cual se construirían vías férreas desde el Este y el Oeste con el objetivo de unir los medios de transporte de todo el continente. Entre 1865 y 1869 el ferrocarril Central Pacific avanzaba hacia el este desde Sacramento mientras el Union Pacific lo hacía en dirección oeste desde Omaha. Fue una empresa épica, con una brillante adaptación a condiciones aparentemente imposibles y el heroico trabajo de inmensos ejércitos de mano de obra inmigrante: irlandeses en el Este, chinos en el Oeste. En mayo de 1869 las dos líneas se encontraron en Promontory Summit (Utah), y los estados quedaron unidos como nunca antes lo habían estado.

Pieles rojas y blancos

La precipitada carrera por construir un imperio continental se llevó a cabo con escasa consideración hacia los pueblos que allí habitaban, ya fueran mexicanos o indios autóctonos. A medida que fue creciendo el área colonizada por los blancos, los estadounidenses descendientes de europeos entraron en contacto con grupos indígenas que hasta entonces habían evitado los efectos de la civilización, y el contacto fue por lo general desastroso para estos últimos.

Mientras que los acontecimientos de las décadas de 1820 y 1830 fueron catastróficos para las poblaciones indias del Medio Oeste, parece que no afectaron mucho en cambio a los pueblos de las Grandes Llanuras, a quienes la geografía les proporcionaba un aislamiento que les mantendría seguros durante siglos. Sin embargo, la explosión social de la década de 1840 provocó claras tensiones a medida que emigrantes y buscadores de oro se adentraban en territorio indio. En 1851, los jefes de las tribus de las llanuras septentrionales fueron convocados en Fort Laramie para firmar un tratado en el que aceptaban limitar sus actividades a determinadas zonas. Aunque el territorio que se les reconocía a las tribus era inmenso, este hecho se puede considerar, retrospectivamente, como el inicio del sistema de reservas en las llanuras. Imponer el cumplimiento de los acuerdos era prácticamente imposible, y los conflictos con los colonos aumentaron rápidamente. Se envió a más soldados para mantener la paz, y estallaron las escaramuzas. En el año 1854 se produjeron enfrentamientos armados de una dureza sin precedentes, pues el ejército tomó la costumbre de vengarse de las tribus recalcitrantes saqueando sus aldeas. A menudo las comunidades castigadas ni siquiera tenían nada que ver con la provocación original.

Las cosas empeoraron claramente con la Guerra Civil, cuando se retiraron los soldados regulares y en su lugar aparecieron milicias locales. La década de 1860 fue particularmente violenta en Arizona y en Nuevo México, donde las tribus implicadas eran los apaches y los navajos. En 1862 los abusos por parte de los agentes de las reservas provocaron un levantamiento entre los lakota y los sioux del sur de Minnesota. Varios cientos de colonos blancos perdieron la vida en incidentes que iban acompañados de violaciones y de las formas más extremas de tortura y mutilación. Este conflicto envenenó las relaciones entre indios y blancos durante una generación e incitó a los segundos a vengarse de una manera similar con las aldeas nativas. En 1864 la matanza de la población de un asentamiento cheyenne en Sand Creek (Colorado) fue tan brutal como cualquiera de las perpetradas por los «salvajes» lakota.

Esclavitud

Comprensiblemente, la gran extensión de las nuevas tierras llevó a los estadounidenses a creer que los recursos de su nuevo país eran ilimitados. Sin embargo, a corto plazo la expansión hacia el Oeste amenazaba con desestabilizar la vida política de la nación y los compromisos que, alcanzados con tanto esfuerzo, se reflejaban en la Constitución. En pocas palabras, los nuevos territorios occidentales se organizarían algún día como estados, y cuando lo hicieran podrían contar con suficientes votos en el Congreso como para abolir la esclavitud mediante una enmienda constitucional.

Aunque la esclavitud era evidentemente una característica del Sur, de ningún modo estaba extendida por toda la sociedad sureña. Algunas de las concentraciones de esclavos podían ser enormes: en la década de 1850, el coronel J. A. S. Acklen de Louisiana poseía 700 esclavos y 8.000 hectáreas organizadas en seis plantaciones, dotado todo ello de una compleja jerarquía. Como señala Kenneth M. Stampp, estas figuras «eran esenciales para la leyenda prebélica de las plantaciones», pero eran también atípicas[3]. De los seis millones de blancos que vivían en los estados sureños en 1850, sólo 347.000 tenían esclavos, y la gran mayoría de ellos tenía sólo unos pocos. Cerca de la mitad de los propietarios de esclavos tenía menos de cinco, y sólo el 12% poseía veinte o más. Pero la esclavitud dominaba algunas regiones del Sur, donde se desarrolló una forma avanzada de agricultura de plantación estrechamente vinculada al sistema económico británico en un modelo colonial clásico.

Como sostenían los abolicionistas, la esclavitud era como una adicción que tenía una región cualquiera, a la que nunca le parecía suficiente tener sólo unos pocos esclavos. Allí donde existía, llevaba a la formación de grandes grupos de esclavos en una plantación o incluso en una economía industrial. En nada menos que ocho estados, los esclavos representaban el 30% o más de la población total. Y se acercaban a la igualdad numérica con la población libre, o incluso la alcanzaban, en Carolina del Sur, Louisiana, Mississippi, Florida y Alabama, el corazón de lo que más tarde se conocería como el *Black Belt,* «Cinturón Negro». En el cuadro 3.7 figuran las mayores concentraciones de esclavos.

Cuadro 3.7.
Porcentaje de esclavos en la población total, 1850

Estado	Porcentaje de esclavos
Carolina del Sur	58 %
Mississippi	51 %
Louisiana	47 %
Florida	45 %
Alabama	44 %
Georgia	42 %
Carolina del Norte	33 %
Virginia	33 %
Texas	27 %
Tennessee	24 %
Arkansas	22 %
Kentucky	21 %
Missouri	13 %

De los Estados que aquí aparecen, todos menos Kentucky y Missouri se unieron a la Confederación en 1860-1861.

Además de los esclavos, había gran número de negros y mestizos libres. Hacia 1850 había unas 440.000 personas de color libres, que constituían una proporción considerable de la población de varios estados septentrionales y fronterizos. Maryland tenía 75.000 negros libres, Virginia 54.000, Pensilvania 53.000 y Nueva York 49.000. No hacía falta ser un gran profeta para darse cuenta de que, si se otorgaban derechos políticos a los esclavos liberados, entonces los negros serían una formidable fuerza electoral en quizá una docena de estados, de los cuales al menos cinco iban a encontrarse probablemente bajo un gobierno negro. Aparte de los abolicionistas más radicales, pocos podían concebir que se diera un paso de tan largo alcance.

La esclavitud se convirtió en el distintivo que separaba a dos regiones rivales, y a partir de la década de 1820 ambas adquirieron unas características muy diferentes. Según se industrializaban, los estados septentrionales se fueron haciendo también mucho más urbanos que el Sur y tenían más probabilidades de atraer a inmigrantes, lo que les daría una mayor diversidad étnica y social. Las diferencias económicas llevaron al conflicto político. Con el objetivo prioritario de fomentar la industria nacional, los estados del Norte solían ser partidarios de unos aranceles altos que frenaran las importaciones industriales, especialmente las británicas. Esto era anatema para los señores del algodón meridionales, que dependían de la industria textil inglesa como principal mercado y se beneficiaban de la importación de alimentos y productos acabados a buenos precios.

En ocasiones, los aranceles rivalizaron con la esclavitud como motivo de disputas entre los estados; así, en 1828 los líderes sureños quedaron consternados ante un nuevo arancel que beneficiaría a Nueva Inglaterra a su costa. En 1830 hubo un muy sonoro debate público entre el senador Daniel Webster, del Norte, y el senador de Carolina del Sur Robert Y. Hayne; este último alertó de que el «sistema americano» era parte de una guerra contra el Sur, que estaba siendo tratado de forma muy parecida a como Inglaterra trataba a Irlanda. En su respuesta, Webster subrayó los objetivos supremos de la unidad nacional, utilizando el argumento, en gran medida novedoso, de que la unidad federal era indisoluble y temiendo el día en que el país pudiera verse «desgarrado por enfrentamientos civiles o bañado quizá en sangre fraterna». En 1832 el vicepresidente John C. Calhoun estaba defendiendo ya un punto de vista radical sobre los derechos de los estados, según el cual cada uno de éstos podía «anular» las leyes que considerara inconstitucionales, y al poco tiempo Carolina del Sur lo puso en práctica negándose a aplicar el nuevo arancel y amenazando incluso con la secesión. El presidente Jackson respondió con una ley que le autorizaba a ejercer la autoridad federal por medio de la fuerza si era necesario, y afirmó los principios de la unidad nacional con palabras parecidas a las de Webster: «La desunión por medio de las armas es traición». Se llegó a un acuerdo, pero más tarde el presidente expresó su pesar por no haber llevado el asunto lo suficientemente lejos como para poder colgar a Calhoun por traición.

Abolicionismo

El sentimiento antiesclavista había ido creciendo de manera constante a finales del siglo XVIII gracias a la obra de grupos religiosos como los cuáqueros. En la década de 1830 surgió un nuevo movimiento radical cuando se hizo evidente que el sistema esclavista no iba simplemente a desaparecer por sí solo. Los nuevos abolicionistas no exigían ya reformas graduales, sino inmediatas, que sólo podían acometerse mediante una acción federal. En 1831, William Lloyd Garrison fundó el periódico *The Liberator,* con un gran apoyo de los negros libres. En la década siguiente, los abolicionistas negros surgieron como una poderosa fuerza en sí misma, como cuando Frederick Douglass fundó el periódico *North Star* en 1847. En 1839 Theodore Dwight Weld y Angelina Grimke publicaron el libro *Slavery As It Is (La esclavitud tal como es),* que enumeraba, para un público del Norte, los peores horrores del sistema.

Los avances a la hora de conseguir el apoyo público fueron lentos, y la antipatía racial en el Norte fue aumentando a medida que los antiguos esclavos se iban asentando en comunidades libres en ciudades septentrionales. Esas zonas fueron muchas veces el objetivo de muchedumbres violentas blancas, como ocurrió en Providence en 1831. Una década después, los alborotadores expulsaron a la población negra de Cincinnati, obligándoles a buscar hogar en otros sitios (finalmente llegaron a Canadá). Otro hecho que nos da una idea del sentimiento antinegro es la profunda hostilidad hacia el movimiento abolicionista que había en comunidades con población sureña o vinculadas económicamente al Sur. Los abolicionistas fueron regularmente atacados por la multitud en la década de 1830, y en 1837 se linchó en Illinois al editor de un periódico antiesclavista. En Nueva York fueron atacadas las propiedades e iglesias de abolicionistas y negros en julio de 1834. En Filadelfia se quemó la sede del movimiento en 1838.

Las opiniones radicales consiguieron más apoyos en el clima de amplias reformas sociales del decenio de 1840, en el que el abolicionismo se convirtió en un dogma básico del ideario progresista. El activismo antiesclavista se centró en las intervenciones directas de habitantes del Norte, blancos y negros, que ayudaban a los esclavos fugitivos a escapar hacia una nueva vida en la tierra libre de Canadá; en torno a este «ferrocarril subterráneo» se desarrolló toda una subcultura de oposición. Los estados del Norte se volvieron reacios a ayudar a los poseedores de esclavos y a sus empleados a ejercer su derecho, no poco legal, de capturar a los esclavos huidos, lo que dio lugar a llamativos desafíos a la legalidad. Al igual que en la década de 1760, los disidentes veían la ley y sus agentes como instrumentos de la tiranía, y pensaban que oponerse a ellos era un imperativo moral. Los abolicionistas radicales explotaban ampliamente esta idea y hablaban de que estaba por llegar la «Segunda Revolución Americana». Garrison sacaba así las conclusiones lógicas de sus principios cuando recomendaba que los estados abolicionistas y los estados esclavistas se separaran de la forma más amistosa posible, mediante la secesión del Norte si fuera necesario. La cuestión de los esclavos provocó algunos terremotos en las distintas confesiones religiosas, varias de las cuales se dividieron a causa de este asunto a mediados de la década de 1840. Presbiterianos, metodistas y baptistas estaban escindidos ante la cuestión de si el clero o los laicos de buena posición podían seguir teniendo esclavos. En la mayoría de los casos, las facciones del Norte y del Sur se volvieron a unir tras la Guerra Civil, pero los baptistas sureños han conservado su identidad separada hasta el día de hoy.

El abolicionismo era una pesadilla para los sureños, para quienes la esclavitud se estaba convirtiendo no sólo en una fuente de beneficios sino también en un distintivo simbólico que los diferenciaba de las vulgares masas de la sociedad urbana del Norte. Además, a partir de 1830 aproximadamente, el hecho práctico de la esclavitud se empezó a justificar con teorías científicas que recurrían a argumentos de necesidad biológica e histórica. En pocas palabras, las posturas se estaban radicalizando en ambos lados.

La supervivencia de la esclavitud estaba asegurada mientras siguiera siendo un asunto de los propios estados, que respetarían la autonomía regional, pero el auténtico peligro radicaba en lo que hiciera el gobierno federal. En la Cons-

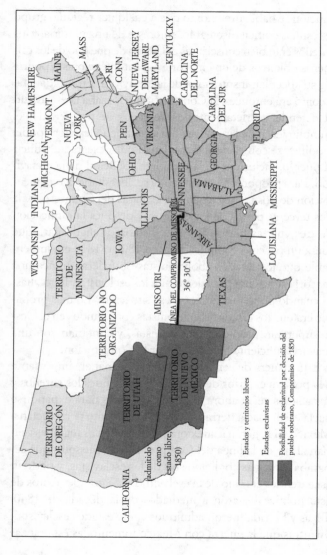

Mapa 6. El Compromiso de 1850

Estados y territorios libres

Estados esclavistas

Posibilidad de esclavitud por decisión del
pueblo soberano, Compromiso de 1850

titución se había pretendido que a cualquier región o grupo le resultase difícil pisotear los intereses de una minoría, y los sureños eran bien conscientes del riesgo de que uno de los primeros objetivos de una mayoría tan intervencionista podría ser su «peculiar institución» de la esclavitud. En realidad, tal y como era entonces, la Constitución reforzaba la esclavitud al defender estrictamente los derechos de propiedad y el cumplimiento de las obligaciones contractuales. Pero podía modificarse con cualquier enmienda que deseara introducir el pueblo, incluso la de la completa abolición de la esclavitud. Para proponer una enmienda se necesitaba la recomendación de dos tercios de ambas cámaras del Congreso, o de dos terceras partes de los estados, y después la ratificación de tres cuartas partes de éstos. Estaba diseñado para que fuera un proceso complicado, y en 1800 o 1810 era impensable que los estados abolicionistas obtuvieran nunca una mayoría suficiente para derrotar a los esclavistas. Pero ¿hasta cuándo podría mantenerse esa situación? Lo más probable era que los estados abolicionistas conseguidos en el Oeste superaran pronto a los esclavistas, y contarían con una mayoría suficiente para modificar la Constitución.

Esta manera de ver las cosas afectó de manera importante a la política exterior de Estados Unidos, pues los sureños y sus aliados veían ahora excelentes razones para expandirse hacia el sur, hacia tierras que en ese momento pertenecían a México. Si llegaran a anexionarse, esas nuevas regiones caerían al sur de la línea del Compromiso de Missouri que separaba las zonas abolicionistas de las esclavistas, y podrían así extender el reino de la esclavitud. Los grandes éxitos de esta política llegaron a mediados de la década de 1840. Texas y Florida fueron admitidos como estados esclavistas, mientras que la guerra con México fomentó las esperanzas de un imperio estadounidense con proyección hacia Centroamérica. Por esta razón, la aventura mexicana fue duramente criticada por los reformadores y abolicionistas del Norte, que encontraron un mayor apoyo una vez que el fervor patriótico inicial hubo amainado. Hubo incluso indicios de que el gobierno federal o intereses privados podrían estar planeando la anexión de Cuba (1854) y Nicaragua (1856) como territorios esclavistas.

Esas esperanzas resultaron vanas. Durante la guerra con México, el congresista David Wilmot propuso una polémica cláusula en la que se exigía la exclusión de la esclavitud de todos los territorios anexionados durante la guerra, y de hecho tal fue el resultado de la controversia tras un largo debate. Al margen de Texas, daba la impresión de que prácticamente todos los nuevos territorios serían abolicionistas, como de hecho lo fueron los cinco estados admitidos entre 1846 y 1859.

La crisis de 1848-1860

Los años que van de 1835 a 1860 se conocen como el «período prebélico» o anterior a la guerra, expresión que refleja muy bien el clima de incontrolable conflicto que impregnó la vida política durante esos años. Tras la guerra mexicana, cada nueva conquista en el Oeste desestabilizaba aún más el equilibrio regional. Como señaló John C. Calhoun, México era la «fruta prohibida» para el statu quo del país, y el castigo por comerla sería la «muerte política». La clave estaba ahora en los territorios occidentales, donde el Compromiso de Missouri ofrecía una clara divisoria septentrional para la institución de la esclavitud. En la década de 1850 esta norma fue puesta en cuestión por nuevas medidas que amenazaban con permitir una expansión ilimitada. En esta nueva fase de la crisis, la cuestión no era tanto la eliminación de la esclavitud en su patria sureña como su contención en el resto del país.

En 1849 California intentó ser admitida en la Unión como estado abolicionista, aunque la mayor parte de su territorio quedaba al sur de la línea del Compromiso de Missouri. En el debate subsiguiente participaron titanes de la oratoria de la época como Daniel Webster, Henry Clay y John C. Calhoun, cuyas intervenciones demostraban que era casi imposible alcanzar una reconciliación duradera. El ámbito del debate se había desplazado de los puntos concretos de la Constitución a los principios de la ley divina y la justicia natural, terreno intelectual en el que la discusión es en último término imposible.

A California se le concedió la categoría de estado, pero sólo como parte del Compromiso de 1850, según el cual los territorios de Utah y Nuevo México podían ser, a su elección, estados esclavistas o abolicionistas. El Sur recibió también satisfacción en uno de sus principales problemas, a saber, la dificultad de persuadir a las jurisdicciones del Norte de que colaboraran en la captura de esclavos huidos. La solución fue invocar al poder federal. Bajo la nueva Ley del Esclavo Fugitivo, la condición o no de esclavo de un negro acusado se juzgaba ante un comisario federal, sin ninguno de los derechos normalmente reconocidos en los juicios a personas libres, así que de hecho la raza predeterminaba la culpabilidad. Además, se prohibió por ley que los ciudadanos ayudaran a escapar o rescatar a un esclavo en fuga.

Difícilmente se podría imaginar un golpe más doloroso para la sensibilidad del Norte. En 1851 ya hubo varios incidentes en los que multitudes de ciudadanos norteños se interpusieron físicamente para impedir que los fugitivos cayeran en manos de cazadores de esclavos, o incluso de oficiales federales. En Christiana (Pensilvania), fueron juzgados 38 de esos ciudadanos por una revuelta en la que fue asesinado un propietario de esclavos mientras intentaba recuperar a uno de ellos, pero todos fueron absueltos. El ultraje se avivó aún más en 1852 por la violenta indignación que despertó la novela de Harriet Beecher Stowe *La cabaña del Tío Tom,* que describía las brutalidades de la esclavitud y señalaba la necesidad moral de la ley federal a resistirse en ese ámbito. En 1854 William Lloyd Garrison quemó públicamente un ejemplar de la Constitución de Estados Unidos ante una enfervorizada multitud en Massachusetts, renunciando simbólicamente a un gobierno que estaba en manos del poder esclavista.

En 1853 todo esto se complicó aún más por la política de transportes. Un ferrocarril continental se consideraba inevitable, pero había disputas entre los partidarios de una ruta por el norte y los de una ruta por el sur, que beneficiarían a diferentes partes del país. La del norte contaba con el apoyo del destacado senador demócrata Stephen A. Douglas, cuyo proyecto se basaba en organizar los territorios de Kansas y Nebraska, que habían sido arrancados de una zona india «permanente». Para obtener apoyo político del Sur, la Ley de Kansas-Nebraska, promovida por el senador Douglas, estipulaba que en estas tierras la cuestión de la esclavitud se resolvería acudiendo a la soberanía popular. Con ello, la esclavitud pasaba a ser legalmente posible al norte de la línea del Compromiso de Missouri, y potencialmente todo el Oeste se abría a los intereses proesclavistas.

La «soberanía popular» obligaba tanto a la facción proesclavista como a la antiesclavista a conseguir mayorías locales que pudieran determinar el signo del nuevo estado de Kansas. A mediados de la década de 1850, los colonos de ambas partes reclamaban ávidamente sus tierras, y los conflictos posteriores constituyeron prácticamente una guerra civil, como cuando fuerzas proesclavistas atacaron y quemaron la ciudad de Lawrence, en territorio abolicionista. Pero las atrocidades eran comunes. Los activistas abolicionistas, o *jayhawkers,* contaban con radicales como John Brown, que pronto alcanzaría la inmortalidad poética como mártir. En 1856 Brown tuvo un papel muy destacado en la matanza de Pottawattomie, en la que fueron ejecutados cinco líderes esclavistas por el asesinato de cinco abolicionistas. En 1861 ya habían muerto doscientas personas en la lucha de guerrillas. La violencia llegó incluso al palacio del Senado, donde en 1856 un congresista, militante sureño, golpeó con un bastón de manera violenta al senador por Massachusetts Charles Sumner como represalia por su incendiario discurso sobre la crisis de Kansas.

No menos fieros que las batallas físicas de la «sangrante Kansas» eran los enfrentamientos legales que en último término decidirían el futuro de la esclavitud. Durante años los abolicionistas habían intentado obligar a los tribunales federales a que definieran la situación legal de la esclavitud en los distintos territorios, y finalmente uno de esos casos llegó al Tribunal Supremo de Estados Unidos. Lo que se ventilaba en 1857 era la condición legal de Dred Scott, un esclavo de Missouri que había sido llevado a las tierras libres de Illinois y Minnesota (esta última formaba parte del territorio en el que la esclavitud estaba prohibida por el Compromiso de Missouri). ¿Era libre, y por tanto no podía ser vendido

3. Expansión y crisis (1825-1865)

posteriormente como esclavo? El Tribunal Supremo podría haber actuado de varias maneras en este caso. Podría haber decidido tanto a favor de Scott como en su contra, atendiendo a las cuestiones específicamente jurídicas del caso sin entrar en sus aspectos constitucionales. Pero el Tribunal eligió la peor solución posible: no sólo denegó la petición de libertad de Scott, sino que sostuvo que el Congreso no tenía derecho a regular o prohibir la esclavitud en los territorios. Al no ser ciudadano, Scott no tenía derecho a defenderse en los tribunales. Por último, se despreciaba a los negros como una raza inferior, que no tenía más derechos inherentes que los que los blancos quisieran concederles. Esta decisión contradecía explícitamente el Compromiso de Missouri, y amenazaba con exponer todo el territorio del Oeste a una violencia tan grave como la que se había dado en Kansas.

Estimulado por un auténtico ultraje moral, el sentimiento abolicionista contaba también ahora con el apoyo de un verdadero interés propio. Si el sistema esclavista era tan salvaje y tan proclive a hacer que sus súbditos escaparan hacia el Norte, ¿no significaba eso, presumiblemente, que todo el país tendría pronto una población negra libre, compitiendo por los puestos de trabajo y, es de suponer, con salarios más bajos? Además, los trabajadores libres del Norte estaban muy preocupados por la posibilidad de que los propietarios de esclavos del Sur pasaran de la agricultura de plantaciones a la creación de minas o fundiciones esclavistas, con unos costes tan bajos que ninguna empresa libre podría competir con ellos. La expansión de la esclavitud amenazaba a la economía de salarios altos en la que se basaba la sociedad norteña y que la hacía tan atractiva a la inmigración europea. En el Oeste, el potencial de expansión de las plantaciones hacía que sus tierras fueran muy poco atractivas para los agricultores no esclavistas.

La creciente crisis no podía dejar de afectar a la política de los partidos. Ya en 1848 un programa de «suelo libre» había dado al antes presidente Martin Van Buren más del 10% del voto popular en su intento de volver al poder. El Compromiso de 1850 había provocado tensiones en el partido *whig,* enfrentando a la facción moderada del presidente Millard Fillmore con el senador antiesclavista William H. Seward. Las divisiones fueron la causa del desastre electoral de los *whigs* en 1852. La Ley de Kansas-Nebraska hizo que los militantes antiesclavistas desertaran de los partidos existentes para formar una nueva agrupación, que se convirtió en el Partido Republicano. Aunque había en él algunos antiguos demócratas, los más perjudicados fueron sin duda los *whigs,* que pronto dejaron de existir como grupo organizado. Si el partido desapareció, gran parte de su ideología sobrevivió en el nuevo Partido Republicano por medio de antiguos seguidores, incluido el propio Abraham Lincoln. Además del de los *whigs,* los republicanos consiguieron el apoyo de muchos antiguos *know-nothings* y de un sólido conjunto de agricultores y artesanos atraídos por la retórica de «los trabajadores libres».

En 1856, el candidato republicano a la presidencia John C. Fremont superó ampliamente al candidato *whig,* pero perdió ante el demócrata James Buchanan. No obstante, el hecho de que la suma de *whigs* y republicanos superara a los demócratas era una premonición para años futuros. El poder demócrata se vio aún más amenazado durante 1857, con una crisis financiera que repercutió en toda la economía, y con los efectos de la decisión en el caso Dred Scott. Entre tanto, un *revival* religioso a escala nacional atizaba los sentimientos evangélicos y abolicionistas. En 1858, el republicano Abraham Lincoln desafió al héroe demócrata Stephen Douglas en la contienda por el escaño de senador de Illinois, y los dos candidatos se enzarzaron en un debate decisivo al que se dio publicidad en todo el país. Douglas intentó retratar a Lincoln como un radical enloquecido cuya elección significaría la guerra contra el Sur y la subversión del Tribunal Supremo; a su vez, Lincoln obligó a su oponente a definirse sobre el asunto de los territorios en unos términos que le hicieron perder apoyo en el Sur. En resumen, Lincoln reforzó la posición moral de los republicanos al mismo tiempo que ensanchaba la grieta que dividía a los demócratas.

Según se iban acercando las elecciones nacionales, aumentaban las posibilidades de que se produjeran desórdenes civiles. La amenaza se convirtió en realidad por la intervención de John Brown, que provocó una crisis atacando directamente a la esclavitud en sus cuarteles del Sur. Con el apoyo de abolicionistas del Norte, elaboró un extravagante plan para establecer zonas liberadas en las colinas de la parte occidental de Virginia, y en octubre de 1859 arremetió con dieciocho de sus seguidores contra el arsenal federal de Harper's Ferry, en lo que es hoy Virginia Occidental. Aunque nunca tuvo verdaderas intenciones de incitar y armar una insurrección de esclavos, su posterior juicio y ejecución en diciembre de 1859 dieron a la causa abolicionista un mártir inestimable y un elemento de cohesión. También confirmó los peores temores de los sureños sobre lo que podrían esperar de un gobierno federal abolicionista. Durante 1860 estas preocupaciones se manifestaron en ataques populares a supuestos abolicionistas y en boicoteos organizados contra empresas y bienes del Norte. En Texas, el mie-

do a un complot abolicionista y a una revuelta de esclavos
llevó a un pánico generalizado y un estallido de la acción
«vigilante» que terminó con la vida de un centenar de supuestos disidentes.

Los miedos sureños fueron decisivos en la política electoral de 1860. En la convención del Partido Demócrata, el
Sur se negó a aceptar la candidatura de Stephen Douglas, a
quien consideraban demasiado conciliador en el tema de la
esclavitud, y eligieron en su lugar al radical John C. Breckinridge. La división casi garantizaba una victoria republicana.
Con la esperanza de evitar una catástrofe nacional, algunos
antiguos *whigs* y *know-nothings* se aliaron en un nuevo Partido de la Unión Constitucional, que sin embargo no pudo
alterar el resultado. Finalmente el programa republicano de
Lincoln recibió menos del 40% de los 4,7 millones de votos
emitidos, frente a más del 47% de los dos candidatos democráticos juntos. Aunque los republicanos no podían pro-
clamarse vencedores en la votación popular, tenían el 59%
del voto electoral, suficiente para sentar a Lincoln en la
Casa Blanca.

Lincoln no era en modo alguno tan dogmático en materia
de esclavitud como muchos dirigentes republicanos, hasta
el punto de que sus conciliadores comentarios sobre la
cuestión han creado más de un problema a sus innumerables admiradores posteriores. En 1858 declaró que se oponía implacablemente a «la igualdad social y política de las
razas blanca y negra [...], [a] convertir en votantes o jurados a los negros [...] y a que se celebren matrimonios mix-
tos». En 1862 escribió, en un pasaje célebre, que su objetivo supremo era salvar la Unión, y que si ese objetivo se
podía conseguir liberando a algunos, a todos o a ningún esclavo, él lo haría: «Lo que yo hago en relación con la escla-

vitud y la raza de color, lo hago porque ayuda a salvar esta Unión». Estas sutilezas no iban con los dirigentes sureños, que creían enfrentarse a una simple alternativa entre secesión y destrucción. En último término, consiguieron las dos cosas.

Se ha escrito mucho sobre las causas de la Guerra Civil, pero el empleo de la palabra «causa» pone el acento en un lugar equivocado. La verdadera cuestión no es por qué la Unión se rompió en pedazos, sino cómo se consiguió evitarlo durante tanto tiempo, y por qué unos estados se separaron y otros no. Además, ¿por qué hay que considerar que la salida de algunos estados es un acto de traición o de guerra, y no una simple reconfiguración de una Unión que se acepta que es temporal? En ambos casos, la esclavitud era el catalizador decisivo: apreciado símbolo de la forma de vida de una región, abominación para la otra, con lo que entraban en colisión principios absolutos. Los acontecimientos de la década de 1850 parecían demostrar que la esclavitud no podía confinarse a una sola zona, y que debía o bien extenderse por todo el país, o bien dejar de existir por completo. El hecho de que el problema se formulara entonces mediante una disyuntiva tan rígida ayuda mucho a entender por qué una unión constitucional de siete décadas empezaba a desintegrarse.

La Guerra Civil (1861-1865)

El proceso de desintegración comenzó con la secesión de Carolina del Sur en diciembre de 1860. No hubo una intervención federal eficaz y oportuna debido a la lenta e ineficiente actuación de la presidencia, pues la administración

Buchanan –derrotada en las elecciones de noviembre por Abraham Lincoln– poco podía hacer ya y Lincoln no debía tomar posesión del cargo hasta el marzo siguiente. A principios de febrero se habían separado seis estados más, a saber, Florida, Georgia, Alabama, Mississippi, Louisiana y Texas, y los gobiernos rebeldes formaron unos nuevos Estados Confederados de América, que tenían hasta su propio presidente, Jefferson Davis. Aun así, la guerra no fue del todo inevitable hasta abril, cuando las tropas confederadas dispararon sobre la bandera estadounidense en Fort Sumter, en el puerto de Charleston. En cuestión de días Lincoln había reunido tropas y había ordenado el bloqueo del Sur. Desde ese momento la guerra estaba en marcha. En mayo el alcance del conflicto se amplió aún más con la secesión de Carolina del Norte, Tennessee, Arkansas y, lo que era más grave, Virginia, que para unirse a la Confederación tuvo que celebrar un intenso debate legislativo que terminó con una mayoría de 85 contra 55 a favor de la separación. Con la adhesión de Virginia, la Confederación trasladó su capital a la ciudad de Richmond.

Para mediados de 1861 la fiebre bélica era evidente tanto en los territorios de la Unión como en los de la Confederación, y al principio a ninguna de las partes le costó conseguir voluntarios suficientes para formar un gran ejército. A finales de año las fuerzas armadas de la Confederación contaban con unos 600.000 voluntarios. El entusiasmo se veía reforzado por el sentimiento común de que no podía ser sino una guerra breve, que se decidiría quizá en una confrontación de enorme magnitud. El primer enfrentamiento importante de la guerra, en Manassas (Virginia), en julio de 1861, acabó con esas esperanzas. Los confederados hicieron huir a sus enemigos de la Unión en esta primera batalla

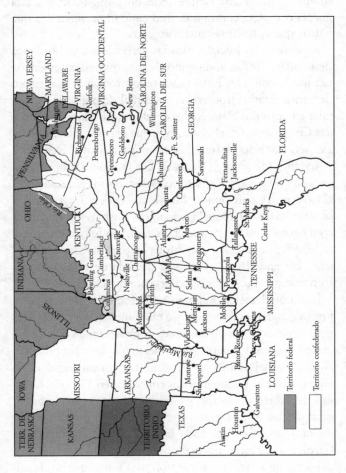

Mapa 7. La Confederación a finales de 1881

de Bull Run. Era la confirmación de que Estados Unidos no se enfrentaba a una simple rebelión popular, sino a una guerra completa contra una gran entidad nacional a la que habría que aplastar sistemáticamente.

A pesar de las iniciales oleadas patrióticas a ambos lados de la nueva frontera, ninguno de los contendientes estaba tan unido como les hubiera gustado proclamar. La lealtad de varios estados fronterizos era difícil de predecir. No estaba en absoluto claro cuáles de ellos acabarían uniéndose a la Confederación; el Norte tuvo que hacer frente a amenazas secesionistas de estados fronterizos como Kentucky, Maryland, Missouri y Delaware. Las facciones proconfederadas de Missouri y Kansas incluso enviaron representantes al Congreso Confederado. Maryland era decisiva, porque si se retiraba de la Unión, la ciudad de Washington se encontraría aislada en territorio rebelde, de modo que en ese estado se reprimió con mano dura a los partidarios de la secesión. Durante 1861 prevenir la pérdida de otras regiones fronterizas fue una prioridad urgente para la Unión.

La Confederación también tenía focos de descontento, por lo general las regiones más montañosas, muy apartadas de la agricultura de plantaciones, regiones en las que los esclavos, cuando los había, se dedicaban al servicio doméstico o al trabajo agrícola. El candidato presidencial de la Unión había obtenido muchos condados en Virginia, Carolina del Norte, Tennessee y Georgia, así como una larga cadena de territorios junto al río Mississippi. Había sentimientos unionistas en toda la zona de los Apalaches en Carolina del Norte, mientras que los condados mesetarios del oeste de Virginia se separaron para integrarse en el bando unionista en junio de 1861 y formaron el estado de Virginia Occidental en 1863. Además, ambos bandos poseían

3. Expansión y crisis (1825-1865)

minorías étnicas y religiosas que veían muy poco sentido a la guerra, por la cual, creían, se les estaba pidiendo que pagaran un precio desproporcionadamente alto. En el Norte, los irlandeses, componente muy importante de la población urbana e industrial, mostraron a menudo su disgusto por el reclutamiento forzoso.

En la guerra, la estrategia militar estaba condicionada por las diferentes estructuras económicas de las dos regiones y su distinta orientación internacional. El Norte era muy superior en población y recursos industriales, con más del triple de hombres blancos en edad militar. Conservaba también el control de la marina de Estados Unidos, base perfecta para la denominada «estrategia de la anaconda», consistente en asfixiar al Sur mediante un bloqueo, mientras fuerzas navales tomaban puertos vulnerables y regiones costeras. Un ejército presionaría por tierra para romper la Confederación en dos, abriendo la ruta del Mississippi, y otra fuerza invadiría Tennessee. Una tercera fuerza debía marchar sobre Richmond, la capital rebelde. Era una estrategia razonable, y que en último término funcionó, pero su éxito no era tan evidente. Con una campaña de desgaste, el Norte corría el peligro de provocar un cansancio ante la guerra antes de que la fuerza de voluntad del Sur se derrumbase, además de que en su seno había también un activo partido pacifista. Los elementos prosureños más radicales eran conocidos como *copperheads* («cabezas de cobre», así llamados por la siniestra serpiente a la que se decía que se parecían). En cierto sentido, el Sur podía ganar la guerra simplemente no perdiéndola de una forma clara o decisiva, mientras que el Norte perdería si no conseguía ganar rápidamente.

La política exterior fue crucial. Los círculos gobernantes de Inglaterra sentían simpatía por la personalidad aristocrática del Sur, y además los británicos necesitaban su algodón para sus plantas textiles. Francia y Rusia no tenían ningún interés en fomentar un Estados Unidos fuerte que pudiera poner en peligro sus planes imperiales; además, existía la peligrosa posibilidad de que una guerra larga se viera interrumpida por una intervención «humanitaria» de las grandes potencias, lo cual garantizaría de hecho la independencia sureña. Especialmente grande era el riesgo naval, pues los barcos británicos y franceses podrían romper fácilmente, si se presentaba la ocasión, el bloqueo impuesto por el Norte. Además, los estados europeos tropezaban con sus sentimientos democráticos y radicales a favor de la Unión. Durante los dos primeros años de la guerra, tanto el Norte como el Sur tuvieron que adaptar sus políticas para provocar o contener esa intervención extranjera, que muchas veces pareció peligrosamente cercana. En 1861 un buque de guerra de la Unión detuvo a dos enviados de la Confederación en el buque de vapor inglés *Trent,* un insulto a la bandera británica que técnicamente equivalía a un acto de agresión. Tampoco las potencias europeas respetaban esas sutilezas diplomáticas, pues permitieron a los confederados construir barcos de guerra y buques corsarios en sus territorios; el más famoso fue el *Alabama,* que causó estragos en la flota estadounidense antes de que fuera finalmente hundido en 1864.

Quizá el año más peligroso para la Unión fue 1862. A lo largo de todo el invierno de 1861-1862, los esfuerzos del Norte se concentraron en la creación del poderoso Ejército del Potomac, con unos 150.000 hombres al mando del general George McClellan. Las ínfulas napoleónicas de McClellan se reflejan en el hecho de que bautizaba a los distintos cuerpos con el nombre de ríos, según el modelo del francés Ejército del Rin. Su misión estaba relativamente clara: dirigir su ejército a un desembarco anfibio en la península situada al este de Richmond y avanzar por los ríos James y York para tomar la capital confederada, siguiendo una «campaña peninsular» apropiadamente napoleónica. Desembarcó como estaba previsto en marzo, pero su avance fue desesperadamente lento y propenso a detenerse ante el más mínimo indicio de acción enemiga. Su tendencia a sobrevalorar en gran medida la potencia militar de la Confederación indicaba o una extrema timidez o un deseo deliberado de evitar el enfrentamiento. Esta última interpretación es muy plausible, pues McClellan bien podría verse a sí mismo como el idóneo reunificador del país.

Esta campaña señaló también la aparición de un grupo de magníficos comandantes confederados, que no tenían ningún problema en explotar todas las debilidades de su oponente. El más importante era Robert E. Lee, quien ese verano confundió completamente a McClellan en la batalla de los Siete Días en defensa de Richmond (Virginia), tras lo cual el «pequeño Napoleón» se retiró hacia el norte. Entre tanto, los confederados Thomas «Stonewall» Jackson y J. E. B. Stuart realizaban brillantes incursiones de distracción en el norte de Virginia. Esto supuso el comienzo de una forma de actuar que se repetiría a menudo durante el curso de la guerra –aliviar la presión sobre Richmond lanzando un ataque al oeste de Washington, de modo que la capital pareciera amenazada– y que casi siempre conseguiría crear la deseada alarma en el bando de la Unión. De aquí en adelante, gran parte de las batallas cruciales del Este se centraron en la parte septentrional de Virginia, donde durante el año siguiente Lee y sus lugartenientes aventajaron a menudo a los generales norteños. En septiembre de 1862

Lee dirigió una invasión de Maryland que culminó en la sangrienta batalla de Antietam/Sharpsburg, donde se produjeron más de 23.000 bajas. Aunque Lee se retiró, siguió siendo un formidable adversario e infligió una devastadora derrota a las tropas de la Unión en Fredericksburg (Virginia) el 13 de diciembre.

Entre tanto, la guerra proseguía a toda velocidad en el Oeste, donde la Unión comenzó 1862 tomando dos fuertes de la Confederación que controlaban los estratégicos ríos Tennessee y Cumberland. En este caso las tropas federales estaban comandadas por Ulysess S. Grant, quien pronto demostró un espíritu luchador y una determinación que contrastaban notablemente con sus homólogos de Virginia. Grant obtuvo una costosa pero crucial victoria en Shiloh, cerca de la frontera entre Tennessee y Mississippi, en abril de 1862, y Memphis cayó en manos de la Unión en junio. En octubre, la batalla de Perryville puso prácticamente fin a la presencia militar confederada en Kentucky. Al mismo tiempo, la flota norteña realizaba con éxito su misión de acoso en las costas de la Confederación, y tomó Nueva Orleans a principios de mayo de 1862. A comienzos de 1863 las tropas de la Unión que marchaban Mississippi abajo estuvieron a punto de juntarse con los compañeros que subían desde Louisiana; el punto de encuentro acordado era el puerto fluvial de Vicksburg (Mississippi), que soportó un asedio ese verano. En el Lejano Oeste, los ejércitos de la Unión desbarataron un peligroso intento de la Confederación de ocupar Nuevo México y Arizona.

El año 1862 fue también testigo de una batalla naval entre dos acorazados a vapor, el *Monitor* de la Unión y el *Merrimack* de la Confederación. Aunque el enfrentamiento no tuvo por sí mismo una gran repercusión en el curso de la contienda, puso instantáneamente de manifiesto que cualquier otra embarcación del planeta estaba obsoleta, y una vez más demostró que el conflicto estaba prefigurando las tácticas y actitudes de las guerras del siglo siguiente.

Aunque entre los éxitos federales de 1862 se echaban de menos victorias absolutas, la Unión evitó al menos la catástrofe que muchas veces pareció tan cercana. Además, su victoria en Antietam fue crucial para evitar el reconocimiento europeo de la Confederación y para demostrar a Londres y París que finalmente tendrían que tratar con un país reunificado que recordaría cómo habían actuado sus vecinos transatlánticos en los momentos de tribulación nacional. También en la política interior el curso de los acontecimientos bélicos hizo que se modificaran de manera decisiva los objetivos de la guerra, y que se reconsiderara la justificación moral de ésta. Antes de Antietam existía la posibilidad de que una victoria importante del Sur debilitara la lealtad de los estados fronterizos y quizá rompiera aún más la Unión. Esto había hecho que la administración no declarara el fin directo e inmediato de la esclavitud, que era la consecuencia natural de su ideología anterior. No condenar la esclavitud distanció a los republicanos radicales y justificó las afirmaciones sureñas de que lo que verdaderamente se dirimía en la guerra no tenía nada que ver con la libertad de los negros, sino más bien con los derechos estatales frente a un excesivo poder federal. Días después de Antietam, Lincoln emitió una primera proclamación emancipadora que amenazaba con liberar a todos los esclavos de los territorios rebeldes. Aunque no supuso en realidad la liberación de ningún esclavo, esta medida puso en marcha el proceso que terminaría en la abolición. Desde la perspectiva europea, la adopción de esa noble postura moral hacía aún más difícil que los ingleses o los franceses entraran en la contienda: intervenir para parar una guerra de forma aparentemente imparcial era una cosa, pero enviar un ejército a luchar del lado de los propietarios de esclavos era otra bien distinta.

Es posible que la consecución definitiva de la emancipación no tuviera entonces grandes repercusiones, pero su importancia fue creciendo extraordinariamente a medida que avanzaba la guerra. En 1863 la Unión estaba escasa de efectivos y estableció un duro programa de reclutamiento inmediato en marzo (la Confederación ya había hecho lo mismo en abril de 1862). La emancipación ofreció la posibilidad de reclutar a miles de soldados bien dispuestos entre los negros libres y antiguos esclavos, aunque al principio a éstos se les miraba con gran recelo. Al final de la guerra más de 200.000 negros habían servido en el ejército de la Unión, donde demostraron valor y entrega: los negros representaban más o menos una cuarta parte del personal de la marina estadounidense. A su celo había que añadir un amargo odio hacia los confederados, que trataron con notable brutalidad a sus prisioneros negros –hubo matanzas, como la de Fort Pillow (Tennessee) en 1864–. En el mejor de los casos, los soldados negros capturados podían esperar su reesclavización.

El año 1863 fue el punto de inflexión de la guerra, momento en el que el Sur perdió la iniciativa estratégica. Como el año anterior, Lee lanzó una invasión tras conseguir una importante victoria en la zona septentrional de Virginia. Tras vencer a unas fuerzas numéricamente superiores en Chancellorsville en mayo, Lee llevó a su ejército de Virginia septentrional a Pensilvania, con el primer objetivo de tomar el nudo ferroviario de Harrisburg. Podría así cortar las líneas de abastecimiento de la Unión que unían el Este con el Oeste, y quizá avanzar hasta ciudades clave como Filadelfia. Un buen signo de las posibilidades que encerraba esa estrategia era la sensación de descontento y cansancio hacia la guerra que había en el Norte, situación que un gran avance por Pensilvania bien podría hacer explotar. En julio de 1863 Nueva York sufrió una de las peores insurrecciones urbanas de toda la época. Aunque la causa directa fueron las desigualdades sociales del sistema de reclutamiento para el conflicto, la furia de las masas, integradas en gran medida por irlandeses, se centró en los negros, en cuyo beneficio se estaba librando supuestamente la guerra. No sabemos cuántos muertos se produjeron, pero sin duda fueron cientos.

Las tropas de Lee salieron derrotadas de la batalla de Gettysburg en julio, en la que 90.000 soldados del Norte se enfrentaron a 75.000 confederados, con un saldo de 40.000 bajas. En el Oeste, a la Unión también le sonreía la fortuna. La caída de Vicksburg en julio abrió el Mississippi y separó a los estados confederados orientales de sus aliados de Arkansas y Texas. Una grave derrota en Chickamauga, en septiembre, debilitó la posición de la Unión en Tennessee, pero la victoria de Grant en Chattanooga dos meses después aseguró la mayor parte del estado. La temporada de campañas del nuevo año vería inevitablemente una invasión de Georgia o Alabama, y un decisivo movimiento de las tropas de la Unión hacia el mar. A principios de 1864 parecía que Lee había encontrado finalmente la horma de su zapato cuando Grant fue nombrado comandante en jefe de las fuerzas del Norte.

El hecho de que Gettysburg fuera de manera tan evidente un punto de inflexión hace que resulte tentador considerar el resto de la guerra como un anticlímax, durante el cual el Sur simplemente fue posponiendo su ruina, pero los contemporáneos no lo percibían así en absoluto. Robert E. Lee era tan eficaz en la defensa como en el ataque, y desde mediados de 1864 los asedios de Richmond y Petersburg se convirtieron en un choque relativamente estático a base de combate de trincheras. Mayo trajo las sangrientas pero no decisivas batallas del Wilderness y Spottsylvania Court House, y en junio la batalla de Cold Harbour, cerca de Richmond, supuso una de las derrotas más traumáticas de la Unión en toda la contienda. En un desastre que se asemeja a los suicidas ataques frontales de la Primera Guerra Mundial, el ejército de Grant perdió 6.000 hombres en sólo una hora. En un mes, las campañas de Grant le habían costado a la Unión más de 50.000 bajas, marca que podría haber inducido a un presidente menos firme a sustituir al general. Poco después, el general confederado Jubal Early y sus tropas atacaron las afueras de Washington D. C.

En el verano de 1864 Lincoln estuvo preparando los consejos que le iba a dar a su sucesor en la presidencia, pues pensaba que seguramente no saldría reelegido a no ser que pudiera aportar hazañas militares. Su desesperanza no se vio quebrada hasta el mes de septiembre, cuando llegó la sensacional noticia de que las tropas del general Sherman, que avanzaban hacia el sur desde Tennessee, habían tomado Atlanta, capital de Georgia y uno de los centros de transporte clave de la Confederación. Esto anunciaba el fin de la secesión en Georgia y una nueva división del territorio confederado. Lincoln fue reelegido en noviembre frente al candidato demócrata George McClellan. Esta vez la victoria sí que estaba al alcance, aunque las tropas de la Confederación resistieron tercamente hasta la primavera siguiente y organizaron algunos contraataques desesperados. En 1865 las fuerzas de la Unión contaban casi con un millón de hombres frente a los 200.000 de los confederados, desesperada situación que el Sur incluso pensó en solucionar mediante el alistamiento de miles de esclavos.

Savannah cayó ante Sherman en diciembre de 1864, días después de que una batalla en Nashville acabara con la invasión confederada de Tennessee. La propia Richmond cayó en abril, y durante un corto período de tiempo hubo la impresión de que la lucha de guerrillas podría continuar durante años en las regiones remotas de las Carolinas. Sin embargo, el 9 de abril Lee se rindió ante Grant en la sede del tribunal de Appomattox (Virginia), y toda la resistencia confederada había desaparecido ya a mediados de mayo. El triunfo de la Unión se vio oscurecido por el asesinato de Lincoln el 14 de abril, a manos de un grupo de agentes confederados y simpatizantes reaccionarios que habían estado operando en Washington durante gran parte de la guerra.

Consecuencias

El efecto más evidente de la guerra fue la enorme pérdida de vidas humanas, en un conflicto en el que los combatientes de ambas partes eran estadounidenses. Hubo en total 620.000 muertos, contando las bajas en el frente y los fallecidos por enfermedad. Para hacernos una idea, el país perdió más hombres que en las dos guerras mundiales juntas. Cientos de miles más quedaron mutilados, en una época en la que gran parte de la eficacia de la medicina se basaba en la rápida amputación de miembros heridos.

La destrucción material fue también enorme, sobre todo en el Sur. Algunas zonas sufrieron particularmente, en especial las regiones de Georgia, que los ejércitos de Sherman habían sometido a una política de tierra quemada a base de destrucciones masivas y saqueos. Ciudades antes florecientes como Atlanta y Richmond estaban ahora devastadas. La destrucción de plantas industriales y ferrocarriles deshizo prácticamente gran parte del progreso de los años anteriores a la guerra y las finanzas públicas estaban sumidas en el caos. Sólo la abolición de la esclavitud equivalía a la confiscación de propiedades reales por valor de miles de millones de dólares.

Aunque el Norte también sufrió pérdidas materiales, el desenlace político de la guerra garantizaba que obtendría beneficios a largo plazo. Durante décadas, la fuerza que el Sur tenía en el Congreso le había permitido vetar diversas mejoras internas y protecciones arancelarias, así como nuevas leyes para fomentar el desarrollo del Oeste, pero la secesión hizo que ese obstruccionismo desapareciera. Sólo en 1862 el Congreso aprobó una serie de medidas cruciales para la expansión occidental, entre las que estaban la Ley de Residencia y la Ley del Ferrocarril del Pacífico. También se concedieron tierras federales en apoyo de una red de nuevas universidades destinadas explícitamente a fomentar el progreso social de las clases trabajadoras. La rentabilidad de la producción en tiempo de guerra y de los contratos militares incrementó extraordinariamente el potencial de expansión industrial, y también en este caso los beneficiarios se encontraban en el Noreste y el Medio Oeste. Las medidas económicas e industriales adoptadas por el Partido Republicano le permitieron asegurarse una posición dominante en la política nacional durante los cincuenta años siguientes, un poder que se veía reforzado por su papel de representantes del patriotismo y de la unidad nacional. La guerra acentuó de esta manera las ya importantes diferencias regionales que había en Estados Unidos, y puso los cimientos de la expansión industrial de las décadas siguientes.

Las consecuencias de la guerra se dejaron sentir durante muchos años después, pero al menos en un sentido los efectos fueron permanentes: tras la rendición de Lee en Appomattox, la secesión dejó de ser una opción viable en la política estadounidense. Antes de la guerra, lo corriente era decir que los Estados Unidos –en plural– tenían o hacían algo; después, la frase correcta era que Estados Unidos –en singular– tiene o hace algo. El país se convirtió entonces en una unidad, en algo más que la suma de sus partes. Eso había sido, dicho de la manera más simple posible, lo que se dirimió en la guerra.

4. Ciudades e industria (1865-1917)

En 1900 Estados Unidos había hecho realidad más que suficientemente las visiones de Herman Melville de medio siglo antes. La nación era ahora un imperio continental, sus ciudades e industrias eran ya tan grandes como las de las mayores potencias europeas, y su poder político se estaba proyectando a otros continentes en forma de un nuevo imperio colonial. En cierto sentido, «las demás naciones» nos iban ya «a la zaga». A diferencia de la época de Melville, la cuestión de la unidad nacional estaba muy resuelta, y no había ya necesidad de realizar un sinfín de delicados ajustes en las relaciones entre secciones rivales. Los propagandistas y aspirantes a la gloria tenían mucho que celebrar, suficiente para justificar las previsiones de que el nuevo siglo sería estadounidense.

También había, mucho más que en 1851, voces de duda y pesimismo, graves interrogantes sobre los cambios del significado del «norteamericanismo». El carácter urbano e industrial del país era un hecho consumado desde hacía tiempo, hacia 1900 las ciudades y las industrias habían llegado a dominar la vida de la nación, y ambas estaban creando unas sociedades casi irreconciliables con los ideales republicanos. El nuevo país estaba marcado por un salvaje conflicto de clases, por una extrema polarización de la riqueza, por la miseria y por la violencia política endémica. Tal y como había dicho el economista radical Henry George en 1879, el progreso de Estados Unidos parecía estar íntima y necesariamente basado en la pobreza. Mientras que la diversidad étnica que representaban los irlandeses y los alemanes era una realidad familiar, una nueva inmigración europea amenazaba con destruir cualquier vestigio de consenso nacional. Las ideologías populares en la época subrayaban el conflicto, el choque de razas y clases, el enfrentamiento entre los fuertes y los débiles. A muchos, las perspectivas del nuevo siglo les parecían siniestras, incluso terroríficas. La esperanza, si es que la había, estaba en darle al gobierno un papel radicalmente diferente del que habían concebido los fundadores de la patria; el hecho de que fuera éste el camino que finalmente se tomó nos da una idea de la desesperación que reinaba en la época.

Reconstrucción

Con el fin de la Guerra Civil el país se enfrentaba a cuestiones sin precedentes sobre la condición de los territorios que se habían rebelado. Eran posibles varios planteamientos constitucionales: la visión más benevolente era la que sostenían Abraham Lincoln y su sucesor, Andrew Johnson, quienes querían reabsorber a los antiguos estados confederados en la Unión en las condiciones más generosas posibles.

Aunque la mayoría de sus ciudadanos se habían levantado en armas contra la Unión, por razones prácticas era imposible juzgar a cada individuo como un traidor que hubiera perdido completamente sus derechos civiles. Una solución intermedia razonable era la que sugería que un estado fuera readmitido por completo en la Unión una vez que un determinado porcentaje de sus ciudadanos hubiera jurado lealtad a Estados Unidos, y tuviera derecho al perdón. Se podría reanudar así una vida política relativamente normal. A finales de 1865 ya había por todo el Sur gobiernos estatales fundados en estos principios.

Este planteamiento era demasiado tímido para los republicanos radicales, liderados por Charles Sumner y Thaddeus Stevens. A su juicio, en los planes de reconstrucción se ignoraba la situación de los antiguos esclavos, y era un imperativo moral diseñar un sistema político para ellos que garantizase sus derechos de forma definitiva, lo cual suponía otorgar a los negros todos los derechos civiles, incluido el de voto, y no tolerar ningún tipo de condición inferior que se pareciera a la esclavitud. Además, no se fiaban de la lealtad de los antiguos confederados a pesar de su nuevo juramento de fidelidad. Asimismo, según esta radical postura debería someterse a los estados secesionistas a una completa revolución social en la que los antes poderosos fueran derribados para siempre. Esa «inversión» sólo se podría llevar a cabo bajo una estrecha supervisión federal, y previsiblemente con una prolongada presencia de tropas y bayonetas. Los primeros pasos en esa dirección se dieron en 1865 con la aprobación de la Decimotercera Enmienda a la Constitución, que prohibía el esclavismo o la servidumbre involuntaria, y con la creación de la Oficina de Manumisos (*Freedmen's Bureau*) para proteger y fomentar los intereses sociales de la población negra.

Al principio, los estados sureños restaurados le hicieron directamente el juego a los radicales poniendo a los antiguos esclavos bajo la protección de los «Códigos de negros», estrictos reglamentos que daban a los negros emancipados una condición muy inferior a la de la libertad o igualdad auténticas, y que hacían obligatorio el trabajo. En efecto, los negros en cuanto comunidad (más que como individuos) se convirtieron en la propiedad colectiva de todos los sureños blancos. La violencia terrorista generalizada provocó la muerte de varios miles de negros liberados y sus simpatizantes blancos, y las nuevas escuelas negras fueron quemadas. En 1866 tuvo que intervenir el ejército para detener un pogromo contra los negros de Nueva Orleans, y en Memphis se produjo un levantamiento similar. Arkansas fue el centro de la tormenta en 1868, Carolina del Sur en 1870 y Mississippi en 1871. En Louisiana más de 3.000 personas, principalmente de color, fueron asesinadas o heridas en enfrentamientos y matanzas en la década posterior a 1866; en Texas se decía que entre 1868 y 1870 cayeron unos mil negros al año. De las organizaciones surgidas de esta carnicería, la tristemente más famosa fue el Ku Klux Klan, movimiento de veteranos de la Confederación que se originó en Tennessee en 1866 y que rápidamente se extendió por todo el Sur como un amplio y letal movimiento político.

A partir de 1866 los radicales dominaron la política federal. La Decimocuarta Enmienda constitucional declaraba que cualquier persona, negra o blanca, nacida en Estados Unidos era un ciudadano en todos los sentidos y con todos los derechos debidos, de los que no se le podía privar sin un proceso judicial apropiado (aunque se pretendió utilizar un lenguaje inequívoco, en 1873 el Tribunal Supremo más o menos invalidó esta medida para proteger a los emancipados). También se prohibía que los antiguos oficiales confederados volvieran a ocupar sus cargos. Según la Decimoquinta Enmienda, propuesta en 1869, los estados no podían limitar el derecho de voto «por razones de raza, color o condición anterior de servidumbre». En 1867 las Leyes de Reconstrucción disolvieron los gobiernos estatales del Sur y reintrodujeron la autoridad militar directa, especificando además procedimientos detallados sobre el modo de llevar a cabo las elecciones en términos que fomentaban la participación negra. El presidente Andrew Johnson vetó esta y otras medidas del Congreso, pero por lo general su veto quedaba sin efecto, y en 1868 se convirtió en el primer presidente de Estados Unidos que sufrió un proceso de encausamiento o *impeachment*. Aunque el proceso no llegó al final, Johnson pudo ejercer muy poca influencia en el curso de los acontecimientos posteriores.

Las Leyes de Reconstrucción crearon en el Sur unos regímenes nuevos que tenían un carácter político y racial completamente diferente del de sus predecesores. En 1868 había ya en el Sur 700.000 votantes negros frente a 625.000 blancos, hecho que contribuyó de forma importante a la victoria electoral republicana a nivel nacional: probablemente fueron los votos negros los que dieron la presidencia a Ulysses S. Grant en 1868. En la mitología sureña, ello representaba el peor de los mundos posibles, una coalición entre cínicos aventureros del Norte (*carpetbaggers*) y traidores del Sur (*scalawags*), que conspiraban para manipular a los ignorantes títeres que eran los negros, mientras que los dirigentes naturales y apropiados de la sociedad quedaban constantemente excluidos de cualquier participación. Este oscuro período se prolongó hasta la década de 1870, cuando valientes rebeldes blancos consiguieron desestabilizar y derribar las dictaduras republicanas. La historia ha sido más amable con los *carpetbaggers* y los *scalawags,* que retrospectivamente parecen individuos bienintencionados que luchaban por crear un Sur nuevo y mejor. El rechazo de los sureños blancos republicanos como traidores se basa en el mito de que el «verdadero» Sur es la tierra de las plantaciones aristocráticas, que ignora a los ciudadanos más pobres, especialmente en las regiones altas, que apenas habían tenido contacto con la economía esclavista.

Además, los negros que tuvieron cargos en aquellos años no eran peores que sus coetáneos blancos, y sólo una condescendencia racista puede apoyar la idea de que actuaban por mera obediencia a unos blancos manipulados. Los negros suponían una gran proporción de los habitantes de todos los estados sureños, y tenían derecho al menos a cierta representación en cualquier sistema electoral justo. Además, el progreso político y cultural de los recién emancipados esclavos fue rápido, así como fue rápida la velocidad con que desarrollaron sus propias redes electorales, arraigadas en las comunidades religiosas negras. Aunque los gobiernos del período de Reconstrucción (1865-1877) gastaron muchísimo, lo que intentaban era compensar la absoluta carencia de infraestructuras para hacer frente a las necesidades de los ciudadanos negros en ámbitos como la educación.

Desde este punto de vista, el verdadero desastre fue el ascenso de los movimientos revolucionarios blancos en el Sur, y la gradual desaparición del apoyo federal a los regímenes interraciales. En 1874 varios miles de partidarios de la Liga Blanca intentaron un golpe de estado cruento en Nueva Orleans, mientras que los esfuerzos por defender los nuevos regímenes armando a los negros provocaban matanzas aún peores. Así, los gobiernos republicanos del Sur fueron cayendo uno tras otro ante la inminente amenaza de violencias y asesinatos masivos, para ser reemplazados por regímenes basados en los terratenientes y funcionarios blancos tradicionales, muchos de los cuales habían servido en el ejército confederado. Tennessee y Virginia cayeron en 1869, Carolina del Norte en 1870, y para 1877 los únicos supervivientes del plan de reconstrucción eran los gobiernos estatales de Florida, Carolina del Sur y Louisiana.

Éstos fueron víctimas de la política nacional de partidos. En las elecciones presidenciales de 1876, el candidato demócrata Samuel Tilden obtuvo una convincente ventaja sobre su rival republicano Rutherford B. Hayes en el voto popular, pero en el colegio de electores el panorama era mucho menos claro. Tilden comenzó las negociaciones con una ventaja de 184 a 166, necesitando sólo un voto más para la elección. La presidencia dependía entonces de los disputados resultados de los tres estados que aún conservaban administraciones republicanas. En 1877 se creó una comisión bipartidista para decidir las discutidas elecciones, y el asunto se convirtió en una negociación más amplia sobre la supervivencia de la Reconstrucción. El resultado fue que se concedió la presidencia a Hayes, pero con la condición de que retirara las tropas federales del Sur, condenando a los regímenes republicanos que quedaban. En 1878, la Ley de Posse Comitatus prohibía el empleo de fuerzas militares para hacer valer la legalidad. En 1883, el Tribunal Supremo anuló la Ley sobre los Derechos Civiles de 1875, que había garantizado a los negros el acceso a establecimientos públicos tales como «posadas, transportes públicos y lugares de diversión». Los negros fueron perdiendo gradualmente el derecho al voto que con tantos esfuerzos habían conquistado y que no habrían de recuperar de forma plena hasta el decenio de 1960.

El curso de la Reconstrucción agravó la rabia de los sureños por haber perdido la guerra y unificó a la población blanca tras los elementos antinegros más radicales. El Sur siguió siendo sólidamente demócrata hasta la década de 1960 y la revolución de los derechos civiles, e incluso entonces tendrían que pasar algunos decenios para que muchos sureños se decidieran a votar al partido de Lincoln y Sumner.

Supremacía blanca

Al carecer por completo de capital, la gran mayoría de los antiguos esclavos se vieron obligados a hacerse aparceros y pequeños agricultores, dependiendo por lo general de los magnates blancos de años anteriores. La producción de algodón recuperó su protagonismo en la economía sureña, pues el número de hectáreas destinadas a este cultivo aumentó de 1,6 millones en la década de 1830 a 12 millones en la de 1890. Sin embargo, aun cuando la Reconstrucción había terminado, la situación de los negros no era uniformemente mala, pues la economía sureña mejoraba y se diversificaba. En 1880, por ejemplo, la expansión de la fundición de carbón había proporcionado a Alabama la base de sus nuevas industrias siderúrgicas de Birmingham y elevado la producción minera. Hacia finales de siglo Alabama se enriquecía con el acero, la madera y los textiles. Birmingham pasó de 3.000 habitantes en 1880 a más de 130.000 en 1910, en un desarrollo tan rápido como el de Chicago. El crecimiento urbano en otros lugares del Sur reflejaba una nueva prosperidad. La población de Memphis aumentó de 23.000 habitantes antes de la Guerra Civil a unos 100.000 a finales de siglo; otras ciudades sureñas que estaban a este nivel o acercándose rápidamente a él eran Nashville, Atlanta y Birmingham. La población de Louisville superaba ya los 200.000 habitantes. Era posible una gran movilidad social, y en la década de 1880 comentaristas del Norte se declaraban sorprendidos por la relativa cordialidad de las relaciones raciales en el Sur. En muchos sitios los negros conservaban el derecho de voto, y sus votos eran activamente solicitados por los políticos demócratas conservadores. En el movimiento populista de comienzos de la década de 1890 se vieron sorprendentes signos de cooperación política interracial, lo que provocó una verdadera alarma entre las elites económicas. En 1894, populistas y republicanos unieron sus fuerzas para hacerse con el control de Carolina del Norte.

Esta fase relativamente benigna de la historia de la población negra estadounidense terminó en los últimos años del siglo, debido en parte a un amplio enfrentamiento político entre los demócratas conservadores y los populistas radicales en un clima económico devastado por la depresión de la agricultura. Los conservadores jugaron la carta de la raza, reavivando los temores a una dominación negra, y los antiguos populistas fueron barridos por la nueva política racial.

En términos prácticos, los enfrentamientos políticos de la década de 1890 tuvieron sus efectos más directos en los derechos del electorado negro, que fue sistemáticamente privado del sufragio por tretas discriminatorias como el impuesto electoral y las pruebas de analfabetismo. Entre 1896 y 1904 el número de votantes negros registrados en Louisiana cayó de 130.000 a sólo 1.350. El ataque al sufragio negro vino acompañado por la extensión de leyes encaminadas a establecer una segregación racial formal y completa en todos los servicios públicos. Esas leyes, las llamadas «leyes Jim Crow», contenían supuestamente disposiciones «distintas pero iguales», y ésta es la interpretación que mantuvo el Tribunal Supremo en el caso de Plessy y Ferguson (1896) frente a las furiosas y minoritarias objeciones del juez John Marshall Harlan. No obstante, este «período Jim Crow» supuso también la institucionalización del sistema de castas en el Sur, una muy sólida estratificación en la que la inferioridad social de los negros se imponía mediante la violencia ocasional y el insulto diario. La servidumbre de los negros se restableció en gran medida bajo la forma del trabajo forzoso de los convictos –que adoptaba a menudo la forma de cuadrillas de presidiarios vigilados por guardas blancos–, trabajo que realizaban para contratistas privados: esclavitud pública empresarial en todo menos en el nombre.

Los abolicionistas de mediados de siglo se habían preguntado retóricamente si los negros estadounidenses podrían sufrir algo peor que la esclavitud: los años que van de 1890 a 1925 estuvieron muy cerca de ofrecer una respuesta. Fueron los momentos álgidos de la «Ley de Lynch», cuando muchedumbres exaltadas mataban por término medio a cien personas cada año. La mayor parte de los incidentes tuvieron lugar en el Sur y con víctimas negras, generalmente por supuestas ofensas o amenazas sexuales a personas blancas. A principios del nuevo siglo, los asesinatos se veían muchas veces «aumentados» por la tortura, la quema o la castración. Como en cualquier campaña terrorista, el objetivo era tanto mantener el miedo entre la población general como liquidar a delincuentes concretos. También hubo estallidos colectivos que seguían el siniestro modelo de los años de la Reconstrucción: en 1898 «vigilantes» armados blancos utilizaron el terror en Wilmington para acabar de raíz con los vestigios del poder político negro. En 1915, la película *The Birth of a Nation (El nacimiento de una nación)*, de D. W. Griffith, utilizaba el nuevo y poderoso medio cinematográfico para propagar una eficaz versión del mito racista de la historia y reconstrucción del Sur, dentro del proceso que sentó las bases para el renacimiento del Ku Klux Klan que prosperó a principios de la década de 1940.

A medida que las condiciones de los negros se deterioraban profundamente en estos años, la perspectiva de trasladarse hacia el Norte se hacía cada vez más tentadora. Aunque a lo largo del siglo XIX habían existido comunidades negras en todas las ciudades norteñas de mediano tamaño, la migración masiva se inició a partir de 1900. La Primera Guerra Mundial disparó especialmente el proceso al provocar una inmensa escasez de mano de obra en las fábricas de munición del Norte. Cuatrocientos mil negros sureños emigraron al Norte y al Oeste entre 1916 y 1919, transformando la estructura étnica y la política de ciudades como Nueva York, Filadelfia, Chicago y Detroit.

Hubo diferentes propuestas sobre cuáles eran los medios más adecuados para mejorar la desesperada suerte de los negros del Sur. Desde la década de 1890, el líder negro más visible era el pedagogo Booker T. Washington, que predicaba un evangelio de autosuperación y trabajo duro conducente al cambio gradual, y quien obtuvo el apoyo de los dirigentes empresariales conservadores. Su planteamiento quedó resumido en el Tuskegee Institute, fundado en 1881, que pretendía ofrecer un modelo de educación superior para los negros. A medida que la violencia racial se intensificaba en la primera parte del nuevo siglo, esta estrategia les fue pareciendo demasiado lenta y moderada a otros activistas, como W. E. B. DuBois, el primer negro que recibió un doctorado de la Universidad de Harvard. En 1910 DuBois participó en la fundación de la Asociación Nacional para el Progreso de la Gente de Color o NAACP *(National Association for the Advancement of Colored People)*. Aunque las soluciones radicales y separatistas eran casi inconcebibles en el entorno político de aquellos años, los primeros intentos de formar organizaciones negras musulmanas y panafricanas datan de 1913. Las corrientes nacionalistas prosperaron en la atmósfera, más libre, de las ciudades del Norte, donde en la década de 1920 el activista Marcus Garvey, nacido en Jamaica, aspiraba a ser el profeta mesiánico que devolviera a todos los africanos exiliados a su continente originario. También en esta década, el Partido Comunista de Estados Unidos quiso dar una excéntrica solución al «problema negro» mediante la creación de zonas separadas de autogobierno en el Cinturón Negro del Sur.

La frontera del Oeste

La Guerra Civil había provocado una breve interrupción en el ritmo de la expansión hacia el Oeste, pero se recuperó rápidamente al finalizar la contienda. En la segunda mitad del siglo XIX el número de estadounidenses que vivían en estados occidentales pasó de 179.000 a 4,3 millones, llegando después a 9,2 millones en 1920. La población de Colorado creció de tan sólo 34.000 habitantes en 1860 a 500.000 en 1900. En ese año había 1,5 millones de californianos, y el «estado dorado» desempeñaría un importante papel en la política del país durante el siglo siguiente. En 1889 y 1890 la Unión admitió a seis estados noroccidentales (véase cuadro 4.1), con una extensión total de 1,4 millones de kilómetros cuadrados, más de dos veces la superficie de Francia.

En cuanto a la expansión de estos años, no deja de ser sorprendente que tan inmenso desarrollo pareciera relativamente rutinario y normal. En 1912, la admisión de Arizona y Nuevo México completó la organización política de los estados continentales en lo que se conocería como *the Lower Forty-Eight* (los 48 estados iniciales, sin Alaska y Hawai), y las estrellas de la bandera adoptaron una forma que ya no cambiaría hasta 1959.

Cuadro 4.1.
Estados admitidos en la Unión, 1867-1912

	Año de admisión	Capital moderna
Nebraska	1867	Lincoln
Colorado	1876	Denver
Dakota del Norte	1889	Bismarck
Dakota del Sur	1889	Pierre
Montana	1889	Helena
Washington	1889	Olympia
Idaho	1890	Boise
Wyoming	1890	Cheyenne
Utah	1896	Salt Lake City
Oklahoma	1907	Oklahoma City
Nuevo México	1912	Santa Fe
Arizona	1912	Phoenix

La expansión hacia el Oeste estaba impulsada por los tradicionales motivos del deseo de poseer tierras y la búsqueda de riquezas minerales. En 1862 la administración de Lincoln aprobó la decisiva Ley de Residencia, que prometía 64 hectáreas de tierra gratis o prácticamente gratis en el Oeste a todo el que estuviera dispuesto a ocuparlas, y a finales de la década el ya amplio movimiento de población se vio acelerado por la llegada del ferrocarril. Eficaz transporte de productos a granel, permitió la expansión por todo el país de la producción de trigo y maíz, que en 1840 se limitaba al este del Mississippi. En la década de 1880 la producción se había extendido ya por las Grandes Llanuras, y el cinturón del maíz se alargaba hacia el oeste pasando por Iowa y Nebraska. Las dimensiones de la nueva superficie dedicada al cultivo eran inimaginables para cualquier persona acostumbrada a las condiciones europeas. Entre 1870 y 1920 el total de explotaciones agrícolas en el país aumentó de 2,7 a 6,5 millones, aunque el promedio de hectáreas siguió siendo prácticamente el mismo (unas 60). Continuaron las fiebres del oro y de la plata tanto al norte como al sur de la frontera canadiense, y la feroz presión de los aspirantes a mineros también actuaba sobre otras fronteras, especialmente las que los separaban de las naciones indias.

En gran parte del Oeste, la transformación social estuvo marcada por la sustitución del bisonte por el ganado vacuno como animal más abundante. A finales de la década de 1860 los rancheros de Texas comenzaron a mover sus rebaños hacia el norte, hacia los nudos ferroviarios de Abilene o Dodge City en Kansas, desde donde podían llevarse en tren a las ciudades del Medio Oeste. Estas grandes movilizaciones de ganado y las ciudades de apoyo que crecieron a su paso fueron cruciales para la aparición del mito del «salvaje Oeste», como lo sería también toda la estructura de ranchos y corrales, vaqueros y rodeos. Pero esa época duró poco: a finales de la década de 1880 gran parte de la tierra disponible había sido vallada por los colonos, utilizando el recién inventado alambre de púas (1873). El sistema de ranchos se extendió desde Texas hacia estados de las llanuras altas como Wyoming y Montana, y hacia Arizona, Nevada y Nuevo México por el oeste. Los ranchos ganaderos eran aventuras empresariales considerables, que contaban con fuertes inversiones de capitalistas europeos, sobre todo británicos.

El nuevo Oeste se hizo famoso como una heroica zona salvaje, una primitiva tierra fronteriza de violencia e ilegalidad, pero en realidad los conflictos de esos años eran más bien típicos de las condiciones que prevalecían en otras regiones de Estados Unidos. Muchos de los proscritos, como por ejemplo la banda de Jesse James, eran supervivientes o herederos de los conflictos de guerrillas que se habían extendido por Kansas y Missouri antes y durante la Guerra Civil. Los recuerdos de la oposición Unión-Confederados moldeaban también la larga y encarnizada lucha de las décadas de 1870 y 1880, en los Apalaches, entre los clanes de los Hatfield y los McCoy. Enfrentamientos asociados a nombres legendarios, como los de Billy el Niño y Wyatt Earp, eran esencialmente el mismo tipo de conflictos partidistas por obtener el poder económico o político que marcaron también las elecciones de Nueva York o Filadelfia en esa época, o las batallas industriales entre empresas ferroviarias y de canales en el Este.

El tantas veces filmado duelo en el OK Corral, que tuvo lugar en 1881, fue sólo un incidente dentro del largo enfrentamiento entre los hombres de negocios republicanos de Tombstone y los ganaderos demócratas, en el que los hermanos Earp eran los matones a sueldo de los primeros, relación muy similar a la que mantenía la maquinaria política del Este con bandas callejeras que empleaba para imponer su voluntad. Las pistolas no eran en absoluto exclusivas del Oeste, ni el Oeste produjo jamás una violencia remotamente equivalente a la de por, ejemplo, la Louisiana de la época u otras partes del «salvaje Sur» durante la Reconstrucción. No obstante, sí hubo en el Oeste algunos estallidos de violencia entre facciones contrarias, como por ejemplo la llamada Guerra del Condado de Lincoln en 1878, en la que los criadores de ganado vacuno se enfrentaron a los de ganado ovino en Nuevo México. En Wyoming, la Asociación de Criadores de Ganado (*Stock Growers Association*), que tenía su base en Cheyenne, organizó en 1892 una invasión del condado de Johnson, en la zona del río Powder, con el supuesto objetivo de acabar con el robo de ganado, pero cuya verdadera intención era poner a raya a los colonos. Al igual que en el condado de Lincoln, se contrató a pistoleros a sueldo para hacer valer el dominio de los rancheros. La «guerra» resultante provocó varias muertes y puso de manifiesto la incapacidad de los jueces para encarcelar a malhechores poderosos.

Conflictos con los indios

Los años entre 1865 y 1880 representan tanto la crisis como la solución temporal del «problema indio» en el Oeste, y especialmente la cuestión de los pueblos de las llanuras del norte: los lakota/sioux, los cheyenes y los arapahoes. Con el fin de la Guerra Civil, los colonos blancos comenzaron a presionar en las márgenes del territorio lakota/sioux tal como había quedado definido por el Tratado de 1851. Posteriores acuerdos adoptados en 1868 redujeron algo esos territorios para mejorar el acceso de los blancos a las tierras ricas en oro de las dos Dakota, e incluso jefes indios relativamente moderados reconocieron que se les estaba obligando a elegir entre la resistencia y la aniquilación pacífica. En 1868 el jefe Nube Roja, de los sioux oglala, llevó a las tribus de las llanuras a varias victorias militares y diplomáticas que tuvieron el raro efecto de cerrar en la práctica una de las principales vías de la migración al Oeste: la ruta de Bozeman, por la que los mineros iban a Montana.

Esta pausa sólo podía ser temporal. La actividad blanca en la zona aumentó con la construcción del ferrocarril Northern Pacific en 1872 y la crisis financiera de 1873, que hicieron que los desesperados colonos del Oeste recelaran de cualquier restricción de su desarrollo económico. Además el comandante en jefe de las fuerzas del Oeste –que se llamaba, irónicamente, William Tecumseh Sherman– consideraba que la confrontación entre blancos e indios implicaba la inevitable extinción de como mínimo el modo de vida indio y, probablemente, de su raza misma. Es seguro que pensó en el «exterminio» de los sioux. Fue su segundo, Philip Sheridan, quien hizo el inmortal comentario de que los únicos indios «buenos» que había conocido estaban muertos. Sabían asimismo que el bisonte tenía una importancia crucial como soporte de la cultura india y que su extinción probablemente tendría como resultado la destrucción de ésta. Así que fomentaron la matanza de manadas de bisontes, lo que ya se venía realizando desde la década posterior a 1865 para satisfacer las necesidades alimentarias de los constructores del ferrocarril. A mediados de siglo había unos 60 millones de bisontes, pero sólo en 1871 se mataron unos cuatro millones de ejemplares. En 1883 sólo quedaban unos centenares.

La situación llegó a un punto crítico en 1874 con el descubrimiento de oro en las Black Hills de Dakota del Sur, zona que los pueblos lakota consideraban especialmente sagrada. Afluyeron los mineros de forma completamente ilegal, y como es lógico estalló la guerra. Mandaba las tropas estadounidenses el general George A. Custer, hombre que sabía venderse muy bien y que ya poseía un largo expediente de extrema brutalidad en anteriores conflictos con los indios. Aunque experto en la conducción de la caballería, en este aspecto le superaban los principales caudillos indios, Toro Sentado y Caballo Loco. En junio de 1876 la imprudente confianza que Custer tenía en sí mismo llevó a la muerte a toda su tropa, unos 225 hombres, en la batalla de Little Big Horn (Montana). Esta derrota fue aún más traumática para el pueblo estadounidense por la coincidencia de que la noticia del desastre llegó a las ciudades del Este el 4 de julio, justo cuando se estaba celebrando con orgullo el centenario de la Declaración de Independencia.

Aunque el asunto Custer fue un golpe sólo momentáneo para la confianza nacional, fue también una victoria pírrica para los indios, que se enfrentaban ahora a una sociedad enfurecida y decidida a no sufrir más reveses. Durante los tres años siguientes las principales formaciones militares indias fueron obligadas a rendirse, y otras tribus, como los nez percé, fueron derrotadas. Conforme a nuevos tratados se confiscaron enormes cantidades de tierras indias con el planteamiento de «vended o moriréis de hambre». En 1877 Estados Unidos tomó la mitad occidental del territorio lakota, incluyendo las Black Hills; en 1889, otra apropiación supuso otros 4,4 millones de hectáreas. Ese nuevo talante de inflexibilidad afectó asimismo a muchas tribus que no habían tenido que ver nada con el desastre de Custer, como los utes de Colorado y Utah, que fueron llevados a estériles y remotas tierras sin que importara si vivirían o se moririan de hambre. En 1866, hasta un enemigo tan formidable como el jefe apache Gerónimo no tuvo más remedio que rendirse, acabando con años de sangrientos combates en el Suroeste.

Este panorama ya de por sí terrible empeoró a finales de la década de 1880 con la decisión de disolver las posesiones territoriales colectivas de los indios para dividirlas entre hacendados individuales. Aunque se justificó como una medida para corregir la ociosidad de los indios y fomentar su espíritu competitivo y su confianza en sí mismos, a la vez se recalculaban las tierras que los pueblos autóctonos necesitarían realmente. Una vez distribuidos, los territorios indios dejaron un gran excedente de suelo que quedó a disposición de los colonos blancos, parte incluso en lo que antes se había designado como zona india. En 1889 se abrió el Territorio de Oklahoma a la última gran oleada colonizadora del Oeste, y durante la siguiente década la población de la región aumentó de 60.000 a 400.000 habitantes. Las posesiones de los indios en su «territorio» fueron disminuyendo progresivamente y la zona acabó incluyéndose en el estado de Oklahoma.

Como tantas veces ocurre en épocas inexplicablemente catastróficas, en 1889 la desesperación de los indios desembocó en un notable movimiento milenarista, cuando un hechicero payute llamado Wovoka empezó a tener visiones en las que se le relataba la llegada de un mesías. En esa nueva edad de oro, los blancos serían eliminados de la faz de la tierra y las manadas de bisontes volverían en una abundancia nunca vista. Para ayudar a la llegada de ese período, las tribus debían realizar la danza de los espíritus, mediante la cual se establecía una comunión con los ancestros que velaban por su pueblo. Durante el año siguiente, la religión de la danza de los espíritus se extendió rápidamente por las llanuras, pero a finales de 1890 el movimiento se desintegró bajo la presión militar. En diciembre, 250 indios perdieron la vida en la matanza de Wounded Knee (Dakota del Sur), hecho que puede considerarse como el fin de las guerras indias.

Aunque el Oeste había sido «conquistado» en torno a 1890, explotarlo bien era una cuestión más complicada. En algunas de las nuevas tierras se desarrollaron economías muy prósperas, a medida que se extendieron los ranchos por varios estados occidentales, y en el noroeste de la costa del Pacífico se creó un lucrativo imperio maderero. Las ciudades occidentales florecieron: entre 1860 y 1900 Denver pasó de no tener habitantes a tener 134.000. Como centro de la región de Oregón, Portland tenía 800 habitantes en 1850, 90.000 en 1900 y 200.000 en 1910. Seattle mostró un crecimiento similar, basado en su papel como abastecedor de los mineros de los yacimientos de oro de Alaska y Yukón: tenía 1.000 habitantes en 1870, 80.000 en 1900 y 237.000 en 1910. Los Angeles es otro ejemplo de *boom* clásico: en 1870 había 5.000 residentes, pero la ciudad se conectó después al ferrocarril por dos líneas rivales, la Southern Pacific y la Santa Fe, que se enfrentaron en una durísima competencia; el precio de los billetes cayó en picado y empezaron a llegar en gran abundancia emigrantes del Medio Oeste que hicieron crecer la población hasta superar los 100.000 habitantes en el cambio de siglo. En 1914, la finalización del puerto de San Pedro coincidió con el nuevo canal de Panamá, e hizo de Los Angeles uno de los principales puertos del Pacífico. En la década de 1920 la ciudad se beneficiaba de otros estímulos: el petróleo, el turismo, la industria cinematográfica y el nuevo empleo en industrias aeronáuticas. Pronto rivalizó con San Francisco, que había sido la ciudad de mayor crecimiento en la generación anterior.

Otras zonas del Oeste resultaron mucho menos fáciles, especialmente el territorio de las altas llanuras de las Dakotas, Kansas y Nebraska: el primer contacto se produjo con las buenas condiciones climáticas de mediados de siglo –atípicas, como se comprobaría después–. Cuando a partir de la década de 1880 fueron disminuyendo los niveles de lluvia, la agricultura se hizo más difícil y los movimientos agrarios de protesta reflejaban una creciente desesperación. Los gélidos inviernos de 1885-1886 y 1886-1887 destruyeron los medios de vida de muchos rancheros. Tampoco las condiciones naturales de gran parte de California eran idóneas para las ambiciones agrícolas de sus primeros colonos, y hubo varias crisis por problemas de abastecimiento de agua. Hacía falta ingenio y mucho trabajo para convertir los ranchos en explotaciones agrícolas, pero hacia finales de este período el proceso ya estaba bien encarrilado. Una urgente necesidad de agua fue lo que convenció a varias comunidades del sur de California de que aceptaran anexionarse al gran Los Angeles.

En 1893 el historiador Frederick Jackson Turner publicó un libro académico sobre la importancia de la frontera en la historia del Oeste. Sostenía en él que el carácter nacional había sido definido por la disponibilidad de una frontera abierta y en constante retroceso, la cual había sido también una línea divisoria, tanto real como simbólica, entre la vida salvaje y la civilización. Esa frontera quedaba ahora cerrada con la colonización de Oklahoma y con la desaparición de la distinción entre territorios ocupados y no ocupados. «El primer período de la historia estadounidense» llegaba así a su fin. Ese final de una época permitió que la visión romántica del Oeste alcanzara un nuevo fervor, como sugieren por ejemplo la publicación en 1902 de la novela de Owen Wister *The Virginian (El virginiano)* y los primeros tratamientos cinematográficos durante la década siguiente: en 1903 se hizo la película *The Great Train Robbery (El gran robo del tren)*.

Esta tesis sobre la frontera ha tenido un inmenso valor para los estudiantes de la historia de Estados Unidos, para quienes puede invocarse como explicación de innumerables aspectos de la vida y la cultura del país. No obstante, no está muy claro si la frontera se cerró en 1890 o en qué sentido lo hizo. Gran parte de los hechos más célebres relacionados con el «salvaje Oeste» estaba aún por llegar, y de hecho se produjo en el nuevo siglo, cuando la frontera seguía estando muy viva en Canadá y México. En Texas el *boom* del petróleo de Spindletop, en 1901, creó una «cultura de la perforación» que recordaba mucho a las fiebres minerales de años anteriores. Además, los enfrentamientos fronterizos de la década de 1870 habían dejado obviamente huella en la mentalidad de los participantes que sobrevivieron varias décadas más. Con independencia de la opinión que merezca la tesis de Turner, no hay duda de que la «conquista del Oeste» sí contribuyó a configurar la cultura nacional, y de que la transformación de la región en una parte más de Estados Unidos tendría necesariamente una profunda repercusión sobre el equilibrio político durante el siglo venidero.

Imperialismo

A finales del siglo XIX Estados Unidos tenía ya una larga historia interna de confrontaciones raciales y expansión territorial, y ambas cosas influyeron en su política exterior.

De manera gradual y un poco a regañadientes, se convirtió en una potencia imperial y con una presencia militar a escala mundial.

La Guerra Civil puso de manifiesto la capacidad de Estados Unidos para movilizar inmensas e implacables formaciones militares, hecho que no les pasó inadvertido a sus posibles rivales de Occidente. En 1867 Rusia decidió acabar con sus aventuras imperialistas en Norteamérica vendiendo el enorme territorio de Alaska a Estados Unidos: alrededor de 1,5 millones de kilómetros cuadrados por un precio de unos siete millones de dólares. El trato fue debidamente presentado como una espléndida ganga por el secretario de Estado William H. Seward, aunque las voces críticas se burlaron del valor teórico de la «nevera del Sr. Seward». Los ingleses decidieron entonces que era urgente reforzar su posición, sobre todo cuando Seward declaró públicamente que toda Norteamérica «estará tarde o temprano dentro del círculo mágico de la Unión Americana», y presumió de que el nuevo ferrocarril transcontinental abría potencialmente todo el oeste canadiense a una futura anexión estadounidense[1]. Varios de los territorios británicos de Norteamérica se fundieron en un nuevo Dominio de Canadá en 1867; para asegurar sus territorios occidentales, el nuevo país tuvo que realizar en la década siguiente un prodigioso esfuerzo para construir su propia línea férrea transcontinental. Durante la segunda mitad del siglo se temió periódicamente que los esporádicos desacuerdos entre estadounidenses e ingleses desembocaran en una confrontación militar, como por ejemplo en una disputa en 1895 sobre las fronteras de Venezuela. Las posibilidades de conflicto se veían incrementadas por la creciente presencia irlandesa en Estados Unidos, donde la retórica antibritánica se convirtió en lugar común de la política municipal.

Desde la década de 1880 el crecimiento del imperialismo europeo provocó sentimientos encontrados entre las elites estadounidenses. Aunque había envidia y hostilidad ante la expansión ultramarina de países como Inglaterra y Francia, se sentía también que Estados Unidos debía llevar su propia misión civilizadora a la liberación de los pueblos primitivos, para ponerles bajo las ilustradas y progresistas alas del águila nacional. La primera oportunidad importante de poner en práctica el nuevo imperialismo estadounidense la ofreció el ruinoso y declinante imperio español. En 1895 los habitantes de Cuba organizaron una revuelta nacionalista que fue reprimida con atrocidades de las que la prensa estadounidense –especialmente los populares periódicos de las cadenas Hearst y Pulitzer– se hizo eco en tonos muy críticos. Los «campos de concentración» españoles se describieron con espeluznantes detalles. En febrero de 1898 subió la tensión cuando, por una misteriosa explosión, se fue a pique el buque de guerra estadounidense *Maine* en el puerto de La Habana. Aunque los acorazados a vapor de aquella época eran propensos a los desastres, los medios estadounidenses culparon inmediatamente al enemigo y exigieron una investigación seguida de la adecuada represalia. En abril la administración había aprobado ya la intervención y se declaró la guerra. El subsiguiente conflicto fue extremadamente desigual, y Cuba estuvo pronto en manos de Estados Unidos. En mayo, una victoria naval en la bahía de Manila confirmó el control estadounidense de las Filipinas, y la paz se pactó en agosto. En virtud del Tratado de París, Estados Unidos se anexionaba completamente las posesiones de Puerto Rico, Guam y las Filipinas, y reclamaba también Hawai.

Con todo ello, Estados Unidos parecía haberse incorporado a la nómina de potencias imperialistas y con relativamente poco derramamiento de sangre: de los 300.000 infantes y marinos que sirvieron durante la guerra con España, menos de 400 murieron en combate (aunque otros 2.000 fallecieron por diferentes causas). La confianza militar se vio reforzada por heroicidades tan bien publicitadas como el ataque de los *Rough Riders* (voluntarios de caballería) en la colina de San Juan (Puerto Rico). Casi se han olvidado las desagradables consecuencias de este conflicto. En 1899 los pueblos autóctonos de las Filipinas iniciaron una revuelta que no se dominó hasta 1902, tras una salvaje lucha en la jungla que prefiguraba el posterior conflicto de Vietnam. Al principio la prensa dijo muy poco de las matanzas y la destrucción de aldeas por tropas estadounidenses, de las torturas y carnicerías de los guerrilleros capturados. Fueron unas medidas «contrainsurgentes» mucho más sangrientas que cualquiera de las perpetradas por los españoles en Cuba y que las acciones que en ese momento estaban valiendo tantas críticas a los ingleses en su enfrentamiento con los bóers. Los medios tampoco dejaban entrever la magnitud del enfrentamiento: en 1900 había unos 70.000 hombres luchando en las islas. Desconocemos el número final de víctimas, cuestión que además se ve complicada por los muertos en prisión y en campos de concentración, así como por las pérdidas por inanición, pero el total de bajas por aspectos directamente militares es enorme. Contándolo todo, el número de filipinos muertos fue sin duda de cientos de miles. Como señaló un congresista estadounidense, «en Luzón nunca volvieron a rebelarse porque allí no quedaba nadie para rebelarse».

Cualesquiera que fueran sus inconvenientes, el conflicto con España y sus consecuencias no dejaron duda alguna de que Estados Unidos era una potencia mundial, condición que reforzó la activa política exterior de Theodore Roosevelt (presidente de 1901 a 1909). Fue él quien actuó como pacificador en la Guerra ruso-japonesa de 1905, y quien, en 1907, envió una «gran flota blanca» a dar una vuelta al mundo para demostrar el crecimiento del poder naval estadounidense. En 1902 Roosevelt invocó la Doctrina Monroe para persuadir a las potencias europeas de que desistieran de bloquear Venezuela. En ese nuevo papel de potencia imperial, Estados Unidos intentaba dominar tanto el Pacífico como el Caribe, para lo cual necesitaba un canal entre uno y otro. En 1903 la administración Roosevelt le alquiló a Colombia la tierra que se convertiría en la Zona del Canal de Panamá y a continuación tramó una rebelión provincial para crear el estado títere de Panamá. El canal se terminó entre 1906 y 1914, con un inmenso coste de vidas humanas. La flota estadounidense podía moverse ahora fácil y rápidamente entre los dos océanos, facilidad que podría ser vital en el caso de una guerra bien con Inglaterra, bien con su poderoso aliado naval, Japón.

Estados Unidos podía tratar a la mayoría de las naciones más pequeñas del Caribe como colonias de facto, para ocuparlas como y cuando se presentara la necesidad, con el fin de proteger a los ciudadanos estadounidenses o cobrar deudas. Cuba y Panamá ya eran prácticamente protectorados, mientras que Puerto Rico era una posesión colonial. En 1905 el gobierno de Estados Unidos tomó el control de las finanzas de la República Dominicana, citando como justificación una «facultad policial» que supuestamente formaba parte del «corolario Roosevelt» a la Doctrina Monroe. Desde el punto de vista del derecho internacional la idea era muy extraña, pero sentó un poderoso precedente. Las tropas estadounidenses ocuparon Nicaragua en 1912 y de nuevo en 1926; hicieron lo mismo en Haití de 1915 a 1934, y en la República Dominicana de 1916 a 1920. También intervinieron en México después de que se iniciara en este país la década revolucionaria en 1910, pero este vasto país ofrecía unas perspectivas muy diferentes de las de las repúblicas insulares, que habían llegado a acostumbrarse a la presencia de los marines. En 1914, una supuesta ofensa a la marina estadounidense provocó el bombardeo del puerto de Veracruz. En 1916, el general John Pershing dirigió una importante incursión en el norte de México para castigar a las fuerzas de Pancho Villa por un ataque al territorio estadounidense.

El nuevo imperio tenía efectos culturales e ideológicos que iban mucho más allá de su importancia comercial; desde aproximadamente 1898 los pensadores estadounidenses se imbuyeron cada vez más de las nuevas teorías racistas que tan intoxicadoras repercusiones estaban teniendo en sus homólogos ingleses o alemanes. Uno de los principales defensores de las teorías raciales «teutónicas» en la vida pública era el senador Albert Beveridge, que había sido uno de los principales defensores de la aventura filipina. Estas ideas encontraron un público receptivo en un país acostumbrado a generaciones de conflictos tanto con los negros como con las poblaciones autóctonas, enfrentamientos que habían dado lugar a infinidad de estereotipos negativos sobre las «etnias secundarias». En 1916, Madison Grant publicó su popular *The Passing of the Great Race, or the Racial Basis of European History* (*La muerte de la gran raza, o la base racial de la historia europea*).

Relacionada con el racismo científico estaba la teoría de la eugenesia y la insinuación de que se podrían remediar los problemas sociales fomentando la crianza de los más aptos y

poniendo limitaciones a las razas inferiores. Las ideas euge-
nésicas penetraron con fuerza en la política social estadounidense durante el primer cuarto de siglo, afectando a ámbitos
tan diversos como la educación, la seguridad social, la justicia penal y la delincuencia juvenil, así como al tratamiento
de alcohólicos, epilépticos y desequilibrados. La cada vez
mayor popularidad de los tests de inteligencia a partir de
1905 ofreció una supuesta base cuantitativa para la pirámide
social estadounidense, que iba descendiendo desde los europeos blancos del Norte hasta los negros, pasando por los
mediterráneos y los eslavos. Estas teorías parecieron confir-
marse con las masivas pruebas de inteligencia realizadas
(torpemente) a los soldados durante la Primera Guerra
Mundial. De ahí en adelante, los defensores de la supremacía «anglosajona» podían afirmar que su postura estaba plenamente justificada por datos irrefutables.

Industrialización y Edad de Oro

La industrialización del país alcanzó su pleno desarrollo
tras la Guerra Civil, en gran medida como consecuencia directa del conflicto. Aparte de la obvia demanda de productos de la industria bélica, los contratos realizados en tiempo
de guerra habían permitido a los empresarios acumular importantes fortunas que ahora podían invertirse en otros sectores. Además, por la destrucción de los intereses de las
plantaciones del Sur, el Congreso pudo establecer altas barreras arancelarias para proteger la industria nacional. De la
década de 1860 a la de 1930 el entorno legal y político de
Estados Unidos fue propicio para la industria y opuesto incluso a formas moderadas de regulación o restricción.

Había sobre todo dos doctrinas legales que fueron como la Carta Magna del desarrollo capitalista sin control. Una era la cláusula constitucional que prohibía a los gobiernos «poner obstáculos a la contratación», lo cual se entendía como que no debería haber intervención oficial alguna en los acuerdos legales entre empresarios y trabajadores, ni siquiera en asuntos tan básicos como el establecimiento del salario y la jornada laboral. La otra era curiosamente la Decimocuarta Enmienda a la Constitución, que en teoría otorgaba a los antiguos esclavos todos los derechos civiles y políticos. Tal y como la interpretaban los tribunales en esos años, la Enmienda no se traducía prácticamente en una protección de los negros, pero concedía todos los derechos de las «personas» a las empresas, de forma que la regulación gubernamental de las actividades empresariales se veía como una infracción de los derechos civiles colectivos. En 1905, el Tribunal Supremo decidió en el caso Lochner que Nueva York no tenía capacidad legal para regular el máximo de horas de trabajo de los empleados. En estas actitudes se dejaba sentir la influencia del darwinismo social, que en su forma vulgar sugería que los esfuerzos por ayudar a los pobres y desfavorecidos no sólo eran inútiles, sino incluso una perjudicial interferencia en el curso del desarrollo social.

A partir de la década de 1890, los gobiernos reformistas e intervencionistas de los estados y las ciudades fracasarían casi totalmente en sus intentos por regular las condiciones sociales en beneficio de trabajadores y consumidores. En 1895 una decisión del Tribunal Supremo declaró inconstitucionales los impuestos sobre la renta; el mismo año, el Tribunal se negó a castigar una flagrante transgresión de la legislación federal antitrust. Entre tanto, en los tribunales inferiores la legislación sobre daños y perjuicios se negaba decididamente a reconocer el nuevo entorno del mundo industrial, de modo que era prácticamente imposible llevar a juicio a una empresa, ni siquiera por evidentes negligencias cuyo resultado podía ser el de trabajadores muertos o heridos, o por cualquier destrozo ocasionado a una comunidad vecina. En los accidentes laborales, por ejemplo, la víctima sólo podía demandar al compañero directamente implicado, no a la empresa. Tampoco del código penal podían derivarse restricciones o regulaciones significativas, a pesar de las a menudo flagrantes violaciones de la legalidad en la época de las empresas de los «barones ladrones».

El último tercio del siglo XIX fue una época de capitalismo pirata en su máxima expresión, con guerras figuradas y a menudo reales que los medios de comunicación relataban con tanto deleite como cualquiera de los enfrentamientos fronterizos con los indios. Atípica sólo en su magnitud fue a mediados de la década de 1860 la «Guerra del Erie», en la que Cornelius Vanderbilt pretendió completar su control monopolístico de los medios de transporte del estado de Nueva York. Se enfrentaba al «Círculo del Erie», tres rivales financieros que acababan de conseguir deslumbrantes éxitos en la Guerra Civil acaparando y forzando bloqueos: Daniel Drew, Jim Fisk y Jay Gould. La subsiguiente batalla se libró mediante masivos sobornos de tribunales, jueces y funcionarios públicos, así como con una manipulación de títulos a gran escala que habría sido ilegal en cualquier sociedad dotada de mecanismos aún rudimentarios de regulación financiera. Además, ambas partes emplearon generosamente a bandas de matones a sueldo.

Desde 1866 la ciudad de Nueva York estuvo controlada por un sindicato político extraordinariamente poderoso, el llamado «Círculo de Tweed», cuya caída en 1871 puso a la corrupción en el centro del debate político. Poco después, en 1873, llegó el escándalo del Crédit Mobilier. Esta empresa había sido creada por el ferrocarril Union Pacific para financiar la construcción de su línea férrea del Oeste a unos precios considerablemente inflados, y había distribuido numerosas acciones entre los congresistas para evitar las investigaciones. Hasta el vicepresidente del país estaba implicado. La segunda administración del presidente Grant (1873-1877) estuvo marcada por una serie de asuntos de este tipo, que al acumularse fueron poniendo de manifiesto los estrechos vínculos financieros que unían a cargos públicos de todos los niveles con empresarios corruptos. Los beneficios que se podían llegar a conseguir con este tipo de empresas eran apabullantes: Jay Gould murió en 1892 dejando una fortuna estimada en 70 millones de dólares. Estas guerras entre oportunistas se libraban con un absoluto desprecio por el bien público, y las irregularidades financieras contribuyeron al peligroso *crash* de Wall Street de 1869 y al pánico de 1873. Sin embargo, como señaló Jim Fisk: «Nada se ha perdido, salvo el honor».

En la generación posterior a la Guerra Civil, Estados Unidos se convirtió en la mayor economía del mundo, en un proceso que se puede ejemplificar en la rápida expansión de distintas industrias. La producción de carbón era de 14 millones de toneladas en 1860, lo que suponía un incremento de más del 3.000% respecto de la cifra de 1820: en 1884 se llegaba a los 100 millones de toneladas. La producción de carbón bituminoso pasó de 43 millones de toneladas en 1880 a 212 en 1900, y la de antracita, de 30 a 57 millones. La primera planta de acero Bessemer del país se construyó en Troy (Nueva York), en 1865, y durante las dos décadas siguientes Andrew

Carnegie impulsó notablemente la industria siderúrgica estadounidense: la producción de acero aumentó de un millón de toneladas en 1880 a 25 millones en 1910. Pittsburgh se convirtió en el centro de la industria pesada, y en 1904 tenía 34 plantas siderúrgicas en su área metropolitana.

La producción de cobre (esencial para el cable eléctrico) se elevó de 30.000 toneladas en 1880 a 500.000 en 1910. El desarrollo nacional se reflejaba en el crecimiento de la red ferroviaria: de unos 14.500 km de línea férrea en 1850 a unos 310.000 km a finales de siglo. Hacia 1900 los ferrocarriles representaban un 10% de la riqueza total del país. Entre otros sectores más recientes, Estados Unidos fue pronto el líder mundial en la producción de petróleo. Como escribió Andrew Carnegie en 1886, «las viejas naciones de la tierra avanzan a paso de tortuga. Nuestra República las adelanta con estruendo a la velocidad de un expreso».

La industria estadounidense sacaba también provecho de la creatividad de sus inventores. Por ejemplo, Thomas Alva Edison –aunque basándose a menudo en amplios trabajos de sus predecesores– hizo descubrimientos cruciales que permitieron la aplicación práctica de innovaciones como el gramófono (1877) y la luz eléctrica (1879). En 1894 su cinetoscopio estableció las bases de la tecnología cinematográfica. Alexander Graham Bell desarrolló el teléfono en 1876, y en 1903 los hermanos Wright se convirtieron en los pioneros del vuelo con motor.

Desde la década de 1880 los inventores estadounidenses desempeñaron un importante papel en el desarrollo del automóvil de gasolina, y de manera aún más crucial en la creación de las técnicas de producción en serie necesarias para fabricar coches en grandes cantidades. Uno de los éxitos más tempranos fue el Oldsmobile, que en 1903 podía fabricarse ya al sorprendente ritmo de 4.000 al año. Henry Ford construyó su primer coche en 1896, y en 1903 se constituyó la Ford Motor Company. En 1907 Ford había creado ya el sistema de producción en cadena que le permitía fabricar enormes cantidades de su modelo T, el llamado *tin lizzie* o «coche barato». En 1909 salieron de sus plantas 12.000 vehículos, y 19.000 en 1910. De ahí en adelante la cifra no dejó de aumentar hasta alcanzar el millón en 1920. Ford era también un innovador en materia de relaciones laborales: ofreció sueldos y horarios extraordinariamente buenos a una mano de obra de la que esperaba que a cambio aceptara una disciplina y una lealtad a la empresa sin precedentes. Desde 1911 el proceso de producción se vio acelerado por los nuevos principios de «gestión científica» formulados por Frederick W. Taylor, el «taylorismo». La concentración de la nueva industria en Detroit hizo que su población pasara de 286.000 habitantes en 1900 a 466.000 en 1910.

Paralelamente a los avances en las manufacturas se fue perfeccionando cada vez más la venta al por menor, en la que las empresas de finales del siglo XIX pusieron a punto innovadoras técnicas como el pedido por correo y la publicidad moderna. En 1900 Sears Roebuck y Montgomery Ward eran con diferencia los mayores minoristas del mundo. Prosperaron empresas gracias a la creciente comercialización de actividades de ocio dirigidas a las masas urbanas. Fue en el último cuarto del siglo cuando el deporte comenzó a atraer a gran número de espectadores de pago, y cuando el béisbol en concreto se convirtió en el deporte nacional. En la década de 1890 magnates de la prensa como William Randolph Hearst iniciaron el periódico moderno de gran tirada, con trucos publicitarios para aumentar su venta, abundancia de anuncios comerciales y alianzas con políticos demagógicos. De 574 diarios que había en Estados Unidos en 1870 se pasó a 2.600 en 1909, y la tirada total aumentó en esos años de 2,6 a 24,2 millones de ejemplares.

Al iniciarse el siglo XX su poder industrial situaba a Estados Unidos, junto con Inglaterra y Alemania, como una de las tres potencias dominantes en el mundo. En la producción de carbón y hierro en bruto el país ya ocupaba el primer puesto después de superar a los británicos, y en acero y mineral de hierro dejó atrás a los alemanes: se producían 13,5 millones de toneladas de acero, 262 de carbón y 16 de hierro en bruto. Aparte de las mercancías industriales, los recursos naturales con que contaba el país lo convertían en un enorme productor de metales preciosos, petróleo, trigo, tabaco y algodón, con unos niveles que se acercaban o superaban a los de territorios tan ricos como Rusia, Australia e India. En 1913 los productos manufacturados pasaron al primer puesto en la lista de exportaciones del país, por delante de las materias primas y la producción agrícola. Al país le correspondía ya el 11% del comercio internacional, muy cerca de los porcentajes de Inglaterra y Alemania.

El crecimiento industrial ofreció la oportunidad de reestructurar de manera fundamental las empresas: serían cada vez más grandes, hasta convertirse pronto en gigantescos cárteles y monopolios. En un sector determinado, las empresas de mayor tamaño expulsaban del negocio a los rivales y luego establecían alianzas con otras bajo el paraguas de los trusts o holdings. Esto no era en absoluto algo nuevo –en la Guerra Civil la familia DuPont había creado un «trust de la pólvora» para controlar el abastecimiento y fijar los precios en consecuencia–, pero ahora el proceso se aceleró. En 1890 James Duke reunió a las principales tabaqueras en un nuevo imperio económico, American Tobacco. La

American Telephone and Telegraph controlaba el sistema de comunicaciones.

La industria del petróleo es un ejemplo clásico. La primera «fiebre del oro negro» del mundo se produjo en Pensilvania occidental en 1859, y en la década de 1870 la tendencia monopolizadora se aceleró bajo la dirección del ex contratista de la Guerra Civil John D. Rockefeller y su Standard Oil Company, fundada en 1870. Rockefeller celebró acuerdos secretos con las compañías ferroviarias, que ofrecían descuentos en las tarifas de flete a los miembros del cártel. Las empresas disidentes eran expulsadas del negocio, en ocasiones mediante el uso de la violencia y el sabotaje. En 1876 la Standard Oil controlaba ya aproximadamente el 80% de la producción nacional de petróleo, y en 1883 el trust Standard Oil alcanzó una dimensión continental. Como sostenía Rockefeller en 1905, «el florecimiento de la rosa americana en todo su esplendor sólo se puede conseguir sacrificando los tempranos brotes que salen a su alrededor». Pero el dominio de Rockefeller no era algo incuestionado, pues tenía enemigos enormemente poderosos, en especial la Gulf Oil, que surgió después de 1900 con el apoyo de una familia de banqueros, los Mellon.

El proceso de creación de trusts y centralización de empresas alcanzó nuevas cotas con el cambio de siglo, sobre todo con la Corporación Estadounidense del Acero *(US Steel Corporation)* de 1900, la primera entidad económica privada con una capitalización superior a los mil millones de dólares. Entre 1898 y 1900 se formaron 149 conglomerados con una capitalización total de 3.800 millones de dólares. Este movimiento estuvo apoyado por los grandes bancos, sobre todo por el de J. Pierpont Morgan, otro especulador al calor de la guerra desde la década de 1860. En 1889 Morgan fundó un cártel bancario para acaparar reservas federales de oro, lo que en la década siguiente le permitió negociar con el presidente de la nación en términos más o menos de igualdad. Gracias a su control del crédito pudo llegar a dominar también industrias como las del petróleo, el acero y el carbón, y financiar nuevos conglomerados. En la década de 1890 el dinero de Morgan dominaba cuatro de los seis grandes sistemas ferroviarios, y en 1912 su banco y otros dos controlaban empresas con un capital total de 22.000 millones de dólares. Morgan murió en 1913 dejando 130 millones de dólares.

Este dominio empresarial se extendió a sectores enteros, y en varios estados occidentales toda la actividad económica estaba basaba en último término en el ferrocarril, que permitía la exportación de productos y la importación de maquinaria agrícola, alambre de púas y todo lo necesario para la vida diaria. Las empresas ferroviarias establecían los precios de los pasajes y los fletes con ilimitada discrecionalidad, lo que les permitía recompensar generosamente a los amigos y perjudicar o aplastar a los enemigos. En California, la Southern Pacific era conocida por el elocuente sobrenombre de «el Pulpo».

En el último cuarto del siglo, la acumulación de inmensas fortunas industriales y comerciales encontró su expresión en el deslumbrante consumo de los nuevos magnates, en el brillante momento de Nueva York y en la construcción de *cottages* (en realidad, ostentosas mansiones) en Newport (Rhode Island). Allí surgió en la década de 1880 una red de instituciones de elite adecuadas para la nueva casta: zonas de veraneo en Nueva Inglaterra, clubes de campo sumamente selectivos y colegios privados como Groton. En 1883 la formación de los Hijos de la Revolución marcó lo que el historiador E. Digby Baltzell ha denominado «el nacimiento de la moda genealógica y las disputas patricias por las viejas raíces»: el *Social Register* fue publicado por primera vez en 1887[2].

En esos años, los herederos de los nuevos ricos estadounidenses eran intensamente solicitados por la nobleza europea –de sangre azul, pero empobrecida–, por duques y condes ingleses. Estados Unidos había creado una aristocracia poderosa y reputada, que no carecía de sus propias instituciones características; era el mundo de los Rockefeller, Mellon, DuPont y Ford.

Esta nueva situación tenía su lado positivo: estos magnates practicaron la filantropía a una escala sin precedentes en la historia humana. A pesar de ello, en el siglo siguiente la cuestión de cómo debía encajar exactamente esta superclase en la personalidad política de una república democrática sería a menudo fuente de agrias controversias.

Inmigración masiva

A medida que los gobernantes se iban separando cada vez más de los ideales de una república agraria, así lo fueron haciendo también los gobernados. La expansión industrial fue posible por la fácil disponibilidad de mano de obra barata, basada en el enorme número de emigrantes que entraron en el país a partir de la década de 1860.

Desde la década de 1880 la magnitud de la emigración constituyó el mayor movimiento de población registrado en la historia. Entre 1881 y 1920 hubo más de 23 millones de inmigrantes: 1907 fue el año récord, con 1,2 millones (véase cuadro 4.2). Esa gran afluencia encontró un símbolo físico en las instalaciones de acogida situadas en la isla de Ellis, en el puerto de Nueva York, inauguradas en 1892.

Cuadro 4.2.
Población de Estados Unidos, 1870-1920 (en millones)

Año del censo	Población nacional*
1870	38,6
1880	50,2
1890	63,0
1900	76,0
1910	92,0
1920	106,0

* A partir de 1890, las cifras se redondean al millón más próximo.

La inmigración afectó de manera importantísima a la composición étnica de Estados Unidos. Antes de la década de 1880 la inmensa mayoría de los inmigrantes provenía de las islas Británicas o del norte de Europa, principalmente de Alemania; pero a partir de esa fecha la balanza se desplazó de forma decisiva hacia los pueblos del sur y el este de Europa, entre los que figuraban italianos, polacos, húngaros y todas las nacionalidades que formaban parte del Imperio Austro-Húngaro. En 1870 la ciudad de Nueva York tenía 80.000 judíos; unos años después, hacia 1915, eran ya un millón y medio. En 1930 casi seis millones de estadounidenses eran de origen italiano.

La emigración afectó en mayor o menor medida a casi todas las regiones del país, pero el impacto más grande se dejó sentir en las poblaciones industriales del Noreste y el Medio Oeste, donde los nuevos inmigrantes ocuparon los segmentos más pobres antes ocupados por los irlandeses. La experiencia del estado industrial de Pensilvania –en 1920 aproximadamente una quinta parte de la población había nacido en el extranjero– nos da una idea del efecto de la inmigración. Más del 20% de los habitantes de Pittsburgh eran extranjeros de nacimiento, y los mayores grupos no angloparlantes utilizaban el yídish, el polaco, el italiano o el alemán. En los distritos industriales cercanos, en las ciudades menores del acero y en los pueblos mineros había una concentración similar de población foránea. Unos cincuenta periódicos de Pensilvania iban dirigidos a grupos étnicos específicos, y estaban escritos en gran parte o totalmente en su idioma –la mitad de ellos eran para los eslavos–. Hacia 1910 solamente un tercio de la población de Rhode Island era nativa: otro tercio había nacido fuera de Estados Unidos y el otro tercio restante contaba con, al menos, un pariente extranjero.

Al igual que a mediados de siglo, las dificultades de la vida del inmigrante se hacían más llevaderas gracias a las maquinarias políticas, que estaban encantadas de poder ayudar a los recién llegados a abrirse un camino en el nuevo país a cambio de apoyo electoral. Esta clara asociación entre los nuevos inmigrantes y la corrupción política fue una poderosa arma retórica para las comunidades autóctonas tradicionales, según las cuales confirmaba sus peores prejuicios raciales y religiosos. En la década de 1890 los temores anticatólicos fueron lo suficientemente intensos como para que se creara la Asociación Protectora Estadounidense *(American Protective Association),* grupo fuertemente protestante y nacionalista que dominó la política de varios estados entre 1894 y 1896. Las tensiones étnicas y religiosas fueron también una bendición para los empresarios, que explotaron los mutuos recelos como instrumento para evitar una masiva organización de los trabajadores. Al menos hasta la década de 1920, los puestos privilegiados y de dirección estuvieron reservados a la población de «sangre antigua», mientras que los inmigrantes seguían estando limitados a las tareas más serviles.

Cuando llegó el cambio de siglo el carácter de la vida urbana había cambiado radicalmente: las ciudades crecían y se diversificaban notablemente. En 1870 sólo en torno a una cuarta parte de los estadounidenses vivía en poblaciones de más de 2.500 habitantes; en 1917 la proporción se estaba acercando a la mitad. En 1910, cincuenta ciudades tenían 100.000 habitantes o más. Entre 1860 y 1910 la población de la ciudad de Nueva York aumentó de menos de un millón a más de cuatro millones y llegó hasta ocho en la década de 1920. Tanto Chicago como Filadelfia tenían más de un millón de habitantes a finales de siglo (cuadro 4.3).

Cuadro 4.3.
Principales ciudades de Estados Unidos en la «Edad de Oro»

	Población en 1860 (en miles)	Población en 1900 (en miles)
Nueva York	806	3.437
Chicago	109	1.699
Filadelfia	566	1.294
San Luis	161	575
Boston	178	561
Cleveland	43	382
San Francisco	56	342
Cincinnati	161	325
Pittsburgh	49	322
Nueva Orleans	169	287
Detroit	46	286

Sólo aparecen las ciudades que tenían más de 250.000 habitantes en 1900.

Este crecimiento fue posible gracias a las nuevas formas de transporte de masas. En la década de 1830 aparecieron en Nueva York, Boston y Filadelfia el autobús de pasajeros y el tren de cercanías. Desde 1869 la ciudad de Nueva York fue pionera en el uso de raíles elevados, mientras que en Chicago se empleaban tranvías de cable. Sólo entre 1890 y 1900 la longitud de línea férrea electrificada pasó de 2.060 a 35.400 km. Boston adquirió un sistema de tren subterráneo en 1897, y Nueva York, en 1904. Los avances en las técnicas de construcción contribuyeron también a mantener estas nuevas densidades de población. El concepto de rascacielos apareció en Chicago cuando se reconstruyó la ciudad tras el gran incendio de 1871, y el modelo se extendió por todas partes a partir de la década de 1880. Esas innovaciones permitieron una concentración demográfica sin precedentes en zonas como Manhattan, que tenía 2,3 millones de habitantes en 1910, sin contar la creciente población de los distritos adyacentes, conectados por el metro y el ferrocarril elevado. En 1898 los cinco distritos se fundieron en la enorme metrópoli de la ciudad de Nueva York.

El carácter de las ciudades también cambió, y los barrios se definían muchas veces por el idioma y la religión. Las nuevas ciudades solían estar marcadas por violentos extremos de riqueza y privilegios, mientras las zonas más pobres padecían una situación extraordinariamente grave de múltiples privaciones sociales. En la década de 1880, la densidad de población de los barrios pobres del East Side de Nueva York era casi del doble que la del Londres de la época. De los desastrosos niveles de salud pública en el país en su conjunto nos dan una idea las tasas de mortalidad, que solían ser del 16 o el 17 por 1.000 en la primera década del siglo, el doble que hoy. Casi una cuarta parte de los fallecimientos se atribuían a neumonía, gripe o tuberculosis. También eran muy habituales los accidentes laborales. En 1904, por ejemplo, murieron 27.000 personas por causas relacionadas con el trabajo. Estas cifras confirman la observación de lord Bryce (por entonces profesor en la Universidad de Oxford y posteriormente embajador en Washington) en 1893 de que «el gobierno de las ciudades es el único fallo importante de Estados Unidos».

Trabajo y capital

Como es lógico, la industrialización y la urbanización provocaron graves tensiones sociales, más aún por las evidentes diferencias económicas que existían junto a las igualitarias estructuras políticas de la república democrática. A partir de la Guerra Civil, los obreros industriales y los agricultores organizaron una serie de movimientos populares en apoyo de más democracia económica y más justicia social, protestas que fueron mayores, lógicamente, durante las periódicas recesiones y crisis económicas. En el período inmediatamente posterior al conflicto civil surgió, de una oleada de sindicalización y activismo laboral, el Sindicato Nacional del Trabajo *(National Labour Union):* en 1872, 100.000 trabajadores fueron a la huelga en Nueva York por la jornada de ocho horas. En 1869 obreros industriales se organizaron bajo el nombre de los Caballeros del Trabajo *(Knights of Labour),* agrupación que llegó a tener 700.000 miembros en su mejor momento, a mediados de la década de 1880; pero después el movimiento se apagó, debido en parte a su reputación violenta. En 1886 se formó la Federación Americana del Trabajo *(American Federation of Labour,* AFL), que se alimentaba principalmente de artesanos cualificados. Entre 1883 y 1886 el número de afiliados a los sindicatos pasó de unos 200.000 a un millón, aunque a mediados de la década de 1890 esa cifra se había reducido a la mitad. Hacia 1905 el número de sindicados estaba en torno a los dos millones, de los cuales casi la mitad pertenecían probablemente a la AFL.

Los movimientos de este tipo tropezaron con una intensa oposición del Estado, así como de los empresarios y de los poderosos grupos económicos. La condescendiente actitud de los tribunales hacia las grandes y monopolistas estructuras económicas no se extendía, claramente, a los intereses de los trabajadores, y Estados Unidos iba muy por detrás de otros países industrializados en cuanto al reconocimiento de la conveniencia de la organización de los trabajadores como tal o de la negociación colectiva. Los jueces se identificaban con los paternalistas objetivos de empresarios como George F. Baer, del Trust de la Antracita, quien declaró que «los derechos e intereses del hombre trabajador serán protegidos por los hombres cristianos, a los que Dios, en su infinita sabiduría, ha confiado los intereses de la propiedad de este país»[3].

Y, a la inversa, la mayoría de las asambleas legislativas no ponía objeciones a que los empresarios formaran sus propias fuerzas paramilitares para controlar a los trabajadores industriales y reprimir las huelgas. Desde la década de 1870 la de Pinkerton y otras agencias de detectives ofrecían amplios servicios de investigación y seguridad a los patronos, con un grado de eficacia mucho mayor que el de cualquier organismo público. Al carecer de contexto legal, los intereses de los trabajadores tuvieron que hallar expresión en la fuerza y en tácticas extraordinarias que generalmente llevaban a confrontaciones directas con la maquinaria del Estado. Como consecuencia de ello, los conflictos laborales anteriores a la década de 1930 estuvieron marcados por un

asombroso nivel de violencia que a menudo rozó con la
guerra civil; esos conflictos alcanzaron dimensiones alarmantes en determinados períodos: 1876-1877, 1885-1886,
1892-1894 y 1912-1916.

Hubo muchos enfrentamientos legendarios en estos años.
A mediados de la década de 1870, la zona de Pensilvania
dedicada a la antracita fue escenario de un campaña terrorista orquestada por los Molly Maguires, organización secreta de los mineros del carbón irlandeses. La campaña fue
reprimida totalmente con los medios privados de los empresarios del carbón: lo único que aportó el Estado fue la
sala del juicio y el verdugo. En 1876 las celebraciones del
centenario trajeron un aluvión de declaraciones de independencia «alternativas» que ponían de manifiesto el profundo
desencanto que había producido la sociedad estadounidense en su continua depresión. El Partido de los Trabajadores
(*Workingmen's Party*) de Illinois elaboró una lista de «derechos inalienables» entre los que figuraban «la vida, la libertad y todo el beneficio de su trabajo». La Asociación Nacional para el Sufragio Femenino (*National Woman Suffrage
Association*) afirmó que el primer siglo de historia del país
«ha sido una serie de supuestos y usurpaciones del poder
sobre la mujer»[4]. Y el activista obrero John F. Bray sostuvo
que los gobiernos basados en la declaración original «no
han conseguido evitar el desarrollo entre nosotros de las
viejas aristocracias bajo nuevos nombres».

Para el país, 1877 fue un perturbador «año de violencia»
que empezó con una serie de huelgas de los trabajadores
del ferrocarril y después se extendió a otros sectores para
provocar huelgas generales locales durante el verano. Las
protestas se extendieron por Nueva York, Nueva Jersey,
Ohio, Illinois y Pensilvania. Veinticuatro personas murie-

ron en enfrentamientos con la milicia en Pittsburgh, otras dieciocho en Chicago, diez en Baltimore, seis en Reading: hubo al menos un centenar de víctimas a lo largo del año. En San Luis se fundó lo que era prácticamente una comuna –lo más parecido a un sóviet de trabajadores que hasta el momento haya producido Estados Unidos– bajo la dirección del Partido de los Trabajadores. El gabinete consideró seriamente una propuesta de declarar el estado de insurrección en Pensilvania y solicitar voluntarios como en 1861. Una cuestión crucial en muchas zonas fue la lealtad de las milicias estatales, que se mostraban incapaces o reacias a enfrentarse a sus conciudadanos en huelga, e incluso cedían sus armas a las masas (el ejército regular de Estados Unidos estaba ocupado entonces con las guerras indias). Esta debacle provocó una reestructuración fundamental de las milicias, que con una forma más estrictamente militar pasaron a constituir la Guardia Nacional. También a partir de 1877 las ideas populistas radicales se extendieron rápidamente por las zonas rurales a través de la formación de las nuevas Alianzas de Agricultores *(Farmers' Alliances):* en menos de una década contaban con 400.000 miembros. Es muy posible que la fragilidad del orden público en 1877 contribuyera a la buena disposición que demostró la clase política para alcanzar su gran pacto electoral ese mismo año.

A mediados de la década de 1880 se produjo una explosión comparable, en la que estuvieron muy activos los Caballeros del Trabajo y el Sindicato Central del Trabajo *(Central Labour Union),* con base en Chicago, y hubo también una exitosa huelga contra el ferrocarril Union Pacific. En 1884 un alboroto por un intento de linchamiento en Cincinnati se convirtió en una confrontación con tintes de lucha de clases, y murieron cincuenta personas en un período de tres días. En

1886 el número de huelgas en todo el país alcanzó la histórica cota de 1.400. Ese mismo año, el teórico radical Henry George formó una coalición para presentar su candidatura a la alcaldía de Nueva York con el programa de los trabajadores.

Todas las potenciales oleadas revolucionarias fijaron su atención en el incidente de Haymarket, en Chicago, donde una manifestación de anarquistas, principalmente extranjeros, desembocó en graves disturbios. Una bomba mató a siete oficiales de policía y cuatro de los anarquistas fueron ejecutados a pesar de las protestas internacionales. La indignación que siguió a este suceso debilitó la causa del radicalismo político durante varios años, pero los desórdenes laborales continuaron en el Norte y en el Sur. En 1887 trabajadores negros del azúcar fueron a la huelga bajo los auspicios de los Caballeros del Trabajo, movimiento que, como era previsible, fue aplastado con la mayor violencia. En 1892 hubo, entre toda una oleada de paros laborales, una huelga general en Nueva Orleans. Otra huelga, ésta del acero en Homestead (Pensilvania), tuvo como resultado enconados enfrentamientos entre los trabajadores y los detectives de la agencia Pinkerton contratados por la empresa siderúrgica Carnegie, con un saldo de unos veinte muertos. Éste fue también uno de los primeros conflictos en los que los huelguistas tuvieron que enfrentarse a una nueva y terrorífica arma –la ametralladora Gatling, que podía causar una destrucción masiva–. En 1894, una huelga en la Pullman Car Company, cerca de Chicago, terminó con la intervención de miles de federales, y se utilizaron despiadadamente los tribunales federales para romper el sindicato del ferrocarril. Treinta y cuatro personas perdieron la vida a lo largo de este conflicto.

Uno de los principales focos de conflicto de clases fueron las minas del Oeste, donde entre 1892 y 1917 los estados de las Montañas Rocosas soportaron una serie de violentos choques, junto con asesinatos, matanzas, deportaciones en masa y campos de concentración. Un buen ejemplo del ambiente de esos años son las grandes huelgas de 1892, que en Coeur d'Alene (Idaho) desencadenaron unos enfrentamientos con tiroteos lo suficientemente graves como para que el gobernador declarara el estado de insurrección y enviara a la Guardia Nacional. En 1899, en ese mismo estado, las tropas federales cogieron a cientos de mineros y les mantuvieron encerrados en unos barracones durante meses. En 1913-1914 el ojo del huracán estuvo en las minas de carbón del sur de Colorado, donde en abril de 1914 la Guardia Nacional utilizó armas de fuego para perpetrar una tristemente famosa matanza en un poblado minero, de tiendas de campaña, cerca de Ludlow. Unas setenta personas, muchas de ellas mujeres y niños, fueron asesinadas durante el conflicto. En Bisbee (Arizona), una huelga de mineros en 1917 terminó cuando «vigilantes» de una Liga de la Lealtad rodearon a 1.200 trabajadores y les llevaron por la fuerza al desierto en camiones de ganado.

De las organizaciones de trabajadores que intervinieron en estas acciones, la principal era la Federación de Mineros del Oeste o WFM *(Western Federation of Miners)*, que evolucionó hacia posiciones radicales y sindicalistas. En 1905 la WFM participó con socialistas y anarquistas en la creación de una nueva federación cuyo objetivo era sindicar a los trabajadores ignorados por la AFL, que tenía una orientación gremial. El resultado fue Trabajadores Industriales del Mundo o IWW *(Industrial Workers of the World)*, los llamados *wobblies*, que se pusieron como meta conseguir «un gran sindicato único» que sustituyera a la sociedad clasista y explotadora de los obreros. Desde este punto de vista, el sindicato representaba el futuro de la organización de la sociedad, que se realizaría gradualmente dentro de la estructura en descomposición del orden capitalista. De 1905 a 1919 el IWW hizo importantes avances en la sindicación de trabajadores inmigrantes, no cualificados y transeúntes, al mismo tiempo que ignoraba las barreras de color que se estaban convirtiendo en un factor tan determinante del progreso social. Se centró también en organizar a las mujeres trabajadoras. Entre sus muchos honores de combate están las huelgas de McKees Rocks (Pensilvania) en 1909, Lawrence (Massachusetts) en 1912 y Paterson (Nueva Jersey) en 1913. El movimiento llegó a tener verdadera fuerza en algunas regiones del Oeste, como el *Oil Patch* de Texas y Oklahoma y las zonas madereras del estado de Washington.

Los éxitos del movimiento provocaron grandes temores entre la elite política, y la represión fue moneda corriente. En 1915 el líder *wobbly* y poeta itinerante Joe Hill fue ejecutado en Utah tras ser juzgado por cargos falsos. En 1916, al menos siete militantes murieron en un enfrentamiento entre *wobblies* y «vigilantes» en Everett (Washington). La historia de los *wobblies* terminó finalmente en 1917 por la confluencia de dos hechos: la declaración de la guerra, que permitió a las autoridades suprimir la mayor parte de sus actividades al considerarlas de inspiración alemana, y la Revolución Rusa, que canalizó las energías de muchos radicales hacia el movimiento comunista. El IWW se desvaneció rápidamente después de 1919.

Progreso y reacción (1877-1917)

La política nacional estuvo dominada en este período por el Partido Republicano, representante de los intereses de la industria y de una economía sólida, que se expresan principalmente en los altos aranceles sobre las manufacturas importadas. El partido se alimentaba de la mitología de la Guerra Civil y de su imagen como el partido de Lincoln y la unidad nacional. Había también un componente étnico, pues en muchos estados los republicanos representaban a los estadounidenses de toda la vida frente a las nuevas comunidades de inmigrantes, sobre todo la de los irlandeses católicos, y a la corrupción urbana que supuestamente éstos simbolizaban (aunque los republicanos tenían también sus aparatos espectacularmente deshonestos en ciudades como Filadelfia). En la década de 1880 los republicanos retrataron a sus rivales demócratas como el partido de «el ron, el catolicismo romano y la rebelión», es decir, de los intereses del alcohol frente a la prohibición, de los aparatos políticos dominados por católicos y del Sur confederado no reconstruido.

Tras el encausamiento y destrucción política de Andrew Johnson, los republicanos hicieron de Ulysses S. Grant un poderoso mascarón de proa, cuya victoria estaba asegurada por la privación de derechos civiles que sufrían tantos seguidores naturales de los demócratas. En circunstancias normales, las elecciones de 1876 deberían haber llevado a Washington a un presidente demócrata, pero por la extremada tensión de los años finales de la Reconstrucción las condiciones eran cualquier cosa menos normales, y el republicano Rutherford B. Hayes obtuvo un triunfo discutible. En 1880 los republicanos consiguieron la presidencia para James A. Garfield, pero las divisiones internas del partido provocaron su derrota en 1884. El sucesor demócrata fue Grover Cleveland, que volvería a llevar a la victoria a su partido en 1892. Con esta única e importante excepción, los republicanos conservaron la presidencia hasta 1912.

La hegemonía republicana sobrevivió a una generación inundada de escándalos, y a las crisis económicas y laborales de las décadas de 1870 y 1880. Entre 1860 y 1908, muchos de los debates políticos importantes tuvieron lugar dentro de la familia republicana y entre facciones de su partido, y aparecieron grupos disidentes en repetidas ocasiones. En 1872 los republicanos liberales organizaron una candidatura a la presidencia contra Ulysses S. Grant, y en 1876 los republicanos «puros» *(stalwarts)* y «mestizos» *(half-breeds)* se enfrentaron por la cuestión de si Grant debía o no presentarse a un tercer mandato. La cuestión que con más persistencia dividía al partido era la corrupción política. Especialmente después de escándalos como el del Crédit Mobilier al que antes se ha hecho referencia, había entre los republicanos posturas distintas sobre el funcionamiento del sistema que consistía en recompensar favores políticos con cargos públicos y sobre la idoneidad de las personas que con ese sistema los ocupaban. Una posible solución era un modelo de administración pública al servicio del gobierno, pero los intentos de promover una burocracia libre de corrupción tropezaron con una fuerte oposición, sobre todo por parte de los que se beneficiaban del sistema vigente. Tampoco la Ley de la Administración Pública que efectivamente se aprobó en 1883 produjo nada parecido al efecto deseado, puesto que sólo limitó los nombramientos en algunos cargos federales. A lo largo de toda la década de 1880, la reforma de la administración pública y los problemas de «limpieza» del gobierno fueron temas de enfrentamiento entre la vieja guardia y los reformistas «independientes» *(mugwumps)*. Al igual que los republicanos liberales antes que ellos, los *mugwumps* estaban dispuestos a formar coaliciones con la oposición demócrata, deserción que contribuyó a dar las elecciones de 1884 a los demócratas (véase cuadro 4.4).

Cuadro 4.4.
Resultados de las elecciones presidenciales, 1868-1916

	Candidato ganador*	Candidatos derrotados
1868	Ulysses S. Grant (R) [3,0]	Horatio Seymour (D) [2,7]
1872	Ulysses S. Grant (R) [3,6]	Horace Greeley (D) [2,8]
1876	Rutherford B. Hayes (R) [4,0]	Samuel Tilden (D) [4,3]
1880	James A. Garfield (R) [4,5]	Winfield S. Hancock (D) [4,4]
1884	Grover Cleveland (D) [4,9]	James G. Blaine (R) [4,9]
1888	Benjamin Harrison (R) [5,4]	Grover Cleveland (D) [5,5]
1892	Grover Cleveland (D) [5,6]	Benjamin Harrison (R) [5,2] James Weaver (P) [1,0]
1896	William McKinley (R) [7,0]	William J. Bryan (D) [6,5]
1900	William McKinley (R) [7,2]	William J. Bryan (D) [6,4]
1904	Theodore Roosevelt (R) [7,6]	Alton B. Parker (D) [5,1]
1908	William H. Taft (R) [7,7]	William J. Bryan (D) [6,4]
1912	Woodrow Wilson (D) [6,3]	Theodore Roosevelt (Pr) [4,2] William H. Taft (R) [3,5]
1916	Woodrow Wilson (D) [9,1]	Charles E. Hughes (R) [8,5]

* Entre corchetes, los votos populares (en millones).
D = Demócrata; R = Republicano; P = Populista; Pr = Progresista.

Este aparente consenso esconde gran cantidad de problemas y de conflictos partidistas. Los republicanos y los demócratas estuvieron muy igualados en la obtención de apoyo popular en todas las elecciones desde 1876 a 1896, y la ocupación republicana de la Casa Blanca fue una artimaña del sistema electoral. Bajo el modelo de circunscripción unipersonal *(first past the post),* la mayoría simple en un estado da al candidato ganador todos los votos electorales de ese estado, lo cual distorsiona a menudo los resultados. En 1888, el demócrata Grover Cleveland consiguió un porcentaje de votos populares algo mayor que el de su rival republicano Benjamin Harrison, con casi 100.000 votos más de un total de 11 millones de votos emitidos. En el colegio de electores, sin embargo, Harrison venció a Cleveland con el convincente margen de 233 a 168. Es indudable que los demócratas derrotaron en las urnas a los republicanos en 1876 y estuvieron muy cerca de hacerlo de nuevo en 1880, pero al final perdieron ambas elecciones. También obtuvieron aplastantes victorias en las elecciones al Congreso, por ejemplo en 1874. Con un sistema de representación diferente (y suponiendo que el recuento de votos fuera estrictamente honesto por ambas partes), el poder político de Estados Unidos habría estado dividido de forma equitativa entre los dos partidos durante esos años (véase cuadro 4.5).

Cuadro 4.5.
Presidentes de Estados Unidos, 1861-1921

	Años de mandato	Partido
Abraham Lincoln	1861-1865	Republicano
Andrew Johnson	1865-1869	Unión Nacional
Ulysses S. Grant	1869-1877	Republicano
Rutherford B. Hayes	1877-1881	Republicano
James A. Garfield	1881	Republicano
Chester A. Arthur	1881-1885	Republicano
Grover Cleveland	1885-1889	Demócrata
Benjamin Harrison	1889-1893	Republicano
Grover Cleveland	1893-1897	Demócrata
William McKinley	1897-1901	Republicano
Theodore Roosevelt	1901-1909	Republicano
William H. Taft	1909-1913	Republicano
Woodrow Wilson	1913-1921	Demócrata

El sistema electoral tampoco refleja adecuadamente las corrientes subterráneas de radicalismo que cobraron nuevas fuerzas en la década de 1890 a raíz de la larga crisis del sector agrícola. En 1892 el nuevo movimiento populista presentó un candidato a la presidencia con uno de los programas más radicales que se hayan visto nunca en unas elecciones nacionales. Declarando que el país estaba al borde de la «ruina moral, política y material», el partido defendía una jornada laboral de ocho horas, un mayor control gubernamental de los servicios públicos y un impuesto sobre la renta escalonado. Exigía también la libertad de acuñación, medida deliberadamente inflacionaria que beneficiaría a los agricultores del Oeste en detrimento de la industria y la banca del Este, aparte de su evidente atractivo para los estados mineros occidentales. Para los republicanos del Este, las políticas de libre acuñación de plata y «dinero blando» representaban poco menos que un anarquismo flagrante. El candidato populista James Weaver, de Iowa, cosechó más de un millón de votos populares, el 8,5% del total, e incluso 22 votos electorales. Sólo se pueden hacer especulaciones sobre cuáles habrían sido sus resultados si las elecciones se hubieran celebrado al año siguiente, después de que la depresión económica creara tanta miseria y desesperación.

El invierno de 1893-1894 fue desolador, con casi 2,5 millones de desempleados y una absoluta falta de servicios sociales con los que empezar a suplir sus necesidades. Las huelgas alcanzaron nuevas cotas, con una media de 1.200 al año entre 1893 y 1898, y los enfrentamientos de Homestead y Pullman, anteriormente descritos, están entre los más salvajes de la historia de la nación. En la primavera de 1894 diecisiete «ejércitos» de desempleados marcharon sobre

Washington D. C. para exigir ayudas y reformas; el más conocido de ellos tomó el nombre de su patrocinador, Jacob Coxey. El profundo descontento social penetró en la política oficial en 1896, cuando las ideas populistas influyeron en el programa del Partido Demócrata. William Jennings Bryan consiguió la candidatura del partido con un apasionado alegato a favor de la libre acuñación de plata, y con un ataque a la «crucifixión de la humanidad en una cruz de oro». Obtuvo el 47% de los votos populares, e hizo muy buen papel en el Sur y en el Oeste. Sus resultados fueron en cambio discretos en las zonas urbanas e industriales, «el país enemigo», y no ganó ningún estado al norte de Virginia ni al este de Missouri. Bryan volvió a llevar a los demócratas a la derrota en 1900 y en 1908.

La presencia de los radicales en el sistema electoral se pone de manifiesto en el crecimiento del Partido Socialista, que se hizo fuerte en muchas comunidades industriales. Eugene V. Debs llevó al partido a la escena política con una serie de campañas presidenciales. Obtuvo sólo 87.000 votos en 1900, pero poco a poco fue mejorando sus resultados: en 1912 consiguió unos respetables 900.000 votos, el 6% de los electores populares. El partido perdió apoyo en 1916, pero luego Debs elevó ligeramente su marca en 1920. Ese año hizo campaña desde prisión, donde cumplía sentencia por sus actividades pacifistas.

Progresistas

En la década de 1890 sólo los que estaban a cubierto o los optimistas podían pensar que la sociedad estadounidense no iba a necesitar algún tipo de transformación radical en el siglo siguiente, aunque no había acuerdo sobre adónde podría llevarles ese nuevo rumbo. Las abundantes obras futuristas que aparecieron entonces exploraban posibles destinos, que iban desde un elitismo benevolente hasta el socialismo utópico, pero algunas, en número preocupante, postulaban una violencia extremada entre ricos y pobres que culminaría en el colapso apocalíptico. Entre las obras populares de este estilo se encuentran *El talón de hierro*, de Jack London, y *Caesar's Column (La columna de César),* de Ignatius Donnelly. Los temores que se plasman en estos libros desempeñaron un papel de peso en la configuración del pensamiento de los reformadores sociales conocidos como progresistas, cuyas motivaciones eran complejas: aunque su principal preocupación eran los horrores y las injusticias que veían a su alrededor, había también una clara sensación de que la reforma social quizá fuera en ese momento el único modo de evitar la agitación e incluso la guerra civil en una o dos décadas. El asesinato de dos presidentes –Garfield en 1881 y McKinley en 1901, éste por un anarquista– simbolizaba la amenaza de violencia, pero ninguno de los dos casos se debió a una gran conspiración.

Esta sensación de amenaza inminente y de crisis revolucionaria ayuda a entender que los progresistas se inclinaran por soluciones administrativas en las que se confiaban los poderes a expertos cualificados a expensas de la participación democrática. Había una desconfianza fundamental hacia la democracia de masas, y un modelo militar eficaz era infinitamente preferible a una participación defectuosa. La reforma de la policía era básica en la mentalidad progresista, pues las fuerzas urbanas del momento no sólo eran extraordinariamente corruptas, sino también peligrosamente proclives a simpatizar con los trabajadores en huelga. Por

eso, el objetivo de la reforma era crear unas unidades estrictamente disciplinadas y de orientación militar, lo más aleja-
das del control político directo como fuera posible. Un
ejemplo de esta tendencia es la experiencia de Pensilvania,
una de las regiones más dadas a la violencia laboral. En
1905 se formó la Policía Estatal, cuerpo especial creado a
imagen y semejanza de la unidad paramilitar que había acabado con la revuelta autóctona de Filipinas unos años antes. Difícilmente se podría haber ilustrado mejor el carácter
«colonial» de los distritos mineros que con la creación de
esta unidad, que reprimió con contundencia las protestas
de los trabajadores inmigrantes y militantes extranjeros. En
1920 el modelo de la Policía Estatal había sido ya copiado
por la mayoría de los estados industriales.

Aunque unos cuantos movimientos organizados llevaban
el nombre de progresistas, la gran mayoría de los activistas
de esa línea operaba a título individual o en agrupaciones
informales, y con frecuencia al nivel de una ciudad o un estado determinados. Sus actividades eran igualmente diversas. Un elemento importante del progresismo era la denuncia de abusos que requerían atención, por ejemplo cuando
se describían las condiciones de las barriadas suburbiales,
como en *Cómo vive la otra mitad,* 1890, de Jacob Riis; *Mag-
gie, una chica de la calle,* de Stephen Crane, o *If Christ Came
to Chicago (Si Cristo viniera a Chicago),* 1893, de W. T.
Stead. El florecimiento pleno del periodismo de denuncia
llegó con la primera década del nuevo siglo. Como ejemplos de lo que Theodore Roosevelt llamaba «escarbar en la
basura» cabe citar los análisis de la extendida corrupción
municipal que realizaba Lincoln Steffens en varios artículos
que finalmente se recopilaron con el título de *The Shame of
the Cities (La vergüenza de las ciudades),* 1904, la disección

del monopolio de la Standard Oil que llevó a cabo Ida Tarbell y la obra de Ray Stannard Baker. La novela de Upton Sinclair *La jungla* movilizó la ira de la opinión pública contra los horrores de la industria de envasado de carnes. Los organismos oficiales se hacían eco de este tipo de investigaciones: en 1894 la Comisión Lexow denunció la corrupción absoluta del departamento de policía de la ciudad de Nueva York.

Hubo diversas respuestas prácticas a los males sociales. La mejor forma de ver la historia de los progresistas en la escena política es a través de la experiencia de sus líderes concretos, sobre todo la de un numeroso grupo de reformadores que fueron elegidos en el cambio de siglo: alcaldes como «Golden Rule» Jones en Toledo, Emil Seidel en Milwaukee y Tom L. Johnson en Cleveland, y gobernadores estatales como Theodore Roosevelt en Nueva York y, sobre todo, Robert La Follette en Wisconsin. Estos líderes lucharon contra los intereses industriales dominantes e intentaron reducir su influencia en el proceso político fomentando las elecciones primarias directas y leyes contra las prácticas corruptas. Conforme a nuevas medidas legislativas, los votantes podían expulsar a un cargo público al que consideraban insatisfactorio antes de que expirara oficialmente su mandato, mientras que las leyes de iniciativa y referéndum permitían al electorado aprobar directamente las reformas deseadas, saltándose así las asambleas legislativas de los estados y los aparatos de partido que los controlaban. Los estados más progresistas, como por ejemplo Wisconsin, revisaron sus sistemas tributarios para incrementar la presión fiscal sobre las empresas e introdujeron impuestos sobre la renta y sobre la herencia. Fue una lucha penosa, pero las numerosas leyes estatales que entonces se aprobaron en materia de salarios, jornada laboral, condiciones de higiene y seguridad en el lugar de trabajo y compensaciones a los trabajadores accidentados son un buen reflejo de los enormes avances que se hicieron. La iniciativa privada hizo también importantes aportaciones, como los centros de asistencia social que levantaron reformadores de clase media en los peores suburbios con miras a mejorar el bienestar físico y moral de sus residentes. A partir de la década de 1890, un centro de este tipo, la Hull House de Jane Addams en Chicago, ofreció un modelo muy imitado de acción directa y servicios sociales en las zonas deprimidas de las ciudades.

A nivel federal, los reformadores encontraron un amigo en Theodore Roosevelt. Las administraciones anteriores habían aprobado leyes que teóricamente las facultaban para atajar los abusos, especialmente la Ley Antitrust Sherman de 1890, pero en muy pocas ocasiones se impuso su cumplimiento con una mínima seriedad. Todo esto cambió con Roosevelt, quien inició –con una buena propaganda– una lucha contra los trusts más poderosos. En 1902 ordenó la disolución del Northern Securities Trust, creado por los gigantes financieros J. P. Morgan y E. H. Harriman para monopolizar prácticamente todo el sistema de transportes de los estados occidentales. Su ruptura se produjo en 1904, lo que sentó las bases para una serie de campañas posteriores. En 1906 la administración empezó a adoptar las medidas que pronto provocarían la ruptura del Standard Oil Trust en unidades menores, aunque hasta los nuevos descendientes de la «familia» empresarial de la Standard Oil eran ya de por sí gigantescos (los tres principales sucesores se convirtieron en Exxon, Mobil y Socal).

De acuerdo con la visión progresista del estado como árbitro objetivo entre el capital y la mano de obra, Roosevelt abrió nuevos caminos al intervenir en una importante huelga como un auténtico y honesto mediador. En 1902 venció la tozuda resistencia de los empresarios ante una huelga en el sector de la antracita simplemente amenazando con enviar tropas para que tomaran las minas, actitud que se aleja de manera increíble de las violentas políticas antitrabajadores de las administraciones anteriores. En 1906 se aprobó la Ley sobre Alimentos y Fármacos, y una serie de nuevos organismos de regulación federales comenzaron a investigar aspectos de las prácticas empresariales que antes se consideraban intocables. También a partir de 1906, la Comisión de Comercio Interestatal fue facultada de manera efectiva para regular los precios del transporte ferroviario, y se propuso un sistema de inspección de las fábricas.

Roosevelt ofrecía un dinámico y atractivo modelo de reforma, aunque en avances reales quizá fuese igualado por su sucesor, William H. Taft, más eficaz que él en la disolución de trusts. Fue durante el mandato de Taft cuando el Congreso aprobó dos enmiendas constitucionales decisivas, cada una fundamental a su manera para el proyecto progresista. En virtud de esas enmiendas se podía recaudar impuestos deduciéndolos directamente de la renta (la Decimosexta) y elegir también directamente a los senadores (la Decimoséptima). Sin embargo, el Partido Republicano estaba cada vez más dividido entre las facciones liberal y conservadora, que miraban, respectivamente, a Roosevelt y a Taft. En 1912 Roosevelt montó una de las candidaturas de un tercer partido más exitosas de la historia del país, el Partido Progresista (o Partido del Alce, por su emblema), que con sus más de cuatro millones de votos vapuleó a los republicanos oficiales.

Mientras que la escisión de la causa republicana sólo consiguió asegurar la elección del demócrata Woodrow Wilson, éste sentía afinidad por la mayoría de los objetivos progresistas, y de hecho se puede considerar que su administración marca el cenit de esa tradición. Su experiencia inmediatamente anterior como gobernador de Nueva Jersey había sido ejemplar, pues había patrocinado leyes encaminadas a introducir las elecciones primarias, regular las prácticas corruptas y limitar el poder de las empresas de servicios públicos. Como presidente supervisó la creación de un sistema bancario centralizado bajo un Consejo de la Reserva Federal (1913), que, como bien vieron sus críticos, modificaba radicalmente la relación entre las empresas y el gobierno.

El año siguiente trajo una nueva y mucho más eficaz ley antitrust (la Ley Clayton), y una Comisión Federal de Comercio intentó eliminar las prácticas empresariales desleales. Entre 1913 y 1916 la administración Wilson inició reformas de gran alcance en esferas como el trabajo infantil, las condiciones laborales y la educación. Las atrevidas innovaciones de Wilson pusieron de manifiesto las amplias repercusiones que el modelo progresista tuvo sobre los poderes federales. Desde el punto de vista del ámbito de actuación del gobierno nacional, su mandato –que prefiguraba el *New Deal* de la década de 1930– recordaba también el precedente que había sentado el federalista Alexander Hamilton en la década de 1790.

Derechos de la mujer

Un aspecto crucial de la reforma progresista era la extensión de los derechos de la mujer, cuestión que había entrado irrevocablemente en la agenda política a finales del siglo XIX. En 1869, la concesión del voto a los varones negros había provocado un resurgimiento del radicalismo feminista, que contenía al menos un elemento de resentimiento racista y la idea de que las mujeres blancas estaban sin duda más cualificadas para el sufragio que cualquier antiguo esclavo. Se fundaron entonces dos organizaciones bajo la dirección de las veteranas activistas Elizabeth Cady Stanton y Susan B. Anthony; en 1890 ambos grupos se unieron para formar la Asociación Nacional Americana para el Sufragio Femenino *(National American Woman Suffrage Association)*. Defendían también las ideas sufragistas y feministas grupos reformistas como la Unión de Mujeres Cristianas por la Abstinencia *(Women's Christian Temperance Union)*, fundada en 1874, que a pesar de su nombre defendía un proyecto social que iba mucho más allá de la simple cuestión de la bebida.

La posibilidad práctica del sufragio femenino había quedado ya demostrada por su adopción en algunos estados occidentales, por lo general en un desesperado intento de atraer a más y mejores colonos, especialmente a familias de agricultores. El territorio de Wyoming fue la primera de esas jurisdicciones, seguido por el de Utah en 1870; en 1890, Wyoming fue el primer estado en el que las mujeres podían votar. En 1914 las mujeres gozaban ya del pleno derecho de sufragio en los diez estados más occidentales. Para extender este sistema por todo el país hacía falta una enmienda constitucional, que se propuso en 1878 y se volvió a proponer después de forma regular. La participación de las mujeres en la Primera Guerra Mundial dio un nuevo empuje a la cuestión, y tras una serie de votaciones muy igualadas el Senado aprobó en 1919 la Decimonovena Enmienda, al año siguiente ratificada por un número suficiente de estados.

Paralelamente a la lucha por los derechos políticos de la mujer se produjo otra igualmente difícil por la emancipación personal, que sobre todo en el caso de las mujeres pobres pasaba por controlar la natalidad. A principios del siglo XIX el aborto era técnicamente ilegal, pero se siguió practicando a pesar de que en ocasiones se demonizaba y perseguía a los abortistas. Se publicaban libremente anuncios sobre servicios relacionados con el aborto. A pesar de la dificultad de interpretar los datos estadísticos, es posible que la proporción de embarazos interrumpidos en la década de 1850 fuera similar a la de hoy en día. Las cosas cambiaron después de la Guerra Civil, con la creciente organización y consolidación de la profesión médica, que estaba decidida a eliminar como rivales a comadronas y practicantes de abortos. La Asociación Médica de Estados Unidos (*American Medical Association,* 1847) fue una importante fuerza a la hora de exigir una regulación.

La legislación penal se hizo entonces verdaderamente fuerte, con el respaldo de los movimientos moralistas y evangélicos de la época. Todas esas ideas las resumía Anthony Comstock, fundador de la Sociedad Neoyorquina por la Supresión del Vicio (*New York Society for the Suppression of Vice),* que durante cincuenta años luchó contra la «indecencia» en la vida pública. En 1873 la Ley Comstock prohibió la circulación postal de información sobre anticonceptivos, con lo que hacia finales de siglo era muy difícil conseguirla. A partir de 1912, Margaret Sanger –aliada tanto de los *wobblies* como de los socialistas– desafió al régimen Comstock. Preocupada por la suerte de las mujeres pobres e inmigrantes, Sanger intentó que hubiera un acceso libre a la información sobre anticonceptivos, actividad que la obligó a afrontar un proceso penal en 1916. Su juicio y encarcelamiento hicieron de ella una mártir. En 1921 creó la Liga Estadounidense por el Control de la Natalidad (*American Birth Con-*

trol League), y en 1952 la Federación para la Paternidad Planificada *(Planned Parenthood Federation).*

Cultura y religión

El impacto de los nuevos movimientos sociales se dejó notar claramente en la literatura. Al igual que la década de 1850, el último cuarto del siglo XIX produjo gran cantidad de obras importantes, especialmente en novela y poesía. Entre los novelistas que publicaron en la década de 1880 destacan entre otros Henry James, Mark Twain y William Dean Howells (cuadro 4.6).

Cuadro 4.6.
Principales obras literarias publicadas en 1876-1907

1876	Mark Twain, *Tom Sawyer.*
1879	Henry James, *Daisy Miller;* Henry George, *Progress and Poverty (Progreso y pobreza).*
1880	Henry Adams, *Democracy;* Lew Wallace, *Ben Hur.*
1881	Henry James, *Portrait of a Lady (Retrato de una dama);* Mark Twain, *The Prince and the Pauper (Príncipe y mendigo).*
1882	William Dean Howells, *A Modern Instance (Un ejemplo moderno).*
1883	Mark Twain, *Life on the Mississippi (Historias del Mississippi).*
1884	Mark Twain, *Huckleberry Finn.*
1885	William Dean Howells, *Rise of Silas Lapham (La ascensión de Silas Lapham).*
1886	Henry James, *The Bostonians (Las bostonianas).*
1888	Edward Bellamy, *Looking Backward 2000-1887 (Mirada retrospectiva 2000-1887).*
1889	Mark Twain, *A Connecticut Yankee at King Arthur's Court (Un yanqui en la corte del rey Arturo).*

1890-1891	Emily Dickinson, *Poems.*
1893	Stephen Crane, *Maggie: A Child of the Streets (Maggie, una chica de la calle).*
1894	Henry D. Lloyd, *Wealth Against Commonwealth (La riqueza contra la comunidad);* Mark Twain, *Pudd'nhead Wilson (Cabezahueca Wilson).*
1895	Stephen Crane, *The Red Badge of Courage (La roja insignia del valor).*
1896	Emily Dickinson, *Poems 1896;* Harold Frederic, *The Damnation of Theron Ware (La condena de Theron Ware).*
1897	Charles M. Sheldon, *In His Steps (En sus pasos).*
1898	Henry James, *Turn of the Screw (La vuelta de tuerca).*
1899	Frank Norris, *McTeague;* Kate Chopin, *The Awakening (El despertar).*
1900	Theodore Dreiser, *Sister Carrie (Hermana Carrie).*
1901	Frank Norris, *The Octopus (El pulpo).* Charles Chesnutt, *The Marrow of Tradition (El alma de la tradición).*
1902	Owen Wister, *The Virginian (El virginiano);* William James, *Varieties of Religious Experience (Variedades de la experiencia religiosa).*
1903	Henry James, *The Ambassadors (Los embajadores);* Jack London, *Call of the Wild (La llamada de la naturaleza).*
1904	Henry James, *The Golden Bowl (La copa dorada);* Jack London, *The Sea Wolf (El lobo de mar).*
1906	Upton Sinclair, *The Jungle (La jungla).*
1907	Jack London, *The Iron Heel (Talón de hierro).*

Para hacernos una idea, sólo a mediados de la década de 1880 se publicaron *Rise of Silas Lapham (La ascensión de Silas Lapham),* de Howells, *Las bostonianas,* de James, y *Huckleberry Finn,* de Twain; esta última se puede considerar una contribución definitivamente estadounidense al mundo de la narrativa y una de las grandes novelas que ha dado este país. Representa también una nostalgia muy común de la libertad y la movilidad que caracterizaban a la sociedad estadounidense anterior a la guerra. Aparte de la literatura, son muy de destacar las aportaciones artísticas, especialmente en pintura, donde James McNeill Whistler, John Singer Sargent y Thomas Eakins fueron grandes innovadores durante las décadas de 1870 y 1880. Los cuadros sobre el Oeste de Frederic Remington ilustran la incipiente mitología nacional de *cowboys,* indios y soldados de caballería.

En la década de 1890 se dejó notar en la literatura estadounidense la influencia de nuevos temas y estilos, como por ejemplo una nota de radicalismo social y la consiguiente acentuación del realismo. De maneras muy distintas, estas ideas aparecen en la narrativa de Stephen Crane, Jack London, Frank Norris, Theodore Dreiser y Upton Sinclair. Una nueva sensibilidad política caracterizaba a obras como *The Damnation of Theron Ware (La condena de Theron Ware),* de Frederic, que entre otras cosas explora la esterilidad intelectual de la religión organizada.

Los estridentes conflictos ideológicos de la época tenían una fuerte dimensión religiosa. Tanto los reformistas como los reaccionarios estaban motivados por su particular interpretación de las Escrituras y la doctrina cristiana, que se debatían con tanto vigor como cualquier aspecto de las teorías jurídicas o económicas. Los años posteriores a 1910, que en política fueron el cenit del «progresismo», son también los del momento álgido del «fundamentalismo» religioso, dos conceptos entre los que había obviamente un fuerte contraste. En realidad eran dos reacciones distintas frente a unas mismas circunstancias.

En el lado liberal, las ideas progresistas de acción social y reforma política las apoyaban los defensores del «Evangelio social», representado por libros como *Applied Christianity (Cristianismo aplicado)*, 1886, de Washington Gladden, y *Christianity and the Social Crisis (El cristianismo y la crisis social)*, 1907, de Walter Rauschenbusch. En la popularísima novela de Charles M. Sheldon *En sus pasos*, 1897, una congregación protestante decide vivir de acuerdo con su interpretación de lo que haría Cristo en una situación concreta. Y encuentran la respuesta en una reforma de gran calado y en el apostolado con los pobres, junto con la clásica insistencia en la decencia pública y la abstinencia.

Aunque los que creían en la acción social bien podrían haber sido estrictamente ortodoxos en sus planteamientos teológicos, el protestantismo de la época estaba impregnado de un vigoroso liberalismo que ponía en duda dogmas tan básicos como la divinidad de Cristo, sus milagros y su resurrección, y la veracidad literal de la Biblia. Tuvo que ver con ello la difusión de la teoría darwinista a partir de la década de 1860, sobre todo la idea de que el mundo había evolucionado durante muchos millones de años. Si la humanidad surgió gradualmente de una serie de especies inferiores, entonces quedaba muy poco sitio para la Creación y otros hechos que se relatan en el Génesis.

El liberalismo eclesiástico provocó una fuerte reacción de los que estaban ya conmocionados por la difusión de las interpretaciones críticas de la Biblia en las universidades e incluso en las escuelas de teología. A partir de la década de 1870 nacieron en el seno del protestantismo estadounidense una serie de nuevos movimientos y sectas que se guiaban por una interpretación estrictamente literal de la Biblia. Además, el planteamiento favorito de aquellos nuevos «entusiásticos» era premilenarista: la reforma social era peor que inútil, y podría ser incluso una trampa del demonio.

Esta postura teológica tuvo importantes consecuencias políticas.

Los debates milenaristas sobre el Último Día eran antiguos en el cristianismo. Todos estaban de acuerdo en que el Apocalipsis describía una era de horripilantes catástrofes y desgracias, así como un glorioso reinado físico de Cristo en la tierra durante mil años; ahora bien, ¿qué vendría primero, las catástrofes o los mil años de gloria –el milenio–? A principios del siglo XIX muchos protestantes estadounidenses coincidían en que lo primero sería el milenio, seguido de un breve período de problemas en el que el mal sería vencido por completo. Esta teoría posmilenarista justificaba e incluso exigía el activismo social, pues la desaparición de atrocidades como la esclavitud fomentaría la llegada del reino de Cristo. A partir de la década de 1860 se produjo un viraje general hacia la idea, más oscura y pesimista, del premilenarismo: el fin de la era actual estaba próximo, y después vendría la tribulación, un período terrible de tiranías, hambrunas, plagas y matanzas. Sólo tras estos horrores los pocos «santos» supervivientes vivirían para ver al Mesías erigirse sobre la tierra. No quedaba en ese panorama mucho sitio para la reforma social, especialmente cuando ello significaba aliarse con los que despreciaban la palabra de Dios.

Las ideas premilenaristas se extendieron bajo la influencia de predicadores como John Nelson Darby, que popularizó la idea del «rapto», es decir, el momento en que a los verdaderos santos se los sacaría súbitamente de la tierra antes de que ocurrieran los peores desastres. Estas teorías se habían convertido ya en la norma evangélica a finales de siglo, cuando el debate pasó a centrarse en la elaboración de calendarios precisos que dijeran exactamente qué hechos proféticos iban a ocurrir y en qué orden, y cómo las Escrituras habían predi-

cho sucesos o personas de la época. Paralelamente al milena-
rismo hubo un nuevo interés por el perfeccionismo, la idea
de que los cristianos auténticamente «renacidos» podían y
debían buscar un estado espiritual superior de santificación.
En el seno de las iglesias metodistas, los debates sobre esta
cuestión produjeron otro *revival* más, el llamado movimiento
de la Santidad *(Holiness)*. Las nuevas y más rígidas iglesias
exploraron las prácticas extáticas y la curación por la fe, y se
dedicaron a excitadas especulaciones premilenaristas.

A finales de siglo el movimiento pentecostal afirmaba que
los cristianos podían recibir, individualmente, el don de hablar
en lenguas similares a las que figuran en los Hechos de los
Apóstoles. Los *revivals* pentecostales tuvieron su origen en las
comunidades religiosas negras, pero pronto cruzaron las barreras raciales. Como tantas veces antes, la excitación religiosa
se reflejó en la aparición de muchas denominaciones nuevas
entre 1870 y 1914, como los Testigos de Jehová (milenaristas),
la Iglesia del Nazareno (Santidad), las Asambleas de Dios
(pentecostales) y las varias subdivisiones de la Iglesia de
Dios (Santidad/pentecostales). Entre las manifestaciones más
extrañas estaban las sectas de los Apalaches, que creían literalmente en la promesa de Cristo de que los verdaderos creyentes
serían capaces de manejar serpientes sin riesgo alguno.

A finales de siglo había un abismo insuperable entre la fe
del reformador social, liberal e instruido, y la del literalista
o creyente pentecostal, y esa división se expresaba en la
idea del «Cinturón Bíblico», es decir, el grupo de regiones
del Sur y el Oeste en las que las ideas «entusiásticas» eran
aceptadas sin discusión. No obstante, sería un error plan-
tearlo como un simple conflicto entre ignorancia y educación, puesto que algunos literalistas eran personas instrui-
das que expusieron sus argumentos en una serie de libros y

tratados bien construidos. En 1895, la Conferencia Bíblica del Niágara *(Niagara Bible Conference)* formuló el «fundamentalismo», la idea de que se debe defender un núcleo de doctrinas como la esencia del cristianismo. Entre 1910 y 1915, unos libros titulados *Los fundamentos (The Fundamentals)* describieron esa base mínima de creencias esenciales que necesitaba el auténtico protestante evangélico: la infalibilidad de las Escrituras, la inmaculada concepción de Cristo, la expiación sustitutoria, la resurrección corporal de Jesús y la parusía. El hecho de que necesitaran defender estos dogmas antes universales muestra también la distancia que había recorrido el pensamiento liberal.

Las diferencias religiosas llegaron a estar vinculadas a los enfrentamientos étnicos y sociales, pues los evangelistas y los fundamentalistas se veían a sí mismos como los hostigados representantes del verdadero espíritu de Estados Unidos frente a la urbanización y la inmigración, y frente a las políglotas metrópolis que empezaron a dominar el país a partir de la década de 1880. Y, lo que era peor, las nuevas ciudades albergaban a poblaciones católicas y judías. La batalla entre las dos culturas encontró su mejor expresión en el movimiento por la abstinencia, que pretendía imponer los valores del medio rural protestante y autóctono a unas ciudades étnicamente diversas. De hecho, desde 1884 hubo candidatos prohibicionistas a las elecciones presidenciales, y fueron una presencia constante en la política de los estados. El movimiento culminó en la aprobación de una enmienda constitucional, la Ley Volstead, con lo que en 1919 Estados Unidos era supuestamente un país sin alcohol. Para feministas y fundamentalistas, progresistas y socialistas, era evidente que la respuesta a los males de la sociedad debía encontrarse en las acciones del gobierno, y especialmente del gobierno federal.

5. Guerra e influencia mundial (1917-1956)

El dilema global

Hacía mucho tiempo que a los estadounidenses les preocupaba la perspectiva de enredarse en conflictos ultramarinos. La oposición a que se adquirieran compromisos imperiales en 1898 no provenía solamente de radicales y socialistas, sino también de una amplia variedad de grupos religiosos, liberales y de mentalidad tradicional. Además, no era previsible que aquella guerra tuviera un coste muy alto en vidas de compatriotas. Durante la primera mitad del siglo XX fue constante la resistencia a las empresas militares en Europa, y el país sólo entró en las dos guerras mundiales después de intolerables provocaciones. De la misma forma, en tiempos de paz la entrada de Estados Unidos en organizaciones internacionales tropezó con una implacable resistencia por parte de muy amplias coaliciones políticas, resistencia que fue fortísima en el caso de la Sociedad de Naciones. La perspectiva de que Estados Unidos se convirtiera en una potencia mundial al modo de los despreciados estados imperiales de Europa resultaba inaceptable desde muchos puntos de vista. No obstante, fue exactamente en esos años cuando el país se vio obligado a asumir el papel de potencia mundial, y ese papel transformó el carácter de la política interior. Los asuntos exteriores se convirtieron en el elemento central del debate interno; el ejecutivo obtuvo una fuerza sin precedentes como eje de la nueva función imperial, y el ascenso de lo militar provocó un formidable desarrollo del gobierno federal. Podría decirse que el crecimiento de los intereses de defensa y seguridad nacional fue la realidad fundamental de la historia del país en el siglo XX.

Hay muchas explicaciones de por qué Estados Unidos aceptó, por mucho que costara conseguirlo, entrar en el escenario mundial. Dadas las circunstancias de la política mundial en 1917, 1940 y 1947, es difícil ver cómo podía rechazar ese papel si no quería encontrarse rodeado por la abrumadora fuerza de potencias hostiles cuyas ideologías eran completamente contrarias a la suya. Los asuntos internos se fundían sin fisuras con las presiones internacionales para transformar las actitudes estadounidenses hacia el mundo exterior. En 1917, como en la década de 1940, la confrontación con lo que se percibía como una agresión extranjera estaba inseparablemente vinculada a las campañas para controlar las amenazas radicales en casa, de modo que la existencia de enemigos foráneos, tanto alemanes como comunistas, proporcionaba una base ideológica al establecimiento de un nuevo consenso conservador dentro del país. Y esa vinculación fomentó la aceptación del nuevo papel de Estados Unidos.

La Primera Guerra Mundial

Cuando estalló la Primera Guerra Mundial en 1914, la opinión pública estadounidense se oponía enérgicamente a la participación del país en ella. Los radicales y socialistas eran contrarios a la entrada en una lucha entre camarillas capitalistas rivales; los liberales y pacifistas odiaban la destrucción que provocan las guerras, y además en este caso lo que se dirimía en el conflicto no tenía ninguna relación clara con la vida del país; muchos grupos étnicos denunciaban cualquier intento de alinear a Estados Unidos con países que ellos odiaban por sus fechorías pasadas o presentes. Los bloques de votantes alemanes e irlandeses no querían que se prestara ayuda alguna al Imperio Británico. Y el presidente Woodrow Wilson no deseaba poner en peligro su programa de reformas internas con una imprudente aventura militar.

Durante los tres años siguientes, la presión a favor de la entrada en la guerra se hizo inevitable, debido en gran medida a la campaña alemana de guerra submarina contra Inglaterra. En ella resultaron hundidos, a menudo intencionadamente, buques estadounidenses, y se perdieron muchas vidas. En mayo de 1915, el hundimiento del transatlántico *Lusitania* deterioró las relaciones con Alemania. Al año siguiente, la marina alemana manifestó sin rodeos que sólo se podría ganar la guerra si sus submarinos adoptaban una táctica de ataques indiscriminados contra todos los barcos de la zona de bloqueo, sin tener en cuenta su nacionalidad, y así lo empezó a hacer a principios de 1917. También en ese momento los ingleses hicieron públicos unos telegramas interceptados en los que el ministro de Asuntos Exteriores alemán proponía una alianza militar con México, con el objetivo de restablecer el control mexicano sobre Texas, Nuevo México y Arizona. Ese mensaje, el «telegrama Zimmermann», confirmó los rumores de que Alemania estaba conspirando con México y probablemente con Japón para dar la vuelta a gran parte de la expansión occidental de Estados Unidos durante el siglo XIX. En abril de 1917, el presidente Wilson declaró la guerra a Alemania, aunque la falta de consenso nacional se puede apreciar en la votación del Congreso, en la que se opusieron a la guerra 6 senadores y 50 diputados, cifra que probablemente se queda corta como reflejo de las dudas de la población.

La entrada de Estados Unidos en la guerra fue crucial desde el punto de vista propagandístico. Las fuerzas aliadas del frente occidental recibirían pronto el refuerzo de millones de soldados estadounidenses frescos, perspectiva que compensaba la noticia, por lo demás desastrosa, de que Rusia se había retirado de la contienda. Para las tropas alemanas fue amargamente desalentador. La perspectiva de la entrada de Estados Unidos provocó las ofensivas alemanas de 1918, cuyo fracaso contribuyó al descontento entre las potencias centrales. Sin embargo, en el terreno militar, el papel de Estados Unidos fue muy limitado. En 1917, su ejército regular era una fuerza diminuta, y crear y entrenar las divisiones necesarias para intervenir de una manera decisiva en Francia llevaría años. Por tanto, la contribución estadounidense se planeó para las campañas de 1919 y quizá 1920.

Inicialmente el comandante en jefe John Pershing tuvo que luchar para conservar la autonomía de la Fuerza Expedicionaria Estadounidense (AEF, *American Expeditionary Force)* y que sus soldados no fueran absorbidos por unidades francesas. En 1918, unidades independientes de la AEF ganaron algunas batallas significativas en el sector francés del frente occidental. En la primavera, los marines sufrieron importantes bajas en Belleau Wood, mientras que otras unidades bloquearon la ofensiva alemana en Château Thierry. En septiembre había un millón de estadounidenses participando en la campaña del Mosa-Argonne, que rompió las líneas alemanas. En total 4,7 millones de estadounidenses sirvieron en las fuerzas armadas; tuvieron 116.000 bajas, de las cuales menos de la mitad se produjeron en el campo de batalla.

El impacto de la guerra sobre la vida nacional fue totalmente desproporcionado a su participación militar. En parte debido a las inciertas actitudes públicas hacia la política nacional, había una enorme hostilidad ante la más mínima expresión de duda o crítica sobre el curso de la guerra. Esta faceta de la guerra tuvo muchos frentes. Desde el punto de vista étnico, devastó a la comunidad germano-estadounidense que durante más de un siglo había sido uno de los grupos de inmigrantes más estimados. Todos los símbolos alemanes se convirtieron en un objetivo claro: un notorio ejemplo de la actitud pública fue que el chucrut se rebautizara como «repollo de la libertad». Las orquestas dejaron de tocar música alemana, las escuelas dejaron de enseñar alemán. La hostilidad se extendió también a la otra potencia de la Europa central, Austria-Hungría, que era la nación de origen de millones de eslavos y judíos que habían entrado en Estados Unidos desde 1880. Ahora todos ellos eran, técnicamente, extranjeros enemigos.

La guerra puso a prueba las ideas socialistas y radicales que tanta difusión habían tenido desde el cambio de siglo, y que habían prosperado en las crisis industriales de los años anteriores a la contienda. Los radicales y los pacifistas iniciaron una enérgica campaña de propaganda contra la guerra y el reclutamiento, pero en junio de 1917 el gobierno federal aprobó una draconiana Ley sobre el Espionaje que limitaba severamente toda crítica de ese tipo. Y se aplicó sin piedad: por parte del servicio de correos, que se negó a llevar textos sediciosos; por parte de las policías locales y estatales, que hicieron redadas en las oficinas socialistas y del IWW, y por parte de grupos privados, que denunciaban cualquier conducta sospechosa o «antiamericana», expresión que por lo general significaba la más mínima asociación con ideas no ortodoxas o foráneas.

El «vigilantismo» quedó institucionalizado por medio de la Liga Protectora Estadounidense (*American Protective League*), que trabajaba hombro con hombro con los empresarios locales y su organizada estructura de vigilancia y espionaje antiobrero. Eran grupos sumamente activos e intrusistas: arrestaron e interrogaron a miles de radicales y posibles desertores sirviendo como brazo privado del sistema de vigilancia para el cumplimiento de la ley.

Para las autoridades, el esfuerzo bélico estadounidense estaba constantemente amenazado por grupos subversivos extranjeros y radicales que eran, en el fondo, agentes alemanes. Un buen ejemplo de los temores oficiales en las zonas con gran concentración de residentes nacidos en el extranjero fue la propuesta hecha en 1917 de equipar con ametralladoras a unidades de la Milicia de Reserva de Pensilvania, a fin de prepararlas específicamente para hacer frente a la violencia de las masas y las insurrecciones. La imagen es casi la de unos colonos blancos viviendo en minoría en una colonia africana o asiática.

La crisis del radicalismo

El pánico que en el ambiente de guerra se dirigió contra espías y saboteadores no hacía mayores distinciones entre socialistas, sindicalistas, pacifistas y simpatizantes activos de los alemanes, pues todos ellos –se pensaba– obstruían igualmente el esfuerzo bélico del país. La identificación de radicalismo y subversión extranjera siguió sin resquebrajarse cuando el demonio alemán fue sustituido por el perverso espíritu ruso-soviético y el káiser dio paso a Lenin como supremo manipulador de títeres. El hecho de que hubiera tantos extranjeros entre los líderes de los movimientos radicales –como los socialistas, los *wobblies* y (desde 1919) el recién creado Partido Comunista de Estados Unidos– no hacía sino respaldar esa percepción. El aparato represivo creado para derrotar a los supuestos agentes del káiser pasó entonces a ocuparse de una nueva oleada de «antiamericanismo». La vigorosa tradición del radicalismo estadounidense sufrió entre 1917 y 1920 golpes que la dejaron maltrecha.

El año 1919 estuvo marcado por la agitación laboral más destacada de la historia del país, con huelgas masivas que no sólo afectaron a industrias tradicionales como el acero o el carbón, sino también a sectores del mercado de trabajo hasta entonces tranquilos, como la policía e incluso el teatro. Las huelgas cerraron prácticamente ciudades y regiones enteras, y en algunas zonas los conflictos laborales terminaron en matanzas y enfrentamientos civiles. Seattle tuvo un paro general, la policía de Boston se declaró en huelga y la huelga del acero en Pittsburgh fue traumática. Las minas de carbón de Pensilvania y Virginia Occidental comenzaron en ese momento un período de varios años dominado por lo que era prácticamente una guerra de guerrillas. Los conflictos pronto dejaron de referirse a cuestiones como los salarios y el nivel de vida para convertirse en enfrentamientos étnicos y políticos más venenosos, y sobrevino un período de violenta reacción. Ésta adoptó diferentes formas según las circunstancias locales, pero el elemento recurrente fue una agresiva reafirmación de las jerarquías sociales y raciales tradicionales. En el estado de Washington, unos *wobblies* fueron asesinados por «vigilantes» derechistas en Centralia, y, como tantas veces, la muchedumbre estuvo orquestada por una asociación de veteranos recientemente creada: la Legión Americana. La multitud arremetió contra manifestaciones izquierdistas en Nueva York, Boston, Detroit, Chicago y Cleveland, y la violencia alcanzó su cota máxima en el Primero de Mayo de ese año.

En el Medio Oeste, 1919 trajo algunos de los disturbios raciales más sangrientos de la historia del país, por lo general pogromos contra comunidades negras por muchedumbres blancas. El precursor de este estallido fue la matanza de negros en el este de San Luis en julio de 1917, cuando se acusó a unos esquiroles de color del fracaso de una protesta laboral. En la violencia que se desató después murieron un centenar de negros. Las tensiones aumentaron durante el año siguiente, ante el temor de que los negros ocuparan los empleos de los blancos ausentes por la guerra, mientras que los propios soldados negros se reafirmaron por el trato relativamente equitativo que recibían en Francia y otros lugares. Cuando las huelgas estallaron en 1919, los empresarios utilizaron a esquiroles negros en las acerías y en las minas de carbón, lo que exacerbó las tensiones raciales durante los años siguientes. A medida que los soldados de ambas razas iban siendo desmovilizados y se deterioraba la situación económica, la violencia se hizo inevitable. Cuarenta personas murieron en Chicago y, aunque no conocemos las cifras exactas, hubo también muchos muertos en Washington D. C., Knoxville (Tennessee), Charleston (Carolina del Sur), Omaha (Nebraska) y varios lugares de Texas. En Tulsa tuvo lugar en 1921 una matanza de residentes negros después de que un grupo armado de población negra intentara impedir un linchamiento. Hay que destacar la escala de la violencia: tanto en Tulsa como en el este de San Luis la población negra de la ciudad fue prácticamente eliminada.

La reacción política que se produjo en 1919 estuvo avivada por el miedo al terrorismo de izquierdas, por las docenas de misteriosas bombas y robos de bancos que parecían los primeros pasos de una revolución total de carácter bolchevique o anarquista. En septiembre de 1920 una bomba colocada en Wall Street, Nueva York, mató a más de treinta personas. Los conservadores aprovecharon el clima de violencia para llevar a cabo una represión masiva: Mitchell Palmer, ministro de Justicia *(Attorney General)*, ordenó el arresto de los radicales extranjeros –el plan detallado de la purga se le encargó a un joven funcionario llamado J. Edgar Hoover–. En la noche del 2 de enero de 1920, 4.000 de ellos fueron detenidos en redadas masivas por todo Estados Unidos y cientos fueron deportados. Hubo también casos más individualizados, como el procesamiento, por robo, de dos radicales italianos llamados Nicola Sacco y Bartolomeo Vanzetti en 1920. El asunto se convirtió en una causa célebre para los radicales de todo el mundo durante la década siguiente, pero finalmente ambos fueron ejecutados en 1927.

Tras las redadas de Palmer estaba la idea de que el radicalismo era una importación extranjera que podría ser eliminada si se adoptaban medidas suficientemente enérgicas. La disminución de los conflictos industriales a partir de 1922 dio la impresión de que esa idea era correcta, y las autoridades pudieron afirmar que se había salvado a la nación de la revolución roja.

Gran parte de la represión que hubo de 1919 en adelante incluyó tácticas extralegales y un claro «vigilantismo», tanto por parte de los organismos oficiales encargados de velar por el cumplimiento de la ley como por parte de grupos privados, conforme al modelo que tan hábilmente había establecido la Liga Protectora Estadounidense. Los tribunales raras veces ponían la más mínima objeción. De hecho, una serie de casos que se vieron en el Tribunal Supremo hicieron retroceder la libertad de expresión hasta casi el olvido. En 1919, en el caso Schenk, se afirmó el derecho a impedir la expresión de opiniones disidentes cuando había «un peligro claro y actual», dejando gran libertad a las autoridades para definir exactamente ese peligro. En ese caso concreto, las acciones que se juzgaban eran la distribución de panfletos contra la guerra. El caso Whitney, en 1927, llevó a prisión a una mujer californiana cuyo único delito era, al parecer, haber participado en discusiones radicales. Aunque inicialmente no tenía un cariz político, el caso Olmstead en 1928 legitimó las escuchas telefónicas, a pesar de las protestas de los que defendían el derecho a la intimidad. El Tribunal se mostró también complaciente con las normas legislativas, no poco draconianas, aprobadas en nombre de la eugenesia y el control de los racialmente incompetentes.

Los años veinte: prosperidad y corrupción

Con Alemania en ruinas y el Reino Unido exhausto, la guerra dejó a Estados Unidos en una posición de dominio mundial totalmente nueva. Era ahora una importante potencia militar, y el Tratado naval de Washington en 1922 puso a su flota al mismo nivel que la inglesa, como las más grandes del mundo, aunque las necesidades estratégicas estadounidenses exigían muchos menos barcos que las extensas posesiones británicas. El tonelaje de la marina mercante aumentó mucho durante la guerra, tanto en términos absolutos como en comparación con la reducida posición inglesa. Estados Unidos consiguió la hegemonía económica al liberarse sus enormes recursos productivos gracias a la guerra. Su cuota del comercio internacional llegó al 15% a comienzos de la década de 1920, poniéndose con ello un poco por encima de Inglaterra, mientras Nueva York desplazaba a Londres como metrópoli financiera del mundo. La cuantiosa deuda de guerra de los aliados con Estados Unidos les proporcionó a las sucesivas administraciones un arma diplomática potencial de terrorífica magnitud.

Pero la fuerza militar y financiera tenía que combinarse con la voluntad política, y eso se echaba notoriamente en falta. En 1918, los «Catorce Puntos» del presidente Woodrow Wilson contenían un detallado plan para redibujar las fronteras europeas, junto con un reestructurado sistema de seguridad colectiva. Para esto último era crucial la novedosa Sociedad de Naciones, que sus defensores más optimistas veían como la semilla de un futuro parlamento mundial.

No obstante, la Sociedad de Naciones no tendría sentido sin la participación de Estados Unidos, y Wilson subestimó gravemente la oposición que existía en el interior del país a que éste se incorporara a ese conglomerado internacional. Desde la primavera de 1919, críticos de la Sociedad de Naciones como los senadores Henry Cabot Lodge y William E. Borah estuvieron movilizando apoyos, y la política del año siguiente estuvo marcada por desesperados esfuerzos del presidente a favor de la ratificación. El Senado rechazó el Tratado en noviembre por 55 votos frente a 39. En 1921, el nuevo presidente republicano Warren G. Harding (véase cuadro 5.1) anunció formalmente que Estados Unidos no volvería a participar en los trabajos de la Sociedad de Naciones, lo que sería en última instancia un golpe mortal a todo el plan. En el año 1922 Harding retiró las fuerzas de ocupación que todavía quedaban en Renania, y al año siguiente el Senado rechazó la propuesta de que Estados Unidos fuera miembro del Tribunal Internacional de Justicia. Durante las dos décadas posteriores, la sociedad estadounidense hizo todo lo posible por aislarse del resto del mundo, en especial de aquellos «pozos negros» europeos que eran fuente de infecciones como el bolchevismo y la diplomacia imperial.

En 1920, el candidato republicano a la presidencia, Warren G. Harding, se presentó con un programa de «retorno a la normalidad» que tuvo un enorme gancho popular. Aun-

Cuadro 5.1.
Presidentes de Estados Unidos, 1913-1961

	Años de mandato	Partido
Woodrow Wilson	1913-1921	Demócrata
Warren G. Harding	1921-1923	Republicano
Calvin Coolidge	1923-1929	Republicano
Herbert C. Hoover	1929-1933	Republicano
Franklin D. Roosevelt	1933-1945	Demócrata
Harry S. Truman	1945-1953	Demócrata
Dwight D. Eisenhower	1953-1961	Republicano

que los eslóganes políticos rara vez resisten un análisis mi-
nucioso, éste fue un ejemplo inusualmente interesante de
qué se entendía por «normalidad»: aunque se pedía claramente un retorno a las condiciones anteriores a 1917, no se
produjeron manifestaciones sobre temas tan normales en la
época como las demandadas del IWW, las huelgas, la inmigración masiva y la explosión urbana, sino más bien la vuelta a una imaginada «normalidad», de tranquilidad social y
homogeneidad étnica situada en algún punto del pasado
histórico, quizá antes de 1850. Este lema conservador y
ciertamente nostálgico definió el tono de la política de la
década de 1920, que estuvo marcada por el ascendiente de
los valores protestantes, rurales y suburbanos en un grado
que no se volvería a ver nunca. Es significativo que el censo
de 1920 fuera el primero en el que apareció una mayoría de
nacionales clasificados como urbanos en vez de rurales, y
en el que más de una cuarta parte de la fuerza de trabajo estaba empleada en la industria. La victoria de Harding en
1920 aseguró la presencia de los republicanos en la Casa
Blanca durante doce años (véase cuadro 5.2).

Los valores blancos, anglosajones y protestantes encontraron su mejor expresión en la victoria de la prohibición
en 1919, medida que se tomó con total desprecio hacia los
valores culturales y morales contrarios de la población urbana. Es dudoso que la medida fuera eficaz, y la doctrinaria
insistencia en prohibir la cerveza y el vino además de los li-
cores saboteó cualquier posible éxito a largo plazo. Probablemente el consumo de alcohol y las enfermedades relacionadas con él sí disminuyeran de forma importante, pero a un
terrible precio en términos de delincuencia, desacato a la
ley y corrupción política. Aunque las ciudades estadounidenses siempre habían estado gobernadas por aparatos de

Cuadro 5.2.

Resultados de las elecciones presidenciales, 1920-1952

	Candidato ganador*	Candidatos derrotados
1920	Warren G. Harding (R) [16,2]	James M. Cox (D) [9,2]
1924**	Calvin Coolidge (R) [15,7]	John W. Davis (D) [8,4] Robert M. LaFollette (Pr) [4,8]
1928	Herbert Hoover (R) [21,4]	Alfred E. Smith (D) [15,0]
1932	Franklin D. Roosevelt (D) [22,8]	Herbert Hoover (R) [15,8]
1936	Franklin D. Roosevelt (D) [27,8]	Alfred Landon (R) [16,7]
1940	Franklin D. Roosevelt (D) [27,2]	Wendell Willkie (R) [22,3]
1944	Franklin D. Roosevelt (D) [25,6]	Thomas E. Dewey (R) [22,0]
1948***	Harry S. Truman (D) [24,1]	Thomas E. Dewey (R) [22,0] Strom Thurmond (DE) [1,2] Henry A. Wallace (Pr) [1,2]
1952	Dwight Eisenhower (R) [33,9]	Adlai E. Stevenson (D) [27,3]

* Entre corchetes, votos populares (en millones).
** En 1924 Robert M. LaFollette se presentó por el Partido Progresista.
*** En 1948 hubo cuatro candidatos. Además de los demócratas y los republicanos, Strom Thurmond se presentó con un programa de Derechos de los Estados y Henry A. Wallace como progresista.
R = Republicano; D = Demócrata; Pr = Progresista; DE = Derechos de los Estados.

partido y policiales corruptos, la prohibición convirtió ahora en poderes independientes a estafadores que hasta entonces habían tenido sólo un papel subalterno, ya fueran judíos, italianos o irlandeses. Los «sindicatos del crimen organizado» adquirieron un inmenso poder, que en las décadas siguientes se diversificaría en los sectores del juego, la droga, la prostitución y la extorsión laboral. Las guerras entre bandas se convirtieron en fuente de escándalo público, y las matanzas que se produjeron en el mundo del hampa de Chicago y Filadelfia en 1928-1929 fueron una prueba incontestable de que el experimento de la prohibición había fracasado.

Los valores blancos, anglosajones y protestantes (o *WASP*, por las iniciales en inglés) y de la abstinencia inspiraron al Ku Klux Klan, que entre 1921 y 1926 logró un sorprendente éxito por todo el país pero especialmente en estados del Norte y del Medio Oeste como Indiana y Pensilvania. En su momento de mayor penetración, en torno a 1923-1924, el Klan tenía entre cuatro y ocho millones de miembros, incluido un importante contingente femenino. Aunque se oponía al progreso de negros y judíos, era primera y fundamentalmente un movimiento anticatólico, alimentado en gran medida de las ideas y textos de las corrientes ultraprotestantes del siglo anterior. En los estados industriales, esta ideología dotaba al movimiento de un gran atractivo para los trabajadores cualificados y cuadros medios, que temían la competencia de los grupos de inmigrantes, así como para los obreros protestantes que habían sufrido la importación de esquiroles negros o inmigrantes. El Klan se convirtió en una constante política en muchos estados y dominó absolutamente regiones como Indiana. El sentimiento «nativista» alcanzó nuevas cotas con la Ley de Inmigración de 1924, que centraba sin miramientos sus esfuerzos restrictivos en los pueblos del sur y el este de Europa, estableciendo cupos para las diversas nacionalidades según su peso relativo en la población nacional de 1890, antes de la última oleada de inmigración. Esta medida prácticamente acabó con la afluencia masiva de extranjeros a Estados Unidos hasta la década de 1960.

El rápido ascenso del Klan fue políticamente crítico para el Partido Demócrata, que descansaba en una inestable coalición entre el medio rural protestante y las masas urbanas. En 1924, el mundo de «ron y catolicismo romano» se enfrentó al núcleo *WASP*, provocando el caos en la convención del partido de ese año. Las ciudades apoyaron al neoyorquino Al Smith, un católico urbano que para el Klan y sus simpatizantes representaba lo peor de la vida nacional. Fueron necesarias 103 votaciones para encontrar un anodino candidato de avenencia, que fue sonoramente derrotado por los republicanos en noviembre de ese año. La candidatura de Robert La Follette, que obtuvo una sexta parte del voto popular de todo el país, se fue desplazando hacia las fuerzas radicales y progresistas. El propio Klan pronto se autodestruyó entre horribles escándalos sobre la violencia y corrupción de sus líderes, pero las cruces ardieron brevemente una vez más en 1928, cuando los demócratas reunieron por fin la fuerza necesaria para presentar a Al Smith a la presidencia.

La desconfianza hacia los nuevos rumbos que estaba tomando la sociedad se puso también de manifiesto en la esfera religiosa, en la que los fundamentalistas se enzarzaron en una hiriente discusión que tuvo repercusiones nacionales. El estado de Tennessee fue una de las diferentes jurisdicciones que prohibieron la enseñanza de la impía teoría de la evolución en las escuelas públicas. La ley invitaba al desafío, y se incoó un proceso contra un joven profesor llamado John T. Scopes que se había mofado del decreto. El posterior juicio, en 1925, se convirtió en una mezcla entre gran tragedia y farsa barata por el combate de gladiadores que mantuvieron los dos letrados, William J. Bryan como fiscal, y el socialista y librepensador Clarence Darrow como abogado defensor. Los medios de comunicación de todo el mundo trataron el suceso como una especie de enfrentamiento deportivo en el que era sumamente difícil predecir el marcador final. Aunque Scopes fue condenado, los fundamentalistas quedaron irremediablemente marcados por el estigma de una intolerancia retrógrada, y la reputación de Bryan se vino abajo. La novela de Sinclair Lewis *Elmer Gantry* (1927) ofrecía un ejemplo definitivo de la triste opinión que los laicos e instruidos tenían del fundamentalismo. Por otro lado, leyes como las de Tennessee permanecieron en los códigos durante décadas, y los editores de libros de texto tuvieron que ser muy cuidadosos con el delicado tema de la evolución al menos hasta finales de la década de 1950, cuando los éxitos soviéticos en el espacio hicieron temer al país que su formación científica estuviera quedándose muy atrás con respecto a la de sus rivales internacionales.

Tanto en los negocios como en la política la década de 1920 se caracterizó por un frívolo desprecio por la ética. La del presidente Warren G. Harding fue una de las administraciones más alegremente corruptas de los tiempos modernos, y el escándalo salpicó a varios de sus colaboradores cercanos de la «banda de Ohio», de los cuales al menos dos se suicidaron mientras estaban siendo investigados. El escándalo de Teapot Dome estalló cuando se descubrió que el secretario de Interior, Albert B. Fall, había arrendado en secreto reservas de petróleo en ese lugar de Wyoming para su lucro personal, y el ministro de Justicia Harry Daugherty, caído en desgracia, fue obligado a dimitir. Los teóricos de la conspiración llegaron incluso a sugerir que la oportuna muerte de Harding en 1923 podría haberse acelerado para evitar más descubrimientos de este tipo. En el ámbito de los negocios, la boyante economía ofrecía numerosas oportunidades para que los tiburones tomaran como presas a ingenuos inversores y compradores inmobiliarios. El *boom* del suelo en Florida, en 1925, arruinó a los especuladores a la vez que llenó los bolsillos de algunos embaucadores.

No obstante, entre 1923 y 1928 las condiciones económicas fueron en general excelentes, y muchos más consumidores podían adquirir lo que antes eran artículos de lujo, como por ejemplo coches, teléfonos y electrodomésticos. A medida que la industria del automóvil se convertía en un sector líder de la economía, la producción iba siendo cada vez más dominada por unas pocas empresas grandes, cuyas operaciones combinadas abarcaban una inmensa geografía. En 1927 la empresa más fuerte era General Motors, seguida de Ford y Chrysler: las «Tres Grandes». Aunque comparativamente era todavía una recién nacida, la industria aeronáutica creció de manera continuada en la década de 1920. Desde más o menos 1915 había optado generalmente por instalar sus fábricas en la Costa Oeste: Boeing en Seattle, Lockheed en Burbank, Douglas en Santa Mónica y Long Beach, North American en Los Angeles. Durante esa década, la parte meridional de California llegó a desempeñar un papel en la aviación comparable al de Detroit en el automóvil. También en esos años se estableció el transporte aéreo de pasajeros. A finales de la década se estaban ya utilizando aviones para envíos postales, y se había creado la primera compañía de vuelos comerciales. En el espacio de diez años, el sector llegó a estar dominado por nombres tan familiares como Transworld (TWA), United y American.

La aviación simbolizaba velocidad, modernidad y juvenil heroísmo, ideas que quedaron resumidas en el vuelo en so-

litario de Charles A. Lindbergh desde Nueva York hasta
París en 1927. Junto con el emergente paisaje de rascacielos
de las grandes ciudades, la aviación representaba el sueño
futurista de una nueva sociedad basada en la innovación
tecnológica constante y la ilimitada prosperidad del consumo. El Empire State Building se diseñó con un mástil con
el que se pensaba facilitar el aterrizaje de los dirigibles comerciales, seguramente el transporte de lujo del futuro. Por
supuesto, cuando el edificio finalmente se inauguró en 1931,
fue en unas circunstancias mucho más sombrías de lo que
sus autores hubieran imaginado nunca.

El *crash*

El sueño empezó a hacerse pedazos con el hundimiento del
mercado bursátil el 29 de octubre de 1929. El *crash* tuvo su
origen en el optimismo generalizado del decenio anterior y
en el sentimiento de que el país estaba entrando en una
época de prosperidad para todos. Deseosos de no quedar
fuera de la lluvia de riqueza que se avecinaba, millones de
personas comunes y corrientes comenzaron a invertir en el
mercado de valores/bolsa, aun cuando eso significara comprar a margen, es decir, pedir prestado dinero para adquirir
acciones. Como consecuencia, éstas subieron desorbita-
damente por encima de su valor real. El sistema funcionó
mientras el mercado siguió al alza con la suficiente rapidez,
pero amenazaba con derrumbarse si alguna vez las acciones
sufrían un traspié, como ocurrió en 1929. Fue la clásica
burbuja económica, con muchos paralelismos con el desca-
labro económico que el país experimentó en 2008. Con
todo, esta primera vez el *crash* de la bolsa se vio agravado

infinitamente por un pánico financiero global y una crisis bancaria que alcanzaron su paroxismo en 1931. Con bancos quebrando en todo el planeta, el comercio colapsado y los países refugiados en un severo proteccionismo, lo que empeoraba aún más la situación, el mundo entró en una brutal época de deflación. Las depresiones económicas no eran nada nuevo en la historia del país, pues todas las generaciones desde finales de la década de 1830 habían conocido recesiones, con ciclos de aproximadamente veinte años. Pronto quedó claro que en 1929 la escala de la miseria sería completamente nueva.

Aunque la exactitud de las estadísticas es objeto de controversia entre los historiadores, era evidente la magnitud del desastre. A lo largo de la década de 1920 la tasa de desempleo de los Estados Unidos había fluctuado normalmente en torno al 5-6%, cayendo por debajo del 2% en los buenos años de mediados del decenio. Después aumentó hasta un 9% en 1930 y en 1932 casi había llegado al 24%. En los peores días de 1933 cerca de 13 millones de personas estaban en paro. En 1932 la producción industrial estaba al 40% de su capacidad, y la bolsa, a una décima parte de su nivel anterior a la crisis.

La depresión se intensificó aún más en 1932, con signos de graves desgarros en el tejido social. La influencia comunista crecía entre los desempleados, y en la mayoría de las ciudades las manifestaciones y protestas por el hambre se convertían en algo habitual. La gente sin hogar formaba pueblos con tiendas de campaña: los llamados *hoovervilles,* en cínico homenaje al presidente, que afirmaba repetidamente que la confianza en las empresas se mantenía firme. Las organizaciones de desempleados adoptaron el sencillo eslogan «Lucha. No te mueras de hambre». En marzo de

1930, en Nueva York, una manifestación de 35.000 personas fue disuelta con mano dura por la policía. En las zonas industriales, las protestas se dirigían contra las oficinas de asistencia, y las autoridades estatales eran dolorosamente conscientes de lo cerca de agotarse que estaban los fondos de ayuda. El colapso de la asistencia significaría muertos de hambre y disturbios por conseguir comida. En 1931, miles de habitantes de Chicago se movilizaron para evitar el desahucio de los inquilinos que no podían pagar su alquiler, protesta que desembocó en violentos enfrentamientos con la policía. Los grupos de veteranos se dedicaban a exigir los bonos en efectivo que el Congreso les había prometido tras la Primera Guerra Mundial. A aquellos héroes se les iba a pagar en 1944, pero ahora exigían el pago inmediato, en la época de más necesidad. En junio de 1932, 20.000 veteranos del «ejército de los bonos» marcharon sobre Washington, donde acamparon; al mes siguiente fueron dispersados por tropas federales que estaban a las órdenes del general Douglas MacArthur y que utilizaron bayonetas y gases lacrimógenos. Eran escenas de violencia que perturbaban a quienes habían visto el hundimiento de democracias en la Europa de la época.

La ruina era general. En las regiones agrícolas de Nebraska e Iowa la Asociación por el Descanso de los Agricultores (*Farmers' Holiday Association*, irónica referencia al *bank holiday* o «semana de cierre de los bancos») intentó forzar al gobierno a que apoyara los precios agrícolas retirando producto del mercado, y sus acciones llevaron a violentas confrontaciones en 1932. Con sus protestas los agricultores pedían también que no se ejecutaran las hipotecas de sus explotaciones ni los consiguientes desahucios. En otras zonas la situación de la agricultura llegó a ser completamente desesperada en 1933-1935, cuando la sequía y los fuertes vientos agravaron los efectos de décadas de erosión del suelo, hasta convertir el sur de las Grandes Llanuras en una cuenca de polvo. Las tormentas de polvo hicieron la vida insoportable en el territorio que se extiende desde Texas hasta las dos Dakota, y prácticamente destruyeron las economías rurales de estados enteros. Miles de agricultores arruinados de Oklahoma y Arkansas viajaron al Oeste, hacia California, buscando simplemente sobrevivir.

El *crash* acentuó las tensiones regionales que venían desarrollándose desde hacía tiempo y los cambios estructurales en las industrias. Tanto en la minería como en el sector textil, en el primer cuarto de siglo los empresarios habían tendido a desplazar sus fábricas del Norte sindicalizado y combativo al Sur, más dócil y poseedor de una mano de obra más barata, redistribución que era posible gracias a la red ferroviaria. Los productos de algodón que salían de los estados sureños pasaron de representar un 6% del total nacional en 1880 a representar un 30% en 1910, y a casi un 50% a mediados de la década de 1920. La competencia del Sur era una noticia muy preocupante para estados textiles como Rhode Island, que probablemente habría sufrido una catástrofe económica en la década de 1930 aun cuando no se hubiera hundido la bolsa: la gran huelga textil de 1934 agravó la recesión. La industria septentrional sufrió en consecuencia una contracción, y dejó en la calle a miles de trabajadores. Los mineros de Pensilvania se vieron del mismo modo gravemente afectados por el traslado del sector del carbón a las minas de Kentucky.

Obviamente, la crisis económica y el final de la inmigración sin trabas limitaron radicalmente el crecimiento demográfico, de manera que la población que tenía Estados Unidos en 1930 sólo creció en un 14% durante las dos décadas siguientes, con diferencia la tasa más baja de la historia del país hasta ese momento. Doscientos cincuenta años de precipitada expansión parecían haber llegado a su fin de la noche a la mañana.

Se temía que del creciente caos pudiera surgir una dictadura, y aparecieron varios demagogos como posibles candidatos. El más espectacular era el gobernador de Louisiana, Huey Long, cuyo radical programa populista ya había puesto los cimientos para crear una virtual monarquía en su propio estado. En 1930 se convirtió en senador de Estados Unidos, y sólo su asesinato en 1935 puso fin a sus aspiraciones presidenciales. Entre los homólogos e imitadores de Long figuraba William Dudley Pelley, cuyos «Camisas Plateadas» atrajeron quizá a unos 20.000 seguidores en el Oeste y el Medio Oeste. Un predicador radiofónico, el padre Charles Coughlin, defendía inicialmente una doctrina social católica que denunciaba por igual el capitalismo y el comunismo, pero para finales de la década se había convertido en un tosco exponente del antisemitismo conspirador.

El *New Deal*

Las elecciones presidenciales de 1932 tuvieron lugar en uno de los momentos más peligrosos de la historia del país, y sus resultados iban a ser tan revolucionarios como la tumultuosa contienda electoral de 1860. Franklin Delano Roosevelt obtuvo el poder con una convincente mayoría popular, y comenzó a tomar las medidas políticas y económicas que eran tan desesperadamente necesarias para reparar la sociedad, y es probable que para salvar a la democracia misma. Muchas de ellas se acometieron durante los «cien días», las sesiones de emergencia especiales del Congreso que se convocaron para aprobar extensas reformas que habrían sido impensables en cualquier otro contexto que no fuera la presente crisis. El primer paso era rescatar el sistema financiero. Unas «vacaciones bancarias» cerraron los bancos el tiempo suficiente para terminar con el pánico inmediato, mientras una Ley sobre el Subsidio Bancario de Emergencia y una Corporación de Crédito para Propietarios de Viviendas proporcionaban seguridad a largo plazo. En 1934 se creó la Corporación Federal de Hipotecas Agrarias para financiar los préstamos a las explotaciones, y se aprobó la Ley sobre Títulos y Bolsa (SEC) para regular los mercados financieros y evitar nuevos caos como el de 1929.

En los «cien días» se inició también la gigantesca tarea de atajar el desempleo masivo y la pobreza: apareció entonces el primero de una larga serie de organismos reguladores y supervisores para ofrecer empleo, y comenzó el rescate de regiones enteras (véase cuadro 5.3). Debido a su endiablada colección de iniciales y siglas, suele hablarse de los «organismos alfabéticos».

El programa incluía una Ley Federal sobre el Subsidio de Emergencia y una Ley Nacional de Recuperación Industrial (NIRA) para hacer que la gente pudiera volver al trabajo, mientras que una Administración de Obras Públicas *(Public Works Administration)* supervisaba enormes inversiones en edificios, carreteras, puentes e infraestructuras.

Los Cuerpos Civiles de Conservación *(Civilian Conservation Corps)* dieron empleo a dos millones y medio de jóvenes para construir carreteras y presas y plantar árboles en tierras públicas; la Administración Nacional de la Juventud *(National Youth Administration)* ofrecía formación profesional y trabajo a tiempo parcial a los jóvenes. Entre los proyectos más atrevidos estaba la Autoridad del Valle de

Cuadro 5.3.

Principales organismos del *New Deal,* 1933-1938

1933	Administración para la Recuperación Nacional
	Cuerpos Civiles de Conservación
	Autoridad del Valle de Tennessee
	Administración para el Ajuste Agrícola
	Administración de Obras Públicas
	Corporación de Apoyo a los Precios de los Productos
	Administración de Crédito Agrícola
	Corporación Federal de Seguro de Depósitos Bancarios
	Administración Federal de Ayuda de Emergencia
	Corporación de Crédito para Propietarios de Viviendas
1934	Comisión de Títulos y Bolsa
	Comisión Federal de Comunicaciones
	Administración Federal de la Vivienda
1935	Administración para el Progreso de las Obras
	Administración Nacional de la Juventud
	Consejo Nacional de Relaciones Laborales
	Consejo de la Seguridad Social
	Administración para la Electrificación Rural
1937	Administración para la Seguridad Agrícola
	Autoridad Nacional para la Vivienda
1938	Corporación Federal de Seguros de Cultivos

Tennessee o TVA *(Tennessee Valley Authority)*, que inició un amplio programa de obras públicas para proporcionar empleo en esa región tan afectada mediante la construcción de presas financiadas por el gobierno federal para generar energía eléctrica barata. En 1935 se introdujeron el programa nacional de protección conocido como Seguridad Social *(Social Security)*, la Ley del Impuesto sobre la Riqueza y la Administración para el Progreso de las Obras *(Works Progress Administration)*. Entre este torbellino de reformas, el final de la prohibición en 1933 pareció que llegaba tarde.

Las reformas del *New Deal* («nuevo trato», «nuevo reparto») quitaban la respiración por su ambición y alcance, sobre todo teniendo en cuenta que se oponían tan directamente a tantas de las ideas recibidas sobre el papel que debía desempeñar el gobierno en la vida del país, en ámbitos como el poder de la administración federal y el reparto de responsabilidades entre Washington y los estados. Varias generaciones de pensamiento económico conservador fueron barridas por el nuevo paradigma keynesiano, que veía en la masiva intervención del gobierno una clave para la recuperación, aunque para ello hubiera que contraer un importante déficit a corto plazo. En unos pocos años Estados Unidos se convirtió en una nación mucho más centralizada de lo que había sido nunca, al menos en épocas de paz, y la escala del gobierno nacional aumentó enormemente. Por primera vez, miles de expertos y tecnócratas se incorporaron a la administración pública, creándose una nueva clase meritocrática cuyos orígenes estaban a menudo entre los grupos étnicos más recientes del país. En muchos aspectos, es difícil no describir el *New Deal* más como revolución social y administrativa que como un paquete de reformas.

Esto es especialmente aplicable a la esfera de las relaciones laborales, en la que el *New Deal* dio a los trabajadores estadounidenses los derechos legales de los que muchos de sus homólogos europeos venían disfrutando desde hacía decenios. La Ley Nacional sobre las Relaciones Laborales de 1935 afirmaba el derecho de los trabajadores a organizarse y negociar colectivamente, y además establecía un mecanismo burocrático para asegurar que los empresarios acataban esos principios. Naturalmente, en virtud de esa ley se creó un organismo «alfabético», el NLRB o Consejo Nacional de Relaciones Laborales *(National Labour Relations Board)*. Durante los tres años siguientes el movimiento obrero aprovechó al máximo esas oportunidades y extendió la sindicalización por industrias que hasta entonces habían quedado fuera de su alcance. Los principales activistas estaban asociados al CIO, Congreso de Organizaciones Industriales *(Congress of Industrial Organizations),* que desde 1935 movilizó a los trabajadores industriales que habían sido en gran medida ignorados por los sindicatos de orientación artesanal de la AFL.

Las industrias del acero y el automóvil se vieron especialmente afectadas, y el año 1937 trajo decisivas huelgas para sindicalizar empresas tan duramente reacias como General Motors y las llamadas empresas del «pequeño acero». Se perdieron muchas vidas, y la clase trabajadora adquirió una nueva letanía de mártires con hechos como la «matanza del Memorial Day» en Chicago Sur, cuando fueron asesinados cinco huelguistas (aunque según los parámetros del siglo XIX no eran muchos muertos, el hecho de aparecer en los noticiarios aumentó el impacto del conflicto). El CIO consiguió enormes éxitos con su influyente táctica de las ocupaciones o «sentadas» pacíficas, que impedía a los empresarios romper la huelga llevando a trabajadores sustitutivos. Sólo en 1937 hubo casi quinientos paros de este tipo. Aunque la industria pesada acaparaba la atención de la mayoría de los medios de comunicación, la oleada de huelgas, que alcanzó su apogeo en 1937, afectó también a muchos otros sectores, como por ejemplo a los aparceros y jornaleros del Sur, los trabajadores de la madera en el Pacífico Noroeste, los trabajadores textiles y los empleados de grandes almacenes.

A finales de la década el CIO había conseguido ya enormes victorias, y los sindicatos estaban firmemente atrincherados en el escenario económico estadounidense, sobre todo grupos gigantescos como los trabajadores del acero, los mineros, los *teamsters* (conductores de camiones) y los trabajadores del automóvil. En 1945, la AFL y el CIO tenían cada uno más de seis millones de miembros. De vez en cuando contaban con la ayuda de las fuerzas del gobierno, tanto de la administración federal del *New Deal* como de administraciones demócratas con matiz obrerista, por ejemplo la del gobernador de Pensilvania George Earle, que acabó con una larga tradición al utilizar a la Guardia Nacional para acosar a los empresarios recalcitrantes. La alianza de las organizaciones obreras con el *New Deal* enfureció a las conservadoras, que veían cómo se les estaba imponiendo la revolución roja desde arriba. La influencia comunista y obrerista en el CIO era una provocación para los líderes sindicales más tradicionales, y en 1937 el CIO fue expulsado de la AFL.

Aunque la derecha política consideraba que estaba haciendo realidad sus peores pesadillas, la administración de Roosevelt siguió siendo inmensamente popular. Los comicios de 1936 tuvieron como resultado una de las peores derrotas electorales de la historia del país, en la que los republicanos sólo lograron asegurarse Maine y Vermont; y aunque los de 1940 fueron algo menos vergonzosos para la derecha, la plataforma del *New Deal* sobrevivió sin quebranto.

El hecho de que la administración Roosevelt gozara de un masivo apoyo popular significaba que una oposición eficaz tendría que venir no del Congreso, que era demócrata, sino del Tribunal Supremo, que no se elegía y que era hostil desde hacía tiempo a cualquier forma de interferencia oficial en los derechos de propiedad o las obligaciones contractuales –concepto que se amplió hasta incluir prácticamente toda regulación gubernamental de las condiciones de trabajo–. Dirigido por cuatro implacables jueces conservadores, los llamados «Cuatro Jinetes», el Tribunal le declaró la guerra al *New Deal,* derribando sistemáticamente leyes y organismos: la NIRA, la Ley de Ajuste Agrícola, una Ley Municipal sobre la Bancarrota, las leyes sobre el salario mínimo estatal... Hasta la SEC parecía vulnerable, y en 1938 se le limitaron los poderes al NLRB. Normalmente, de un presidente que se enfrentaba a un tribunal hostil se esperaba que aguardara su oportunidad hasta que sus jueces, muertos o retirados, fueran reemplazados por caras más aceptables. Pero la década de 1930 no eran tiempos normales, y el peso del apoyo público al *New Deal* llevó a Roosevelt a intentar un remedio constitucionalmente arriesgado. En 1937 anunció el proyecto de elevar el número de jueces a seis, para condicionar al tribunal, idea que resultó excesiva incluso para la mayoría de sus seguidores, con lo que la medida fracasó miserablemente.

El *New Deal* obtuvo sus mayores éxitos en el primer mandato de Roosevelt, quizá con 1937 como el mejor año. Entre 1930 y 1933 el producto nacional bruto (PNB) de Estados Unidos había caído de 99.000 a 77.000 millones de dólares –cifra que en 1937 había hecho mucho más que recuperarse, con 113.000 millones–. El PNB per cápita aumentó asimismo de 615 dólares en 1933 a 881 en 1937, y a 954 en 1940. También la vida material de la gente –en el sentido de la propiedad de bienes como coches o teléfonos– fue mejorando de manera significativa con el avance de la década. En algunos aspectos, el *New Deal* sólo podía suavizar los peores efectos de la crisis. El desempleo se mantuvo obstinadamente en un preocupante 16-20% durante la mayor parte de los últimos años treinta, y sólo descendió por debajo del 15% una vez que Estados Unidos comenzó su programa de rearme militar en 1940. Incluso en 1937, sólo se consiguió reducir temporalmente el desempleo por debajo de los ocho millones, y en 1938 se produjo una dolorosa contracción de la economía. En último término, sólo la guerra solucionó el problema, reduciendo la tasa al 1% en 1943. Además, los costes financieros fueron inmensos: la deuda nacional aumentó de 22.500 millones de dólares en 1933 a 40.500 en 1939.

Pero aun cuando Roosevelt no podía vanagloriarse de un éxito completo, la década de 1930 fue en muchos aspectos un período revolucionario en la sociedad estadounidense. A medida que crecía enormemente el gobierno, se fueron haciendo también mucho mayores las expectativas del pueblo sobre el papel adecuado de ese gobierno, especialmente de Washington. Como en la década de 1830, una administración radical se benefició de la expansión del electorado, que se produjo tanto por la concesión del sufragio a la mujer como por el crecimiento global de la población (véase cuadro 5.4). En unas elecciones presidenciales típicas de la década de 1880 intervenían normalmente unos diez u once millones de votos; en las elecciones de 1928 fueron más de 36 millones de votos; en 1948, en torno a los 50 millones.

Cuadro 5.4.
Población de Estados Unidos, 1920-1960 (en millones)

Año del censo	Población nacional
1920	106
1930	123
1940	132
1950	151
1960	179

El *New Deal* tuvo una especial repercusión en la agricultura estadounidense y reforzó tendencias asentadas desde hacía tiempo en la sociedad rural. Aunque en un primer momento la depresión destruyó a muchos pequeños agricultores, la administración Roosevelt mejoró después la situación de las explotaciones agrícolas más grandes mediante ayudas federales a los precios. Los avances de la mecanización propiciaron el desplazamiento hacia unas explotaciones agrícolas menores en número pero mayores en tamaño que beneficiaron a los que tenían capital suficiente para invertir. Había 6,3 millones de explotaciones en 1930, 5,4 millones en 1950 y 3 millones en 1970. En esos años de hecho aumentó la superficie cultivada, de modo que el tamaño medio de las explotaciones se había triplicado desde finales de los años veinte. La población agraria se redujo dramáticamente: de 30,5 millones cuando se produjo el *crash* del mercado bursátil a menos de 10 millones en 1970.

Hacia la guerra

Desde 1938, los asuntos exteriores volvieron a convertirse una vez más en el centro de la vida política del país. El expansionismo de Alemania y Japón y las crecientes probabilidades de guerra en Europa suscitaron una vez más el temor de que Estados Unidos pudiera verse implicada en conflictos militares más allá de sus fronteras. El propio Roosevelt era un firme enemigo del fascismo, y posiblemente, de entre los líderes de Occidente, el que veía de forma más clara la necesidad de preparar una gran estrategia para enfrentarse y derrotar a las dictaduras. Sin embargo, el sentimiento contra la guerra en Estados Unidos era abrumador y estaba muy extendida la sensación de que la participación en la Primera Guerra Mundial había sido desastrosa y costosa, todo para beneficio de unos ingratos aliados que en buena medida no habían pagado sus enormes deudas. En 1934 el comité de investigación del senador Gerald P. Nye intentó demostrar que la intervención estadounidense en 1917 había sido manipulada por una conspiración de banqueros y vendedores de armas, y en 1935 y 1937 las Leyes sobre la Neutralidad intentaron imposibilitar la intervención de Estados Unidos en una contienda europea. Además, en 1938 la oposición a la guerra estaba arraigada entre los grandes grupos étnicos que o bien sentían una simpatía general por los países de origen entonces sometidos a un régimen dictatorial, o bien tenían razones históricas para oponerse a los aliados occidentales. Entrar en la guerra podría obligar a Roosevelt a enfrentarse a una peligrosa coalición de alemanes, italianos, irlandeses, ucranianos y demás, aliados posiblemente con una Iglesia católica que veía en el bolchevismo más que en el fascismo a su principal enemigo europeo. Desde mediados de 1939 también los comunistas se opusieron vehementemente a la guerra, como consecuencia del pacto nazi-soviético.

Entre 1939 y 1941 Roosevelt tuvo que poner en práctica una delicada estrategia: afirmó en repetidas ocasiones que no quería participar en el conflicto, pero al mismo tiempo prestaba a los ingleses y franceses toda la ayuda y apoyo que le era posible sin provocar un escándalo público. La Casa Blanca utilizó también los medios de comunicación para llamar la atención sobre la extrema derecha estadounidense como una peligrosa quinta columna que amenazaba con una subversión en el país. Los fascistas estadounidenses cooperaron inconscientemente con Roosevelt celebrando reuniones populares cada vez más osadas, enarbolando banderas con esvásticas y antorchas, y jactándose de los muchos afiliados que tenían grupos como la Liga Germano-Estadounidense, el Frente Cristiano (seguidores del padre Couhglin), los *Italian Fascisti,* los «Camisas Plateadas» y el Ku Klux Klan, todos los cuales colaboraban en un amplio frente político. Las denuncias mediáticas de estos grupos ayudaron sin duda a los intervencionistas.

Los acontecimientos que se produjeron después en Europa hicieron que cambiaran rápidamente las actitudes de la sociedad estadounidense. En noviembre de 1939 todo lo que consiguió la administración fue una revisión de la Ley sobre la Neutralidad que permitía a los beligerantes comprar municiones *cash and carry,* beneficiosa concesión para Inglaterra y Francia habida cuenta de que estos países tenían los recursos económicos necesarios para aprovecharla. Hacia mediados de 1940, sin embargo, todas las potencias aliadas habían sido derrotadas a excepción de una atrincherada y empobrecida Inglaterra, que sin duda necesitaba ayuda si Estados Unidos no quería enfrentarse a un continente europeo completamente dominado por Alemania. La batalla de Inglaterra –el primer conflicto en varios años en el que los alemanes se encontraron con la horma de su zapato tanto en lo militar como en lo diplomático– despertó la simpatía de la opinión pública de Estados Unidos. Pero aun así, la ayuda tardaba en llegar. En septiembre, el gobierno entregó a los británicos cincuenta destructores antiguos pero útiles, si bien a cambio de contratos de arrendamiento a largo plazo de bases navales en el hemisferio occidental. Roosevelt pudo defender legítimamente que el acuerdo era beneficioso, pues Estados Unidos conseguía por fin la supremacía naval en el Caribe y otras zonas con la que había soñado durante un siglo. Hasta principios de 1941 no se violó el principio de no intervención con el decisivo proyecto de Ley de Préstamos y Arrendamientos, que se valió de la ficción de que las enormes cantidades de armamento que se iban a enviar a Inglaterra eran un préstamo amistoso, que se devolvería después de ser utilizado.

El compromiso de Estados Unidos se intensificó durante los meses siguientes, pues la cooperación naval con Inglaterra se fue haciendo tan estrecha que prácticamente equivalía a un estado de guerra no declarada contra los submarinos alemanes en el Atlántico Norte. Dentro del país, la campaña de rearme y la introducción del reclutamiento en tiempo de paz anunciaban la participación directa contra el Eje, posibilidad que reforzaron los medios de comunicación relatando las hazañas de los pilotos estadounidenses y de los barcos y aviones de fabricación nacional en la causa aliada. Al menos indirectamente, Estados Unidos fue en todos los aspectos esenciales una potencia en combate durante la mayor parte del año 1941.

Durante 1940 y 1941 la opinión pública estadounidense se enzarzó en un apasionado debate sobre cuestiones cuya importancia no se recordaba desde los conflictos sobre la esclavitud. A la intervención se oponía el Comité América Primero o AFC *(America First Committee)*, una organización compuesta por varios grupos de conservadores en alianza con algunos liberales, dirigentes religiosos y pacifistas. El AFC fue muy difamado en la época al ser considerado como un refugio del sentimiento pronazi, y los hechos posteriores desmintieron muchos de sus análisis. Pero el movimiento en su conjunto planteó cuestiones cruciales que hoy nos parecen aún más pertinentes a la luz de acontecimientos históricos más recientes: la naturaleza del poder ejecutivo en materia de asuntos exteriores y el uso oficial de la propaganda y el engaño para conseguir lo que se piensa que es un fin político deseable. Gran parte del debate sobre el aislacionismo prefiguró posteriores polémicas –Vietnam en los años sesenta y Centroamérica en los ochenta–. Se abordaron problemas tan fundamentales como la naturaleza de Estados Unidos y las bases étnicas del poder político, así como la cuestión de hasta qué punto se había liberado el país de una orientación política europea y concretamente británica. No hacía falta ser criptonazi para oponerse a todo lo que no fuera una guerra defensiva, ni para considerar que la política internacional de Roosevelt era una temeraria piratería diseñada con cinismo para provocar la guerra, ignorando a una opinión pública abrumadoramente contraria.

Estados Unidos se vio finalmente arrastrado a la guerra por los sucesos del Pacífico, zona en la que al gobierno le preocupaba profundamente el expansionismo japonés por China y el Sureste Asiático. Al igual que en Europa, la administración había ofrecido ayuda bajo cuerda al esfuerzo bélico chino, incluido el uso de pilotos estadounidenses, y en el Atlántico hubo estallidos de auténtica guerra: en 1937 la aviación japonesa hundió el cañonero *Panay*. En términos diplomáticos, la presión de Estados Unidos fue aumentando a medida que los japoneses iban penetrando más en China e Indochina. El tratado comercial entre ambas naciones se canceló a mediados de 1939, y durante los dos años siguientes Estados Unidos impuso a Japón restricciones económicas, incluida la crucial arma de los abastecimientos de petróleo. En julio de 1941 se habían congelado ya todos los activos japoneses en el país, lo que en la práctica suponía un embargo comercial completo, incluido el petróleo. Con esta medida se hacía evidente que Japón tendría que apoderarse de yacimientos petrolíferos para satisfacer sus necesidades estratégicas, a la vez que expulsaba a Estados Unidos del escenario asiático.

La Segunda Guerra Mundial

El 7 de diciembre de 1941 fuerzas japonesas atacaron la principal base naval de Estados Unidos en Pearl Harbor (Hawai) y causaron enormes daños a los acorazados; providencialmente quedaron ilesos los portaaviones, que serían decisivos en los meses siguientes. Estados Unidos declaró la guerra de inmediato, y el dilema sobre si ir también contra Alemania o no se resolvió cuando Hitler declaró la guerra a Estados Unidos.

Durante los primeros meses, el principal objetivo militar de Estados Unidos fue contener el feroz avance de los japoneses por el Pacífico, que había tenido como resultado la toma de Filipinas, Malasia y Birmania, y que representaba una seria amenaza para Australia. Una fuerte alarma de invasión en la costa occidental estadounidense provocó la detención y deportación masivas de ciudadanos que tenían ancestros japoneses, medida que más tarde se consideraría ilegal y racialmente discriminatoria. Estados Unidos recuperó la iniciativa naval en las batallas del mar de Coral (mayo de 1942) y Midway (junio), y comenzó entonces una larga serie de campañas que, saltando de una isla a otra, tenían como objetivo reconquistar el territorio ocupado por los japoneses, en el centro y el sur del Pacífico

Aunque de escala geográfica reducida, varias de estas batallas insulares fueron de las más sangrientas de toda la guerra y causaron muchas bajas entre las tropas estadounidenses. Sólo la infantería de marina perdería un total de 20.000 hombres, casi tantos como en todas sus otras guerras anteriores y posteriores. Entre las victorias más importantes del Pacífico figuran las de Guadalcanal (1942), Tarawa (1943) y Saipan (1944). En 1944 las tropas norteamericanas se habían asegurado ya la supremacía general en el mar y en el aire, lo que permitió la reconquista de Filipinas. En 1945 ganaron las dos batallas decisivas de Iwo Jima (febrero-marzo) y Okinawa (abril-junio), islas que dieron a su aviación las bases aéreas necesarias para bombardear las islas japonesas y preparar una invasión en el caso de que fuera necesario.

A pesar de que Estados Unidos estaba tan implicado en el Pacífico, sus mandos militares habían decidido que Alemania seguía siendo el principal enemigo, y que el ataque fundamental sería en Europa. Fue una decisión polémica, y una vez más arreciaron los argumentos aislacionistas sobre la naturaleza de los objetivos políticos del país: ¿participaba

Estados Unidos en la guerra para derrotar al agresor japonés o para servir una vez más de marioneta de los imperialistas ingleses y los jefes comunistas? La orientación europeísta se vio complicada por los debates con los ingleses sobre cuándo desembarcar una masiva fuerza aliada en Europa Occidental. Al principio, Estados Unidos quería organizar ese ataque lo más pronto posible, en 1942 o 1943 como muy tarde, pero a los ingleses les preocupaba la posibilidad de sufrir numerosas bajas en una guerra terrestre que podría producir una carnicería comparable a la de la Primera Guerra Mundial. Preferían una estrategia en el Mediterráneo que dejara fuera de combate a los aliados de Alemania, acompañada de una ofensiva aérea en la que los bombarderos angloamericanos destruyeran las ciudades e industrias alemanas. Idealmente, esta fase podría durar lo suficiente como para que los soviéticos rompieran la retaguardia del ejército alemán.

Inglaterra consiguió cierto éxito en esas negociaciones, y convenció a Estados Unidos para que apoyara desembarcos anfibios en el África septentrional francesa (1942), Sicilia y después Italia (1943-1944). Entre tanto se estaban reuniendo tropas estadounidenses en la propia Inglaterra, preparándose para pasar definitivamente el canal de la Mancha. El plan culminó en los desembarcos del día D, el 6 de junio de 1944, en los que participaron soldados estadounidenses, ingleses y canadienses. En agosto, las fuerzas del Eje ya habían sido derrotadas de forma decisiva en Francia, y las tropas aliadas avanzaban hacia los Países Bajos. Tras un breve revés por la ofensiva alemana de las Ardenas ese invierno, las tropas estadounidenses penetraron por el centro y el sur de Alemania en la primavera de 1945, llegando más allá de los límites fijados originalmente al diseñarse las zonas de ocupación.

Después de la rendición alemana en mayo, Estados Unidos se centró en Japón, que seguía resistiendo a pesar de mortíferos ataques aéreos que se cobraron cientos de miles de víctimas. Se planeó la invasión, con el cálculo de que el número de bajas propias estaría entre una cifra optimista de 40.000 y otra más realista que se aproximaba al millón, por no hablar de las bajas japonesas. A los mandos aliados les preocupaba también la posibilidad de que, en caso de invasión, los japoneses se vengaran con sus numerosos prisioneros estadounidenses y de otros países aliados. Además, aunque los japoneses habían expresado su interés en una paz negociada, las condiciones que proponían indicaban falta de realismo sobre la magnitud de su derrota. Todos esos factores incitaron a la administración estadounidense a utilizar la nueva bomba atómica, probada con éxito por primera vez el 16 de julio en Nuevo México; la destrucción de las ciudades de Hiroshima y Nagasaki en agosto forzó a los japoneses a la rendición.

Más de dieciséis millones de estadounidenses sirvieron en las fuerzas armadas entre 1941 y 1945, de los cuales 292.000 murieron en el frente y 114.000 por otras causas. En el interior, la desaparición de una proporción tan grande de la población masculina joven tuvo una enorme repercusión en la vida económica y social. Los empleos que dejaron libres fueron ocupados en gran medida por mujeres, tres millones de las cuales trabajaron en la producción de guerra. Los trabajadores negros se encontraron también con nuevas y enormes oportunidades, acelerándose la emigración del Sur al Norte y al Oeste, y del campo a las ciudades. Ello incrementó lógicamente las expectativas de justicia social y fomentó sus aspiraciones políticas (véase más adelante).

El gigantesco esfuerzo bélico de Estados Unidos tuvo un efecto duradero sobre su estructura interna, en especial por el desplazamiento del poder hacia los estados occidentales, que habían desempeñado un papel tan importante en la producción de guerra. Las empresas aeronáuticas de la Costa Oeste proporcionaron mucho empleo a partir de 1940, abasteciendo inicialmente a Inglaterra y después a la máquina de guerra estadounidense. Lockheed tenía ya 50.000 empleados antes de que Estados Unidos entrase en la guerra y alcanzó casi 100.000 a mediados de 1943. Los astilleros californianos fabricaban a toda velocidad «barcos de la libertad», mientras que los puertos de San Francisco, Los Angeles, San Diego y Seattle eran puntos de embarque para la guerra del Pacífico. Aunque los últimos años de la década de 1940 fueron un período difícil para la industria de defensa, la Guerra de Corea y las tensiones que siguieron fueron un nuevo estímulo que benefició principalmente al Oeste y al Sur. Lockheed, por ejemplo, compró una nueva planta de grandes dimensiones en Marietta (Georgia), mientras que General Dynamics estableció su cuartel general en Missouri. Desde finales de la década de 1950, Texas fue el centro de la industria aeroespacial.

El desplazamiento hacia el *Sunbelt* («Cinturón de sol»: el Sur, el Suroeste y la Costa del Pacífico) fue uno de los hechos esenciales de la historia de Estados Unidos en el siglo XX, un movimiento de población e influencia comparable, por su impacto social y político, a la «conquista del Oeste» que se produjo a partir de 1840. Un buen ejemplo del cambio es California, donde la población aumentó en un 50% durante la década de 1940, hasta llegar a 10,6 millones. Las ciudades occidentales prosperaron: Los Angeles terminó la guerra con 1,5 millones de habitantes, San Francisco, con 800.000, Seattle, con más de 400.000, y San Diego, con 300.000. Entre 1945 y 1960 esta tendencia se vio reforzada por la mayor prosperidad de la nación en su conjunto, que multiplicó las opciones de ocio a las que podían acceder las clases medias. El turismo y el hecho de que muchos jubilados quisieran trasladarse a zonas de buen clima contribuyeron al rápido crecimiento de estados como California, Arizona y Florida, y a la expansión de centros urbanos como Miami y Las Vegas.

En el ámbito internacional, Estados Unidos salió de la guerra como la mayor potencia económica y militar del planeta, y de hecho de la historia humana; fue entonces cuando se acuñó la palabra «superpotencia» como la única que podía expresar esta supremacía. Además de su monopolio nuclear, era la única de las potencias combatientes que no había sufrido daños importantes en su territorio, y su estructura financiera era con diferencia la más sólida. Aunque los imperios mundiales anteriores seguían estando en teoría intactos, la única potencia que tenía alguna posibilidad de desafiar a Estados Unidos a corto plazo era la Unión Soviética, y en esa época los soviéticos eran, por supuesto, estimados aliados.

La lucha contra el comunismo

Los años que van de 1945 a 1949 marcaron un punto de inflexión en la historia de Estados Unidos. Tras la paz con Japón, era lógica la tentación de que el país se retirara de los escenarios extranjeros y se concentrara en la reconstrucción interna. Aunque los soviéticos seguían siendo un formidable rival, la idea de que poseía un monopolio indefinido sobre la bomba atómica bien podría haber fomentado el aislacionismo, una mentalidad de fortaleza. En realidad ocurrió lo contrario, y Estados Unidos adquirió compromisos internacionales a una escala sin precedentes.

Poco después de la llegada de la paz, la política estadounidense estuvo dominada por una profunda sensación de temor a la agresión externa y la subversión interna. Ello era en parte una respuesta a los conflictos políticos internos y a los debates no resueltos del *New Deal,* agravada por una repentina intensificación de los conflictos laborales que debilitó a grandes sectores de la industria en 1946. En la primera mitad del año, unos tres millones de trabajadores estuvieron en huelga. Las elecciones de 1946, celebradas a mitad de la legislatura, resultaron en un octogésimo Congreso de carácter republicano y muy activo, que empezó a aprobar drásticas restricciones legales a la actividad de los sindicatos.

Pero las consideraciones internas ocupaban un segundo plano ante las tensiones internacionales. Entre 1945 y 1948 primero se agriaron y después se envenenaron las relaciones con la Unión Soviética debido a la consolidación del comunismo en Europa Oriental. El año 1948 trajo la traumática caída de Checoslovaquia. El habitual grupo de presión partidario de intervenciones anticomunistas se vio entonces reforzado por nuevos elementos, tanto étnicos como religiosos. La amenaza militar comunista en Europa era una fuente de especial preocupación para la Iglesia católica, que había perdido ya territorios tan fieles como Hungría, Croacia y Polonia, y que estaba en inminente peligro de ser expulsada de Francia e incluso de Italia. En Estados Unidos la cúpula católica se mostró una estridente defensora del anticomunismo, papel en el que contaba con el apoyo de muchos de los grupos inmigrantes que habían llegado a dominar la política de las principales ciudades: irlandeses e italianos en muchas regiones del país, húngaros, eslovacos y polacos en gran parte del Noreste y el Medio Oeste industriales.

Estados Unidos se vio obligado a asumir un papel de presencia directa una vez que las otras potencias tradicionales, especialmente Inglaterra, abdicaran del papel de policía que habían desempeñado con anterioridad. Esto quedó claro en Grecia, donde había una furiosa guerra de guerrillas. A principios de 1947 Inglaterra declaró que ya no podía continuar apoyando a la causa anticomunista sin la ayuda de Estados Unidos, y amenazó con retirar sus tropas. El presidente Truman le replicó enunciando su «doctrina», según la cual prometía apoyar a los «pueblos libres que se oponen a los intentos de sometimiento por parte de minorías armadas o presiones exteriores»; y la ayuda militar estadounidense empezó a llegar a Grecia aquel agosto. También en 1947, la Ley de Seguridad Nacional proponía una reestructuración radical de la defensa del país con la creación del Consejo Nacional de Seguridad *(National Security Council)* y la Agencia Central de Inteligencia o CIA *(Central Intelligence Agency)* para conseguir la coordinación de los servicios de información que tanto se había echado de menos antes de 1941. Al mismo tiempo, Estados Unidos inició un amplio programa de reconstrucción europea, el Plan Marshall, que acabaría dedicando miles de millones de dólares a establecer en toda Europa Occidental las bases del milagro económico de posguerra.

En suma, los acontecimientos de 1947 anunciaban un gran cambio en la política de Estados Unidos: la creación de un «estado de seguridad nacional» en tiempos de paz, lo cual implicaba obviamente prepararse para combatir la expansión soviética con medios diplomáticos y de inteligencia cuando fuera posible, y con medios militares cuando fuera necesario. Los dirigentes del país estaban decididos a evitar que se repitiera la situación de la década de 1930, en la que las dictaduras habían podido actuar más o menos a sus anchas, hasta el punto de que la única forma de pararlas fue la guerra total. La nueva política se puso enseguida de manifiesto en Francia y, especialmente, en Italia, donde los recursos estadounidenses se utilizaron para impedir las victorias comunistas durante 1948. La estrategia de Estados Unidos incluía el fomento de corrientes anticomunistas moderadas dentro de los partidos socialistas y los sindicatos, y la creación de nuevos partidos democristianos en la derecha.

Las relaciones con la Unión Soviética habían llegado a un punto peligrosamente cercano a la guerra abierta: cuando los soviéticos cerraron los accesos por tierra a Berlín en junio de 1948, en un intento de eliminar de la zona comunista esa isla de influencia occidental, parecía probable que estallaría la guerra. Berlín se salvó por el puente aéreo con el que se abasteció a la ciudad durante más de un año, pero ello no rebajó la tensión. En 1949, Estados Unidos formó la alianza de la OTAN, distanciándose de su anterior renuncia a participar en coaliciones internacionales en tiempo de paz. La percepción de la escala y naturaleza de cualquier futuro conflicto se vio radicalmente alterada por dos hechos que se produjeron después en ese mismo año de 1949. En septiembre, los soviéticos hicieron explotar su primera bomba atómica; y en octubre los comunistas chinos consiguieron controlar toda la China continental, estableciendo la República Popular. Cada uno de esos dos hechos sembró el terror en Occidente. Para los estadounidenses significaba la posibilidad de que Nueva York o Washington se convirtieran en objetivos nucleares, susceptibles de ser eliminados tan completamente como Hiroshima, perspectiva que el desarrollo de la bomba de hidrógeno, todavía más terrorífica, empeoraba mucho más. (Estados Unidos hizo explotar su primera bomba de este tipo en mayo de 1951; la Unión Soviética lo hizo en agosto de 1953.) La pérdida de China no sólo añadió varios cientos de millones de nuevos súbditos al emergente imperio comunista mundial, sino que al mismo tiempo destruyó el sueño americano de establecer un imperio benevolente en esa parte del mundo, en una misión civilizadora que difundiría un protestantismo evangélico avanzado entre gentes hambrientas de evangelio.

Corea

Los temores apocalípticos alcanzaron nuevas cotas en junio de 1950 con el estallido de la guerra entre las dos Coreas, la del Norte comunista y la del Sur prooccidental, y con una invasión comunista aparentemente imparable. Según la percepción más corriente, se trataba de la primera fase de una ofensiva comunista generalizada contra Occidente, y se esperaban acciones similares en otras regiones fronterizas, incluyendo Alemania. Era, por tanto, una cuestión de máxima urgencia impedir la caída de Corea del Sur, donde Estados Unidos podía organizar una amplia coalición técnicamente bajo bandera de las Naciones Unidas. Aunque había importantes contingentes de muchas naciones europeas y asiáticas, el ejército de las Naciones Unidas estaba compuesto en un altísimo porcentaje por tropas estadounidenses, y fueron sus mandos los que dirigieron la guerra, reconociendo sólo de manera formal la dimensión internacional de la contienda. Entre 1950 y 1952 la presencia militar de Estados Unidos en Corea pasó de 1,5 a 3,6 millones de hombres.

La primera fase de la guerra fue desastrosa para las Naciones Unidas: a principios de septiembre las tropas comunistas arrasaban la mayor parte del Sur, confinando a los aliados a un pequeño foco de resistencia en torno a Pusan, en el extremo suroriental de la península. El comandante en jefe de las Naciones Unidas, Douglas MacArthur, ideó entonces un atrevido contragolpe basado en un ataque anfibio a gran escala en Inchon, en la retaguardia norcoreana. La operación fue un brillante éxito y suele figurar entre las más grandes hazañas militares de la historia nacional. El curso de la guerra cambió: las tropas comunistas se retiraron mucho más al norte de su frontera original en el Paralelo 38. Las tropas de las Naciones Unidas siguieron presionando y tomaron la capital septentrional de Pyongyang en octubre. Sin embargo, Estados Unidos, excesivamente confiado, ignoró los mensajes diplomáticos que alertaban de que China intervendría si se acercaban demasiado a los límites de la provincia de Manchuria. Fiel a la palabra de su gobierno, un inmenso ejército chino invadió Corea en octubre, haciendo retroceder rápidamente a las tropas de las Naciones Unidas hasta el paralelo 38. En enero de 1951 una nueva ofensiva china provocó la pérdida temporal de Seúl.

En esos momentos, la realidad política entró en conflicto con la dinámica de la guerra. El general MacArthur era un vehemente partidario de una escalada bélica que afectara a la propia China, y propuso que las fuerzas nacionalistas de este país, expulsadas dos años antes, invadieran la China continental. Planteó también la terrible perspectiva de utilizar armas nucleares contra las bases chinas en Manchuria, acción que habría forzado la participación soviética y habría provocado una guerra mundial total. Además de su defensa pública de estas posturas, sus críticas igualmente públicas al presidente Harry S. Truman y su más o menos abierta diplomacia con los nacionalistas chinos planteaban graves interrogantes sobre el control civil de las fuerzas armadas. En particular, la cuestión nuclear provocó serias tensiones con algunos aliados de Estados Unidos, como Inglaterra, y surgió al menos la posibilidad de que la crisis rompiera la coalición de las Naciones Unidas. En abril de 1951 Truman exigió la dimisión de MacArthur, desoyendo las protestas de los «halcones» de la guerra republicanos, quienes flirtearon con la idea de una candidatura presidencial de MacArthur al año siguiente.

A mediados de 1951 todos los combatientes importantes, habiendo ganado ya todo lo que razonablemente podían esperar, habían dejado claro que estaban dispuestos a discutir un alto el fuego. No obstante, las prolijas negociaciones diplomáticas hicieron que la contienda se arrastrase hacia un largo y sangriento estancamiento, con una guerra de desgaste por tomar desiertas colinas que eran poco más que puntos de referencia en los mapas de los estrategas. En 1952, la empantanada guerra adquirió gran protagonismo en la campaña electoral cuando el candidato republicano a la presidencia, Dwight Eisenhower, prometió que si salía elegido iría a Corea para salir del *impasse*. Tras su victoria en 1953 se declaró un alto el fuego, y se restauró el paralelo 38 como frontera de facto entre los dos países. Por parte de Estados Unidos habían intervenido en Corea 5,7 millones de hombres y mujeres, de los cuales 34.000 habían muerto en la contienda.

Aunque en la década siguiente Estados Unidos no se involucró en ninguna otra guerra «caliente», se mantuvo en todo momento la tensión con las potencias comunistas, que eran consideradas sucesoras directas del Eje: así como Hitler había tenido sus aliados orientales en Japón, los soviéticos tenían su cómplice en China. Esta forma de ver las cosas reforzó la determinación de Estados Unidos de no ceder ante la agresión comunista, y de extender los acuerdos colectivos de seguridad que protegían a Europa. Detrás de cada crisis política que se producía en Asia se veía la manipulación china y por lo tanto soviética. El hundimiento de la dominación francesa en Indochina, en 1954, hizo que se debatiera la posibilidad de una intervención estadounidense, quizá con armas nucleares. Ese mismo año Estados Unidos se convirtió en el corazón de la nueva Organización del Tratado del Sureste Asiático (SEATO), una réplica oriental de la OTAN. En 1958 envió la VII Flota para ayudar a la China nacionalista (Taiwán) a resistir un ataque de la República Popular por unas islas en disputa. También Europa seguía estando en una situación delicada, agravada por la agresiva maquinaria de propaganda occidental dirigida a los habitantes del bloque comunista. Aún se temió otra guerra cuando el pueblo húngaro se rebeló contra el gobierno comunista en 1956, pero a pesar de las amenazantes palabras que salían de las emisoras de radio estadounidenses, los tanques de la OTAN no rodaron hacia el Este. El conflicto entre el Este y Occidente había llegado a una suerte de estabilidad, por tenue que fuera.

La purga anticomunista (1946-1956)

La confrontación exterior tuvo repercusiones dentro de la nación, sobre todo las múltiples conmociones de 1949-

1950: la bomba atómica soviética, la caída de China y la Guerra de Corea. Vistas como la culminación de años de triunfos comunistas, estas catástrofes demostraban claramente que los esfuerzos estadounidenses debían de haber sido saboteados por siniestras fuerzas, por espías y traidores; comenzó entonces la búsqueda de culpables. Aunque se conocen generalmente como «maccartismo», las purgas anticomunistas de ese período se habían iniciado años antes de que el senador por Wisconsin Joseph McCarthy se hiciera célebre por vez primera en 1950, y de hecho tuvieron lugar principalmente bajo la administración demócrata de Harry Truman entre 1946 y 1953.

La primera víctima, y la más obvia, fue el Partido Comunista. En julio de 1948 sus dirigentes fueron declarados culpables de intentar derribar al gobierno, procesamiento novedoso ya que básicamente se les acusaba de difundir libros y panfletos en los que se discutía y defendía esa línea de actuación, no de dar pasos directos hacia ese fin. En el caso Dennis de 1951, el Tribunal Supremo falló que incluso ese tipo de debates podían regularse apropiadamente, y que el gobierno no tenía por qué esperar a que se estuviera preparando un golpe de forma activa. En 1951 muchos estados ya habían prohibido la actividad del partido en sus jurisdicciones y habían presionado a sus miembros de muchas maneras, como retirándoles las prestaciones sociales. Además, en la mayoría de los estados se estableció la obligación, para los funcionarios públicos, de jurar que no apoyaban a causas o actividades subversivas. La acción oficial se vio reforzada por el «vigilantismo», organizado a menudo a través de grupos de veteranos y católicos.

La justificación oficial de tan duras medidas era que los izquierdistas representaban una quinta columna equivalente a la de los que habían ayudado a los nazis en los primeros días de la Segunda Guerra Mundial, y que estaban preparándose ya para apoyar el comunismo mundial mediante el sabotaje y el espionaje. En realidad, tales infiltraciones existieron en cierta medida y sus actividades fueron confirmadas por los cables soviéticos que interceptó la ingeligencia estadounidense a través del programa «Venona». El espectro que abarcaba la búsqueda de traidores, con todo, era muy variable.

La búsqueda de espías situados en altos cargos encontró su objetivo más visible en Alger Hiss, funcionario del Departamento de Estado, que probablemente formó parte de un círculo comunista clandestino desde finales de la década de 1930. El juicio a Hiss duró desde agosto de 1948 a enero de 1950 y excitó los temores populares respecto a los elementos subversivos. Entre el pueblo en general se emprendió la caza de traidores bajo los poderosos auspicios del Comité del Congreso sobre Actividades Antiamericanas (*House Committee on UnAmerican Activities*), el cual limitó gravemente tanto el derecho a la libertad de expresión como las tradicionales salvaguardias contra la autoincriminación. Armado con el testimonio de una legión de delatores profesionales y supuestos conversos, el Comité elegía como objetivo determinadas regiones o industrias, e identificaba a los supuestos comunistas por su participación en grupos liberales o izquierdistas que se definían como tapaderas de organizaciones comunistas. Entre esos grupos figuraban clubes y organizaciones que tenían una reputación intachable o que incluso se habían alineado con políticas oficiales anteriores, como por ejemplo algunos que habían apoyado a la Unión Soviética durante la Segunda Guerra Mundial. Una provechosa fuente de «subversivos» era la lista de personas que habían respaldado al candidato izquierdista-liberal a la presidencia Henry Wallace en 1948. Aunque era un procedimiento electoral legítimo, al participar en él los activistas de Wallace se estigmatizaron a sí mismos como potenciales traidores.

Negar una acusación de afiliación comunista era peligroso de por sí, pues se podía presentar fácilmente un delator que dijera lo contrario, con lo que el acusado era además culpable de perjurio. La única forma de evitarlo era negarse a responder todo lo que pudiera ser autoincriminatorio, es decir, «acogerse a la Quinta Enmienda», pero con eso el interrogado daba la impresión de que tenía algún delito que ocultar. Una vez acusada, a una persona le resultaba extremadamente difícil demostrar su inocencia, a no ser mediante la desagradable táctica de hacerse también un delator y dar nombres públicamente. Apareció toda una red de agencias privadas, compuestas a menudo por antiguos agentes del FBI, que investigaban a una empresa determinada a petición de su dirección para descubrir a los subversivos y para «destacar» a los que demostraban un excesivo espíritu de cooperación. Una vez marcada como comunista, una persona entraba en los registros de los «vigilantes» privados, a quienes consultaría en el futuro cualquier potencial contratador. Entrar en la lista negra suponía perder toda esperanza de conseguir un empleo. Con la retirada de pasaportes se garantizaba que la mayoría de los sospechosos no pudiera salvarse abandonando el país.

Las purgas pasaron por varias fases, pero entre las víctimas que más sufrieron estaban sindicatos radicales como el denominado Trabajadores del Sector Eléctrico (*Electrical Workers*). La industria cinematográfica fue atacada en las audiencias de 1947-1948, hecho que después alcanzó gran notoriedad porque muchas de las víctimas hicieron públicas sus historias en las décadas siguientes. Sufrió mucho también el sector de la docencia, tanto profesores universitarios como sindicatos de enseñanza, y las acusaciones de subversión comunista en las escuelas provocaron un clima de paranoia, pues diversas instituciones se lanzaron a deshacerse de posible material sospechoso en los libros de texto y las lecturas obligatorias.

En febrero de 1950, el senador Joseph McCarthy pronunció el primero de una serie de discursos que elevaron el pánico a nuevos máximos. McCarthy advertía de una «batalla total y definitiva entre el ateísmo comunista y el cristianismo» y aseguraba tener listas detalladas de activistas comunistas del Departamento de Estado y de otros lugares que habían entregado China al comunismo. Su irresponsabilidad y su desprecio por la verdad no fueron contestados por unos medios de comunicación y un estamento político que estaban aterrorizados por la posibilidad de incurrir ellos mismos en la infección roja. En enero de 1953 McCarthy asumió la dirección del Subcomité Permanente de Investigaciones (*Permanent Subcommittee on Investigations*). En octubre McCarthy inició las investigaciones que provocarían su caída: las audiencias a los traidores que formaban parte de las Fuerzas Armadas. Sus excesos venían preocupando desde hacía tiempo, y la extensión al Ejército enfrentó al Comité y a sus investigadores, como Roy Cohn, con figuras del *establishment* que querían y podían defenderse. La televisión tuvo un papel fundamental a la hora de poner al descubierto las tácticas del senador, y una numerosa audiencia pudo ver cómo el abogado Joseph Welch humillaba a McCarthy. En marzo de 1954 la administración Eisenhower denunció a McCarthy y a Cohn, que fueron debidamente condenados por el Senado en diciembre de ese año. Aunque a menudo se considera que este hecho marca el fin de las purgas, muchas de las persecuciones siguieron en marcha, y las leyes originadas por el pánico siguieron estando vigentes hasta entrada la década de 1970.

El nuevo Estado

Esta serie de conflictos y los temores por la seguridad nacional transformaron al Estado, aumentando de manera gigantesca el tamaño del gobierno y su intervención en la vida cotidiana. El crecimiento fue tan enorme que convirtió al estado de seguridad nacional de los años cincuenta en una criatura esencialmente distinta de lo que fuera el limitado proyecto federal de la época de Woodrow Wilson. La guerra fue siempre el factor crucial. En 1860, el gobierno federal ingresaba sólo 56 millones de dólares al año, cifra que se elevó a 334 millones al final de la Guerra Civil en 1865. En esos cuatro años el gobierno de Estados Unidos gastó más dinero del que había gastado hasta entonces desde la independencia. La Primera Guerra Mundial supuso un crecimiento aún mayor de la actividad del Estado: los ingresos pasaron de 683 millones de dólares en 1915 a 3.650 millones en 1918. El gasto público estaba a finales del siglo XIX y principios del XX en un promedio de unos 300-400 millones de dólares anuales, y en 1918 ascendió a 12.700 millones. Ello exigía métodos de financiación innovadores, y el impuesto sobre la renta se hizo cada vez más común a pesar de las dudas iniciales sobre su constitucionalidad. En 1913 la Decimosexta Enmienda a la Constitución garantizó la legalidad de este mecanismo, y contribuyó al enorme desarrollo del Estado federal en el siglo XX. Ese mismo año, la Ley sobre la Reserva Federal dio una nueva seguridad al sistema bancario, bajo los auspicios del gobierno nacional.

El *New Deal* y las posteriores guerras ampliaron aún más las transacciones del Estado. En 1929 el gobierno federal gastó unos 3.000 millones de dólares, cifra que para 1939 se había elevado casi hasta 9.000 millones. Esto parece trivial cuando se compara con los gastos de la Segunda Guerra Mundial: 95.000 millones sólo en 1944. La paz trajo contención, pero a unos niveles nunca vistos antes, ni siquiera en el *New Deal;* Corea apretó el cinturón varios agujeros más, incluso teniendo en cuenta los efectos de la inflación. El gasto del gobierno en 1960, año sin guerras, fue de más de 90.000 millones, la mitad de ellos destinados a las fuerzas armadas.

El empleo público creció en la misma medida. En 1940, el gobierno federal tenía 1,1 millones de empleados, frente a los 3,4 millones de las administraciones estatales y municipales. En 1945 la nómina federal había llegado ya a 3,5 millones, frente a 3,2 millones de las otras administraciones. El empleo público total aumentó de 4,5 millones en 1940 a 8,8 millones en 1960 y a 15 millones a mediados de los años setenta. Aunque también intervinieron otros factores, este cambio de escala de la administración pública se refleja en el desarrollo de la capital nacional. Durante cuatro años de guerra civil la población de Washington D. C. se duplicó hasta alcanzar los 120.000 habitantes, un repentino crecimiento que se repitió en 1917-1918 y otra vez después de 1941. En 1918 la ciudad tenía 450.000 habitantes, y 800.000 a finales de la década de 1940. Aunque posteriormente lo que es la ciudad ha disminuido de tamaño, la zona metropolitana ha vivido un *boom,* especialmente los suburbios de Maryland y Virginia. Hoy en día el Gran Washington tiene unos cuatro millones de habitantes.

El crecimiento del Estado federal se refleja también en la expansión de las Fuerzas Armadas, en un país que históricamente había recelado del ejército permanente. Durante toda la década de 1930, el número de personas que servían en todas las armas del ejército raras veces pasó de los 450.000, menos que los de algunas medianas potencias europeas. Naturalmente, esto cambió con las condiciones de guerra total que se dieron en 1944-1945, años en los que sirvieron en las Fuerzas Armadas unos 12 millones entre hombres y mujeres. La cifra volvió a descender en tiempo de paz, pero después de la Guerra de Corea nunca se volvió a permitir una reducción por debajo del nivel anterior a 1941. En 1960 eran 2,5 millones, y no se bajó de los 2 millones hasta después de 1990.

La aversión de los estadounidenses hacia las policías federales era mucho mayor que la que sentían hacia un ejército de gran tamaño, y así en 1900 sólo un reducido Servicio Secreto dependía directamente del gobierno federal. A partir de entonces se aceleró el desarrollo de los organismos de policía federales. En 1908 se creó en el Departamento de Justicia una Oficina de Investigación, que en 1924 se convirtió en la Oficina Federal de Investigación o FBI *(Federal Bureau of Investigation)*. El FBI creció de manera extraordinaria con la dirección de J. Edgar Hoover, un maestro de la autopropaganda y un fajador burocrático. Durante todos esos años, el FBI basó su desarrollo en el pánico público a supuestas oleadas criminales y peligros morales: la pionera Ley Mann de 1910 le otorgó la jurisdicción sobre los delitos interestatales, en ese caso la trata de blancas. En 1933, el temor generalizado de la población a los secuestros hizo que de nuevo se le concedieran más atribuciones y recursos. En 1936, la administración Roosevelt autorizó a Hoover a que investigara las actividades subversivas de los comunistas y fascistas del interior, y ese papel se intensificó después con el temor a los rojos de la década de 1940.

Fuera del FBI, crecían también los organismos policiales en el seno del Departamento de Hacienda, donde, en el primer mandato de Roosevelt, el secretario Morgenthau propuso que varias pequeñas dependencias se fusionaran en una unidad muy potente. La Oficina de Narcóticos, Aduanas, la Inteligencia del Servicio de Ingresos Internos (IRS), el Servicio Secreto y el Departamento de Alcohol formarían un superorganismo que sus críticos denunciaron como un trasunto estadounidense de la OGPU soviética o de la Gestapo. El plan fracasó. Del mismo modo, tras la Segunda Guerra Mundial los adversarios de este proceso consiguieron, tras una dura oposición, que no se le concedieran al FBI atribuciones en el exterior, funciones que pasaron a la nueva CIA, lo que reflejaba la constante preocupación ante la perspectiva de que un organismo de inteligencia todopoderoso subvirtiera la democracia desde dentro. No obstante, hacia la década de 1950 el gobierno federal sí tenía a su disposición el abanico de fuerzas policiales y de inteligencia que antes caracterizara más a una potencia europea que a una república democrática.

Del mismo modo que en su constante crecimiento el Estado iba centrando las energías de la nación en las amenazas externas, así el poder dentro de ese Estado se fue concentrando en las esferas de gobierno responsables de la guerra y la paz, sobre todo en el presidente en su calidad de mando supremo de las Fuerzas Armadas. Esa denominada «presidencia imperial» se apoyaba en la actitud de los medios de comunicación, que hicieron de su titular la cara visible y el símbolo del gobierno; en la década de 1930 convirtieron a Roosevelt en un amigo personal y en un refugio frente al muy hostil mundo exterior. Tras el *New Deal* y la Segunda Guerra Mundial, el cargo de presidente conservó gran parte de ese carisma, y se convirtió en la pieza clave del gobierno, hasta un extremo que habría molestado a los fundadores.

Habría que esperar a los años setenta para que un presidente se sobrepasara tanto como para provocar cierta inversión o debilitamiento de esa tendencia.

El dilema nacional

La guerra y los cambios sociales relacionados con ella tuvieron una repercusión especial en las relaciones raciales. En 1944, en plena Segunda Guerrra Mundial, el influyente libro de Gunnar Myrdal *The American Dilemma (El dilema estadounidense)* analizaba el racismo existente en el país y señalaba los crecientes riesgos de conflicto racial. El problema se había agravado notablemente, no porque los negros sufrieran nuevas formas de discriminación o violencia, sino porque unas expectativas cada vez mayores habían intensificado el resentimiento contra la injusticia estructural. El sometimiento de los negros en el Sur no era mayor en el período de entreguerras que en épocas anteriores desde la desaparición de la esclavitud, pero muchos negros habían huido a las ciudades del Norte, y la inmigración alcanzó su nivel máximo durante ambas guerras mundiales. En 1910, el 90% de los estadounidenses negros vivían en el Sur, pero a principios de los años sesenta aproximadamente la mitad vivía en el Norte. El afroamericano «típico» de los cincuenta y los sesenta tenía tantas probabilidades de ser del Norte como del Sur, y muchas más de ser urbano que rural. Los negros del Norte y del Medio Oeste estaban menos dispuestos a aceptar cualquier forma de discriminación racial, sobre todo cuando la cultura política de la era Roosevelt hacía tanto hincapié en la liberación de los antes oprimidos.

Los negros abandonaron masivamente el Partido Republicano («el partido de Lincoln») para apoyar a los demócratas, y se convirtieron en una parte crucial del electorado del *New Deal*. Participaron también intensamente en el activismo industrial de esos años, y en el insurgente sindicalismo del CIO. Naturalmente, esperaban recompensas: la primera exigencia era una comisión federal que garantizase unas prácticas laborales justas y la eliminación de la discriminación en el empleo. Aunque Roosevelt veía con buenos ojos sus demandas, no quería parecer demasiado radical en cuestiones raciales por miedo a perder los estados sureños demócratas, de los que dependía su régimen.

La frustración de la mayoría de los dirigentes negros vino acompañada de un creciente sentimiento de ira en comunidades urbanas como Harlem, que en 1935 explotó en un nuevo tipo de disturbio racial que presagiaba futuros sucesos: en vez de un pogromo de negros a manos de blancos, fue una insurrección popular contra los blancos y sus propiedades. El malestar aumentó con la Segunda Guerra Mundial, en la que, a pesar de ser un conflicto contra regímenes fascistas y racistas del exterior, Estados Unidos entró con sus propias fuerzas armadas completamente segregadas. La ironía no les pasó inadvertida a los negros, que exigían la «doble V»: victoria sobre Hitler en el exterior y sobre Jim Crow en el interior. Aquí, líderes sindicales negros como A. Philip Randolph presionaron entonces a la administración para que luchara contra la discriminación, con la amenaza de que si no lo hacía, Washington se convertiría en el escenario de una masiva protesta por los derechos civiles que sería una catástrofe para la imagen del país. Roosevelt accedió con una orden ejecutiva que exigía igualdad en el empleo. Un buen ejemplo del deterioro de las relaciones raciales son los traumáticos disturbios que se produjeron en Harlem y Detroit en 1943. Estos hechos causaron verdadera preocupación, con el añadido de que pronto regresarían a las costas del país millones de veteranos de guerra negros con la firme convicción de que recibirían un trato justo a cambio de su contribución militar.

El ritmo de las reformas se aceleró con el presidente Truman, cuya observación directa de la injusticia racial en Missouri le hacía más dispuesto que Roosevelt a correr riesgos políticos en ese ámbito. En 1946, el Comité sobre Derechos Civiles (*Committee on Civil Rights*) recomendó que se adoptaran nuevas medidas legislativas contra la discriminación en el trabajo y a la hora de votar, así como la muy esperada ley federal contra los linchamientos. En 1948 Truman publicó una orden ejecutiva que acababa con la segregación en las Fuerzas Armadas. También fue simbólicamente importante la aparición en 1947 del primer jugador negro en la principal liga de béisbol: Jackie Robinson fichó por los Brooklyn Dodgers y abrió la primera brecha en el discriminatorio mundo del deporte y la cultura popular. El ritmo del cambio nos parece ahora terriblemente lento, pero era demasiado rápido para los conservadores sureños, quienes en 1948 retiraron su apoyo al Partido Demócrata para presentar un candidato a la presidencia por los «Derechos de los Estados». Si bien sólo obtuvieron 1,2 millones de votos, los llamados *Dixiecrats* ganaron cuatro estados en el Sur profundo.

Aunque las administraciones federales pudieran lograr éxitos yendo poco a poco, sólo se podría alcanzar un cambio duradero a través de los tribunales y con un ataque a la estructura de la discriminación legal que mantenía la subordinación de los negros del Sur. En la década de 1890 el Tribunal Supremo de Estados Unidos había apoyado las leyes «Jim Crow», pero la situación cambió en los años de Roosevelt gracias al nombramiento de numerosos jueces más liberales. En 1932 se falló la primera sentencia, de muchas que vendrían después, en que se ampliaban los derechos legales de los acusados en causas penales –concretamente, en este caso, exigiendo que un procesado negro en un juicio en el que se jugaba la vida tuviera la oportuna representación letrada–. Fue un modesto comienzo, pero durante las dos décadas siguientes el Tribunal entendió en un número cada vez mayor de casos sobre prácticas políticas discriminatorias en el Sur. En 1953 se designó como presidente del Tribunal Supremo a Earl Warren, quien en su carrera política en California había mostrado pocas afinidades con el radicalismo; había intervenido en la aplicación de la política discriminatoria por la que se había recluido a cien mil japoneses-estadounidenses en recintos cerrados después de Pearl Harbor. Sin embargo, Warren también se había visto afectado por los disturbios raciales de 1943, y ahora era partidario de las políticas de integración. La decisión crucial se produjo en 1954, en el caso Brown contra la Junta de Educación, que condenó la educación «separada pero igual» como una violación de la igualdad de oportunidades y ordenó que se pusiera fin «lo antes posible» a la segregación en la enseñanza. La revolución de los derechos civiles había comenzado.

Cultura

Tanto el cambio social como las controversias políticas tuvieron una repercusión en la vida cultural de los años de entreguerras. Muchas novelas de los años veinte (cuadro 5.5) reflejaron la desilusión posbélica y un cínico recelo de las nuevas ortodoxias de la vida estadounidense y, no en menor medida, de su materialismo. Ambas tendencias se resumen en *El gran Gatsby,* de Fitzgerald, y en las novelas de Sinclair Lewis. El *crash* de 1929 dio lugar a un examen crítico del mundo anterior a la catástrofe, y a la exploración de cómo podría recuperar el país sus ideales originarios. El tono era a menudo pesimista: en 1935, la novela de Lewis *It Can't Happen Here (No puede suceder aquí)* alertaba de una inminente dictadura, mientras que en las obras de Steinbeck se abordaban los sufrimientos de los pobres a los que el hundimiento de la economía había expulsado de sus hogares. A muchos escritores de la década de 1930, el activismo social les acercó a las organizaciones de izquierda y concretamente al Partido Comunista, sobre todo bajo los efectos de la Guerra Civil española. Algunos de ellos reaccionaron poco después y se inclinaron hacia la extrema derecha. Dashiell Hammett, Lillian Hellman y Dorothy Parker siguieron simpatizando con la izquierda; Dos Passos, Wright y Hemingway o fueron excomulgados por el partido o pasaron forzosamente a la oposición.

Fue ésta una gran época para la narrativa, tanto en la literatura más intelectual como en la de género –ciencia ficción, novela negra–, en la que los autores estadounidenses produjeron obras de la mayor calidad que tendrían una repercusión mundial. Los poetas de la década de 1920 alcanzaron un protagonismo sin precedentes gracias a la obra de Ezra Pound y T. S. Eliot, aunque había otras figuras de importancia clave, como por ejemplo William Carlos Williams, Robert Frost, Wallace Stevens y Carl Sandburg. A finales de esa misma década la pintura inició una época de gran brillantez con Ben Shahn, Georgia O'Keeffe, Charles Demuth, Edward Hopper y Grant Wood. Bajo el *New Deal*, artistas y escritores se beneficiaron del apoyo del gobierno federal a través de programas como el Proyecto Federal de Escritores.

La cultura estadounidense consiguió en esos años una presencia mundial, si no el predominio, gracias a la difusión de formas de cultura popular, especialmente el cine y la música. En 1920 la industria cinematográfica estadounidense era ya la más activa del mundo, y esa hegemonía fue aún mayor a partir de los años treinta con la llegada del cine sonoro y de grandes talentos que huían de las dictaduras europeas. Pese a que estos juicios son necesariamente subjetivos, en un solo año –1939– se estrenaron varias películas que estarían incluidas en cualquier lista de las mejores de todos los tiempos: *Gone with the Wind* (Lo que el viento se llevó), *The Wizard of Oz* (El mago de Oz), *Gunga Din*, *Ninotchka*, *Mr. Smith Goes to Washington* (Caballero sin espada) y *Stagecoach* (La diligencia). La nueva industria estaba dominada por magnates judíos procedentes de Europa Oriental, muchas de cuyas familias habían entrado en el país en la gran migración del cambio de siglo. También en la música, los sonidos que se oían en radios y gramófonos de todo el mundo a menudo habían sido grabados en Estados Unidos por artistas estadounidenses, o bien reflejaban tradiciones originadas en Estados Unidos, por lo general entre los negros: el *ragtime,* el jazz, el blues y la música de las *big bands,* y bailes como el *jitterbug.*

Cuadro 5.5.
Principales obras literarias publicadas en 1922-1940, incluidas obras de teatro estrenadas en esos años

1922	Sinclair Lewis, *Babbitt.*
1925	F. Scott Fitzgerald, *The Great Gatsby (El gran Gatsby);* Sinclair Lewis, *Arrowsmith (El doctor Arrowsmith).*
1926	Ernest Hemingway, *The Sun Also Rises (Fiesta).*
1927	Sinclair Lewis, *Elmer Gantry;* Willa Cather, *Death Comes for the Archbishop (La muerte llama al arzobispo).*
1928	Thornton Wilder, *The Bridge of San Luis Rey (El puente de San Luis Rey).*
1929	William Faulkner, *The Sound and the Fury (El ruido y la furia);* Sinclair Lewis, *Dodsworth;* Ernest Hemingway, *A Farewell to Arms (Adiós a las armas);* Thomas Wolfe, *Look Homeward, Angel (Ángel, mira hacia atrás).*
1930	William Faulkner, *As I Lay Dying (Mientras agonizo);* Dashiell Hammett, *The Maltese Falcon (El halcón maltés);* John Dos Passos, *42nd Parallel (El paralelo 42).*
1931	Eugene O'Neill, *Mourning Becomes Electra (El luto le sienta bien a Electra).*
1932	Ernest Hemingway, *Death in the Afternoon (Muerte en la tarde);* John Dos Passos, *1919.*
1934	F. Scott Fitzgerald, *Tender is the Night (Suave es la noche);* Lillian Hellman, *The Children's Hour (La calumnia).*
1935	Sinclair Lewis, *It Can't Happen Here (No puede suceder aquí);* Robert Sherwood, *The Petrified Forest (El bosque petrificado).*

1936   Willliam Faulkner, *Absalom, Absalom! (¡Absalón, Absalón!);* John Dos Passos, *The Big Money (El gran dinero).*

1937   John Steinbeck, *Of Mice and Men (Sobre ratones y hombres).*

1938   William Faulkner, *The Unvanquished (Los invictos);* Thornton Wilder, *Our Town (Nuestra ciudad).*

1939   Lillian Hellman, *The Little Foxes (Los zorritos);* Raymond Chandler, *The Big Sleep (El sueño eterno);* John Steinbeck, *The Grapes of Wrath (Las uvas de la ira);* Eugene O'Neill, *The Iceman Cometh (Aquí está el vendedor de hielo);* Thomas Wolfe, *The Web and the Rock (La tela y la roca).*

1940   Ernest Hemingway, *For Whom the Bell Tolls (Por quién doblan las campanas);* Richard Wright, *Native Son (Hijo nativo);* Thomas Wolfe, *You Can't Go Home Again (No podéis ya regresar).*

Tras la Segunda Guerra Mundial, la cultura popular recibió un duro golpe por las purgas antiizquierdistas, que provocaron la desaparición de numerosos actores y directores de cine y escritores de talento. En el otro lado de la balanza, Estados Unidos fue uno de los destinos preferidos de muchos artistas europeos que huían de la dictadura y la devastación de la guerra, de modo que a principios de la década de 1950 Nueva York ya había asumido claramente el papel de capital artística mundial. También en la literatura, los primeros años cincuenta fueron testigos de la aparición de una nueva generación de novelistas de primer orden, como por ejemplo James Jones, Norman Mailer, Saul Bellow y J. D. Salinger. En cuanto a la cultura popular, a partir de 1953 el auge de la música rock and roll y de películas como *The Wild One (El salvaje)* y *Rebel Without a Cause (Rebelde sin causa)* apuntaba al éxito de una nueva cultura juvenil, alejada de los gustos de la generación anterior. Aunque perfectamente vendidas al público con estrategias comerciales, figuras como Elvis Presley y James Dean se convirtieron en iconos de rebelión social y generacional. Asumieron también ese papel en toda Europa, y de hecho en gran parte del mundo, donde la iconografía de Estados Unidos había calado considerablemente. Al igual que en política, la cultura popular estadounidense pretendía transformar el mundo a su propia imagen y semejanza.

6. Ayer mismo.
Estados Unidos: 1956-2000

Como nación, Estados Unidos siempre se ha enorgullecido de estar abierta al cambio y la innovación: está en proceso de renovación constante. Al fin y al cabo, estamos hablando de un país fundado sobre constantes olas de inmigración extranjera y de inmensos movimientos internos hacia nuevas tierras. Probablemente no hay generación de estadounidenses que no piense haber sido testigo de los cambios más decisivos y trascendentales en la historia del país. Aun así, los que vivieron la segunda mitad del siglo XX –y especialmente durante la turbulenta década de 1960– tenían excelentes razones para pensar que en efecto estaban viviendo una época revolucionaria, pues la sociedad vio la transformación de sus creencias más básicas en lo tocante a las diferencias de sexo, edad, raza y grupo étnico.

Al contemplar esta época, resulta tentador centrarse exclusivamente en las transformaciones sociales y culturales internas, cuya importancia está fuera de toda duda. Sin embargo, no debemos olvidar nunca que la nación estuvo sometida a constantes amenazas externas. Aunque algunos historiadores hablan de la «paranoia» de la Guerra Fría, muchos de estos miedos tenían una base real. Durante gran parte de este período, el pensamiento estadounidense estuvo dominado por una cuestión fundamental: ¿sobreviviría la nación bajo un aspecto reconocible, o caería víctima de una guerra que aniquilaría a la mayoría de la población y condenaría a los supervivientes a una existencia propia de la Edad de Piedra? Esta aterradora perspectiva pareció muy real en varios momentos, especialmente a principios de la década de 1960 y de nuevo a principios de la de 1980. Mientras el libertarismo y la experimentación social se extendían por el país, el enfrentamiento político y la lucha ideológica caracterizaban su actitud hacia el exterior. Además, los problemas internos y externos a menudo se entrecruzaron, provocando profundas transformaciones de la política nacional. Como casos más claros, la respuesta popular a la debacle de la Guerra de Vietnam contribuyó a radicalizar a los jóvenes norteamericanos, y los problemas internacionales reconfiguraron la actitud del país hacia las cuestiones raciales y la discriminación. La historia de Estados Unidos sólo puede entenderse en términos de una constante interacción entre cuestiones internas y externas o, como podríamos decir para este período, entre los sueños domésticos y las pesadillas externas.

La Guerra Fría

Hasta finales de los años sesenta, el enfrentamiento con el comunismo definió la política exterior. Aunque desde principios de los cincuenta hasta los últimos ochenta el equilibrio nuclear se mantuvo relativamente constante, hubo períodos de gran tensión internacional en los que pareció que faltaban sólo días o incluso horas para que estallara el conflicto real. El éxito soviético al lanzar el satélite no tripulado Sputnik en octubre de 1957 demostraba aparentemente la superioridad de éstos tanto en tecnología espacial como en la capacidad para atacar el hemisferio occidental por medio de misiles orbitales. El terror de la población ante esta perspectiva se vio reforzado por una serie de vergonzantes fracasos en la carrera espacial con los soviéticos durante los tres años siguientes; en 1961, los soviéticos fueron los primeros en poner a un hombre en órbita. El objetivo de acabar con este retraso en el espacio dominó el pensamiento de la administración en las décadas siguientes, y la Guerra Fría aceleró el impulso que finalmente llevaría a unos estadounidenses a la Luna en 1969.

La tensión nuclear alcanzó nuevas cotas entre 1959 y 1962, cuando se produjeron dos crisis internacionales provocadas por el control de la ciudad de Berlín y por la novedosa cuestión de Cuba. En enero de 1959, las tropas revolucionarias lideradas por Fidel Castro derrocaron al dictador Batista. Tras ciertas dudas iniciales, Castro se identificó con la causa soviética, y Moscú consiguió así su primer gran aliado en el hemisferio occidental. Esto resultó ser catastrófico para Estados Unidos, que temía la influencia de Cuba como modelo para otros pueblos latinoamericanos y del Tercer Mundo; pero sobre todo le asustaba la presencia de una base militar soviética tan cerca de su territorio nacional, lo que permitía a los comunistas compensar la inferioridad de sus sistemas de armamento de largo alcance. Estados Unidos rompió las relaciones diplomáticas con Cuba en enero de 1961, y en abril la CIA patrocinó la invasión de la isla por fuerzas anticastristas en el exilio, que fueron derrotadas en Bahía Cochinos.

Este fracaso hizo que los dirigentes soviéticos se confiaran en exceso: en octubre de 1962, Estados Unidos reveló que la Unión Soviética estaba instalando misiles nucleares en Cuba. El presidente John F. Kennedy exigió su retirada y ordenó el bloqueo naval de la isla. Durante algunos días, se pensó que la guerra mundial era inevitable, bien porque la Unión Soviética intentara romper el bloqueo, o porque el mando estadounidense cediera ante los militares que pedían la invasión inmediata de la isla. Se evitó el desastre por muy poco, y los dos gobiernos llegaron a un pacto por el que se retiraban los misiles de la isla. A cambio, Estados Unidos prometía no invadir Cuba, y (secretamente) retirar sus propios misiles de Turquía. Durante décadas, siguió habiendo acciones encubiertas contra la administración de Castro, y los grupos anticastristas continuaron operando; algunos de ellos incluso pasaron a un terrorismo internacional declarado.

El arsenal nuclear de Estados Unidos se incrementó muy considerablemente durante estos años: de menos de 5.000 cabezas en 1959, se pasó a más de 20.000 en 1963, alcanzando un máximo en 1966-1967 con unas 30.000. (La Unión Soviética probablemente no llegó ni siquiera a las 5.000 hasta mediados de los sesenta.) Aparte de los mortíferos proyectiles balísticos intercontinentales situados en el Oeste del país, proliferaron las armas tácticas menores en las fuerzas de tierra, mar y aire, de modo que la estrategia estadounidense contemplaba la rápida escalada hacia la guerra nuclear en cualquier enfrentamiento con las fuerzas del Pacto de Varsovia. Aun así, el estado de preparación militar era una fuente constante de nerviosismo en estos años; el candidato demócrata John F. Kennedy utilizó con éxito la supuesta «deficiencia de misiles» contra su oponente republicano en 1960.

Pero ni siquiera las agresivas posturas militares y diplomáticas de los gobiernos del país les parecían suficientes a los conservadores de la línea dura, que pensaban que la guerra con los soviéticos era inminente, y que presidentes como Eisenhower y Kennedy estaban manejados por los comunistas. A lo largo de los años cincuenta y sesenta, las ideas ultraderechistas y anticomunistas se movilizaron a través de grupos extremistas como la John Birch Society y los *minutemen* (paramilitares), quienes creían que el comunismo había ganado ya a numerosos miembros de la élite política del país. En 1964, la extrema derecha tenía ya una notable influencia en amplios sectores del Partido Republicano, cuyo candidato a la presidencia, Barry Goldwater, proclamó que «el extremismo en defensa de la libertad no es ningún pecado». Para los medios de comunicación, Goldwater estaba fuera del juego político, y su campaña terminó en la aniquilación electoral; pero aun así obtuvo en torno al 40% de los votos populares. Su campaña sentó las bases necesarias para las posteriores victorias de los conservadores, especialmente en la era Reagan.

La crisis de los misiles en Cuba demostró, no obstante, que Kennedy podía ser tan vigorosamente antisoviético como cualquiera de sus críticos. Sin embargo, la posibilidad de una guerra real había provocado un enorme pavor tanto en los círculos políticos como entre la población, y los acuerdos internacionales, como el Tratado de Prohibición de los Ensayos Nucleares de 1963, son un buen ejemplo del deseo generalizado de apartarse del borde del abismo. A partir de ese momento, continuarían los conflictos con los

Cuadro 6.1.
Presidentes de Estados Unidos desde 1953

Presidente	Años de mandato	Partido
Dwight D. Eisenhower	1953-1961	Republicano
John F. Kennedy	1961-1963	Demócrata
Lyndon B. Johnson	1963-1969	Demócrata
Richard M. Nixon	1969-1974	Republicano
Gerald R. Ford	1974-1977	Republicano
James E. Carter	1977-1981	Demócrata
Ronald W. Reagan	1981-1989	Republicano
George Bush	1989-1993	Republicano
Bill Clinton	1993-2001	Demócrata
George W. Bush	2001-2009	Republicano
Barack H. Obama	2009-	Demócrata

comunistas, pero sólo en escaramuzas locales y mediante operaciones de «baja intensidad», por lo general en el Tercer Mundo. Tropas estadounidenses participaron en varias intervenciones militares dirigidas directa o indirectamente a frustrar supuestos avances comunistas, como por ejemplo en Líbano en 1958 y la República Dominicana en 1965. La política norteamericana pretendía contener el avance comunista en el Tercer Mundo a medida que África y Asia iban librándose del dominio colonial de países como el Reino Unido o Francia. Dicha tarea se vio dificultada por los poderosos ejemplos de China y Cuba, que en la década de 1960 fueron realmente atractivos para los países emergentes. El esfuerzo norteamericano contra el comunismo implicaba no sólo acciones secretas para desestabilizar y derrocar a gobiernos supuestamente de izquierdas, sino también acciones directas de asesores estadounidenses. Estados Unidos contribuyó de esta manera a la caída de regímenes izquierdistas en el Congo (1961), Irak (1963) e Indonesia (1965).

La implicación de Estados Unidos en conflictos geopolíticos vino a centrarse en el Sureste Asiático, donde los movimientos de la guerrilla comunista en Laos y en otros lugares alarmaron a la administración Kennedy. La región había vivido en la inestabilidad desde el final de la Segunda Guerra Mundial, cuando los comunistas lideraron la insurrección contra las tropas coloniales francesas. En 1954, habían obtenido una decisiva victoria en Dien Bien Phu, y Vietnam del Norte se convirtió entonces en un estado comunista, aumentando la presión sobre el anticomunista sur. A partir de 1957 se intensificó la actividad de las guerrillas en Vietnam del Sur, orquestada por los comunistas locales del Vietcong en estrecha alianza con el gobierno norvietnamita. Estos movimientos rebeldes como el Vietcong y el Pathet Lao raramente eran juzgados en función de las condiciones locales, sino que se les consideraba un instrumento del comunismo mundial, y específicamente de China, que se convirtió en una potencia nuclear por derecho propio en 1964. El pensamiento militar estadounidense obedecía a la «teoría del dominó», según la cual la victoria comunista en Laos y Vietnam llevaría a la subversión de los estados vecinos, que a su vez caerían como fichas de dominó hasta que el proceso acumulativo abatiera presas tan inmensas como India e incluso Australia.

Durante 1963 fue Vietnam y no Laos el principal escenario del conflicto. Las protestas contra el gobierno de Vietnam del Sur generaron en el país una gran crisis política que amenazaba con hundir el ejecutivo, que se pudo sostener gracias a la ayuda de Estados Unidos. El gobierno norteamericano envió a asesores militares para que organizaran el ejército survietnamita, además de moderno equipamiento militar. También los agentes de la CIA realizaron en secreto enérgicas campañas.

En agosto de 1964 –dentro de lo que fue un polémico incidente–, dos buques de guerra estadounidenses fueron supuestamente atacados por fuerzas comunistas en el golfo de Tonkín, aunque hoy en día muchos historiadores piensan que nunca existió tal ataque. Aun así, el Congreso aprobó una resolución que permitía al presidente «tomar todas las medidas necesarias para repeler cualquier ataque armado contra las tropas de Estados Unidos y para evitar nuevas agresiones», un vago documento que proporcionaba justificación legal a la inmensa escalada bélica que dio comienzo entonces. En febrero de 1965 la aviación de Estados Unidos empezó a bombardear objetivos en Vietnam del Norte, y en marzo llegaron las primeras tropas regulares de tierra para defender la base de Da Nang. Aunque ello no suponía el inicio de la Guerra de Vietnam, que llevaba en marcha desde 1946, sí significaba que la fase estadounidense del conflicto había empezado.

Resulta tentador considerar la política exterior de Estados Unidos en los años cincuenta y sesenta como una historia ininterrumpida de enfrentamiento con el comunismo, con la única variación del grado de riesgo nuclear de cada momento. Sin embargo, según los criterios de gran parte de la derecha, en 1963 el presidente Kennedy se había vuelto peligrosamente blando con el comunismo: había convenido en no invadir nunca Cuba, expresaba su preocupación porque Estados Unidos se hubiera involucrado tan directamente en Vietnam y simpatizaba activamente con la lucha de la población negra por los derechos civiles, que para la derecha no era más que otra táctica de la subversión comunista. Este contexto, naturalmente, plantea cuestiones sobre el asesinato de Kennedy en Dallas (Texas) el 22 de noviembre de 1963, hecho que ha provocado muchas especulaciones. La Comisión Warren, que investigó el homicidio poco después, atribuyó toda la responsabilidad a un solo autor, que habría actuado por retorcidos motivos personales. Otros han creído en conspiraciones más amplias, señalando como posibles culpables, entre otros, a los gobiernos soviético y cubano, o a miembros del estamento militar o del espionaje estadounidense.

La revolución de los derechos civiles

Aunque las tensiones internacionales suelen ir acompañadas de un aumento del autoritarismo o de la represión social dentro del país, en el interior de Estados Unidos la Guerra Fría fue en muchos aspectos un período de extremo liberalismo. En los años que van de 1954 a 1965 se produjo la «revolución de los derechos civiles», un movimiento que fue posible sólo gracias al apoyo del gobierno federal y del estamento judicial. Si bien gran parte de la elite política tendía a ser genuinamente liberal en estas cuestiones, también actuaron factores internacionales, pues Estados Unidos difícilmente podría pretender ganarse la amistad de antiguas colonias si estaba estigmatizado en todo el mundo por la discriminación y la violencia raciales. Los conservadores más inteligentes reconocían que la integración beneficiaría a la cruzada anticomunista mundial.

El movimiento contra la segregación en las leyes había hecho enormes avances desde principios de la década de 1940, con la crucial ayuda del Tribunal Supremo (veáse el capítulo 5). La sentencia en el caso Brown contribuyó a la difusión del movimiento de protesta por todo el Sur: el símbolo vino en 1955, cuando Rosa Parks, de Montgomery (Alabama), se negó a ceder a un blanco su asiento en el autobús. Los negros boicotearon el sistema público de transportes liderados por el pastor baptista Martin Luther King junior. El boicot a los autobuses, importante en sí mismo, fue sobre todo el símbolo de un movimiento político mucho más amplio en la década de 1950, ya que los propios negros trabajaron para que los cambios iniciados por los tribunales mantuvieran su impulso, y para que las radicales decisiones legales no cayeran sin más en el olvido. Además, los activistas negros –y sus aliados blancos– estaban siempre a la caza de oportunidades para involucrar al gobierno federal en el problema, y anular así la jurisdicción de las autoridades de las ciudades y los estados sureños. Los propios sureños se metieron en esta trampa cuando recurrieron a una represión tan radical que ofendió a la opinión pública del Norte, que a su vez exigió la intervención del gobierno federal. La televisión desempeñó un papel importante en todo este proceso, permitiendo que los espectadores fuesen testigos de enfrentamientos callejeros que de otro modo habrían sido ignorados o representados con menos fuerza.

Aunque quizás los presidentes, desde Eisenhower a Johnson, habrían deseado no tener una presencia tan activa en las cuestiones raciales como finalmente terminaron teniendo, la creciente agitación de los negros y especialmente la reacción blanca del Sur apenas les dejaron otra opción. La tarea de los activistas negros era provocar la represión sin que pudiera parecer que ellos mismos habían merecido esa respuesta violenta, y a menudo este dilema obligaba a los antisegregacionistas a buscar un delicado equilibrio. Aunque a veces puede parecer que la supresión de la segregación fue una bendición caída del cielo, de los tribunales y del gobierno federal, hay que subrayar siempre el papel de esta continua presión popular. La «revolución» de los derechos civiles no fue simplemente impuesta desde arriba.

En la década posterior a 1955 muchas protestas y boicots desafiaron la segregación racial tan ampliamente como pudieron, de modo que las autoridades sureñas se vieron frente a un desesperado dilema: o renunciaban a la discriminación o recurrían a una represión tal que provocaría la vergüenza nacional e internacional. Algunos grupos de activistas exigían ser servidos en restaurantes segregacionistas, y organizaban ocupaciones pacíficas de estos locales cuando eran rechazados. Esto ya era por sí mismo eficaz, pero adquiría aún mayor valor político cuando los activistas atravesaban las fronteras interestatales en líneas de autobuses y exigían que se les sirviera en los puestos de comida y restaurantes de las terminales: las «excursiones por la libertad» fueron el frente de ataque del movimiento en 1961. Cualquier incidente relacionado con el transporte interestatal llevaba automáticamente la cuestión al ámbito federal, y por tanto a la jurisdicción de los tribunales federales. Fueron muchos los individuos y grupos que surgieron para organizar el movimiento, destacando, además de King, la Conferencia para el Liderazgo del Sur Cristiano o SCLC (*Southern Christian Leadership Conference*), el Comité de Coordinación de Estudiantes No Violentos o SNCC (*Student Non-Violent Coordinating Committee*, también llamado «*Snick*»), el Congreso de Igualdad Racial o CORE (*Congress of Racial Equality*) y la vieja NAACP. Al menos inicialmente, todos profesaban la no violencia y la desobediencia civil al estilo de Gandhi, táctica que no sólo era moralmente correcta, sino también políticamente esencial para conseguir el apoyo de la población y evitar la enemistad con los votantes del Norte.

Como era de esperar, la campaña encontró oposición, pues suponía un importante desafío a las estructuras más firmemente arraigadas de la política y la sociedad sureñas, y la alianza con blancos radicales volvió a despertar los antiguos fantasmas del sexo interracial y el mestizaje. En 1957, el gobernador de Arkansas movilizó a la Guardia Nacional para impedir que se eliminara, como habían ordenado los jueces, la segregación en el sistema de colegios públicos de Little Rock, y tuvo que intervenir el presidente Dwight Eisenhower, que movilizó tropas federales para que se cumpliera la ley. En los años siguientes, muchos estados y asambleas legislativas del Sur se opusieron enérgicamente a lo que consideraban una deplorable tiranía federal, y algunos reformaron ostentosamente sus enseñas estatales para incorporar el viejo estandarte de la Confederación.

Además de las presiones a las que se veía sometido el gobierno federal, la mayoría de los gobiernos estatales del Sur que tan firmemente se oponían al cambio social eran ellos mismos demócratas, y pertenecían a regiones en las que los demócratas gozaban de una ventaja electoral abrumadora. Esta situación de los partidos estaba muy presente en la mente de la nueva administración Kennedy elegida en 1960, que ganó por una escasísima diferencia. Como ocurriría en las elecciones de 2000 y 2004, el cambio de unos pocos votos en cualquier dirección en un par de ciudades o de regiones podría haber modificado el resultado general y haber dado la victoria al partido contrario. En un primer momento, el presidente Kennedy hubiese preferido un movimiento de reforma más gradual en el Sur, un movimiento que no hubiese generado la oposición de tantos miembros de su partido; pero el activismo militante le obligó a actuar de una manera más decisiva en apoyo de los derechos civiles. Al igual que los líderes nacionales de la década anterior, Kennedy tenía muy presente el problema de la Guerra Fría, y trató de eliminar la opresión racial, que era un poderosísimo instrumento de propaganda comunista tanto en Europa como en el Tercer Mundo.

Entonces se aceleraron los acontecimientos. Tras la campaña de las «excursiones por la libertad» en 1961, el gobierno federal pasó al enfrentamiento con las autoridades de los estados. En 1962, la perspectiva de que un estudiante negro fuera admitido en la Universidad de Mississippi fue recibida con grandes disturbios en el campus, finalmente sofocados por las tropas federales y la Guardia Nacional, ahora bajo control de Washington. Se formaron un sinfín de grupos de «vigilantes» y terroristas, entre los que destacaba el renacido Ku Klux Klan. Fueron muchos los actos de vandalismo y violencia individuales dirigidos contra manifestantes por los derechos civiles. En 1963, el activista Medgar Evers fue asesinado en Mississippi, y en la explosión de una iglesia negra en Birmingham (Alabama) murieron cuatro niños. Al año siguiente, la campaña del «Verano de la Libertad» estuvo acompañada de muchos más ataques y asesinatos, lo cual atrajo la condena de todo el mundo e incrementó sin duda el apoyo de los no sureños a la adopción de amplias reformas legislativas. Aunque pocas personas lo habrían expresado de este modo, la respuesta negra a los excesos de los sureños blancos se podría resumir diciendo: «cuanto peor, mejor».

El movimiento en pro de los derechos civiles alcanzó su apogeo entre 1963 y 1965. En mayo de 1963, el centro simbólico del movimiento fue Birmingham, Alabama; allí, la policía empleó una violencia brutal contra los activistas. Aunque la realidad de estos hechos ya era de por sí suficientemente sobrecogedora, fue además una de las primeras veces en que unas imágenes televisadas galvanizaron a la opinión en varios países a las pocas horas de que ocurrieran: la imagen de la policía sureña utilizando perros y mangueras contra niños negros era difícil de olvidar. El mes de agosto de 1963 trajo una multitudinaria marcha a Washington, en la que Martin Luther King pronunció su apasionado discurso «Tengo un sueño» (I have a dream), una de las cumbres de la oratoria política estadounidense. La presión a favor de una ley federal de derechos civiles se hizo irresistible, tanto más cuanto que su causa estaba unida a la memoria del presidente mártir Kennedy. En 1964, el presidente Lyndon B. Johnson consiguió que se aprobara una amplia Ley de Derechos Civiles que prohibía la discriminación en los medios de transporte y en el empleo. Sin embargo, los negros seguían estando excluidos del derecho de voto por diversos mecanismos de selección claramente racistas, y sólo la Ley federal sobre el Derecho de Voto les permitió finalmente asegurar sus conquistas tras una reestructuración a largo plazo del sistema político. Una vez más, este avance se pudo conseguir como respuesta directa a la represión sureña, esta vez con un «Domingo sangriento» tras la despiadada disolución de una marcha de protesta en Selma (Alabama). En agosto de 1965 Estados Unidos contaba ya con una Ley federal sobre el Derecho de Voto cuyas consecuencias transformaron la política sureña. Aunque millones de negros tenían ahora efectivamente derecho a votar, el presidente Johnson reconoció también que, al firmar esa ley, estaba permitiendo que el «Sólido Sur» demócrata se pasara al Partido Republicano, por lo menos durante una generación. En 2004, los republicanos poseían 18 de los 22 escaños del Senado que correspondían a los estados que habían formado la vieja Confederación.

El poder negro (1966-1971)

Hacia mediados de los años sesenta, el movimiento en pro de los derechos civiles había alcanzado muchos de sus objetivos legislativos originales, aunque faltaban décadas para que se produjeran los cambios sociales que previsiblemente habrían de derivarse de ellos. Sin embargo, en este punto de aparente victoria se intensificaron gravemente los conflictos raciales en Estados Unidos, esta vez centrados sobre todo en las ciudades del Norte.

Hasta mediados de los sesenta, los activistas concentraron sus esfuerzos en los estados del Sur, y prestaron muy poca atención a la situación de los negros en el Norte. Desde 1964, sin embargo, en muchas ciudades de todo el país se produjeron disturbios en protesta por algunos episodios de violencia de la policía hacia la comunidad negra. De ahí en adelante, los disturbios de los «largos y cálidos veranos» se convirtieron en una constante de la vida urbana. Fueron estallidos mortales los que se produjeron en 1965 en el gueto de Watts, en Los Angeles, y a lo largo de 1967 en Newark y Detroit, mientras que el asesinato en 1968 de Martin Luther King provocó un levantamiento en Washington D. C. En Detroit, tropas federales fuertemente armadas llegaron para controlar la ciudad. En buena medida, estas resonantes manifestaciones eran sólo la punta del iceberg: sólo en 1967 hubo desórdenes en setenta y cinco ciudades.

En un primer momento, estos acontecimientos solían explicarse culpando a agitadores procedentes del exterior o a la manipulación comunista, pero una investigación realizada por una comisión presidencial claramente conservadora, encabezada por el gobernador de Illinois, Otto Kerner, dio una versión muy diferente: los disturbios eran bastante espontáneos, y sus causas estaban en el desempleo, la precariedad de la vivienda y unas prácticas policiales inadecuadas. Por fijarnos en el dato estadístico más claro, los negros representaban entonces aproximadamente el 10% de la población, pero constituían casi un tercio de los que vivían por debajo del umbral de pobreza. La crisis urbana reforzó la determinación del presidente Johnson de hacer del gasto social una prioridad nacional y de emplear estrategias del *New Deal* para construir una *Great Society* («gran sociedad»); el temor al desorden convenció a otros políticos más conservadores de que aceptaran estas medidas como una forma de impedir un caos aún mayor. El gasto de las autoridades federales y estatales en Seguridad Social aumentó radicalmente; del 11,7% del PNB en 1965, al 20% en 1975. Y había éxitos de los que presumir. Entre 1965 y 1974, el número de personas que aparentemente vivían por debajo del umbral de pobreza descendió en un 42%. Aunque por razones políticas no se pudo instaurar un plan nacional de asistencia sanitaria, Medicare (1965) llegó a ser un programa muy amplio y popular que proporcionaba protección universal a las personas de edad avanzada.

Para muchos negros, estos esfuerzos reformistas eran en el mejor de los casos triviales, y en el peor, parte de una conspiración permanente para engañar y sojuzgar a las clases bajas. Rápidamente aumentó el respaldo a las ideas de un nacionalismo negro que apoyaba más el separatismo que la integración, y que hacía hincapié en la autodeterminación e incluso en la autodefensa armada de las comunidades negras. Estas ideas se desarrollaron en el momento álgido del movimiento de los derechos civiles en el Sur, entre 1963 y 1965, cuando los activistas negros se fueron apartando de los liberales blancos que habían trabajado codo con codo junto a ellos durante la década anterior en grupos como el SNCC. Hacia 1966, la ruptura se hizo evidente, y nació una nueva militancia que estaba simbolizada en el eslogan «poder negro» (*black power*), popularizado por Stokely Carmichael.

Había algunos grupos radicales que se mostraban duramente antiblancos, lo cual resultaba chocante e incomprensible para los liberales blancos. La Nación del Islam, musulmanes negros, fue ganando apoyo en los guetos urbanos durante los años cincuenta y llegó a tener relieve nacional gracias a la oratoria de un líder carismático que tomó el nombre de Malcolm X (para la mayoría de sus miembros, la X simbolizaba el nombre africano perdido que había sido sustituido por un apellido blanco en la época esclavista). El propio Malcolm X se fue alejando cada vez más de los sectarios dirigentes musulmanes y se fue acercando a un islam más ortodoxo e indiferente a las razas, en el que no ya no cabía el violento y racista odio hacia los blancos. También adoptó una posición socialista revolucionaria, y proclamó la solidaridad con los emergentes movimientos del Tercer Mundo. Fue asesinado en 1965, pero sus discursos y sus textos inspiraron a toda una generación de activistas negros.

Llegado este punto, Martin Luther King se veía cada vez más marginado en el liderazgo negro por su oposición a la violencia. Los militantes le conocían, tristemente, como el hombre que había fracasado a la hora de dirigir a los mani-

festantes por los derechos civiles al combate contra la policía durante los conflictos de 1965 en Selma. Sin embargo,
sería un error verle como un idealista utópico que había
perdido el contacto con su tiempo. Su análisis de la situación a la que se enfrentaba Estados Unidos, y de los profundos cambios que serían necesarios para resolver la crisis,
era muy radical. Además, trató de difundir por todo el país
el tipo de activismo militante que había conseguido una victoria tan imponente con la Ley sobre el Derecho de Voto.
En 1966, lanzó el Movimiento de la Libertad en Chicago,
pero un feroz contraataque blanco dejó pasmados a los manifestantes pro derechos civiles. En 1967, el SCLC de King
lanzó una campaña general contra la pobreza, independientemente de la raza de los afectados y de si vivían en el
Norte o en el Sur. Esta «Campaña de los Pobres» *(Poor
People's Campaign)* patrocinó manifestaciones en las que se
pedía una declaración de derechos económicos.

Donde mejor se puede apreciar el radicalismo de King es
en el discurso que pronunció en la ciudad de Nueva York
en 1967, un año y un día antes de su asesinato; aunque por
supuesto no es tan conocido como «Tengo un sueño», tiene
al menos su misma fuerza. En esta ocasión, King condenó
absolutamente la Guerra de Vietnam, declaró su solidaridad con los pueblos oprimidos que luchaban en todo el
planeta, comparó la política de Estados Unidos con la de
los nazis y se mostró partidario de la negativa a incorporar-
se a las Fuerzas Armadas de quienes eran llamados a filas.
En muchos sentidos compartía el universo intelectual de
Malcom X y Stokely Carmichael, aunque los tres disentían
de manera esencial en el asunto clave de la violencia. Para
King, el verdadero revolucionario actuaba a través de la
compasión y la no violencia.

Sin embargo, otros grupos no compartían los escrúpulos de King sobre la violencia. En 1966, se fundó en Oakland, California, el partido de los Panteras Negras, cuyos cuadros armados y uniformados hicieron realidad todas las viejas pesadillas de los cuerpos policiales, tanto municipales como federales. Empleando magníficamente las relaciones públicas y aprovechando las afinidades de los liberales blancos, el grupo se convirtió en un fenómeno nacional al presentarse como la verdadera voz de una comunidad negra ultrajada y explotada. Sin duda, los Panteras Negras lograron atraer a muchos idealistas gracias a valiosos programas sociales que trataban de alimentar a los hambrientos, pero nunca rompieron del todo sus vínculos con grupos criminales y pandillas de reclusos. En parte inspirados por la retórica revolucionaria del Tercer Mundo, y tratando de hacer causa común con los comunistas vietnamitas, los Panteras Negras desarrollaron también un brazo armado, el Ejército de Liberación de los Negros (*Black Liberation Army*), o BLA, que se fue entregando cada vez más a actividades terroristas una vez que la policía eliminó la columna vertebral del partido en 1969-1970, y acabaron con la vida de varios policías.

Los conflictos raciales revolucionaron también el sistema penitenciario, donde la retórica nacionalista negra radicalizó a miles de reclusos. A finales de los sesenta, sobre todo en California, prisiones como San Quintín y Soledad se habían convertido en escuelas de formación revolucionaria, y escritores presos como George Jackson se revelaron como profetas del movimiento radical, negro y blanco. La sospechosa muerte de Jackson en 1971 fue el catalizador de varias protestas en las cárceles, que culminaron en un levantamiento en la de Attica, en el estado de Nueva York, en el que murieron más de cuarenta guardias e internos.

Crisis social

La intensificación de las tensiones raciales era sólo uno de los elementos de una amplia crisis social y política que estaba estrechamente relacionada con la continuación de la Guerra de Vietnam –la cual alcanzó su feroz apogeo entre 1966 y 1968–. En total, 8,7 millones de personas sirvieron en las Fuerzas Armadas de Estados Unidos durante la contienda, mucho más que en cualquier conflicto en que hubiera intervenido el país a excepción de la Segunda Guerra Mundial. El máximo nivel de participación directa se produjo a principios de 1969, cuando las fuerzas militares destacadas en Vietnam alcanzaron la cifra de 543.000 hombres. La guerra se cobró finalmente unas 58.000 víctimas estadounidenses, más un número indeterminado de vietnamitas, civiles sobre todo. Dos millones de personas es una estimación razonable del número total de muertos. La contienda provocó enormes daños materiales y sociales en Vietnam debido a los bombardeos, la deforestación y la destrucción de pautas culturales tradicionales al producirse la reubicación de las aldeas. No obstante, la perspectiva de la victoria se alejaba cada vez más a medida que aumentaba la implicación militar. El país se enfrentó al clásico problema de la guerra de guerrillas, a saber, que un ejército irregular gana este tipo de enfrentamientos simplemente por seguir existiendo, mientras que una fuerza regular pierde siempre que no consiga la victoria total. Ni las optimistas estimaciones del «recuento de víctimas» ni la supuesta destrucción de unidades del Vietcong podían esconder la continuada actividad de las tropas comunistas.

En enero de 1968, éstas lanzaron una dura ofensiva coincidiendo con la celebración del Tet, el Año Nuevo vietnamita. Esa ofensiva fue finalmente repelida, pero no sin que antes los atacantes hubieran intentado asaltar la embajada de Estados Unidos en Saigón y tomado durante un breve período la ciudad de Hue. Aunque militarmente los comunistas sufrieron una aplastante derrota, en términos propagandísticos su victoria fue casi total. La ofensiva demostró la falsedad de las optimistas afirmaciones estadounidenses sobre la inminencia de la victoria, y dio una idea de la cantidad de soldados que aún habría que enviar para conseguir un avance significativo hacia el éxito. Entre tanto, las protestas internacionales por los bombardeos estadounidenses tensaban las relaciones con la mayoría de sus aliados europeos y del resto del mundo. En contraste con guerras como la de Corea, ésta fue desde el principio una operación inequívocamente estadounidense: la intervención de aliados europeos clave como Inglaterra no fue ni siquiera simbólica, y esa ausencia no podía disimularse por la presencia menor de tropas cedidas por potencias regionales como Australia y Corea del Sur.

En 1968, la oposición interna a la contienda estaba alcanzando nuevas cotas. De nuevo en contraste con guerras anteriores, el presidente Johnson estaba decidido a que el reclutamiento se realizara con la mayor justicia posible, de modo que el alistamiento penetró profundamente en los hogares de clase media, además de en los de la población pobre y minoritaria. Esto sucedía en una época en la que los niños del *baby boom* estaban llegando a la mayoría de edad y aparecía además una explosiva cultura juvenil que se distanciaba de lo establecido y seguía otros estilos de vida: nuevas formas de pensamiento político y religioso, experimentación radical en música, vestimenta y apariencia personal, y un amplio consumo de drogas ilegales. En 1967, tuvo lugar el «verano del amor», junto con la popularización masiva del movimiento *hippie*. El lugar central que ocupaba la cultura de las drogas en ese fenómeno hizo que muchos jóvenes blancos tuvieran graves conflictos con la ley y las instituciones, y fomentó la simpatía por los proscritos, los delincuentes y los rebeldes.

La protesta contra la guerra encontró una entusiasta acogida en los campus universitarios, y las manifestaciones y sentadas estudiantiles fueron moneda común en la primavera de 1968. Los violentos conflictos con la policía se fueron haciendo cada vez más frecuentes, así como la resistencia activa al reclutamiento y la destrucción de las cartillas militares. Todo ello, además, coincidía con los prolegómenos de las elecciones presidenciales de ese mes de noviembre. Hasta las tropas destacadas en Vietnam mostraban signos de malestar, como sugieren algunos episodios de violencia racial y aumento del consumo de drogas, además de otros casos más localizados de amotinamiento y violencia contra los oficiales. Las atrocidades cometidas contra civiles vietnamitas, como la tristemente famosa matanza de varios cientos de aldeanos en My Lai en marzo de 1968, indican hasta qué punto la moral y la disciplina del ejército se habían hundido.

Tras la ofensiva del Tet, el presidente Johnson comenzó a desatender las peticiones militares de que se enviaran más tropas de infantería, y en marzo de 1968 ordenó la suspensión de los bombardeos en el Norte. Johnson anunció también que se retiraba de la inminente carrera presidencial, lo que presagiaba unas elecciones desacostumbradamente tensas y disputadas. En los meses siguientes, las balas de un asesino acabarían con la vida del candidato a la presidencia Robert F. Kennedy, el más destacado de los partidarios de la paz dentro del Partido Demócrata.

La tensión política llegó a un punto explosivo con motivo de la Convención demócrata celebrada en Chicago, cuando la policía local –en lo que se denominó una «revuelta policial»– reventó una manifestación contra la guerra. El hecho fue aún más traumático al producirse ante las cámaras de los informativos de televisión, que se habían congregado allí para seguir el trabajo –aparentemente irrelevante– de la propia Convención. Además, muchos de los manifestantes que fueron agredidos eran blancos de clase media y sabían expresarse bien, con lo que estaban en condiciones de ganarse las simpatías de muchos espectadores que antes se mostraban neutrales. La violencia en Chicago y en otros lugares estaba polarizando la situación. Para los conservadores, los manifestantes eran casi literalmente unos traidores a la nación y a sus soldados, que se estaban enfrentando a la muerte en los campos de batalla del Sureste Asiático.

Las protestas contra la guerra se asimilaban a otros tipos de violencia que estaban desgarrando el país, como los disturbios de los guetos y el aumento de la delincuencia callejera, de los que eran responsables principalmente los negros. El sentimiento derechista encontró expresión en el movimiento de «tercer partido» que organizó George Wallace, antiguo gobernador de Alabama, quien obtuvo casi diez millones de votos en las elecciones presidenciales de noviembre y consiguió cinco estados del Sur. Este movimiento populista y antiaristocrático recibió un apoyo sureño y obrero que normalmente habría ido a parar a los demócratas, cuyo candidato Hubert Humphrey perdió por muy poco ante el republicano Richard M. Nixon. Aunque en aquel momento el movimiento de Wallace se entendió nada más que en términos de una reacción racista blanca, también atrajo a votantes del Norte de clase tra-

bajadora o de minorías étnicas, es decir, el tipo de gente
que desde el *New Deal* había sido el corazón del Partido
Demócrata. El éxito de Wallace al ganarse a estos votantes
prefigura la facilidad con la que los conservadores posteriores abrirían una brecha en la coalición demócrata y
conseguirían realinear la política estadounidense hacia la
derecha.

Cuadro 6.2.
Resultados de las elecciones presidenciales, 1956-1988

Año	Candidato ganador*	Voto popular (millones)	Candidatos derrotados	Voto popular (millones)
1956	Dwight D. Eisenhower (R)	35,6	Adlai E. Stevenson (D)	26,0
1960	John F. Kennedy (D)	34,2	Richard M. Nixon (R)	34,1
1964	Lyndon B. Johnson (D)	43,1	Barry Goldwater (R)	27,2
1968	Richard M. Nixon (R)	31,8	Hubert Humphrey (D) George Wallace (I)	31,2 9,9
1972	Richard M. Nixon (R)	47,2	George McGovern (D)	29,2
1976	James E. Carter (D)	40,8	Gerald Ford (R)	39,2
1980	Ronald W. Reagan (R)	43,9	James E. Carter (D) John Anderson (I)	35,5 5,7
1984	Ronald W. Reagan (R)	54,3	Walter Mondale (D	37,5
1988	George Bush (R)	48,9	Michael Dukakis (D)	41,8

* Sólo aparecen los candidatos de un tercer partido que consiguieron más
del 5 % del voto popular total en un año determinado.
R = Republicano; D = Demócrata; I = Independiente.

Los acontecimientos de 1968 radicalizaron aún más el movimiento contra la guerra. Durante el año siguiente, la organización activista Estudiantes por una Sociedad Democrática se fraccionó, y diversos grupos de extrema izquierda lucharon por el control de lo que quedaba de ella. Algunos se identificaban como maoístas y trataban de seguir el radicalismo de la Revolución Cultural china. En 1969-1970, las protestas antibélicas inspiraron literalmente miles de actos de agresión o violencia, desde ataques con cócteles molotov e incendios hasta bombas en toda regla. Los manifestantes contra la guerra llevaban la bandera del Vietcong, tratando así de enfurecer a los conservadores y de desafiar a los moderados. El movimiento alcanzó su apogeo tras la invasión estadounidense de Camboya en abril de 1970, que provocó huelgas y protestas de mayor o menor intensidad en prácticamente todos los campus universitarios del país; cuatro estudiantes murieron en un enfrentamiento con la Guardia Nacional de Ohio en la Kent State University (y sólo unas semanas después otros dos estudiantes fallecieron en la Jackson State). La convergencia de violencia política y violencia racial entre 1967 y 1971 creó una situación similar a la de algunos de los años más sangrientos de la historia nacional, como los de mediados de la década de 1870 y el período 1919-1920.

Llegados a ese punto, mucha gente que habría condenado la extrema retórica revolucionaria estaba profundamente convencida de que era urgente poner fin a la guerra; el sentir pacifista atrajo especialmente a organizaciones religiosas y de derechos civiles. En el otoño de 1969, varios cientos de miles de personas participaron en enormes manifestaciones en Washington y en otros lugares. Un ejemplo del malestar de las elites políticas es el caso de los «papeles del Pentágono», que había salido a la luz en 1971, cuando un analista del gobierno filtró a la prensa gran número de documentos que revelaban cómo se habían tomado las decisiones que habían llevado a la situación vivida en Vietnam. La mayor parte de los principales medios de comunicación se oponía ya claramente a la continuación de la guerra.

Los manifestantes contra la contienda, principalmente blancos, fueron los que atrajeron en gran medida la atención de los medios, pero en esos años críticos muchos otros grupos estaban igual de insatisfechos con la sociedad estadounidense, y compartían una retórica común de opresión estructural generalizada, derivada a menudo de teorías marxistas y de la Nueva Izquierda. En los últimos años sesenta, los llamamientos al «poder negro» habían estimulado otros movimientos que análogamente se veían a sí mismos como víctimas de una opresión histórica colectiva. Los activistas hispanos de California y otros lugares formaron movimientos de «boina» siguiendo el modelo de los Panteras Negras, y se dedicaron a defender los derechos de los chicanos (mexicanos estadounidenses) o de los puertorriqueños. El «poder rojo» era un oportuno compendio del renacido movimiento de los indios americanos, y protagonizó espectaculares protestas y enfrentamientos con agentes federales. Todo ello culminó con la confiscación de sus territorios en Wounded Knee, lugar de la brutal matanza acontecida en 1890 que simbólicamente había puesto fin a los conflictos militares fronterizos del siglo anterior.

Aparte de los movimientos étnicos, lo que se podría denominar «sesentayochismo» se manifestó también en el movimiento en pro de los derechos de la mujer, un renacido feminismo que sería una de las tendencias sociales más importantes del Estados Unidos de finales del siglo XX. El movimiento se había originado a mediados de la década con la publicación de obras como *Femenine Mystique (La mística de la feminidad,* 1963), de Betty Friedan, y la formación de la Organización Nacional de la Mujer (NOW, *National Organization for Women),* y la idea explotó en la atmósfera política del 68. Kate Millett publicó en 1970 su *Sexual Politics (Política sexual).* Las campañas de las nuevas feministas se centraban especialmente en cuestiones sexuales que difícilmente se podrían haber planteado en el debate público de épocas anteriores, incluido el derecho al aborto. La violación era un tema central en su discurso, como elemento de un sistema de terrorismo sexual cuyo fin era sojuzgar a todas las mujeres, en un paralelismo directo con el linchamiento en la historia de los negros. A principios de los setenta, no pocas feministas radicales habían pasado a adoptar posturas «separatistas», y sus organizaciones políticas habían creado importantes secciones sobre el lesbianismo. El feminismo tuvo una enorme influencia cultural por su repercusión en los medios de comunicación y el mundo académico. Y sus efectos fueron lo bastante fuertes como para transformar el lenguaje mediante la difusión de una terminología neutra desde el punto de vista sociosexual.

El descontento con las concepciones tradicionales de la diferencia en función del sexo y de la sexualidad produjo el movimiento de los «derechos de los gays», afirmación de la homosexualidad como opción de vida normal y aceptable. Aquí el momento crucial fue una revuelta que se produjo en el Stonewall Bar de Nueva York en 1969, cuando los homosexuales decidieron responder al acoso policial al que eran sometidos desde hacía tiempo. Al igual que las feministas, los activistas por los derechos de los gays aparecieron en la década de 1970 como una poderosa presencia política en algunas zonas, donde provocaron los consiguientes cambios legales.

Por último, a finales de la década de 1960 nació el movimiento ecologista, que empezó a alzar la voz contra la contaminación del medio ambiente y otros abusos cometidos por la sociedad. Quizá su mejor propaganda fue la celebrada fotografía de la tierra tomada desde una nave espacial Apolo, en la que a la magnífica belleza verdeazulada del planeta se sumaba una sensación de fragilidad y de aislamiento en los hostiles desiertos del cosmos. Aunque rápidamente se convirtió en un cliché, esta sola imagen hizo mucho por difundir la atrevida idea de la «aeronave Tierra»: una mera embarcación cuyos tripulantes compartían el deber común de conservarla en buen estado. La Ley Nacional de Política Medioambiental de 1969 dio respaldo federal a los intentos de proteger el medio ambiente, a la cual siguió, en 1970, una Ley del Aire Limpio.

Era una cuestión que entusiasmaba a la población: 1970 fue testigo de la primera celebración anual del Día de la Tierra. En la nueva década, la defensa del medio ambiente se hizo más popular cuando los medios de comunicación se centraron en desastres ecológicos, como la grave contaminación del Love Canal y el accidente nuclear, casi catastrófico, de Three Mile Island (Pensilvania) en 1979. En 1977, el Tribunal Supremo acordó bloquear la construcción de una nueva presa argumentando que pondría en peligro la supervivencia del amenazado pez flechero *(snail darter),* y afirmó que «el Congreso estaba decidido a detener y revertir la tendencia a la extinción de las especies *costase lo que costase»*. Irónicamente, la agencia que se proponía construir la presa –y, por tanto, «el malo» desde un punto de vista medioambiental– era la Autoridad del Valle del Tennessee, que había sido uno de los principales símbolos del *New Deal* en su intento por mejorar la suerte de la gente corriente y de las comunidades pobres.

La crisis del Estado

Hacia 1971-1972, la reforma del sistema de reclutamiento y la disminución de la intervención en Vietnam redujeron radicalmente la magnitud y la dureza de las protestas contra la guerra. Es significativo que las protestas públicas por la invasión de Laos en 1971 fueran poca cosa en comparación con las que había provocado la de Camboya el año anterior. El presidente Nixon consiguió también notables éxitos diplomáticos con sus visitas a China y la Unión Soviética a principios de 1972. Quien tradicionalmente había sido un archienemigo del comunismo se presentaba en ese momento como un diplomático a escala mundial que abogaba por medidas de distensión con la Unión Soviética –una suerte de «paz fría»– y que negociaba la reducción del número de armas nucleares estratégicas.

No obstante, fue en aquellos momentos cuando el Estado se vio atacado y casi abrumado por una crisis política que provenía directamente de las disputas anteriores. Aunque suele recordarse como un singular caso de allanamiento, el escándalo del Watergate se derivaba en realidad de la respuesta de los servicios de información al movimiento contra la guerra. A lo largo de los años sesenta, las agencias de seguridad del Estado habían disfrutado de una enorme discrecionalidad para realizar vigilancias, escuchas, infiltraciones y sabotajes en movimientos izquierdistas y liberales. El

FBI era con diferencia el más activo de ellos con su amplio Programa de Contrainteligencia (COINTELPRO), especialmente dirigido contra las organizaciones negras.

Las tumultuosas protestas de finales de los sesenta provocaron una gran preocupación en la Casa Blanca durante la administración Nixon, que estaba muy insatisfecha con las actividades de inteligencia de otros organismos, especialmente desde que se acusó al movimiento contra la guerra de estar relacionado con otras instancias de espionaje extranjeras. En 1970, la Casa Blanca puso en marcha una operación especial de inteligencia basada en el uso de «fontaneros» cuyo trabajo era «taponar las fugas» en casos como el de los «papeles del Pentágono» y mantener vigilada a la siempre creciente lista de supuestos enemigos de la presidencia. Sus actividades incluían robos y vigilancia por medios electrónicos, todo ello realizado sin autoridad legal.

Las actividades de los «fontaneros» se vieron implicadas enseguida en la política electoral y en las cercanas elecciones presidenciales de 1972. Los «fontaneros» realizaron operaciones de sabotaje para romper las campañas de los candidatos demócratas más fuertes, y lo hicieron tan bien que el partido finalmente apostó por George McGovern, la más débil de las opciones existentes y el contrincante más fácil para Nixon. Otro posible aspirante demócrata era George Wallace, a quien durante la campaña disparó y dejó paralítico un «loco solitario» aspirante a asesino. En noviembre de 1972, Nixon derrotó a McGovern por una aplastante mayoría de 18 millones de votos populares, y de 520 votos en el colegio de electores frente a los ridículos 17 de McGovern, una de las victorias más devastadoras de la historia electoral del país.

El triunfo de Nixon fue efímero. En junio de 1972, varios «fontaneros» fueron detenidos mientras robaban en las oficinas del Comité Demócrata Nacional, situadas en el hotel Watergate de Washington. Los ladrones arrestados estaban vinculados tanto con la Casa Blanca como con un extraño submundo de agentes de la CIA y activistas cubanos anticastristas. Las investigaciones periodísticas en torno a los fontaneros pronto desvelaron una amplia operación de financiación ilegal utilizada por la administración Nixon para pagar operaciones secretas. Las pruebas de que la Casa Blanca estaba directamente implicada en el Watergate pronto se hicieron abrumadoras. En 1973, una comisión de investigación del Senado ofrecía casi a diario revelaciones sobre comportamientos indebidos. El escándalo entró en una nueva fase crítica cuando se supo que Nixon acostumbraba a grabar las conversaciones que tenían lugar en su despacho, lo que mostraba pruebas precisas de su implicación en actividades comprometidas. Aunque en las cintas había largos e inexplicables saltos, lo que quedaba era suficiente para demostrar la existencia de delitos que justificaban su encausamiento *(impeachment)*. El 8 de agosto de 1974 Nixon admitió lo inevitable y dimitió. Fue sucedido por su vicepresidente Gerald R. Ford.

Del mismo modo que el caso Watergate suponía mucho más que un simple y único robo, también las consecuencias posteriores fueron más allá de la destrucción política de Richard Nixon. La investigación provocó el procesamiento de muchos altos funcionarios, incluidos varios ayudantes de la Casa Blanca. La necesidad de impedir que se repitieran ese tipo de hechos espoleó la introducción de cambios legislativos, como por ejemplo una reforma del sistema de financiación de las campañas. En realidad, esas medidas fueron en gran parte contraproducentes. Aunque estaban pensadas para controlar la influencia de los donantes de

grandes cantidades de dinero, las nuevas leyes dieron muchísimo poder a los Comités de Acción Política (PAC), que
coordinaban las donaciones de una determinada industria
o un grupo de intereses. Una Ley sobre la Libertad de Información permitió también a los ciudadanos acceder a la
información recogida por los organismos federales.

Las agencias de inteligencia sufrieron con especial dureza
las consecuencias del Watergate. Entre 1974 y 1976 varias
comisiones presidenciales y del Congreso realizaron una
concienzuda búsqueda de las infracciones que hubieran
podido cometer los servicios de inteligencia durante las décadas anteriores, y los resultados de su labor fueron devastadores. Se demostró que la CIA había planeado el asesinato de dirigentes mundiales, y que casi con seguridad en
algunas ocasiones había ejecutado esos planes. En esos proyectos ilegales habían participado muy de cerca la mafia y
organizaciones extranjeras de delincuencia organizada. En
el interior del país, las comisiones de investigación pusieron
al descubierto los planes del Programa de Contrainteligencia (COINTELPRO) y del FBI para destruir a líderes como
Martin Luther King. La supuesta implicación oficial en los
magnicidios de las dos décadas anteriores intensificó aún
más la preocupación de los estadounidenses por esas revelaciones.

Estas sensacionales acusaciones dieron apoyo a un recelo
generalizado hacia el gobierno federal, hacia las agencias
encargadas de velar por el cumplimiento de la ley y hacia las
grandes instituciones en general. La hostilidad popular hacia Washington y hacia sus contaminadas camarillas tuvo
un importante papel en las elecciones presidenciales de
1976: Gerald Ford quedó muy debilitado por el perdón total que había otorgado a Nixon. Mientras tanto, su contrin-

cante demócrata Jimmy Carter se presentaba a sí mismo como el último forastero, como un baptista sureño de la Georgia rural, y ganó de manera convincente.

¿La caída de Estados Unidos?

La debilidad del ejecutivo tuvo repercusiones mundiales, e inició un período traumático para la política exterior del país. Vietnam fue uno de los primeros ejemplos. Desde 1969, Nixon venía aplicando una política de retirada de tropas de tierra al mismo tiempo que se mantenía la ayuda al ejército vietnamita y el apoyo aéreo. En diciembre de 1972, se reanudó el intenso bombardeo de Hanoi, y al mes siguiente un acuerdo de alto el fuego fue el fin del empleo de la infantería estadounidense. La idea era que las fuerzas aéreas seguirían apoyando a Vietnam del Sur, pero durante los dos años siguientes, tanto a Nixon como a Ford les resultó cada vez más difícil comprometer cualquier tipo de tropas en semejante empresa. En abril de 1975, Vietnam y Camboya cayeron en manos de los comunistas, y los telespectadores de todo el mundo contemplaron a los aterrorizados refugiados que intentaban escapar de Saigón en los últimos helicópteros estadounidenses.

Poco después, los sondeos de opinión pusieron de manifiesto el alto grado de descontento entre la población por la implicación de Estados Unidos en el exterior: una gran mayoría de los encuestados se oponía a cualquier intervención militar que tuviera por objeto proteger a cualquier país extranjero de una invasión o de la revolución comunista, con la excepción de Canadá. Este feroz aislacionismo se vio reforzado por los efectos del ataque a los servicios de inteligencia. La nueva Ley de Poderes de Guerra planteó importantes cuestiones constitucionales sobre el poder de la presidencia para intervenir en el exterior sin la total autorización del Congreso. Con Estados Unidos debilitado internacionalmente, la Unión Soviética consiguió extender su influencia a países del Tercer Mundo en los que no se habría atrevido a intervenir en años anteriores, sobre todo países africanos como Angola, Mozambique y Etiopía. Irónicamente, esa excesiva extensión del poder soviético contribuyó de manera significativa al hundimiento de su economía en la década de 1980, y por tanto a la victoria final de Estados Unidos en la Guerra Fría.

La percepción de la impotencia del país se vio agravada por los acontecimientos de Oriente Próximo, un área sobre la que los estadounidenses no habían tenido hasta entonces ni muchos conocimientos ni mucho interés, más allá de un apoyo emocional al Estado judío de Israel. En octubre de 1973, la guerra árabe-israelí del Yom Kippur provocó un embargo del petróleo árabe contra los países occidentales y una subida general de los precios que tuvo enormes repercusiones económicas. En este caso, un desastre político extranjero afectaba de manera inmediata a los consumidores estadounidenses, que se encontraron haciendo frustrantes colas para conseguir una gasolina cada vez más cara. Junto a otra crisis del petróleo en 1979, este hecho suscitó interrogantes sobre la organización básica de la sociedad, y sobre hasta qué punto ésta se había estructurado sobre la base de un abastecimiento ilimitado de energía barata. Oriente Próximo generó graves problemas otra vez en 1979, cuando a raíz de la revolución iraní subió al poder un régimen islámico que tomó como rehenes a cincuenta miembros del personal de la embajada de Estados Unidos. Una misión de rescate enviada en abril de 1980 terminó en desastre y los rehenes no fueron liberados hasta después de que Ronald Reagan sustituyera a Jimmy Carter en enero de 1981.

La sensación de que las ciudades se estaban hundiendo no hacía sino aumentar el descontento de la población. Aunque los disturbios urbanos disminuyeron considerablemente a partir de 1968, las ciudades se encontraron con una difícil situación fiscal: la clase media huyó a la periferia, con la consiguiente contracción de la base impositiva. Las ciudades tuvieron que hacer recortes en los servicios, lo cual provocó un descenso de la calidad de vida, y esto a su vez provocó la salida de un número aún mayor de habitantes, en una espiral negativa que parecía no tener fin. En el año 1975, la ciudad de Nueva York estaba al borde de la quiebra, y las huelgas del sector público en muchas ciudades afectaron incluso a la policía. El enorme crecimiento de las tasas de delincuencia era un índice clave del deterioro de la vida social.

Liberalismo y liberación

Desde el punto de vista político, la historia de Estados Unidos en las décadas de 1960 y 1970 parece un largo catálogo de desastres y decepciones, imagen que contrasta marcadamente con la experiencia social de la mayoría de la gente corriente en esos años. Fue una época de una enorme liberalización –y de hecho liberación– política y cultural, un tiempo de cambios sociales radicales que seguirían influyendo en la manera de comportarse durante décadas. Por encima de todo, fue una época de prosperidad, a una escala inimaginable en cualquier época anterior. En 1960 Estados

Unidos tenía un producto interior bruto de 513.000 millones de dólares, cifra que creció espectacularmente a pesar de los efectos de la inflación. El PIB pasó a un billón de dólares en 1970, a más de 4 billones en 1985 y a 6,5 billones a mediados de los noventa (en 2010, la cifra era de 14,5 billones). Para el ciudadano medio, el largo *boom* económico que se vivió desde principios de los cincuenta hasta principios de los setenta supuso una gran cantidad de nuevas oportunidades, reflejadas en el desplazamiento hacia la periferia de las ciudades –ahora posible gracias a que todo el mundo tenía coche– y en la expansión de la enseñanza superior. La forma de vida que antes era privilegio de los ricos estaba ahora al alcance de una inmensa clase media.

La creciente prosperidad repercutió especialmente en los jóvenes de la época, la generación del *baby boom* (véase cuadro 6.3). A comienzos de siglo, la tasa media de natalidad estaba en torno al 30‰, cifra que disminuyó hasta el 20 más o menos en la década de 1930. El *boom* la elevó aproximadamente al 25 de 1945 a 1960, pero después descendió bruscamente, y permanecería en torno al 15 durante las décadas de 1970 y 1980, y llegó a su nivel más bajo en 1973-1976. Así, la amplia cohorte de posguerra comenzó su adolescencia a finales de los años cincuenta, y entró en la madurez a finales de los sesenta y en los setenta. La cultura popular respondió a los gustos de ese próspero mercado con la música de los Beatles y la invasión británica, y después con el rock and roll nacional. En 1971, los *baby boomers* se beneficiaron de la Vigesimosexta Enmienda a la Constitución, que reducía la edad exigida para votar a los dieciocho años.

El cambio social se caracterizó por factores relacionados tanto con el sexo como con la edad. Los nuevos métodos

Cuadro 6.3.
Población de Estados Unidos, 1960-2010

Año del censo	Población nacional*
1960	179
1970	203
1980	226
1990	249
2000	281
2010	309

*Redondeada al millón más próximo.

anticonceptivos –sobre todo la introducción de la píldora en 1961– sirvieron para separar la sexualidad de la reproducción. Durante las dos décadas siguientes, la «revolución sexual» estuvo marcada por un grado mucho mayor de experimentación y por lo que la generación anterior había llamado promiscuidad, tendencia que no se detuvo hasta el descubrimiento de la enfermedad del sida en los primeros años ochenta. Los cambios sexuales, sociales y políticos se combinaron para transformar el papel de la mujer en la sociedad estadounidense. En los sesenta y setenta, le resultó mucho más fácil que antes trabajar fuera de casa, y alcanzar y esperar una vida independiente que muchas veces era imposible en el marco de la familia tradicional.

La nueva independencia coincidía con las aspiraciones del movimiento feminista, y estos factores contribuyeron al aumento del divorcio a partir de los primeros setenta. En parte, este cambio era el resultado de los conflictos que surgieron en la pareja sobre cuál debía ser el papel y las aspiraciones de la mujer, pero también se debía a que las mujeres con empleo podían llevar vidas independientes con mayor facilidad. El aumento del número de mujeres trabajadoras independientes afectó profundamente a la naturaleza de la vida política, y puso en primer plano cuestiones sociosexuales y morales que antes habrían sido rechazadas por triviales o incluso cómicas. En la década de 1980, el acoso sexual fue definido como un problema social. En 1991, en las audiencias que celebraba el Senado para confirmar al juez Clarence Thomas en el Tribunal Supremo, se airearon acusaciones de acoso sexual que hicieron del caso un escándalo nacional. Las mujeres fueron aumentando su presencia en el mundo de la política y de la empresa. En 1981, Sandra Day O'Connor se convirtió en la primera juez del Tribunal Supremo, y tres años después, Geraldine Ferraro fue la primera mujer en concurrir como candidata a la vicepresidencia por parte de uno de los partidos mayoritarios.

El Tribunal Supremo de Estados Unidos se convirtió en un abanderado del liberalismo social. Todo el proceso de integración racial partió en buena medida de la sentencia Brown de 1954, y tanto la máxima instancia judicial como otros tribunales federales hicieron un vigoroso esfuerzo para llevar hasta el final sus consecuencias. También en esos años se revolucionó la justicia penal, y el hecho racial a menudo se convirtió en un factor determinante, aunque tácito. Cuando examinaba un caso de malos tratos policiales hacia un sospechoso, el Tribunal solía sopesar las repercusiones de una determinada ley, no sobre un acusado cualquiera ante un tribunal cualquiera, sino específicamente sobre un acusado negro ante un tribunal racista del Sur. El poder judicial intentaba eliminar las «insignias de la esclavitud», y el sistema judicial estaba particularmente repleto de esos símbolos.

Entre 1961 y 1966, el Tribunal Supremo acometió una «necesaria revolución procesal» con una serie de decisiones de las que hacen época, como por ejemplo en el caso Miranda, en el que se hizo obligatorio informar al sospechoso, en el momento de su detención, de su derecho a permanecer en silencio, y en el caso Mapp, que reguló los procedimientos de busca y captura. En la sentencia del caso Gideon se confirmó el derecho a contar con un abogado en las causas penales. En todas estas causas se impusieron importantes sanciones a la policía por comportamiento indebido o ignorancia, y se anularon pruebas o testimonios obtenidos de forma irregular. Las condiciones de las prisiones se revisaron tan estrictamente que el sistema penitenciario de estados enteros se consideró basado en penas crueles e inusuales, por lo que se les ordenó que introdujeran numerosos y detallados cambios en sus procedimientos de actuación. Aunque no se abolió realmente, la pena capital fue de hecho suspendida en Estados Unidos después de 1967, y en 1972 la sentencia del caso Furman derribó todos los reglamentos relativos a ella (y sólo después de una meticulosa revisión se aprobaron otros nuevos en 1976). Estas reformas mostraron que los tribunales extenderían y harían valer los derechos individuales, y que los jueces ya no mirarían hacia otro lado ante los flagrantes abusos de la policía. Aunque esas decisiones se asocian especialmente con el nombre de Earl Warren (presidente del Tribunal Supremo de 1953 a 1969), el espíritu del «Tribunal Warren» sobrevivió hasta finales de los años setenta, y la aplicación práctica de la «revolución» fue a menudo obra de jueces de tribunales inferiores más que del propio Tribunal Supremo.

El «activismo» del Tribunal Supremo alcanzó también a cuestiones morales y de conducta personal. Sentencias como la del caso Brandenburg (1969) ampliaron el derecho a la libertad de expresión y defendieron la legalidad de expresar opiniones heterodoxas e incluso violentas. El Tribunal se enfrentó también a dilemas que planteaban los profundos cambios de las costumbres sexuales que se produjeron en la época. En 1965, el caso de Griswold contra Connecticut derogó la prohibición estatal del uso de métodos anticonceptivos, y además propuso como derecho constitucional fundamental el derecho a la intimidad personal. En una de las sentencias más controvertidas de la época, la sentencia del caso Roe contra Wade (1973), el Tribunal afirmó que las mujeres tenían derecho al aborto, con lo que la interrupción voluntaria del embarazo se convirtió durante décadas en una de las cuestiones más enconadas de la política nacional.

Las decisiones de los tribunales revolucionaron también los criterios de lo que era aceptable o no en el cine y la literatura. En 1957, la sentencia en el caso Roth proporcionó una eficaz defensa contra las acusaciones de obscenidad al permitir que el acusado argumentara que su obra tenía hasta cierto punto una función social redentora, y también que se tomaran en cuenta en cada caso los criterios de la comunidad de ese momento. Para bien o para mal, los libros y las películas estadounidenses de los setenta incluían habitualmente imágenes y diálogos que una década antes habrían servido para condenarlos como irremisiblemente pornográficos.

Las políticamente sombrías décadas de 1960 y 1970 se caracterizaron también por el florecimiento de la cultura estadounidense, y sobre todo de una literatura que brilló de manera especial durante los años de mayor conflicto político. En la narrativa, entre los escritores que estaban entonces en su mejor momento creativo figuran Norman Mailer, William Borroughs, John Barth, Saul Bellow, E. L. Doctorow, Richard Brautigan, Robert Stone, John Updike, Ken Kesey, Robert Coover, William Kennedy y Gore Vidal. De las muchas novelas notables de ese período, atrajeron especialmente la atención de la crítica obras como *Catch 22* (1962), de Joseph Heller, *Matadero cinco* (1969), de Kurt Vonnegut, y *El arco iris de la gravedad* (1973), de Thomas Pynchon.

En más de un sentido, en esos años se derribaron las barreras literarias. Algunas de las novelas más destacadas procedían de géneros antes considerados menores, a distancia de la literatura seria, como por ejemplo la ciencia ficción y los mundos de fantasía creados por autores como el propio Vonnegut, Ursula K. LeGuin, Philip K. Dick y Harlan Ellison. Aunque la idea de establecer un canon de grandes obras ha sido muy discutida, cualquier lista de los escritores más dotados de la época incluiría ahora un contingente mucho mayor de mujeres y miembros de minorías, como por ejemplo Alice Walker, Ishmael Reed, Ralph Ellison, Leslie Marmon Silko y Toni Morrison. Las selecciones que, retrospectivamente, se hacen hoy sobre las mejores obras estadounidenses de ficción de finales del siglo XX suelen situar a *Beloved* (1987), de Morrison, en los primeros puestos, si no el primero. En las artes plásticas, los movimientos más influyentes de la época traspasaron las fronteras entre alta cultura y cultura popular, sobre todo con el pop art y los estilos próximos de Andy Warhol y Roy Lichtenstein.

El rechazo de los años sesenta

Entre 1965 y 1975, Estados Unidos vivió una revolución social. Los cambios se hicieron notar sobre todo en ámbitos como la conducta sexual y la estructura familiar (el consumo de drogas es un valioso indicador del respeto por la ley). A finales de la década de 1970, el consumo de drogas (especialmente marihuana) era fuente habitual de chistes en los medios de comunicación; la moda de la cocaína entre la clase media blanca alcanzó su punto álgido en torno a 1980. Pronto se produjo una reacción social, tanto contra los excesos de los sesenta como contra algunas de sus conquistas más destacadas. En cuestiones raciales, la revolución de los derechos civiles hizo que se intentara alcanzar legislativamente la equidad mediante medidas de discriminación positiva, y el *busing* (traslado en autobús escolar) ordenado por los tribunales trató de establecer el equilibrio racial en los distritos escolares. Ambas estrategias causaron una agria división, y el *busing* provocó desórdenes civiles en varias ciudades septentrionales a mediados de la década de 1970, en especial en Boston.

La preocupación por la decadencia de los valores morales se reflejó en esos años en una fuerte deriva religiosa, con el auge de las iglesias conservadoras, fundamentalistas y pentecostales. Entre finales de la década de 1960 y principios de la de 1980, confesiones liberales como los episcopalianos, metodistas y presbiterianos sufrieron un cataclísmico descenso del número de seguidores, perdiendo en algunos casos el 20-30% de sus fieles en tan sólo veinte años. Entre tanto, iglesias conservadoras como los baptistas del Sur y las Asambleas de Dios registraban crecimientos del 50 o el 100% en el mismo período. Durante los años ochenta, los sondeos de opinión solían indicar que cerca de la mitad de la población creía firmemente en la explicación de la Creación que figura en el Génesis, y rechazaba la evolución como una moda secularizadora; asimismo, la mayoría quería que su postura se enseñase en las escuelas públicas. Ese nuevo evangelismo se hizo públicamente visible a través de redes de editoriales y librerías cristianas, así como del trabajo televisivo de predicadores como Jerry Falwell y Pat Robertson. En política, el nuevo electorado religioso se movilizó inicialmente en apoyo del candidato baptista Jimmy Carter (1976), pero después los evangelistas se adhirieron claramente a la extrema derecha laica.

A partir de los últimos años de la década de los setenta, los evangelistas y los conservadores políticos encontraron una causa común en el movimiento contra el aborto y en la lucha para impedir que los estados y las ciudades adoptaran medidas en pro de los «derechos gays» para extender la protección de los derechos civiles a los homosexuales. También fue crítica la campaña contra la propuesta de aprobar la Enmienda a la Constitución sobre la Igualdad de Derechos, ERA en sus siglas en inglés, con la que se prohibía la discriminación por razón del sexo. La enmienda había sido aprobada por el Congreso con la mayoría necesaria, pero después tenía que ser ratificada por un determinado número de estados. Esta campaña galvanizó el movimiento feminista: en 1978, 100.000 personas se manifestaron en Washington para apoyar la medida, y la NOW tuvo un crecimiento constante. Sin embargo, los opositores también se movilizaron y la enmienda no consiguió el apoyo de suficientes estados. El movimiento cristiano conservador encontró una base estructural en la Mayoría Moral, fundada en 1979.

La preocupación por el declive moral se vio reforzada por cuestiones de política exterior, que galvanizaron a la derecha conservadora durante los últimos años setenta. Además de la crisis iraní de los rehenes y los momentos de escasez de gasolina, la debilidad del país se hizo patente al proponer un tratado que permitiría devolver a Panamá el control del canal del mismo nombre. Entre tanto, la invasión soviética de Afganistán en 1979-1980 revivió los temores de la Guerra Fría. Incluso el liberal presidente Carter respondió reinstaurando el registro de servicios selectivos, que era el requisito necesario para un nuevo reclutamiento militar. La administración Carter también apoyó a los muyahidines, los militantes islamistas que luchaban contra la ocupación soviética. La tensión internacional parecía confirmar las tesis conservadoras sobre la inminencia de un conflicto mundial y la necesidad del rearme, y justificaba las diatribas contra las negociaciones para la limitación de los armamentos que se estaban celebrando con la Unión Soviética. En 1980 el centro del debate político se situaba ya mucho más a la derecha de lo que había estado tres o cuatro años antes. El Partido Republicano eligió como candidato a la presidencia a Ronald Reagan, criticado por muchos una década antes como un hombre de la extrema derecha. La victoria de Reagan ese mes de noviembre se vio facilitada por la deserción de millones de votantes liberales que abandonaron a Carter por el independiente John Anderson; los republicanos ganaron de manera convincente, se hicieron con el control de la Casa Blanca y el Senado, e iniciaron una década de políticas militantemente derechistas. A partir de 1989, la política de Reagan fue en gran medida continuada por su sucesor, George Bush, que había sido hasta entonces vicepresidente.

Las victorias de Reagan en 1980 y 1984 se asemejaron a las anteriores de Nixon en el sentido de que ambos se beneficiaron de los cambios de la geografía electoral que hemos analizado antes. El auge del *Sunbelt* y de los estados occidentales benefició a las causas políticas y las actitudes dominantes en esas regiones. Especialmente en la década de

1980, esto se traducía en una mayor hostilidad hacia el intervencionismo del gobierno, la actividad sindical y la seguridad social; una mayor afinidad con los intereses de la derecha religiosa, y un mayor apoyo a la industrias de defensa y aeroespacial, que estaban desproporcionadamente localizadas en esas zonas. En el renacimiento político del Sur fue también crucial el hecho de que los conflictos sobre los derechos civiles habían primero debilitado y finalmente destruido la larga hegemonía de los demócratas en el Sur. Los votantes de estos estados reconocieron, al principio con renuncia pero después con entusiasmo, su natural afinidad con la conservadora Nueva Derecha, que tenía su expresión en el Partido Republicano de Reagan. La demografía sentó bases muy sólidas para la nueva política de Dios y nación, bandera y familia.

La era Reagan

En su política exterior, la administración Reagan veía el origen de casi todos los problemas en las agresivas intenciones del «imperio del mal» soviético y de sus títeres en todo el mundo. Con ese supuesto, la tercera guerra mundial no era sólo una probabilidad, sino que incluso había empezado ya con los sistemáticos ataques a Occidente por parte de las ocultas fuerzas del comunismo, que es como se etiquetaba prácticamente a cualquier grupo que se enfrentara a un aliado de Estados Unidos. Si el terrorismo era un instrumento soviético para desestabilizar a Occidente, exigía una reacción apropiada, la llamada «doctrina Reagan»: la promesa de ayudar al anticomunismo militante en cualquier país dominado por los rojos. Por todo el Tercer Mundo se liberaron las fuerzas clandestinas de la CIA contra los gobiernos prosoviéticos más débiles: en Angola, Mozambique, Etiopía, Camboya y, sobre todo, Afganistán, considerado como un posible Vietnam soviético.

Esa guerra secreta estuvo acompañada de un enorme desarrollo de las fuerzas militares de todo tipo mediante programas de modernización y revitalización, que sólo podían justificarse en el contexto de unas hostilidades inminentes. El presupuesto del Departamento de Defensa pasó de 136.000 millones de dólares en 1980 a 244.000 en 1985, sin tener en cuenta las inversiones relacionadas que yacían semiocultas en el gasto de otros departamentos, como en el de Energía. La administración Reagan financió ese desarrollo de la defensa a través de un déficit de una escala sin precedentes en tiempos de paz. Aun en los peores momentos de la Guerra de Vietnam, el gobierno de Estados Unidos sólo había incurrido, excepcionalmente, en un déficit de unos 25.000 millones (el 3% del producto interior bruto) en un solo año, y en 1969 el presupuesto nacional tuvo incluso superávit. Con el gobierno de Reagan, sin embargo, se abandonaron las restricciones anteriores y los déficits anuales de 200.000 millones de dólares (el 5-6% del PIB) fueron habituales a mediados de la década de 1980. La deuda pública total se duplicó entre 1980 y 1985, y en 1987 se superó finalmente la barrera del billón de dólares en gastos. La crisis del déficit fue en gran medida una consecuencia directa de los extraordinarios gastos militares de Reagan. Como veremos, este hábito cada vez más común de gastar a cuenta del déficit proyectaría una larga sombra sobre el nuevo siglo.

Entre otras muchas cosas, con ese dinero se compró una nueva generación de misiles y armas nucleares pensadas más para una guerra nuclear que para la disuasión de un enemigo potencial, armas tan precisas que los soviéticos bien podrían verse obligados a lanzar un ataque nuclear para impedir la destrucción de sus instalaciones de mando y control. Los más temidos eran los misiles «Pershing» y «Cruise», de alcance intermedio, que se instalaron en Europa Occidental en 1983, lo cual provocó un masivo movimiento de protesta en Inglaterra, Alemania Occidental, Italia y otros países que no tenían ninguna gana de servir de «escenario europeo» en un posible cataclismo. También en torno a esa época anunció Reagan el inicio de un programa de defensa mediante misiles espaciales, popularmente conocido como la «guerra de las galaxias», el cual, al margen de su viabilidad técnica, intensificó el pánico de los dirigentes soviéticos ante la vulnerabilidad de su país. El momento culminante de este renacer de la Guerra Fría tuvo lugar en 1983, cuando un asustado militar soviético derribó un avión comercial coreano que había entrado en su espacio aéreo, al parecer creyendo que lo que hacía era probar los radares defensivos antes de un ataque nuclear estadounidense. En noviembre de ese año, los soviéticos estuvieron a punto de organizar un ataque nuclear preventivo, con lo que la posibilidad de una guerra mundial fue más real que nunca desde la crisis de los misiles en Cuba.

La nueva política de enfrentamiento era también evidente en lo que los líderes conservadores solían llamar «el patio de atrás» de la nación: Centroamérica y el Caribe sustituyeron entonces al Sureste Asiático como principal campo de batalla de la Guerra Fría. En los años setenta se establecieron regímenes radicales en Nicaragua y Granada, y hacia 1980 parecía probable que las guerras civiles de El Salvador y Guatemala derribarían más fichas de dominó para la causa soviética. Como en otras ocasiones, esas situaciones se analizaban sólo en términos de conflicto geopolítico, sin atender prácticamente nada a las rivalidades y tensiones internas que habían producido esas crisis concretas. El gobierno de Reagan invirtió la política de contención de Carter en Centroamérica, y envió ayuda para reforzar los efectivos militares de los estados que estaban en primera línea en la lucha contra los rebeldes, una política que atrajo críticas cuando los regímenes de El Salvador y Guatemala fueron acusados de numerosas atrocidades. Hubo matanzas y las actividades de los «comandos de la muerte» se dirigieron contra todo el que tuviera inclinaciones liberales, moderadas u obreristas, y especialmente contra las poblaciones indígenas.

En 1983, un golpe militar en la isla de Granada proporcionó la excusa para el ataque y la ocupación estadounidenses, dejando a Nicaragua y Cuba como únicos bastiones de la izquierda en el hemisferio. Granada tenía un significado simbólico que iba mucho más allá de su importancia militar, pues el gobierno intentaba deliberadamente curar el «síndrome de Vietnam» y acostumbrar una vez más a la población a la perspectiva de choques directos con fuerzas comunistas, aun cuando ello causara bajas de ciudadanos estadounidenses. Esta actitud moldeó también la política antiterrorista de Estados Unidos, en la que se contemplaba el ataque directo a los países que supuestamente protegían a los terroristas –tal fue el caso del bombardeo de Libia en 1986–. Durante algunos años, Nicaragua pareció un candidato idóneo para la invasión, pero en este caso se optó por acosar al gobierno mediante una fuerza anticomunista rebelde, la «Contra», creada y armada por asesores estadounidenses. Aunque los contras no lograron derrotar al gobierno nicaragüense, provocaron un trastorno tal en el país que obligaron al régimen a sentarse en la mesa de negociaciones, y el Partido Sandinista fue derrotado en las elecciones de 1990. Las guerras patrocinadas por Estados Unidos en Centroamérica costaron cientos de miles de vidas, sobre todo de civiles.

Oriente Próximo fue otra zona en la que la nueva administración intentó atacar al comunismo, al que consideraba la fuerza impulsora que se escondía tras la facción izquierdista y musulmana de las guerras civiles del Líbano. En los años 1982 y 1983, las tropas estadounidenses se encontraban en Beirut contrarrestando teóricamente otros intereses inspirados por la Unión Soviética. En realidad, la intervención colocó a Estados Unidos en conflicto directo con las fuerzas islámicas fundamentalistas, organizadas principalmente desde Irán, iniciando así un combate con el terrorismo islámico que se iría haciendo cada vez más desgarrador a finales de siglo. Sabiendo como sabemos de qué manera se desarrollaría esta historia, y lo devastadores que serían los posteriores ataques antiamericanos, es deprimente ver cómo este enfrentamiento comenzó casi de manera accidental, en lo que Estados Unidos consideró un escenario secundario dentro del conflicto general Este-Oeste.

Un aspecto del enredo de Oriente Próximo supuso de manera inmediata una amenaza para la administración Reagan, que estuvo a punto de sufrir un desastre tan completo como el que había hundido a Nixon. La administración Reagan vendió ilegalmente armas a Irán como parte de un trato para conseguir la liberación de rehenes estadounidenses que se encontraban en Líbano. En torno a 1985, parte de los beneficios obtenidos en ese trato se desviaron para financiar a la Contra de Nicaragua, a la que el Congreso de Estados Unidos se había negado a apoyar a la vista de su funesto registro en materia de derechos humanos. De esta manera, el ejecutivo puso en marcha tanto un sistema fiscal alternativo y privado como una red de inteligencia para llevar a cabo su política, con lo que una ilegalidad se sumaba a otra ilegalidad. El caso salió a la luz en noviembre de 1986 y el asunto «Irán-Contra» dominó los titulares de los medios de comunicación durante los dos años siguientes. Hasta las pruebas de dominio público daban base más que suficiente para encausar al presidente y a varios de sus asesores más cercanos, y eso sin tener en cuenta la proliferación de rumores sobre la implicación del gobierno en el tráfico de drogas en apoyo de la causa de la Contra. Sin embargo, el Congreso se contuvo en sus investigaciones sobre el caso, deseoso de impedir que se repitieran los desastres de la inteligencia de mediados de los años setenta, e inquieto ante la perspectiva de emprenderla con un presidente todavía popular. Así es que Reagan consiguió terminar su mandato según el calendario previsto y sin la debacle política que en 1986-1987 había parecido inevitable.

Valorar el legado de Reagan resulta una cuestión controvertida. Los conservadores se atribuyen todo el mérito del hundimiento de la Unión Soviética y de otros estados comunistas a partir de 1989, hundimiento que ven como una consecuencia directa de su fallido intento de igualar el rearme de Estados Unidos, agravado por el desastre soviético en Afganistán. Sin embargo, nunca podremos saber qué habría sucedido si Occidente hubiera mantenido una política de contención tradicional y hubiera evitado la arriesgada estrategia que en 1983 estuvo a punto de hacer estallar tanto el mundo occidental como el mundo comunista.

La era Reagan sí que consiguió reducir el nerviosismo de la población por los compromisos en el exterior, especialmente en los conflictos del Tercer Mundo, y sucesivas administraciones de ambos partidos mostraron una nueva disposición a intervenir militarmente. Así se puso de manifiesto en las acciones «policiales» de Panamá (1989) y Haití (1994), y en la intervención de las grandes potencias en Bosnia en 1995-1996 y en Kosovo en 1999. Irónicamente, las enormes cantidades de equipamiento militar que se compraron durante la década de 1980 se emplearon no contra el superestado soviético, sino contra otro enemigo mucho menos temible, el dirigente iraquí Sadam Hussein, después de que éste ocupara Kuwait en 1990-1991. La operación «Tormenta del Desierto», que expulsó expeditivamente a Sadam de Kuwait, fue un éxito militar y diplomático para Estados Unidos. Pero en este período hubo también una cuota de llamativos desastres a pesar de que los contrincantes tuvieran una tecnología infinitamente menos avanzada que la del ejército estadounidense. La pérdida de soldados y los reveses políticos tanto en Beirut en 1983 como en Somalia de 1992 a 1994 tendieron a reavivar los traumáticos recuerdos de Vietnam.

La nueva moral

El rearme militar de Reagan iba acompañado de una reconstrucción moral, y los experimentos sociales de la década de 1960 sufrieron una inversión tan completa como la herencia de Vietnam en la política exterior. Se reevaluaron las causas de los problemas sociales: los comportamientos perniciosos y desviados obedecían al pecado y la maldad personal, no a disfunciones sociales o económicas. Para los conservadores de la era Reagan, lo más importante en las cuestiones morales (así como en las económicas) era hacer de nuevo hincapié en la responsabilidad del individuo, y negar la eficacia o validez de las soluciones que subrayaran la dimensión estatal o social. La política social de Reagan supuso grandes recortes en el gasto de bienestar social, al mismo tiempo que se incrementaban los presupuestos de la policía y el sistema penitenciario. Los delincuentes se encontraron en general con una respuesta más dura y más punitiva que sustituía a las políticas sociales y de reinserción que se habían defendido durante y después de la *Great Society* del presidente Johnson. El nuevo conservadurismo halló una agresiva expresión en la guerra contra la droga que se declaró a mediados de la década y que reafirmó la disciplina moral que tanto se había cuestionado en los años anteriores. En este ámbito, las draconianas penas disuadieron a la mayoría de los consumidores esporádicos de clase media, pero al precio de criminalizar a millones de negros y miembros de otras minorías. El tamaño de la población penitenciaria se disparó.

La visión conservadora del cambio social se apreciaba también, de forma muy clara, en los estereotipos y en el pánico moral que dominaron los medios de comunicación y el debate político durante esos años. Las recurrentes pesadillas y oleadas de preocupación con respecto a diversas fuerzas externas que parecían representar una grave amenaza para la población incluían no sólo a pequeños y grandes traficantes de drogas, sino también a terroristas, tanto extranjeros como nacionales, asesinos en serie, pederastas y pornógrafos, que se consideraban un enorme peligro para los niños estadounidenses. En el contexto político de esos años, cada una de esas amenazas aparentemente distintas tenían en el fondo funciones similares: personificar la inmoralidad y el mal absoluto que habían surgido como consecuencia de la decadencia moral y política de las administraciones anteriores, de la ruptura de la familia y del hedonismo sexual de los quince años anteriores. Los «peligrosos marginales» eran útiles para justificar los cambios burocráticos y legales con los que se quería invertir esa supuesta decadencia. Varios estallidos de pánico social a causa de las drogas, el abuso de menores, los asesinatos en serie y el terrorismo permitieron al FBI y a otros organismos policiales deshacerse de las estrictas restricciones que se impusieron en los años setenta.

En 1989, cuando la amenaza soviética se estaba hundiendo casi hora a hora, los cárteles internacionales de la droga aparecieron como el nuevo «imperio del mal» en el que centrar la política y con el que justificar el mantenimiento de un sistema de seguridad nacional en gran medida obsoleto. Ese mes de septiembre, el presidente Bush declaró que las drogas, y en concreto el crack, eran «la mayor amenaza interna a la que se enfrenta hoy el país». Poco después la retórica de la amenaza de la droga se utilizó en Panamá para justificar la invasión de un estado independiente. Según fue desapareciendo la amenaza del crack durante la década de 1990, sucesivas administraciones intentaron despertar una concienciación similar respecto de otras drogas de las que se decía que estaban «barriendo la nación»; era el caso de la metanfetamina o el speed. La guerra contra las drogas estaba completamente institucionalizada.

Pero a pesar de su actividad en el frente de las drogas, Bush nunca consiguió atraer suficientemente a los conservadores sociales, para quienes el Partido Republicano no se dedicaba como debía a las cruzadas en pro de la moralidad. Estas cuestiones morales salieron a la luz de manera espectacular en la campaña presidencial de 1992, en la que el insurgente candidato derechista Patrick Buchanan galvanizó a los conservadores sociales en la Convención Nacional de los republicanos. Buchanan advirtió de que «en nuestro país hay una guerra religiosa en marcha por el alma de Norteamérica. Es una guerra cultural, tan decisiva de cara al tipo de país que seremos algún día como lo fue la propia Guerra Fría». Aunque teóricamente Buchanan hablaba en nombre del presidente Bush, de hecho muchos conservadores tenían dudas acerca del compromiso del gobierno con estas cuestiones tan preciadas para ellos. La expresión «guerra cultural» resumía esta preocupación generalizada por cuestiones de moralidad, como el aborto, la homosexualidad, el fácil acceso a la pornografía y la exclusión de la religión de la vida pública. Y tras esta preocupación subyacía la idea de que los tribunales federales se habían extralimitado gravemente de su propio papel constitucional imponiendo el liberalismo social y sexual a una nación reticente. Los liberales, por su parte, estaban horrorizados por lo que consideraban aspectos represivos y teocráticos del discurso de Buchanan.

La dimensión económica

Durante la mayor parte de su mandato, Ronald Reagan disfrutó de un importante *boom* económico, alimentado por el incremento del gasto en defensa, la desregulación de los mercados financieros, el decaimiento de las organizaciones obreras y la supresión de muchas restricciones a las actividades de las empresas. Además, en esos años el país entró irremisiblemente en la era de la información (la mayoría de las innovaciones clave de la informática se debe a empresas estadounidenses como IBM, Apple y Microsoft). Las bolsas subieron como la espuma, aunque el crecimiento fue desigual y había indicios de importantes fallos. Las industrias manufactureras se estancaron en el llamado *Rustbelt* («Cinturón oxidado»: zonas del Noreste y el Norte central en declive industrial), y la agricultura del Medio Oeste inició un período de grave crisis. A mediados de la década, la caída de los precios del petróleo provocó un desastre económico en Texas y en el *Oil Patch* («zona petrolífera»). Y aunque las cifras de empleo de la economía reaganiana parecían saneadas, preocupaba el hecho de que muchos de los puestos de trabajo estaban relativamente mal pagados y por lo general carecían de la estabilidad y las prestaciones sociales del sector manufacturero. La tasa oficial de desempleo aumentó de un 6% en 1978-1979 hasta casi un 10% en 1982-1983.

También en el ámbito internacional había signos preocupantes: existía una mayor competencia de los países de Asia y de la costa del Pacífico. Durante algunos años, los encargados de definir las políticas de Estados Unidos temieron sobre todo un desafío global por parte de Japón, pero otros países asiáticos también estaban creciendo económicamente. La idea de un mundo dominado por los países asiáticos ribereños del Pacífico fue desapareciendo después de las crisis económicas que hubo en esa región en 1997-1998, pero a largo plazo parecía probable que en el futuro esta zona albergara los principales centros de actividad económica del mundo, sobre todo China. Esta reestructuración global volvería a desempeñar un papel importante en las crisis de comienzos del siglo XXI.

Dos de los sectores de actividad económica con creci-miento más explosivo en la década de 1980 terminarían produciendo con el tiempo problemas de una magnitud apenas imaginable en aquel momento. Uno era el de las fu-siones y adquisiciones, en el que las empresas compraban a otras rivales para liquidar sus partes menos rentables. Todo el proceso se financiaba en gran medida asumiendo deuda, pero se consideraba socialmente beneficioso en el sentido de que mantenía una suerte de evolución darwiniana en la que los menos dotados eran expulsados del mercado. Otro indicador del radicalismo con que se aplicaba la política de libre mercado son los cambios que se produjeron en el sec-tor financiero, donde se desregularon las sobrias entidades de ahorro y crédito, a las que se les permitió que ofrecieran los tipos de interés que quisieran sobre los depósitos, y que financiaran esos tipos, a menudo muy altos, mediante arries-gadas inversiones y especulaciones. Hasta las inversiones más extravagantes estaban garantizadas por el gobierno fe-deral, el cual estaba obligado por ley a cubrir hasta al juga-dor más osado. Se hicieron grandes fortunas, pero el pro-blema evidente era que el dinero fluiría hacia las entidades que ofrecían los tipos más altos, y que por tanto tendrían la base económica más endeble.

La crisis llegó en 1987-1988. La bolsa se hundió en octubre de 1987, dejando a los gurús de las fusiones y adquisiciones frente a una larga serie de procesos penales por operaciones con información privilegiada y manipulación de títulos. La mayoría de las entidades de ahorro y crédito se evaporaron entre 1988 y 1991, con lo que el gobierno federal tuvo que hacerse cargo de obligaciones impagadas por valor de cien-tos de miles de millones de dólares. Los estados meridionales y occidentales se vieron especialmente afectados, y el colapso financiero tuvo un efecto dominó sobre el mercado inmobiliario. Posteriores investigaciones revelaron que se habían cometido amplias irregularidades políticas en el desastre del sector del ahorro y el crédito, cuyas consecuencias sólo fueron mitigadas por la negativa de ambos partidos a seguir escarbando en un asunto en el que su propia gente estaba profundamente implicada. Al desastre económico se sumó el final del *boom* Reagan en el verano de 1990, en el que comenzó un largo período de recesión y de agravamiento del desempleo. Esto contribuyó a la inquietud social que explotó en Los Angeles y otras ciudades con los disturbios de la primavera de 1992. Los sucesos de Los Angeles, que costaron la vida a 50 personas, parecían tener una conexión racial con los peores años de finales de la década de 1960. Los incidentes también recordaron a los estadounidenses blancos que muchos afroamericanos todavía tenían profundos recelos sobre la «equidad» de la policía y del sistema judicial.

Con este desigual panorama económico y político, quizá sorprenda que los republicanos mantuvieran su posición tan bien como lo hicieron, lo cual nos puede dar una idea de hasta qué punto la política había dado un giro a la derecha desde mediados de la década de 1970. Los demócratas contribuyeron a su propia desgracia presentando como candidatos en 1984 y 1988 a dos de las figuras menos carismáticas posibles –Walter Mondale y Michael Dukakis, elegidos por sus impecables credenciales liberales–. Como demostraron ambas elecciones, las ideas de centroizquierda que obtuvieron el apoyo de los principales grupos de presión del partido y de su base de seguidores garantizaban la destrucción de un candidato presidencial.

Habría que esperar a 1992 para que los demócratas pudieran poner en juego a Bill Clinton, un candidato que (por lo menos al principio) apelaba a los valores religiosos y moderados del electorado. Aun así, tan sólo cosechó el 43% del voto, menos en realidad que lo obtenido por Dukakis en 1988. La victoria de Clinton se debió al profundo malestar del país respecto a los problemas y sufrimientos económicos que supuestamente había ignorado la administración Bush y que provocaron importantes deserciones en el Partido Republicano (como hemos visto ya, los conservadores sociales tenían poca confianza en Bush). Muchos votantes independientes optaron por el adinerado empresario H. Ross Perot, que terminó llevándose el 19% de los votos, un porcentaje suficiente para inclinar los resultados a favor de Clinton. Perot hizo campaña en torno a dos cuestiones fundamentales que todavía tienen resonancia en el país: el inmenso déficit presupuestario federal acumulado en los años ochenta y la amenaza que suponía el libre comercio cuando países con salarios más bajos, como México, «succionasen» los puestos de trabajo de los estadounidenses. Las cuestiones que resultaron decisivas confirmaban, por tanto, la tesis expresada una y otra vez por uno de los asesores de Clinton a la hora de elegir temas de campaña: «¡Es la economía, estúpido!».

Tan centrados estaban los votantes en las cuestiones económicas que pocos observadores se fijaron en una noticia que merecía más atención que la mayoría de los sucesos del siglo XX: el 1 de junio de 1992 el Mando Aéreo Estratégico de Estados Unidos (SAC) bajó la guardia. Por primera vez desde la década de 1940, el SAC ya no tenía que mantenerse en permanente estado de alerta ante un ataque nuclear soviético, ni estar preparado para responder de manera inmediata con un contraataque masivo que, en la práctica, probablemente supondría el fin de la civilización. La Unión

Soviética se había hundido unos meses antes, el Partido Comunista soviético había sido disuelto; Estados Unidos, en
definitiva, había ganado la Guerra Fría. Ese mismo año, un
libro de Francis Fukuyama desarrollaba la tesis de un artículo suyo publicado unos años antes en una revista, en el
que señalaba que el hundimiento de la Unión Soviética
constituía el «fin de la Historia», el clímax de generaciones
enteras de lucha ideológica y el triunfo definitivo del capitalismo democrático en todo el mundo.

El terror militar e ideológico que había dominado la vida
norteamericana durante medio siglo llegó a su fin. Los estadounidenses tendrían que acostumbrarse a nuevos alinea-
mientos dentro y fuera del país a medida que el mundo entraba en lo que el presidente George W. Bush denominó
«un nuevo orden mundial», en el que Estados Unidos gozaba de una hegemonía internacional indiscutida.

El *boom* de Clinton

A pesar de todas las premoniciones de destrucción que en-
volvieron la campaña de 1992, la década de 1990 se carac-
terizaría de hecho por un espectacular crecimiento económico y tecnológico, un *boom* que comenzó en 1993 y llegó
hasta 2000 sin perder fuerza: fue otra «época de buenas
sensaciones». En parte, este éxito se debió a factores externos, que habrían beneficiado a cualquier administración
que se encontrase en ese momento en el poder: el final de la
Guerra Fría produjo un inmenso «dividendo de paz» en
forma de gigantescas reducciones del gasto de defensa y de
unos precios mundiales del petróleo que se mantuvieron en
niveles históricamente bajos. Pero también la nueva admi-

nistración Clinton contribuyó sustancialmente a este progreso por su esfuerzo en reducir el déficit presupuestario y restaurar así la fe en la economía estadounidense. Las tasas de inflación y desempleo siguieron siendo bajas, mientras que las tasas de productividad se dispararon y eclipsaron a las de sus competidores europeos.

El mejor símbolo de esta expansión fue Internet, que se dio a conocer para el público general en 1993, cuando la World Wide Web se hizo de dominio público. Al asumir Bill Clinton la presidencia, existían en el mundo unas 50 webs, número que en 1995 llegó a 18.000 y que en 2006 superaría los cien millones. Internet se ha convertido en un elemento tan fundamental en la configuración de la conciencia popular que se hace extraño simplemente recordar lo recientes que son las instituciones virtuales líderes: el propio Google data solo de 1998, y Facebook, Youtube y Twitter debutaron, todos ellos, entre 2004 y 2006. Las tecnologías electrónicas ofrecieron el soporte de la tan cacareada «nueva economía», que atrajo a inversores y empresarios. A finales de la década de 1990, Internet era un valor fundamental en el mercado de valores estadounidense, fomentando lo que finalmente resultaría ser una burbuja de inversiones eufóricas, si bien su efecto sobre la actividad económica fue muy real. Estados Unidos ejerció su hegemonía en la economía mundial tan exhaustivamente como lo hacía en cuestiones políticas y militares.

Sin olvidar el pasado: los años de Clinton

Sin embargo, a pesar de todos estos éxitos evidentes, la administración Clinton era extremadamente impopular para una importante minoría, y ese apasionado odio exige una explicación. La política norteamericana a menudo deja perplejos a los observadores extranjeros, especialmente a los europeos, que dan por hecho que una nación avanzada de origen predominantemente europeo debería seguir, en buena lógica, los mismos principios que rigen en Inglaterra, Francia o Alemania. Muy pocas veces se ha visto con tanta claridad hasta qué punto es diferente Estados Unidos como en los años de Clinton, cuando una administración que trataba de llevar a la práctica ideas consideradas naturales por los europeos encontró una oposición feroz. La reacción contra esas medidas es incomprensible a menos que se entienda como parte de unas tradiciones norteamericanas muy antiguas, que, de hecho, pueden remontarse a los primeros asentamientos ingleses. Esa misma reacción prefiguraría también, con notable precisión, la reciente oposición popular al gobierno de Obama, que se ha manifestado en movimientos como el Tea Party.

En la mejor tradición liberal, Clinton veía al Estado como un potencial agente para el bien. Era partidario de la expansión de las competencias y las obligaciones estatales en áreas como la regulación de las armas de fuego, la eliminación de las barreras legales contra los homosexuales y la defensa del derecho legal al aborto. Fomentó también la creación de un sistema nacional de atención sanitaria, aunque esta reforma sufrió una ruinosa derrota en 1994. Para sus seguidores, Clinton tenía un elogiable interés en afrontar y resolver las injusticias históricas que afligían a la nación, especialmente en términos de pobreza, injusticia racial y desigualdades sexuales. Sin embargo, sus medidas despertaron los resentimientos sobre cuestiones morales y sobre los roles sociosexuales que habían estado creciendo desde la década de 1960. Según sus oponentes conservadores, el Estado ideal de Clinton representaba el triunfo de las costumbres feministas y antimasculinas, además de la negación de todos los valores nacionales y militares que habían hecho grande al país. La personificación de esta «guerra cultural» era la mujer del presidente, Hillary Rodham Clinton, quien representaba tanto el feminismo agresivo como la idea de un Estado maternalista. También hubo resentimientos de tipo racial, especialmente por la continua adopción de medidas de discriminación positiva.

La oposición a Clinton se convirtió rápidamente en una fuerza muy poderosa. Las elecciones al Congreso de 1994 dieron a los republicanos la victoria, haciéndose con el control de la Cámara de Representantes por primera vez en una generación; de hecho, se ha dicho que fue la tercera victoria de Ronald Reagan, una buena continuación de sus exitosos triunfos en las presidenciales de los años ochenta. Al igual que en los años de Reagan, los comicios de 1994 demostraron que existía un llamativo abismo sociosexual entre los dos partidos: el Demócrata era cada vez más el partido de las mujeres y de las minorías raciales. El sentimiento contra Clinton fortaleció un nuevo movimiento popular conservador que se expresaba principalmente a través de los florecientes programas de radio con participación de los oyentes. Hacia mediados de la década, la oposición contra el gobierno recibió un nuevo empujón con la difusión de escándalos de corrupción en los que los dos Clinton se habían visto envueltos durante sus años en Arkansas: la mayor parte de las acusaciones tenían que ver con contratos urbanísticos relacionados con entidades de crédito y ahorro de dudosa reputación. Las acusaciones más graves giraban en torno a una operación inmobiliaria conocida como «Whitewater», un nombre que los enemigos de Clinton esperaban que pronto se hiciese tan conocido como el Watergate. La administración fue acusada de utilizar a agencias gubernamentales contra rivales y disidentes de una forma muy parecida a como había hecho la presidencia de Nixon veinte años antes.

La década de 1990 fue testigo de un recrudecimiento del extremismo de derechas, en muchos casos con base religiosa. Para estos militantes, la administración Clinton era no sólo siniestra sino casi diabólica. Millones de norteamericanos temían que bajo su internacionalismo estuviera fomentando secretamente un gobierno mundial único, un «Nuevo Orden mundial», que sería uno de los instrumentos del Anticristo anunciados en el Apocalipsis. Este pensamiento apocalíptico era tan genuinamente norteamericano como la política liberal que representaba Clinton, y su resonancia en grandes partes de la población era igual de poderosa.

Ambas tendencias entraron en terrible conflicto en 1993 en Waco (Texas), cuando agentes federales asaltaron un complejo de la secta milenarista de los davidianos en busca de armas automáticas ilegales. En el tiroteo murieron varios miembros de la secta y algunos agentes, y el largo asedio posterior finalizó sólo con el asalto definitivo de los federales, que tuvo como resultado la muerte de unos 80 davidianos. El incidente movilizó a las milicias y grupos paramilitares a la resistencia contra la «Bestia» y la «unificación del mundo». En 1994, cientos de miles de norteamericanos –hombres blancos en su inmensa mayoría– estaban relacionados de algún modo con este tipo de fuerzas paramilitares antigubernamentales. El segundo aniversario del ataque a Waco estuvo marcado por la explosión de una bomba en un edificio federal de Oklahoma City, en la que murieron más de 160 personas. La fecha era muy simbólica, pues no sólo se conmemoraba Waco y otras actuaciones del gobierno contra los grupos *survivalists,* sino también la antigua rebelión contra los impuestos que se produjo en Lexington en 1775.

Los sucesos de Oklahoma City transformaron el panorama político, en el sentido de que obligaron a quienes se oponían de manera activa al gobierno a afrontar las consecuencias reales del lenguaje, a menudo demasiado exaltado, que habían venido utilizando en los dos años anteriores. En la reacción posterior a los hechos, los movimientos de milicias y grupos paramilitares se desmoronaron rápidamente y el extremismo de derechas se volvió sospechoso. Los errores de los conservadores habían contribuido a este giro: en 1995, la Casa Blanca y el Congreso se enzarzaron en una furiosa disputa sobre el presupuesto federal, que terminó con el «cierre» del gobierno. El sentir de la opinión pública culpó de este fiasco a los congresistas conservadores, dirigidos por el presidente de la Cámara, Newt Gingrich, que se convirtió en una figura diabólica para los liberales. Aunque tras las elecciones de 1994 se daba por hecho que la presidencia de Clinton estaba sentenciada, éste renació de manera impresionante en la contienda presidencial de 1996.

Además de a la creciente crisis de la derecha, este resurgir se puede atribuir al asombroso *boom* económico; la mayoría de los norteamericanos tenía una sensación de prosperidad y bienestar, y en períodos como éstos la gente tiende a evitar cualquier tipo de experimentos políticos que amenace el statu quo. Al igual que en anteriores épocas de prosperidad, como la de 1920, la política seria dejó paso al gusto por el espectáculo y la cultura de la fama.

Pese a todos los evidentes defectos de su personalidad y su administración, Clinton se benefició de unos medios de comunicación que estaban menos interesados en criticarle que en ofrecer una dosis constante de noticias de famosos y culebrones de la vida real (tendencia que tuvo su más obvia expresión en el juicio a O. J. Simpson a mediados de la década). El hecho de que la atención pública se apartara de la política permitió a Clinton sobrevivir a lo que de otro modo habría sido una crisis fatal en 1998-1999, cuando se demostró que había mentido estando bajo juramento sobre su relación sexual con una empleada de la Casa Blanca, Monica Lewinsky. El conflicto culminó en una votación de *impeachment* («encausamiento»). Afortunadamente para él, los medios de comunicación se centraron exclusivamente en el aspecto sexual, lo que permitió tachar a los críticos de Clinton de hipócritas puritanos, practicantes de un «maccartismo sexual». Aunque el *impeachment* fracasó, las cosas podrían haber sucedido de manera muy distinta si la situación económica hubiera sido menos favorable. En ese caso, la investigación habría perseguido otros abusos de poder del círculo de Clinton, y su presidencia habría sido destruida.

Durante el proceso, Clinton terminó su segundo mandato. Los demócratas estuvieron muy cerca de la victoria en las presidenciales de 2000, y de hecho el que había sido vicepresidente de Clinton, Al Gore, consiguió una ligera mayoría en la votación popular. Aun así, las particularidades del sistema electoral dieron la victoria al republicano George W. Bush, resultado que todavía sigue discutiéndose acaloradamente: se ha dicho que Bush debió su victoria a la manipulación de las papeletas, especialmente en Florida, aunque las acusaciones de fraude republicano en este estado también deben ser colocadas junto a los casos de alteraciones del recuento a favor de los demócratas en otros lugares. La contienda se decidió, en último término, en el

Tribunal Supremo de los Estados Unidos, que detuvo los intentos de llevar a cabo un nuevo recuento de los votos de Florida. Aunque Bush no obtuvo una victoria aplastante, su triunfo sí fue legítimo. Incluso admitiendo la peor interpretación de lo sucedido, consiguió aproximadamente el 48% del voto popular, frente al 44,5% que había convertido a Clinton en presidente en 1992.

En aquel momento, por supuesto, nadie podía imaginar que el país estaba eligiendo al presidente que se enfrentaría a la peor crisis que Estados Unidos ha vivido en generaciones. A pesar de la desaparición de la amenaza soviética y el triunfalismo de la década de 1990, la Norteamérica posterior a la Guerra Fría pronto se enfrentaría a una nueva oleada de preocupaciones y pesadillas que todavía hoy siguen estando muy presentes.

7. La época contemporánea

Muy pocas veces en la historia puede señalarse un día concreto como punto de inflexión o transición entre distintas épocas, pero en la historia de los Estados Unidos casi todo el mundo se mostraría de acuerdo en que el 11 de septiembre de 2001 fue claramente uno de esos momentos. Los hechos son de sobra conocidos. Cuatro grupos de secuestradores se hicieron con el control de varios aviones comerciales que sobrevolaban suelo estadounidense, y estrellaron tres de ellos contra objetivos prominentes, destruyendo el World Trade Center en la ciudad de Nueva York y parte del Pentágono. En total, murieron unos 3.000 norteamericanos. Un cuarto avión tenía como objetivo, casi con toda certeza, el edificio del Capitolio, y ninguna acción del gobierno podría haberlo detenido si la misión no hubiese sido abortada por la valerosa sublevación de los pasajeros y la tripulación. Finalmente, el aparato se estrelló en un campo de Pensilvania, a escasos 15 minutos de su objetivo. Los autores eran miembros de Al Qaeda bajo las órdenes de su líder, asentado en Afganistán: Osama bin Laden. La furia desencadenada por los ataques del 11 de septiembre –el «9-11», como se conoce en Estados Unidos– llevó al país a una serie de complicadas intervenciones militares en el exterior.

El asalto terrorista puso sobre la mesa cuestiones fundamentales acerca de la dirección que había tomado el país, y además impuso una dolorosa reflexión sobre la historia norteamericana reciente. En efecto, los sucesos del 11 de septiembre obligaron a los estadounidenses a debatir si su país podía permitirse actuar como un imperio hegemónico global –por no mencionar cuestiones tan controvertidas como la limitación de derechos civiles en tiempo de guerra–. La cuestión de la hegemonía era más perentoria por el hecho de que la nación había perdido su papel privilegiado en la economía mundial. Incluso si Estados Unidos aceptaba su rol de imperio, ¿podría mantenerlo?

Un segundo trauma, de consecuencias casi igualmente devastadoras, fue el *crash* económico de 2008, que amenazaba con una ruina social todavía mayor. La subsiguiente crisis obligó a reconsiderar cuestiones largamente debatidas acerca del alcance y atribuciones del Estado en la economía, y sobre la necesidad de que el Estado regulase la actividad empresarial y corporativa. ¿Qué deber (o derecho) tenía exactamente el Estado respecto de la asistencia al ciudadano de a pie necesitado de ayuda? En un momento en el que el Estado tenía que responder a tantos retos dentro y fuera del país, cuando las deudas y los déficits eran una pesadilla constante, ¿podría llegar a suceder que el gobierno del país alcanzase pronto sus límites y no fuese ya capaz de desempeñar sus funciones esenciales?

A lo largo de toda su historia Estados Unidos ha tenido que buscar el equilibrio entre el estatus de potencia mundial y sus obligaciones bélicas, y las exigencias de bienestar y política social. En la era de George W. Bush y Barack Obama, a menudo se ha tenido la impresión de que la tensión entre estas dos fuerzas enfrentadas era insostenible.

Mirando al oeste desde las costas de California

Los dos desastres de 2001 y 2008 golpearon a un país inmerso en un proceso de extraordinario crecimiento y de cambio social increíblemente rápido. La población de Estados Unidos aumentó sustancialmente, y hoy tiene un 50% más de habitantes de lo que tenía en una fecha tan reciente como 1970.

El crecimiento fue especialmente marcado en algunas regiones. Un fenómeno fundamental en la vida del país desde la década de 1950 ha sido el desplazamiento desde las regiones del Norte y el Medio Oeste a las regiones del Oeste y el Sur, desde el *Rustbelt* al *Sunbelt*. Aunque sólo se incorporaron dos estados (Alaska y Hawaii, ambos en 1959), el centro de gravedad de la nación siguió moviéndose de manera constante hacia el Sur y el Oeste: la proporción de habitantes que viven en las regiones estadísticamente consideradas como el Sur y el Oeste dentro del total aumentó del 46% en 1960 al 58% en 2000. Y en muchos casos, estas regiones eran extraordinariamente prósperas: en 2000, la «riqueza nacional» de California superaba por sí sola a la de Francia. Entre 2000 y 2010, mientras la población total del país aumentaba casi en un 10%, la de Texas lo hizo en un 20% y la de Nevada en un increíble 35%.

Estas tendencias demográficas tuvieron consecuencias políticas de gran alcance. El número de miembros con derecho a voto en la Cámara de Representantes de los Estados

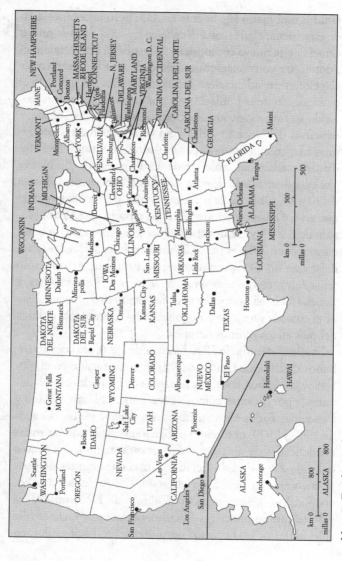

Mapa 8. Estados Unidos

Unidos está fijado legalmente en 435, pero la composición
de esta Cámara varía cada década en función de cada nuevo
censo (y esta nueva composición contribuye a determinar el
número de votos electorales que cada estado posee en las
elecciones presidenciales). Desde mediados del siglo XX, el
movimiento de la población –y por tanto de la fuerza electoral– ha favorecido abrumadoramente al Sur y el Oeste, a
expensas del Noreste y el Medio Oeste: las nuevas economías han crecido hasta llegar a sustituir al mundo de la industria tradicional. Sólo desde 1950, el estado de Nueva
York ha descendido de 43 a 27 representantes, Pensilvania
de 30 a 18, Ohio de 23 a 16, e Illinois de 25 a 18, mientras
que en ese mismo período Texas ha pasado de 22 a 36, Florida de 8 a 27 y California de 30 a 53. Por tomar un caso
concreto: en 1950 el peso electoral de Massachusetts se reflejaba en sus 14 representantes, mientras que Arizona sólo
tenía 2; hoy en día ambos estados tienen 9 representantes, y
tienen la misma importancia en la carrera presidencial. Este
es el tipo de giro que ha configurado la geografía política
del país en los últimos tiempos.

Desde la década de 1840 hasta la de 1960, los centros urbanos de Estados Unidos se habían concentrado en el Noreste y el Medio Oeste, y la jerarquía de ciudades estaba dominada por gigantes como Nueva York, Chicago, Boston y
Filadelfia. Todos ellos sufrieron un declive en las décadas
de 1960 y 1970, perdiendo población en favor de las zonas
residenciales de sus periferias o de otras regiones. A finales
del siglo XX, 9 de las 15 ciudades más importantes del país
se encontraban en el Sur y el Oeste: Los Angeles, San Diego, San José y San Francisco (California); Houston, Dallas
y San Antonio (Texas), y Phoenix (Arizona) y Jacksonville
(Florida). Fue un histórico desplazamiento hacia el Sur: en

1910, las 10 ciudades más grandes de la nación estaban a menos de 800 kilómetros de la frontera canadiense; hoy en día, 7 de ellas están a menos de 800 kilómetros de la frontera mexicana.

Sólo durante la década de 1990, ocho áreas urbanas del país multiplicaron por dos o más su población. De estas ocho comunidades de crecimiento vertiginoso, tres estaban en el Sur (en Georgia y Florida) y las cinco restantes en el Oeste, en los estados de Washington, Arizona y Nevada. Las ciudades y regiones del Oeste y del Sur tienden también a establecer las modas y patrones sociales del resto del

Cuadro 7.1.
Principales ciudades de Estados Unidos, 1950-2010
Población en millones (y puesto que ocupan por tamaño)

	1950		2010	
Nueva York	7,90	(1)	8,40	(1)
Chicago	3,60	(2)	2,80	(3)
Filadelfia	2,10	(3)	1,50	(5)
Los Angeles	2,00	(4)	3,80	(2)
Detroit	1,90	(5)	0,90	(11)
Baltimore	0,95	(6)	0,64	(21)
Cleveland	0,91	(7)	0,43	(43)
San Luis	0,86	(8)	0,35	(52)
Washington D. C.	0,80	(9)	0,60	(27)
Boston	0,80	(10)	0,65	(20)
San Francisco	0,78	(11)	0,82	(12)
Pittsburgh	0,67	(12)	0,31	(61)

país. Un caso claro fue Seattle en la década de 1990, origen de Microsoft y Starbucks. Los Angeles lleva décadas siendo el centro neurálgico de los medios de comunicación más importantes de la nación, y el norte de California era y es el corazón de la innovación tecnológica. En los últimos tiempos de la historia estadounidense, la cultura popular ha tendido a fluir más de Oeste a Este que a la inversa.

El evidente declive de las ciudades del Noreste y el Medio Oeste es, no obstante, un poco engañoso, puesto que estas cifras se refieren solamente al centro de las ciudades y no a las áreas metropolitanas, más amplias, hacia las que por lo general huyeron los residentes de la ciudad. El cuadro 7.2 presenta la actual estructura urbana utilizando

Cuadro 7.2.
Conurbaciones, 2010

Áreas estadísticas metropolitanas consolidadas	Población (en millones)
1. Nueva York-Northern Nueva Jersey-Long Island	22,2
2. Los Angeles-Riverside-Orange County	17,8
3. Chicago-Gary-Kenosha	9,8
4. Washington-Baltimore	8,4
5. Boston-Worcester-Lawrence	7,6
6. San Francisco-Oakland-San Jose	7,4
7. Dallas-Fort Worth	6,8
8. Philadelphia-Wilmington-Atlantic City	6,5
9. Houston-Galveston-Brazoria	6,0
10. Atlanta	5,8.

como unidades básicas los complejos de zonas céntricas y residenciales en crecimiento en los que se han convertido las ciudades tradicionales. A menudo estas áreas metropolitanas ampliadas deben su existencia a nuevas formas de comunicación, como un sistema de autovías de circunvalación, o a la presencia de un aeropuerto importante. Ambas cosas atraen nuevos centros de oficinas y nuevos centros comerciales, lo cual engendra a su vez más desarrollos urbanísticos importantes. Pero incluso utilizando estas unidades de medida, que son notablemente diferentes, seguimos viendo que aproximadamente la mitad de los complejos urbanos más grandes del país se encuentran en el Sur y el Oeste, y esta proporción no hará más que aumentar en los próximos años.

La geografía étnica de Estados Unidos también ha sido reconfigurada durante estos años por un proceso que algunos han denominado el «oscurecimiento de Norteamérica». Durante la mayor parte de la historia de la nación, la cuestión «racial», a pesar de todas sus complejidades, había girado esencialmente en torno a dos grupos: negros y blancos. En 1930, la nación estaba compuesta por 110 millones de blancos, 12 millones de negros y 600.000 «otros», expresión que se refería a nativos norteamericanos y asiáticos. Desde la década de 1960 en adelante, estos «otros» se han desarrollado rápidamente, debido en buena parte a la Ley de Inmigración de 1965, que revocaba la ley de 1924, sesgada a favor de los europeos.

Hoy en día, en torno al 12% de la población ha nacido fuera del país, un proporción sin parangón desde la década de 1930. De hecho, muchos de ellos han llegado hace muy poco: en 2000, casi el 5% de los estadounidenses llevaba diez años o menos en el país. Para 2050, en torno al 19% habrá nacido fuera del país.

Cuadro 7.3.
Cambios en la composición étnica (en millones)

Grupo racial	1960	2000	2025 (estimado)
Blancos	159,0	211,0	262,0
Negros	19,0	35,0	48,0
Hispanos/latinos	s. d.	35,0	65,0
«Otros»*, que incluyen:	1,6	12,7	28,8
Amerindios / nativos de Alaska	s. d.	2,5	3,3
Asiáticos / de las islas del Pacífico	s. d.	10,2	25,5
Total	179,0	281,0	338,0

* Los distintos grupos de la categoría «Otros» no se contabilizaron por separado en 1960.
s. d.: sin datos.
Nota: la suma de cifras de cada columna es superior al total porque los «latinos» pueden ser negros o blancos.

La magnitud de la inmigración hace que el patrón demográfico de Estados Unidos sea muy diferente del de Europa, donde el descenso de la natalidad plantea serios problemas en las próximas décadas. En contraste con esto, Estados Unidos conserva una tasa de fecundidad de 2,1 hijos por mujer, la más alta, con diferencia, de todos los países avanzados, y más alta, de hecho, que la de muchos países en desarrollo. En 2006 la población del país alcanzó los 300 millones.

El cambio demográfico y la inmigración continua han tenido consecuencias muy profundas, especialmente para las poblaciones latina y asiática (los latinos o hispanos son ahora oficialmente reconocidos como una categoría separada,

aunque pueden contar indistintamente como blancos o negros a efectos de censo).

Al llegar 2010, 46 millones de norteamericanos se conta-
bilizaban como latinos, 64% de los cuales eran de ascendencia mexicana. Entre 2000 y 2010, más de la mitad del
incremento total de la población del país se debió a los latinos, y en 2050, más de 100 millones de estadounidenses serán de origen latino. Constituirán entonces una de las sociedades latinas más grandes del mundo, mayor que la de
cualquier país hispano existente, excepto México o Brasil.
Para entonces, más de 60 millones de norteamericanos ten-
drán ascendencia mexicana. Una de las razones de esta
transformación demográfica es que los latinos son, por lo
general, mucho más jóvenes que las poblaciones que llevan
más tiempo asentadas. La edad media de los hispanos es
aproximadamente de 26 años, más baja que la de cualquier
otro grupo étnico y mucho más baja que la edad media de
los blancos de origen anglosajón, situada en unos venera-
bles 38,5 años. Unos 10 millones más de norteamericanos
eran de origen asiático, principalmente chino, japonés, fili-
pino, vietnamita y coreano. En conjunto, asiáticos e hispanos constituían el 15% de la población en 2000, pero se es-
tima que esta proporción aumentará hasta una cuarta parte
en 2025 y una tercera parte en 2050.

De manera inexorable, la política norteamericana pasó a
finales del siglo pasado de ser una cuestión de blancos y negros a ser una realidad multicolor, y ello ha tenido consecuencias revolucionarias en todos y cada uno de los aspectos de la vida, al principio sólo en determinados estados,
pero finalmente a lo largo y ancho de toda la nación. En la
actualidad cuatro estados (California, Texas, Nuevo México y Hawai) tienen una «mayoría de minorías», es decir, en

ellos los blancos no latinos ya no son la mayoría absoluta de la población. Además, otros estados se sumarán pronto a esta lista. Los latinos constituirán por sí solos la mayoría de la población de California, y constituyen el 40% de la población de Texas, el segundo estado más grande del país. Estas transformaciones geográficas y étnicas están condicionando ya las actitudes con respecto al exterior, de manera que Los Angeles y Seattle están volcados al ámbito del Pacífico, mientras que Miami se ha convertido en la metrópoli regional del Caribe y Centroamérica.

Bush y Clinton

A comienzos del siglo XXI, Estados Unidos era en muchos aspectos una sociedad muy exitosa, el principal impulso del crecimiento económico mundial y la única superpotencia que quedaba en pie. Y sin embargo, a pesar de todas estas ventajas, estaba (y sigue estando) profundamente dividida en cuestiones políticas, y ello hace que resulte difícil considerar acciones efectivas respecto a algunos de los problemas más urgentes del país. La política ha adquirido en Estados Unidos un tono ferozmente partidista, en el que a los seguidores de un partido les resulta difícil tratar las opiniones de sus contrincantes con respeto y civismo. No hay muchas personas dispuestas a reconocer a los dos últimos presidentes, Bush y Obama, una cierta decencia fundamental y buenas intenciones (y mucho menos una cierta competencia). Los estadounidenses tienden a idealizar a uno de ellos, mientras se burlan o demonizan al otro, y a menudo llevan esta tendencia hasta extremos ridículos.

La presidencia de George W. Bush fue decisiva en este proceso de polarización. No obstante, en contra de las interpretaciones más hostiles sobre esta administración, Bush tiene muchas similitudes con su predecesor demócrata en cuanto a los problemas a los que se enfrentaron y a las respuestas que eligieron. Ambos se encontraron con un ambiente político muy conservador modelado por Ronald Reagan, arraigado sobre todo en el Sur y el Oeste, y tanto uno como otro estaban muy influidos por el pensamiento religioso, especialmente por el cristianismo evangélico. De hecho, como presidente, Clinton fue mucho más proclive que Bush a introducir referencias abiertamente cristianas en sus discursos públicos.

Además, tanto Clinton como el segundo Bush tuvieron que lidiar con varios problemas que entraron en la vida pú-

Cuadro 7.4.
Resultados de las elecciones presidenciales 1992-2008

Año	Candidato ganador*	Voto popular (millones)	Candidatos derrotados	Voto popular (millones)
1992	Bill Clinton (D)	44,9	George W. Bush (R)	39,1
			Ross Perot (I)	19,7
1996	Bill Clinton (D)	47,4	Bob Dole (R)	39,2
			Ross Perot (Reformista)	8,1
2000	George W. Bush (R)	50,5	Albert Gore (D)	51,0
2004	George W. Bush (R	62,0	John Kerry (D)	59,0
2008	Barack Obama (D)	69,5	John McCain (R)	60,0

* Sólo aparecen los candidatos de un tercer partido que consiguieron más del 5% del voto popular total en un año determinado.
R = Republicano; D = Demócrata; I = Independiente.

blica a principios de la década de 1990, en un momento en el que la amenaza soviética estaba dejando de dominar la política norteamericana. A comienzos de 1991, como ya hemos visto, Estados Unidos lideró una coalición internacional que derrotó al Irak de Sadam Hussein, y la política iraquí habría de seguir causando problemas a las administraciones venideras. Los problemas relacionados con Oriente Medio, además, se manifestarían de otros modos.

Poco después de la toma de posesión de Clinton a principios de 1993, unos terroristas islamistas colocaron varias bombas en el World Trade Center de Nueva York con la intención de derribar las Torres Gemelas. Sus responsables estaban vinculados con la nueva organización Al Qaeda, que había surgido para hacer frente a los rusos en Afganistán; algunos de los activistas de Nueva York tenían conexiones con los servicios de inteligencia iraquíes. Aunque en un primer momento formó parte de las fuerzas anticomunistas respaldadas por Estados Unidos, Al Qaeda terminó odiando a los norteamericanos por su apoyo a los regímenes conservadores de Oriente Medio y por la presencia de tropas estadounidenses en la Península Arábiga. La vida política de la década siguiente estaría dominada por el terrorismo y la cuestión iraquí tanto como por los problemas del déficit y la desindustrialización. Y la amenaza terrorista pronto se situaría en primer lugar.

Las masacres de septiembre

Como ya hemos señalado antes, los sucesos del 11 de septiembre exigen una reconsideración de gran parte del pasado reciente del país. Retrospectivamente, podemos ver que el desmantelamiento del sistema nacional de inteligencia desde la década de 1970 había ido demasiado lejos. Temerosos de la hostilidad pública, las reestructuradas agencias de inteligencia habían sido demasiado optimistas acerca de lo que podía conseguirse con medios electrónicos de vigilancia «limpios», libres de las ambigüedades morales y legales que entraña el uso de agentes humanos. La sombra de Vietnam también estaba muy presente en el debate, puesto que, para evitar el riesgo de sufrir bajas, el gobierno se mostraba dolorosamente reacio a afrontar la realidad de la guerra o de operaciones antiterroristas.

Desde la década de 1980, fueron muchas las ocasiones en que la intervención armada sólo se consideró una opción política legítima si comportaba pocas bajas norteamericanas, como en Irak en 1991, o prácticamente ninguna, como en Haití o los Balcanes; idealmente, la guerra sólo implicaba el uso de la aviación, como ocurrió en Kosovo en 1999. Si encontraba una oposición seria, como en Somalia o Beirut, las fuerzas estadounidenses se retiraban rápidamente, ofreciendo una clara moraleja a potenciales enemigos: Estados Unidos aparecía como una nación agarrotada y a la vez cobarde, capaz de destruir el mundo, pero no de proseguir el combate una vez que hubieran muerto unos pocos soldados.

También después del 11 de septiembre tocó reconsiderar, de una forma muy severa, toda la década de 1990. Visto retrospectivamente, el desinterés de Clinton por la defensa nacional y la política antiterrorista fue muy nocivo. Una y otra vez, los mismos grupos de terroristas islámicos habían golpeado ya intereses norteamericanos durante su gobierno, matando a cientos de civiles y personal militar –en Arabia Saudí en 1996, en África oriental en 1998 y en Yemen en 2000–, y aun así la administración nunca contraatacó de

manera eficaz. Cuando lanzó misiles de castigo contra objetivos terroristas, como en 1998, la preocupación por evitar
bajas civiles consiguió que los ataques fueran absolutamente ineficaces. Los sofisticados misiles de crucero no consiguieron más que «castigar a la arena» *(pounding sand),* expresión que claramente simboliza una furiosa impotencia.

Y tampoco hubo respuesta a aquellos países hostiles que
alentaban el terrorismo. En los últimos años de la década
de 1990, la política de la administración Clinton hacia Irak
transmitía debilidad frente a las diversas agresiones que se
produjeron. Cuando en 1996 las tropas de Sadam Hussein
cruzaron la línea del alto el fuego impuesta al final de la
Guerra del Golfo, Estados Unidos no hizo nada. En 1998,
la expulsión por parte de Sadam de los inspectores de armamento de la ONU provocó un puñado de ataques alea-
torios con misiles angloamericanos, pero nada que el régimen iraquí no pudiera resistir con facilidad.

La guerra contra el terror

Este telón de fondo es fundamental para entender la agresiva respuesta del presidente George W. Bush a los ataques
del 11-S, y su deseo de revertir lo que él y sus consejeros
consideraban una década de contemporización. La primera
respuesta fue la invasión de Afganistán, liderada por Estados Unidos, para acabar con Al Qaeda. La campaña inicial
tuvo éxito, y el régimen islamista radical de los talibanes fue
derrocado, aunque Bin Laden y la mayoría de sus seguidores escaparon.

Estados Unidos se involucró activamente en la lucha contra los radicales islamistas en todo el mundo, a lo largo del

llamado «arco de crisis», que se extendía desde África hasta el Sur y el Sureste de Asia, pasando por Oriente Medio. La intervención norteamericana adoptó principalmente las formas de guerra encubierta y de respaldo de acciones militares de terceros, para lo que utilizó sus agencias de inteligencia y fuerzas especiales. El ejército de Estados Unidos se especializó en la utilización de vehículos aéreos no tripulados que lanzan misiles contra objetivos predeterminados para acabar con militantes enemigos. La estrategia de guerra clandestina produjo importantes éxitos en Filipinas, pero nuevos y persistentes movimientos de insurgencia aparecieron en otros lugares; Yemen se convirtió en el foco de mayor peligro.

Toda la legislatura de Bush estuvo dominada por la respuesta al 11-S. La pregunta clave era: ¿hasta dónde debía llegar Estados Unidos en sus acciones militares contra los terroristas y contra los países que los apoyan? Esta cuestión se volvía más urgente teniendo en cuenta la posibilidad de que esos países contasen con armas nucleares, biológicas o químicas, y de que se las pudieran suministrar a los movimientos terroristas. En su discurso sobre el Estado de la Unión en 2002, Bush consideró que Irán, Irak y Corea del Norte eran casos especialmente preocupantes, y formaban lo que él denominó un «eje del mal», expresión que recordaba a la coalición liderada por los nazis en la Segunda Guerra Mundial. Quedaba claro que la administración Bush estaba decidida a eliminar el régimen iraquí, y ello por medio de una invasión que finalmente se produjo en marzo de 2003.

La Guerra de Irak resultó ser tremendamente polémica, y no en pequeña medida por los argumentos que se presentaron para justificarla, entre los cuales destacaba, por encima de todos los demás, la afirmación de que Irak seguía teniendo armas de destrucción masiva en estado operativo. No obstante, independientemente de si la invasión estuvo o no justificada, muy pocos observadores defendieron la posterior ocupación, que se desarrolló, como resultó evidente, con escasa planificación. Las tropas de Estados Unidos eran completamente insuficientes para afrontar la ocupación de un país tan grande, y se encontraron sin un plan de salida, sometidos cada vez más a los ataques de la guerrilla. Una vez que la insurgencia estuvo suficientemente organizada, el gobierno norteamericano fue también incapaz de ofrecer una respuesta clara, mientras que el número de bajas militares aumentaba. Las similitudes con el conflicto de Vietnam se hacían evidentes. Si Estados Unidos hubiese utilizado en sus últimas campañas bélicas un ejército basado en el reclutamiento forzoso, como hizo en Vietnam, las ciudades y campus universitarios seguramente habrían presenciado desórdenes similares a los de la década de 1960. Entretanto, la situación en Irak degeneraba en una despiadada guerra civil que enfrentó a las poblaciones musulmanas suní y chií y que acabó con la vida de cientos de miles de civiles. Sólo en el año 2007 retomó Estados Unidos el control de la situación mediante un importante refuerzo de tropas, *the surge,* orquestado por el general David Petraeus. En 2010, Estados Unidos pudo retirar del país el grueso de sus efectivos, con una cuenta de 4.400 norteamericanos muertos.

El verdadero efecto de la Guerra de Irak en la región de Oriente Medio no se conocerá en décadas, pero el hecho de que Estados Unidos concentrase en ese país su atención contribuyó al renacimiento de las fuerzas islamistas en Afganistán. Los talibanes organizaron un exitoso movimiento de guerrilla en un terreno muy apto para ese tipo de combate, y causaron numerosas bajas en las tropas occidentales. A mediados de 2010, Estados Unidos contó su baja número 1.000 en ese país, sin que hubiese a la vista un claro final para la contienda. También en otros lugares, la guerra contra el terror hizo que Estados Unidos ignorase o subestimase otros ámbitos de actuación que son decisivos en la política exterior. En el conflicto Israel-Palestina, por ejemplo, era verdad que el gobierno norteamericano muy pocas veces había hecho alardes de neutralidad, pero la administración Bush se volvió todavía más decidida en su apoyo acrítico a Israel.

Mientras tanto, en América Latina Estados Unidos ha sufrido desde 2000 una inmensa pérdida de poder e influencia con el surgimiento de regímenes abiertamente antiamericanos en Venezuela y en otros lugares. Cuando en Cuba se cumplían los 50 años de desafío al gobierno estadounidense por parte de Fidel Castro, éste pareció encontrar a su sucesor en el radical Hugo Chávez, quien, a diferencia de Castro, contaba con una importante riqueza petrolífera de su parte. Es casi seguro que, de no haber ocurrido los ataques del 11-S, esta región habría sido el centro de los quebraderos de cabeza de la política exterior estadounidense en los últimos años. Al mismo tiempo, Brasil ha continuado su pacífica marcha hasta convertirse en una de las principales potencias económicas del mundo.

Pero los críticos no sólo denunciaban el manejo allende los mares de la guerra generalizada contra el terror; también encontraron muchos motivos de queja dentro de Estados Unidos en el modo en que la administración Bush trataba de investigar e impedir el terrorismo. Dentro del país, nuevas leyes ampliaron las competencias de los servicios de inteligencia en materia de vigilancia y plantearon una vez más la conocida cuestión: ¿dónde está el equilibrio adecuado entre derechos individuales y protección pública? La extensa *Patriot Act* («Ley Patriota») aprobada en 2001 provocó instantáneamente las protestas de los libertarianos. Las nuevas medidas de seguridad tuvieron especial impacto en los ciudadanos de a pie que trataban de viajar en avión, quienes se encontraron con intrusivos procedimientos de registro.

Estados Unidos estableció que los terroristas estaban en una posición legal anómala, y que no podían acogerse a las garantías dispuestas para los prisioneros de guerra o los delincuentes comunes. Una vez más, este tipo de medidas tenía cierta justificación. La política de la era Clinton de tratar a los terroristas como criminales que deben ser procesados por un tribunal significaba, en la práctica, ineficacia en el intercambio de información entre las diferentes agencias, y contribuyó al catastrófico fallo del 11-S. Además, una ola de complots islamistas en suelo norteamericano mostró que la amenaza terrorista era constante y seria: sólo en 2009, un extremista mató a trece personas del ejército de Estados Unidos, y otro intentó hacer explotar un avión comercial que volaba sobre Detroit. Aun así, la falta de protección legal ofendía el sentido norteamericano de lo que debe ser un juicio justo. A ello hay que sumarle el hecho de que la denegación del estatuto de «prisionero de guerra» estaba asociada con nuevas técnicas de interrogación intensiva. Pronto los críticos denunciaron que Estados Unidos practicaba la tortura, y el centro de detención de la Bahía de Guantánamo en Cuba pasó a ser considerado un «campo de concentración» norteamericano. Estas acusaciones tuvieron especial resonancia entre los críticos europeos, en quienes la Guerra de Irak había generado ya una profunda antipatía por Estados Unidos, y el antiamericanismo alcanzó cotas inéditas desde la época de Vietnam.

Hacia el 2003, el consenso nacional forjado por los ataques del 11-S había sido sustituido por un intenso partidismo en ambos lados. Los comicios presidenciales de 2004 estuvieron de nuevo extremadamente reñidos, y se resolvieron sólo por los votos del estado de Ohio; las encuestas demostraron sin ninguna duda que fueron la preocupación por el terrorismo y la seguridad nacional los soportes en los que se basó Bush para una segunda legislatura. De nuevo los rumores de fraude electoral contribuyeron a una corrosiva pérdida de fe en la imparcialidad del proceso democrático.

A pesar de que la presidencia de Bush ha sido muy criticada, hay que decir que cualquier administración que hubiese estado en el poder en 2001 habría tenido que actuar, en general, de una manera parecida, si bien las acciones concretas podrían haber sido distintas. Hablando de forma realista, y dado el ánimo en que se encontraba el país, ninguna administración podría haberse negado a actuar militarmente contra el régimen talibán en Afganistán, y el clamor a favor de una intervención militar contra Irak o (posiblemente) Irán habría sido ensordecedor. Incluso el norteamericano moderado sentía la necesidad de que su país reafirmase de manera ostensible su poderío militar. De hecho, podría argumentarse que una administración demócrata se habría visto incluso más forzada a actuar de forma agresiva contra el terrorismo y los países que lo encubren, para evitar de esa manera las acusaciones de incurrir en el tipo de medidas excesivamente liberales que habían llevado a los horrores del 11 de septiembre. Además, durante más o menos un año después de aquella catástrofe, hasta los observadores más moderados tenían la percepción de que otro ataque, quizás más grave que el 11-S, podía producirse en cualquier momento.

La presidencia de Bush

La administración de Bush estuvo definida por la llamada «guerra contra el terror» de una manera tan esencial que resulta difícil analizar el resto de sus acciones de un modo mínimamente objetivo. No obstante, a pesar de la demonización de George W. Bush como un extremista de derechas, su presidencia fue sorprendentemente centrista en cuestiones de política interior, y no muy alejada en ello de la presidencia de su predecesor. Aunque fuese un conservador declarado, Bush aumentó considerablemente las competencias del gobierno al apoyar un aumento del programa Medicare que comprometía un gasto adicional de cientos de miles de millones de dólares. Y la invasión de Irak se justificó con apelaciones a la expansión de la democracia y los derechos humanos: exactamente el mismo tipo de intervención wilsoniana que Bill Clinton había ejemplificado en Haití o Kosovo.

Y no deja de ser sorprendente que Bush no tomase parte de un modo tajante en la enfrentada política moral del momento, como podría haber hecho dadas sus convicciones religiosas. El mejor índice del cada vez mayor liberalismo sexual fue la extensión del «matrimonio gay», es decir, de las uniones legales de parejas homosexuales. Esta innovación apenas se había planteado a principios de la década de 1990, pero de repente se convirtió en una demanda generalizada. En 2004, el Tribunal Supremo de Massachusetts sentenció en el caso de Goodridge contra el Departamento de Salud Pública que el Estado debía garantizar plenos derechos al matrimonio homosexual, generando con ello un debate a escala nacional y llevando a nuevas cotas la «guerra cultural». Aunque, personalmente, Bush se oponía a este tipo de medidas, nunca hizo uso de la retórica demagógica a la que un derechista radical o un activista de esta «guerra cultural» podría haber recurrido fácilmente. Por mucho que las actuaciones de Bush en materia de seguridad y terrorismo centrasen gran parte de la atención, su administración se vio al menos igual de dañada por una creciente imagen de corrupción, amiguismo e incompetencia que se hizo muy presente durante el segundo mandato (una pauta, dicho sea de paso, que se repite en la historia presidencial de Estados Unidos). Uno de los primeros ejemplos de estas acusaciones de corrupción empresarial fueron los delitos de la compañía energética texana Enron, la cual se hundió en 2001 al destaparse sistemáticos fraudes contables. Aunque cometió la mayoría de ellos durante los años de Clinton, fue la administración Bush la que recibió la mayor parte de las críticas. Además de Enron, los adversarios liberales de esta administración denunciaron a la compañía Halliburton, que supuestamente tenía una influencia indebida sobre el gobierno de Bush. Se dijo que Halliburton se había lucrado directamente tanto con la guerra como con la reconstrucción de infraestructuras en Irak. Varios cargos y colaboradores de la administración se vieron perseguidos o salpicados por distintos escándalos. El encarcelamiento en 2006 de Jack Abramoff, miembro de un importante grupo de presión, destapó una red de tráfico de influencias que parecía algo característico de la política de Washington en su versión más cínica. En esta ocasión, los culpables más destacados eran republicanos.

Los ataques a Bush alcanzaron nuevas cotas en 2005, cuando el huracán «Katrina» arrasó Nueva Orleans y obligó a evacuar la ciudad. Las administraciones públicas –de todos los niveles y de todos los partidos– tuvieron una actuación pésima, si bien los medios de comunicación exageraron los crímenes y atrocidades que, según ellos, se estaban produciendo en la ciudad en ruinas. Lo que sí resultó cierto es que el gobierno federal demostró una alarmante falta de interés por las personas que fueron desplazadas por la inundación, personas que eran en su gran mayoría negras y pobres, y que se encontraron siendo refugiados en su propia tierra.

Hacia la crisis

Aunque toda valoración de la presidencia de Bush debe evitar las trampas de la retórica partidista, muy pocos pueden negar que el país que dirigió afrontaba graves y profundos problemas. De hecho, el malestar político generalizado de comienzos del siglo XXI era un síntoma de tensiones sociales y económicas mucho más esenciales, que se remontaban a la década de 1980. Estas tensiones no surgieron con la administración Bush, pero fue durante su mandato cuando salieron a la luz con toda su crudeza.

Si uno contemplaba a los Estados Unidos de principios del siglo XXI, la primera impresión era que el país estaba atravesando una época de prosperidad sin precedentes, con un abanico cada vez mayor de bienes de consumo disponibles, y con la expansión –hasta ese momento inimaginable– de los recursos electrónicos en Internet. La difusión de la innovación tecnológica coincidió con un veloz proceso de globalización, y ambos fenómenos reflejaron un grado de interconexión digital anteriormente impensable. A su vez, ambas fuerzas propiciaron asombrosas mejoras en la productividad. Entre 1983 y 2007, Estados Unidos registró sus 25 años más prósperos: de cien trimestres, sólo cuatro tuvieron crecimiento negativo. Los defensores de la economía de la oferta atribuyen este histórico *boom* a la herencia dejada por Ronald Reagan, y especialmente a su política de reducción de impuestos y de debilitamiento de la regulación económica, medidas que fueron prolongadas de manera entusiasta por el primer presidente Bush y por Bill Clinton. Y sin embargo, estas mismas tendencias liberalizadoras contribuyeron también al malestar generalizado de muchos norteamericanos, y en 2008 al estallido de una crisis económica de proporciones históricas. La aparente prosperidad escondía una preocupante tendencia al caos económico.

El aumento de la producción y de la renta nacional desvió la atención e hizo que se ignorase el descenso de los niveles de vida y de las expectativas de grandes partes de la población. Desde la década de 1940, la economía de Estados Unidos había generado gran número de puestos de trabajo de calidad, especialmente en la industria, pero esta tendencia se invirtió repentinamente a finales de la década de 1970, con inquietantes consecuencias para esa clase media que una vez había vivido en la seguridad. La revolución de la productividad tuvo en ello su parte de culpa, a medida que plantillas cada vez pequeñas producían cantidades cada vez más grandes de bienes. Además, muchos de los productos familiares para un norteamericano se fabricaban a menor coste en otros países, y los acuerdos de libre comercio permitieron que las empresas estadounidenses trasladasen a esos países la producción. El número de empleos en la industria se redujo vertiginosamente, y a finales de siglo el descenso se convirtió en caída libre. En los últimos años de la década de 1970, casi 20 millones de norteamericanos trabajaban en la industria, pero esa cifra cayó por debajo de los 18 millones en 2000, y en 2010 llegaba solamente a 12 millones. En 1950, un tercio de la población asalariada trabajaba en fábricas; hoy en día, apenas lo hace un 9%. Con el declive de la industria, decayeron también los centros urbanos tradicionales, así como los sindicatos, que habían sido durante mucho tiempo el apoyo más firme del Partido Demócrata.

La pérdida de puestos de trabajo en la industria se vio compensada por el crecimiento del sector servicios, y algunos otros –particularmente el mundo financiero y la sanidad– experimentaron un gran desarrollo. Entre 1980 y 2006, la economía de Estados Unidos creó 20 millones de nuevos puestos de trabajo en los sectores «creativo, profesional y del conocimiento», es decir, empleos relacionados con los recientes avances tecnológicos. Mientras que en 1948 los sectores financiero, de seguros e inmobiliario suponían menos del 10% del producto interior bruto, en el año 2000, esa proporción había aumentado hasta el 20%, mucho más alta que la parte correspondiente a la industria.

Pero estas nuevas fuentes de riqueza no servían de consolación para los centros tradicionales de la economía industrial, situados en estados como Michigan u Ohio. Además, muchos de los trabajos industriales perdidos habían estado acompañados por buenos salarios, solidas prestaciones y pensiones fiables, ventajas que parecían pertenecer, cada vez más, a un mundo de ensueño ya desaparecido. Debido a la globalización, la externalización y la deslocalización de empleos, cada vez un número mayor de estadounidenses tenía empleos que sus padres habrían considerados inadecuados o indignos, y carecía de la seguridad laboral que una vez había deseado. No deja de ser significativo que Michigan haya sido el único estado que ha perdido población entre los censos de 2000 y 2010.

El declive de la industria y la construcción tuvo especial impacto sobre la población masculina, que se encontró en una posición de extrema vulnerabilidad frente a los vuelcos de la economía. Hombres que años anteriores podían haber conseguido excelentes empleos solamente con la educación secundaria tenían ahora grandes dificultades en la nueva economía de alta tecnología, en la que se exigía formación por encima de todo. En el año 2010, en el que la tasa nacional de desempleo rondaba el 10%, aproximadamente el 20% de los hombres de entre 25 y 54 años estaba sin trabajo.

Incluso tomando en cuenta la inflación, los ingresos del hogar medio de hecho descendieron durante el largo período del supuesto *boom* económico. El aumento de los costes de la educación universitaria era especialmente mortificante, puesto que ponía en peligro la vía habitual para el ascenso social. Aunque el concepto esté muy estereotipado, el «sueño americano» (*American Dream*) que había ofrecido prosperidad y movilidad a millones de personas a mediados del siglo XX parecía cada vez más inalcanzable. Los analistas advirtieron de la sistemática presión que sufría la clase media, que además iba en aumento.

Y lo que es peor, estos problemas de la clase media coincidían además con el constante aumento de la riqueza de quienes estaban en mejor posición. Veamos. Como es sabido, las estadísticas económicas se prestan especialmente a la malinterpretación y a la disparidad de lecturas, y esto es particularmente cierto cuando se trata de conceptos como el del patrimonio de los hogares. Además, toda comparación entre los Estados Unidos de (digamos) 1970 y los Estados Unidos de hoy estará comparando, en cierto sentido, países muy diferentes, dado que la proporción de inmigrantes es mucho mayor en la nación actual. Las nuevas familias inmigrantes tienden siempre a ser más pobres y menos seguras que las poblaciones que llevan más tiempo asentadas, aunque eso no significa necesariamente que vayan a permanecer mucho tiempo en esa situación. En este sentido, el estancamiento de los ingresos, tal y como figura en las estadísticas, es una exageración de la realidad. Ahora bien, dicho esto, la mayoría de los economistas coincide en que la sección más rica de la población, los situados en torno al 1% de los ingresos más altos, estaban percibiendo una cuota de la riqueza nacional mucho mayor que en años anteriores. Desde la época de Reagan, el rico se había hecho más rico, mientras que la clase media y los pobres se habían empobrecido todavía más, y este hecho resonaba por todos los rincones de la vida política.

En teoría, estas tendencias económicas tendrían que haber fomentado una ofensiva de las clases populares contra el orden conservador, y haber servido de acicate para la crítica de las administraciones republicanas por su indiferencia y su actitud reaccionaria. Por otro lado, los apuros, cada vez mayores, de la gente de clase media podrían haber aumentado el apoyo a favor de la intervención estatal, incluso a favor de algún tipo de *New Deal* intervencionista. Para la izquierda demócrata, el componente fundamental de una política de ese tipo habría sido en tal caso una amplia reforma del sistema sanitario, que liberase a los ciudadanos de clase media de una de sus peores cargas económicas y una de sus pesadillas más habituales.

A pesar de todo ello, sin embargo, había una percepción general de prosperidad, alentada por profundas tendencias sociales. En este sentido, es crucial darse cuenta de que las cifras de ingresos, por sí solas, apenas reflejan la transformación de los niveles de vida. El vasto progreso de la tecnología y la medicina significaba que la gente en 2012 vivía más tiempo y más sana que treinta o cuarenta años antes. Esta generación posterior, además, usaba con regularidad aparatos electrónicos con los que los magnates (o incluso los gobiernos) de épocas anteriores ni siquiera podrían haber soñado, y tenía acceso a un abanico inconcebiblemente más amplio de formas de entretenimiento y de fuentes de información. Las familias eran más ricas de lo que podían haberlo pensado nunca, pues muchos hogares contaban ahora con dos sueldos, lo cual aumentaba los ingresos totales y proporcionaba un cierto colchón frente al declive de algún sector en particular. La globalización también contribuyó a que ahora hubiese disponibles numerosos bienes a precios notablemente bajos. Las mismas fuerzas que destruyeron las industrias norteamericanas también trajeron al país inmensas cantidades de productos importados, que a menudo se comercializaban a través de grandes superficies como Wal-Mart, por lo general a gran escala. Además, desde finales de la década de 1990, los ciudadanos corrientes de clase media eran optimistas en cuanto a la economía, dado que el valor de los bienes inmuebles, debido a un efecto burbuja, alcanzaba cotas inverosímiles. A medida que el precio de las casas aumentaba, millones de personas aprovecharon la oportunidad para comprar vivienda o para contratar una segunda hipoteca, lo cual les permitió acceder a abundantes créditos nuevos.

El activismo popular y radical consiguió escasa aceptación, en la medida en que las nuevas preocupaciones sobre terrorismo y seguridad nacional hicieron que las ideas de izquierdas o progresistas pareciesen anticuadas, si no directamente peligrosas. Tradicionalmente, el activismo progresista ha estado muy vinculado a posturas pacifistas o antimilitaristas, y estas posturas parecían haber perdido el contacto con las urgentes necesidades del país después del 11-S.

Tormenta económica

A principios del siglo XXI, la economía de Estados Unidos se vio reconfigurada por varias tendencias duraderas: el declive de la clase media, el *boom* de la vivienda y la liberalización del sector financiero procedente de la era Reagan. Todas ellas contribuyeron a provocar la crisis global que estalló en 2008.

Uno de los factores fundamentales del cambio fue el espectacular auge económico de los países que –según se pronosticaba– podrían convertirse en serios rivales de Estados Unidos en las décadas siguientes. El ejemplo más claro era China, que según ciertos estudios se convertiría en la mayor economía del mundo en torno a 2030, pero los analistas señalaron el crecimiento generalizado de los países BRIC –Brasil, Rusia, India y China–, así como de potencias de tamaño medio como Indonesia, Corea y México. Tal y como subrayaron entonces los expertos de los servicios de inteligencia, en un mundo que era cada vez más multipolar, Estados Unidos no podría mantener ya ningún tipo de hegemonía.

En el año 2000, China estaba levantando una floreciente economía industrial basada en la exportación, lo que hizo que el país congelase su moneda a un valor anormalmente bajo. A medida que la gente de todo el mundo iba com-

prando bienes chinos, el país adquiría un inmenso superávit comercial. Y a su vez, China invertía su dinero en el extranjero, especialmente en Estados Unidos. En efecto,
China proporcionó a los estadounidenses el dinero que necesitaban para comprar mercancías chinas, y los estadounidenses no pusieron muchos reparos al intercambio. Tan estrecha
era la relación entre ambos países que algunos analistas llegaron a hablar de «Chimérica».

Las instituciones financieras de los Estados Unidos tenían ahora que hacer frente a una gran abundancia de dinero en efectivo y a una enorme presión para dar créditos a un
público ávido de bienes de consumo de todo tipo y de servicios de ocio que en el pasado habían sido propios solamente de los más ricos. La política seguida por el gobierno
alentó considerablemente esta atmósfera de crédito fácil y,
por cierto, de alto riesgo. Tras la explosión de la burbuja de
Internet en 2000 y los ataques terroristas de 2001, el gobierno
de la nación ansiaba desesperadamente evitar una recesión
económica. El Sistema de la Reserva Federal –el «Fed»– respondió situando los tipos de interés en mínimos históricos,
fomentando así el crédito fácil. Además, el Fed mantuvo estos tipos bajos después de que la crisis más inmediata hubo
pasado, y de esa manera sostuvo el *boom* del crédito. Al
mismo tiempo, la administración Bush prosiguió el programa de Reagan de grandes bajadas de impuestos, lo cual in-
yectó más dinero a la economía.

En un entorno de dinero barato, los bancos y los agentes
que concedían hipotecas tenían poderosos incentivos para
dar crédito a los prestadores, y la mayoría de ellos relajó los
requisitos que anteriormente exigían a los prestatarios. En
vez de aceptar solamente a los mejores clientes (a los clientes *prime),* los bancos trataron de expandir su mercado en-

tre lo que caritativamente se denominó prestadores *sub-prime*. En algunos casos escandalosos, los prestadores dieron dinero a solicitantes sin exigir prueba alguna de que tuviesen activos o empleo. Algunas empresas intentaban convencer a los prestatarios *sub-prime* de que aceptasen sus créditos de unas maneras tan enérgicas que se acuñó, para describirlas, la expresión «créditos depredadores». Sin embargo, había poderosas fuerzas que disuadían la intervención del gobierno, especialmente una creencia generalizada, que prevalecía desde 1980, en la desregulación.

Además, en este punto, los cambios en la regulación de la era Reagan entraron en juego. Para gestionar el riesgo, las empresas desarrollaron nuevos y creativos instrumentos financieros que en el último término suponían peligros letales para la estabilidad económica. Entre ellos estaban «los derivados». Se trataba de contratos con un valor basado en el movimiento esperado del precio de un artículo o mercancía en el futuro, y permitían a los inversores suavizar o compensar pérdidas. A través de obligaciones de deuda garantizadas (las denominadas CDO) y otros derivados, las entidades podían asociar varias hipotecas y convertirlas en un solo producto listo para su compra y venta, y de esa manera (eso es lo que idealmente se esperaba) se extendía y reducía el riesgo. De hecho, estos contratos funcionaban como apuestas sobre la fortaleza de las obligaciones *sub-prime*. Para sus defensores, los derivados eran un medio admirable que permitía dar mayor flexibilidad y diversificación al mercado, pero los inversores entendidos estaban preocupados por su complejidad y por el elevado riesgo al que exponían a las entidades financieras más importantes. Dado que era casi imposible determinar el valor real de las inversiones en un momento concreto cualquiera, las empresas invertían mucho más allá de lo que permitían sus recursos, sin llegar a comprender la magnitud de su posible responsabilidad.

En aquel momento, estos instrumentos escapaban al intenso examen o regulación al que, sin duda, habrían sido sometidos en años anteriores. En el año 2000, Bill Clinton accedió a que se aprobase como ley una medida que impedía que los derivados se regulasen como mercancías o como valores. Los derivados pronto se convirtieron en el centro de un inmenso mercado globalizado con un valor teórico de cientos de billones de dólares: una cantidad muy superior a la de toda la economía mundial junta.

El día del juicio no podía tardar. Cuando los precios de la vivienda comenzaron a desplomarse en 2006-2007, la burbuja inmobiliaria explotó. A su vez, esto provocó una ola de ejecuciones hipotecarias y bancarrotas en todo el país, y precipitó una aguda crisis en el mercado *sub-prime* que amenazaba con arruinar a los inversores. Importantes entidades de inversión se encontraron con que tenían que hacer frente a rescates por valor de varios miles de millones de dólares de empresas subsidiarias que se habían sumergido peligrosamente en las CDO. La antaño poderosa compañía de inversión Bear Stearns se hundió a principios de 2008, y otros gigantes la siguieron en septiembre de aquel año. La entidad financiera Lehman Brothers presentó entonces la mayor quiebra de la historia de Estados Unidos. Muy probablemente, la compañía multinacional de seguros AIG sería la siguiente, y un efecto dominó arruinaría a bancos y fondos de inversión de todo el mundo. El mercado bursátil se hundió en todos los lugares.

Es casi imposible exagerar la magnitud de la crisis a la que se enfrentó Estados Unidos en el otoño de 2008. Fue el peor desastre económico que afligió al país desde la espantosa década de 1930, y habría sido mucho peor si no llega a producirse la intervención, masiva y bastante radical, del gobierno. Según la doctrina estricta del libre mercado, los problemas en último término se habrían resuelto por sí solos, haciendo caer a las empresas ineficaces y no competitivas, y beneficiando a largo plazo a los rivales más fuertes. No obstante, el problema es que, a corto plazo, el hundimiento de tantas entidades habría tenido un alcance tan grande como para devastar todo el sector financiero y, con ello, toda la economía –sin duda alguna de los Estados Unidos, pero probablemente también de gran parte del mundo–. Las consecuencias sociales y políticas de tal desastre no podían ni siquiera ser consideradas. Los analistas escribían alarmantemente acerca del fin efectivo del capitalismo.

Los gobiernos tenían que actuar urgentemente, lo que, en el caso de Estados Unidos, se tradujo en la rápida aprobación del *Troubled Assets Relief Program* (TARP, Programa de Rescate de Activos Problemáticos), que prometía la suma –por aquel entonces imponente– de 700.000 millones de dólares para el rescate de entidades en apuros. Al final, la cantidad real invertida en el TARP sería significativamente menor, pero el gobierno gastaría bastante más de un billón de dólares en diversos planes de rescate para los mercados inmobiliarios e hipotecarios, así como para empresas que se estaban tambaleando, como General Motors. Aunque la intervención impidió la catástrofe absoluta, no pudo evitar que la recesión económica empeorase durante el año siguiente. Las estadísticas oficiales sobre desempleo alcanzaron su máximo en torno al 10%, pero los analistas críticos sugieren que estas cifras enmascaran a un considerable número de trabajadores que, en un estudio más adecuado, tendrían que haber sido incluidos. Según estimaciones habituales, la tasa «real» de desempleo era aproximadamente del 17% a comienzos de 2011.

Al producirse tan poco tiempo después del *crash* inmobiliario, la nueva crisis aceleró el declive de una clase media y trabajadora que estaba ya en dificultades. En el terreno político, el desastre abrió las puertas a una nueva disposición a aceptar importantes intervenciones del gobierno en la economía, y ofreció a los liberales su mejor oportunidad desde el decenio de 1960. Después de décadas de hegemonía de la conservadora *supply-side economics* («economía de la oferta»), el pensamiento keynesiano volvía a ser respetable. Un cambio histórico en el equilibrio de fuerzas de los partidos parecía inminente.

Las elecciones de 2008

El Partido Republicano atravesaba ya serios problemas mucho antes del *crash* de 2008. Las tribulaciones económicas, junto con la indignación por la corrupción del gobierno y la decepción con la guerra en Irak, se combinaron para causar verdaderos estragos en los resultados electorales de los republicanos en las elecciones a mitad de legislatura de 2006. Los demócratas recuperaron el control de la Cámara de Representantes y del Senado, mientras que los republicanos vieron cómo la tendencia de la que habían disfrutado durante los treinta años anteriores, por la que mejoraban siempre los resultados anteriores, se invertía. Incluso antes de la apertura oficial de la campaña para las elecciones presidenciales de 2008, un cambio de profundas consecuencias se percibía en el ambiente. Y aunque formalmente la campaña llevaba ya tiempo en marcha mucho antes de que se reconociese la magnitud de la crisis iniciada en otoño, las tensiones y problemas generados por ella ayudan a explicar lo apasionado de aquella contienda.

Aunque los medios de comunicación acostumbran a describir todas las elecciones como un caso histórico y único, las de 2008 sí tuvieron realmente rasgos distintivos que obligan a considerarlas como un hecho histórico por derecho propio. Uno de ellos, sin duda, era el origen racial del candidato demócrata Barack Obama. Obama destacó como una figura a seguir por primera vez en 2004, cuando dio un discurso de apertura en la Convención Nacional Demócrata, y consolidó su popularidad con un libro que fue un éxito de ventas: *La audacia de la esperanza*. Inicialmente, la candidatura de Obama parecía una empresa imposible, dada la fuerza aparentemente aplastante de Hillary Rodham Clinton, quien disponía de enormes recursos económicos y contaba con el apoyo del aparato dominante del Partido Demócrata. La candidatura –y la presidencia– parecía estar en sus manos.

Sin embargo, poco a poco, a lo largo de los meses siguientes, se fue haciendo evidente que Obama era un eficaz activista. Movilizó a amplios y apasionados grupos de seguidores, y no solamente, como era de esperar, entre los liberales, sino también entre grupos que hasta ese momento no habían mostrado especial interés en las elecciones, jóvenes votantes y minorías étnicas. Su campaña también utilizó abundante e imaginativamente las redes sociales que tan revolucionario efecto habían tenido en los últimos años. No es una exageración indicar que enormes sectores de la población se involucraron a lo largo de todo 2008 en el proceso electoral, y tuvieron especial relevancia en el resultado de la contienda por la nominación demócrata.

En muchos estados la lucha Obama-Clinton reveló sorprendentes e insospechadas brechas entre generaciones, clases y razas: Clinton atraía a los votantes de más edad y mentalidad tradicional de la clase trabajadora, mientras que Obama obtuvo el apoyo de los jóvenes y de quienes tenían mejor formación. Muchos de los que recordaban los horrores de la segregación y las penalidades de la revolución de los derechos civiles veían en la presidencia de Obama la resolución de las esperanzas y los miedos de aquella época. Al mismo tiempo, el exceso de confianza de Clinton la llevó a cometer errores y a hacer comentarios embarazosos de los que tuvo que retractarse y dar explicaciones. Contemplando la contienda, se olvidaba con facilidad hasta qué punto reflejaba un increíble cambio social en las tres o cuatro décadas anteriores: un hombre afroamericano estaba compitiendo con una mujer (blanca) por la candidatura.

Cuando llegó el mes de junio, Obama tenía la nominación bajo control. Entró en campaña animado por un extraordinario apoyo popular, y muchísimos nuevos votantes se inscribieron para participar en las elecciones. Finalmente, unos 130 millones de estadounidenses acudieron a votar en 2008, en comparación con los 100 millones (o menos) que lo hicieron en la mayoría de las elecciones de la década de 1990.

El tipo de apoyo que recibió Obama exige una explicación. En sí mismo, no tenía muchas características que le cualificasen de manera evidente para el estrellato: un currículo escaso de logros políticos y una aptitud para la retórica que en absoluto estaba fuera de lo común. Sin embargo, en aquellas circunstancias, sus audiencias le trataban como una figura profundamente carismática, cuyas apariciones provocaban la euforia de una estrella de rock. Obama fue una muy buena ilustración de la máxima según la cual el liderazgo es una función de la capacidad de atraer seguidores, es decir, que las personas consideradas como grandes líderes no obtienen ese estatus por sus cualidades intrínsecas propias, sino porque centran y canalizan las esperanzas y aspiraciones más intensas de quienes les rodean. En 2008, millones de estadounidenses ansiaban un cambio político radical, alejado de ese penetrante malestar que había encontrado en George W. Bush su símbolo. Obama consiguió con mucho éxito presentarse a sí mismo como una fuerza para la transformación.

Obama

La victoria de Obama en 2008 fue histórica, en el sentido de que llevó a la presidencia a una persona de origen africano. Además, su gobierno se encontró en una singular posición de poder, dado que ambas cámaras del Congreso contaban con amplias mayorías demócratas, poniendo fin a un largo período de dominio republicano. Durante un decisivo año, los demócratas disfrutaron de una mayoría en el Senado suficiente como para hacer frente a todas las amenazas de obstruccionismo.

Los demócratas volvieron al poder en Washington con una gran reclamación, durante mucho tiempo contenida, de nuevas leyes sociales, y obtuvieron varias victorias importantes. En 2009 se aprobó una medida de estímulo de la economía, publicitada como una medida antirrecesión, que costó al menos 700.000 millones de dólares. La administración Obama aprobó también una histórica Ley de Regulación Financiera, con la intención de evitar situaciones cuasi catastróficas como la que se había producido con el *crash* de los derivados. Más histórica aún, no obstante, fue la aprobación en 2010 de una reforma integral del sistema sanitario, algo que los liberales llevaban persiguiendo desde la época de Franklin Roosevelt. Aunque la compleja nueva ley no ofrecía una atención médica universal financiada por el Estado, como en el modelo europeo, sí aspiraba a dar cobertura a todos los estadounidenses para finales de la década. Aprobada después de una dura batalla, esta ley reflejaba una nueva predisposición a admitir soluciones socialdemócratas, y puede considerarse una forma de transferencia de riqueza hacia los ciudadanos más pobres.

En otras materias, especialmente en las relacionadas con la defensa y la seguridad, la administración Obama siguió con sorprendente fidelidad las líneas marcadas en la era Bush. Los demócratas entrantes no clausuraron la prisión de Guantánamo, que entonces era ya tristemente célebre, y el gobierno se mostró dispuesto a invocar privilegios por razones de seguridad nacional para evitar que determinadas informaciones sensibles saliesen a la luz en los tribunales. Lejos de poner fin a la guerra de Afganistán, Estados Unidos se involucró aún más en ella y extendió los ataques al vecino Pakistán, a menudo en contra de los deseos del gobierno pakistaní. En 2011, uno de esos ataques acabó finalmente con la vida del líder terrorista Osama bin Laden. Aunque la retórica de la guerra contra el terror ya había sido oficialmente rechazada, su idea parecía estar completamente operativa. Las fuerzas estadounidenses se involucraron incluso en una nueva guerra en Oriente Próximo en 2011, en apoyo de los libios que se rebelaron contra el dictador Muammar el Gaddafi.

Obama decepcionó a los liberales al no reformar profundamente la política energética. También había sido un motivo permanente de queja en los años de Bush, en los que la continua dependencia del país de los combustibles fósiles había contribuido –se pensaba– al calentamiento global. Estados Unidos no ratificó el Protocolo de Kyoto de 1997, que prometía reducir de manera general las emisiones de carbono, y las negociaciones globales posteriores apenas consiguieron más apoyo. Incluso después de 2008, las divisiones dentro del Partido Demócrata hicieron imposible que la administración Obama promulgase una ley sobre el clima ni siquiera remotamente parecida, en cuanto a firmeza, a lo que pedían los ecologistas. Al margen de la amenaza climática, la dependencia del petróleo tenía otros riesgos: el elevado precio del petróleo tiende a beneficiar a regímenes corruptos y agresivos del Tercer Mundo que podían suponer un peligro político y militar para los Estados Unidos. A pesar del claro deseo de Obama de fomentar nuevas fuentes de energía, los progresos reales eran lentos y tímidos.

Mientras el gobierno de Obama hacía frente al descontento en distintos sectores, las cuestiones económicas siguieron ocupando el centro de atención. Aunque oficialmente la recesión había finalizado en 2009, las tasas de desempleo siguieron siendo obstinadamente altas, y millones de votantes mostraban cada vez mayor preocupación por el aumento del déficit y de la intervención estatal. Por su parte, los liberales decepcionados no veían motivos para rescatar a un Partido Demócrata que luchaba por mantenerse a flote. Las elecciones de mitad de legislatura en 2010 resultaron catastróficas para los demócratas, que perdieron la Cámara de Representantes en una de las peores masacres electorales del país desde la década de 1920. Los republicanos también obtuvieron grandes resultados al nivel de los estados, en unas elecciones que sacaron a la luz un profundo desencanto respecto de las inmensas esperanzas puestas inicialmente en Obama. Pese a la indudable importancia de las elecciones de 2008, este súbito revés hace que sea muy difícil equipararlas a las duraderas transformaciones sociales y políticas de 1932 o 1980.

Contra la corriente

La oposición a la administración de Obama tenía orígenes sorprendentemente heterogéneos. Todo gobierno atrae sobre sí una cierta oposición, especialmente cuando una nueva administración sustituye a otra que lleva tiempo en el gobierno y amenaza con introducir profundos cambios. Esta resistencia es tanto mayor cuanto que la vida de la gente corriente se ve afectada por amplias transformaciones sociales y existe una tendencia natural a demonizar a los líderes del momento. Este tipo de procesos ayuda a explicar por qué George W. Bush antes de 2008, y Barack Obama después, sufrieron una oposición tan virulenta, y por qué la última década en Estados Unidosha sido testigo de una polarización política tan intensa.

El elemento mejor publicitado de la oposición a Obama fue el movimiento del Tea Party, que desde 2009 recibió muchísima atención por parte de los medios y que los liberales solían presentar como racista y cuasi fascista. Cuando, en 2011, un hombre solitario y perturbado atacó a una congresista demócrata en Arizona, asesinando a varios de los presentes, los medios presentaron el incidente, de manera sensacionalista, como una manifestación del auge del terrorismo de extrema derecha, conectado quizás con el propio Tea Party.

En realidad, el movimiento encajaba en el arraigado modelo norteamericano de populismo antiestatista y afirmaba seguir fielmente la tradición de los colonos rebeldes de la década de 1770. Muchos de los motivos de su lucha eran ampliamente compartidos: el déficit, la carga de los impuestos, y en general, el imparable crecimiento de un Estado tan a menudo incompetente. Como muchos de sus homólogos de izquierdas, los activistas de derechas estaban horrorizados por la pérdida de esperanzas y de expectativas de la gente corriente, y aterrados por la amenaza de un pronunciado declive nacional. Durante las elecciones al Congreso de 2010, el apoyo del Tea Party contribuyó a la victoria de docenas de candidatos republicanos (subrayando una vez más la transformación de la política de género, el líder más estrechamente asociado al movimiento era una mujer, Sarah Palin).

Los éxitos de la derecha provocaron una reacción en la izquierda, que se plasmó en formas de agitación muy similares a las del Tea Party. Cuando los políticos conservadores recién elegidos en 2010 trataron de reducir en sus estados las prestaciones de los trabajadores del sector público, e incluso limitar su derecho a la huelga, provocaron inmensas manifestaciones y un gran activismo popular, de manera especialmente visible en Winsconsin. Durante un cierto tiempo, esta nueva militancia de los trabajadores despertó los espíritus de la época del *New Deal,* aunque en un contexto económico muy diferente. Si los conservadores estaban atacando ideas muy arraigadas sobre la función que debe desempeñar el Estado en la consecución de la justicia social, los liberales e izquierdistas reafirmaron esos ideales con la misma energía.

Los problemas relacionados con la inmigración también fueron motivo de división. Aunque la actividad de los miembros del Tea Party no estaba necesariamente centrada en esta cuestión, las encuestas de opinión revelaron una irritación generalizada por la cantidad de inmigrantes ilegales que llegaba a Estados Unidos. Estos temores se pueden considerar desde diferentes puntos de vista. Los liberales, por ejemplo, veían este fervor antiinmigración como un fenómeno puramente racista y nativista, una reacción de pánico de estadounidenses blancos de más edad con pavor a vivir en una sociedad multicultural y multiétnica, en una nación de mayoría de minorías. Los conservadores, por su parte, afirmaban que solamente pretendían que se aplicasen las leyes que ya estaban en los códigos, pero que las agencias encargadas de hacerlo, evidentemente, no aplicaban. Tal y como sucedía con los impuestos y con el papel del Estado, cuestiones fundamentales dividían a las dos sociedades: ¿cuál era la Norteamérica real? ¿Cuáles eran los valores estadounidenses? ¿Podrían sobrevivir de manera mínimamente reconocible en un mundo peligroso y rápidamente cambiante?

Deudas y déficits

Barack Obama se encontró con las mismas limitaciones que habría encontrado cualquier presidente en ese momento. Por encima de todo, destacaban las inmensas restricciones que el creciente déficit nacional imponía a la acción política. Por muy urgentes que fueran las exigencias de intervenir en muchas áreas –como la modernización de las infraestructuras y la reconstrucción de carreteras y puentes–, cualquier gobierno tenía que tomar en cuenta la magnitud –apenas concebible– de la deuda nacional. Algunos analistas consideran que este problema es tan grave que supone una amenaza real para la propia supervivencia del país.

Estos problemas con la deuda tenían sus raíces en épocas anteriores. Algunos de ellos se remontaban al *New Deal* de Franklin Roosevelt y a la *Great Society* de Lyndon Johnson, que convirtieron en ley costosos programas sociales –programas de ayudas sociales como la Seguridad Social y Medicare/ Medicaid–. También la administración Reagan debe cargar con su parte de culpa, por bajar los impuestos sin disminuir el tamaño del Estado ni resolver el problema del aumento de las ayudas sociales. Los ingresos del gobierno federal se vieron de esta manera sistemáticamente reducidos, en un momento en el que el gasto en defensa se disparaba. La deuda nacional se multiplicó por más de dos entre 1981 y 1986. La situación mejoró en los años de Clinton, pero no porque se hiciese una mejor gestión económica, sino más bien por el «dividendo de paz», es decir, por la reducción de las necesidades militares que siguió al colapso del bloque soviético. En 2001, la Oficina de Presupuestos del Congreso predijo con alegría que en más o menos una década se entraría en un largo período de espléndido superávit.

Sin embargo, el déficit y la deuda crecieron a una velocidad de vértigo. En parte, este cambio se debió a las guerras iniciadas después de 2001 y al aumento del gasto militar. Además, la administración Bush –supuestamente conservadora– invirtió generosas cantidades de dinero en programas sociales. A su vez, la administración entrante de Obama disparó considerablemente la deuda pública con los estímulos introducidos en 2009 y con otras costosas medidas, mientras que la recesión económica reducía los ingresos fiscales. En cualquier caso, por muy diferentes que fuesen sus causas, los efectos eran evidentes. En una fecha tan cercana como 1987, el presidente Reagan espantó a los defensores de la limitación del Estado al presentar un presupuesto con un gasto de un billón de dólares. En 2009, los déficits presupuestarios anuales superaban ampliamente esa cifra. En el año fiscal de 2010, el presupuesto federal de los Estados Unidos recogía una previsión de gasto de 3,55 billones de dólares, dentro del cual se incluía un déficit de aproximadamente 1,2 billones.

La deuda total del país –técnicamente, la deuda pública total pendiente– creció de 6 billones de dólares en 2002 a 14 billones en 2012, y en estas cifras no se recogen otras formas de endeudamiento de los distintos estados, las ciudades y los municipios (aunque los expertos difieren en cómo calcular exactamente el endeudamiento federal, todos están de acuerdo en que la última década ha sido testigo de un increíble aumento de la deuda). En la última década, la deuda total federal ha aumentado de aproximadamente un 60% del PIB a casi un 100%. A consecuencia de ello, una parte considerable (y que no deja de aumentar) del presupuesto debe asignarse cada año simplemente a mantener los pagos por el servicio de la deuda. Dentro de una década, el gobierno federal gastará más dinero en el pago de los intereses de la deuda que en las partidas de educación, vivienda, energía, transporte y protección del medio ambiente juntas. Muchos economistas se preguntan si una cifra de deuda nacional semejante a ésa puede sostenerse durante mucho tiempo. El problema de la deuda, además, tiene otras consecuencias prácticas, en el sentido de que obliga al gobierno a prestar especial atención a las necesidades de los acreedores, entre los que se incluyen actualmente muchos gobiernos extranjeros. En 2007, una cuarta parte de la deuda de Estados Unidos estaba en manos de países extranjeros. Hoy en día, China es el mayor poseedor de títulos del Tesoro estadounidenses, seguido de cerca por Japón.

Pero el problema de la deuda tampoco tiene una solución fácil o evidente, incluso si los gobiernos tratasen de reducir sus déficits en un período corto. A lo largo de muchos años, los políticos han prometido reducir el presupuesto nacional y el tamaño del Estado, pero pronto se han dado cuenta de que es casi imposible hacerlo, tanto desde el punto de vista legal como político. Legalmente, los gobiernos de Estados Unidos están comprometidos a pagar costosos programas sociales que parecen inmunes a cualquier tipo de reducción efectiva (y así, estas reducciones se convierten en promesas que no pueden mantenerse). El gobierno debe pagar el coste de la Seguridad Social, de Medicare/Medicaid y otros programas que tiene encomendados, al tiempo que hace frente a los intereses de la creciente deuda. En 2010, el 60% del presupuesto de Estados Unidos fue a parar a este tipo de gasto obligado. Además, el coste de los programas de ayuda social aumentará sin duda alguna, puesto que a medida que la generación del *baby boom* se vaya acercando a la jubilación, aumentará la proporción de personas mayores dentro de la población.

Según algunas estimaciones, en no más de veinte años, estas diversas formas de gasto obligado superarán de hecho a los ingresos del gobierno. Si sucede tal cosa, Estados Unidos no podría corregir sus cuentas ni aunque eliminase *todos* los demás gastos públicos –incluido el ejército–, y podría pensarse en una ruinosa situación de incumplimiento de pagos por parte del Estado. La única alternativa sería emitir moneda y aumentar la inflación, con todas las terribles consecuencias que ello implica. Los gobiernos se enfrentarían al dilema, políticamente letal, de tener que elegir entre una despiadada reducción de los programas populares o el aumento de los impuestos hasta niveles de asfixia. Contemplando este dilema, los analistas comparan la situación del país con el ocaso de imperios pasados que no fueron capaces de responder a las presiones económicas y militares, especialmente con el caso inglés después de 1945.

Juntando todas las amenazas –fiscales, militares, medioambientales y demográficas–, resulta fácil entender el creciente pesimismo de los norteamericanos y el temor de que Estados Unidos pudiese estar enfrentándose a un período de contracción y declive incluso peor que el de la sombría década de 1930. Los problemas de los que hemos hablado son muy reales, y como tales deben ser tratados. Pero a pesar de todas las posibilidades apocalípticas que podamos imaginar, el conocimiento de la historia de Estados Unidos también permite recobrar una cierta confianza, en el sentido de que, en el pasado, el país ya se ha enfrentado y ha superado amenazas por lo menos de igual gravedad. ¿Cuántos norteamericanos habrían creído en las décadas de 1840 y 1860 que se superarían los peligros de la violenta conflictividad religiosa? ¿Cuántos dudaban en el decenio de 1960 de la inevitabilidad de la guerra racial? Y sin embargo, las sombras pasaron. La disolución política parecía casi segura en 1814 y 1861; la aniquilación nuclear era la amenaza suprema en 1962 y 1983; el colapso económico y social era el principal temor en 1893, 1932 y a finales de la década de 1980. Pero en cada ocasión, la nación sobrevivió y prosperó, y generalmente pasó del temor de la catástrofe a una nueva cota de poder y riqueza, a una renovada voluntad de enfrentarse a las injusticias. Y en todas las épocas, el país se ha beneficiado de fuerzas que están tan presentes hoy como lo han estado siempre: la continua innovación e imaginación tecnológica, un poderoso sentimiento de identidad nacional y de compartir unos mismos objetivos, y los variados impulsos que traen las continuas oleadas de inmigración. Durante más de dos siglos, Estados Unidos ha demostrado una increíble capacidad para rehacerse a sí mismo y enfrentarse a nuevos retos, y no hay signos de que esta capacidad sea hoy en día menor.

Notas

Introducción

1. Henry David Thoreau, *Cape Cod* (Apollo, Nueva York, 1966), págs. 312-313.
2. Richard Hofstadter, *The Paranoid Style in American Politics* (Knopf, Nueva York, 1965).

Expansión y crisis (1825-1865)

1. Herman Melville, *White Jacket: or, The World in a Man-of-War* (Grove Press, Nueva York, 1965), pág. 151.
2. Robert Raymond, *Out of the Fiery Furnace: The Impact of Metals in the History of Mankind* (Pennsylvania State University Press, University Park, PA, 1986), pág. 199.
3. Kenneth M. Stampp, *The Peculiar Institution* (Vintage Books, Nueva York, 1956), págs. 42-43.

Ciudades e industria (1865-1917)

1. Citado en Pierre Berton, *The National Dream: The Great Railway 1871-1881* (Penguin, Toronto, 1989), pág. 11.
2. En E. Digby Baltzell, *The Protestant Establishment: Aristocracy and Caste in America* (Random House, Nueva York, 1964), págs.-113-115.
3. Citado en Jack London, *The Iron Heel* (Journeyman Press, Londres, 1975), pág. 46 n.
4. Citas tomadas de Philip S. Foner (dir.), *We the Other People: Alternative Declarations of Independence by Labour Groups, Farmers, Woman's Rights Advocates, Socialists and Blacks, 1829-1975* (University of Illinois Press, Urbana, 1976).

Apéndices

La Declaración de Independencia (1776)

Cuando en el curso de los acontecimientos humanos se hace necesario para un pueblo disolver los vínculos políticos que lo han ligado a otro y tomar entre las naciones de la tierra el puesto separado e igual a que las leyes de la naturaleza y el Dios de esa naturaleza le dan derecho, un justo respeto al juicio de la humanidad exige que declare las causas que lo impulsan a la separación.

Sostenemos como evidentes estas verdades: que todos los hombres son creados iguales; que son dotados por su Creador de ciertos derechos inalienables; que entre éstos están la vida, la libertad y la búsqueda de la felicidad; que para garantizar estos derechos se instituyen entre los hombres los gobiernos, que derivan sus poderes legítimos del consentimiento de los gobernados; que cuando quiera que una forma de gobierno se haga destructora de estos principios, el pueblo tiene el derecho a reformarla o abolirla e instituir un nuevo gobierno que se funde en dichos principios, y a organizar sus poderes en la forma que a su juicio ofrecerá las mayores probabilidades de alcanzar su seguridad y felicidad. La prudencia, claro está, aconsejará que no se cambie por motivos leves y transitorios gobiernos de antiguo establecidos; y, en efecto, toda la experiencia ha demostrado que la humanidad está más dispuesta a padecer, mientras los males sean tolerables, que a hacerse justicia aboliendo las formas a que está acostumbrada. Pero cuando una larga serie de abusos y usurpaciones, dirigida invariablemente al mismo objetivo, demuestra el designio de someter al pueblo a un despotismo absoluto, es su derecho, es su deber, derrocar ese gobierno y establecer nuevos resguardos para su futura seguridad. Tal ha sido el paciente sufrimiento de estas colonias; tal es ahora la necesidad que las obliga a reformar su anterior sistema de gobierno. La historia del actual Rey de la Gran Bretaña es una historia de repetidos agravios y usurpaciones, encaminados todos directamente hacia el establecimiento de una tiranía absoluta sobre estos estados. Para probar esto, sometemos los hechos al juicio de un mundo imparcial:

Ha denegado su consentimiento a leyes sumamente saludables y necesarias para el bien público.

Ha prohibido a sus gobernadores que aprueben leyes de inmediata y apremiante importancia, o de lo contrario les ha suspendido en sus funciones hasta la obtención de su consentimiento; y, estando así suspendidos, se ha negado por completo a recibirles.

Se ha negado a aprobar otras leyes para la instalación de gran número de personas, a no ser que esas personas renunciaran al derecho de representación en la asamblea legislativa: derecho de inestimable valor para ellos, y sólo para los tiranos amenazador.

Ha convocado a órganos legislativos en lugares insólitos, incómodos y alejados de donde depositan sus actas públicas, con el único propósito de que se fatiguen al cumplir sus órdenes.

Ha disuelto en reiteradas ocasiones a las cámaras de representantes que se han opuesto, con enérgica firmeza, a sus interferencias en los derechos del pueblo.

Se ha negado, durante mucho tiempo después de esas disoluciones, a permitir que se elijan otras nuevas; y por ello el ejercicio de las facultades legislativas, que es imposible suprimir, ha vuelto al pueblo en general; y mientras tanto el Estado se ha visto expuesto al riesgo de todo tipo de invasiones del exterior, y a convulsiones en el interior.

Ha tratado de impedir que estos Estados se poblaran, para lo cual ha puesto obstáculos a las leyes sobre la nacionalización de los extranjeros, se ha negado a aprobar otras que fomentaban su emigración a estos Estados y ha endurecido las condiciones para la apropiación de nuevas tierras.

Ha obstruido la administración de la justicia, negando su consentimiento a las leyes que establecían los poderes judiciales.

Ha hecho que los jueces dependan únicamente de su voluntad en lo que se refiere al tiempo de su mandato y a la cuantía y pago de sus salarios.

Ha creado un sinfín de nuevos cargos, y ha enviado a multitud de funcionarios para que acosen a nuestro pueblo y destruyan su esencia.

Ha mantenido entre nosotros, en tiempos de paz, a ejércitos permanentes sin el consentimiento de nuestras asambleas legislativas.

Ha querido hacer del ejército un poder independiente y superior al poder civil.

Se ha aliado con otros para someternos a una jurisdicción que es ajena a nuestra Constitución y no está reconocida por nuestras leyes, dando su consentimiento a sus actos supuestamente legislativos;

Por acuartelar entre nosotros a grandes contingentes de tropas armadas:

Por proteger a esas tropas, mediante falsos juicios, del castigo que merecen por sus asesinatos de habitantes de estos Estados:

Por cercenar nuestro comercio con todas las partes del mundo:

Por imponernos tributos sin nuestro consentimiento:

Por privarnos, en muchos casos, del beneficio del juicio con jurado:

Por trasladarnos al otro lado de los mares para ser allí juzgados por supuestos delitos:

Por abolir el sistema libre de las leyes inglesas en una provincia vecina, estableciendo allí un gobierno arbitrario, y por extender sus fronteras a fin de convertirla al punto en un ejemplo e idóneo instrumento para instaurar ese mismo poder absoluto en estas colonias:

Por retirarnos nuestras cartas constitucionales, aboliendo las más valiosas de nuestras leyes y modificando fundamentalmente los poderes de nuestros gobiernos:

Por suspender nuestras propias asambleas legislativas y declararse poseedores de la facultad de legislar por nosotros en todos los casos que se presenten.

Ha abdicado de gobernar aquí al declararnos fuera de su protección, y al hacer la guerra contra nosotros.

Ha saqueado nuestros mares, asolado nuestras costas, quemado nuestras ciudades y destruido la vida de nuestros compatriotas.

Está en estos momentos transportando a grandes ejércitos de mercenarios extranjeros para que completen la obra de muerte, desolación y tiranía que ya se ha iniciado, con circunstancias de crueldad y perfidia que apenas tienen paralelo en los tiempos de mayor barbarie, y que son totalmente indignas del soberano de una nación civilizada.

Ha obligado a conciudadanos nuestros, hechos cautivos en alta mar, a portar armas contra su propio país, a ser los ejecutores de sus amigos, o hermanos, o de lo contrario a perecer bajo sus armas.

Ha fomentado las insurrecciones internas contra nosotros, y ha tratado de levantar a los habitantes de nuestras fronteras, los crueles indios salvajes, para los cuales, como es sabido, la guerra es una destrucción indiscriminada de personas de toda edad, sexo y condición.

En cada etapa de estas opresiones, hemos pedido justicia en los términos más humildes: a nuestras repetidas peticiones se ha contestado solamente con repetidos agravios. Un Príncipe, cuyo carácter está así señalado con cada uno de los actos que pueden definir a un tirano, no es digno de ser el gobernante de un pueblo libre.

Tampoco hemos dejado de dirigirnos a nuestros hermanos británicos. Los hemos prevenido de tiempo en tiempo de las tentativas de su poder legislativo para englobarnos en una jurisdicción injustificable. Les hemos recordado las circunstancias de nuestra emigración y radicación aquí. Hemos apelado a su innato sentido de justicia y magnanimidad, y los hemos conjurado, por los vínculos de nuestro parentesco, a repudiar esas usurpaciones, las cuales interrumpirían inevitablemente nuestras relaciones y correspondencia. También ellos han sido sordos a la voz de la justicia y de la consanguinidad. Debemos, pues, convenir en la necesidad, que establece nuestra separación, y considerarlos, como consideramos a las demás colectividades humanas: enemigos en la guerra, en la paz, amigos.

Por lo tanto, los Representantes de los Estados Unidos de América, convocados en Congreso General, apelando al Juez Supremo del mundo por la rectitud de nuestras intenciones, en nombre y por la autoridad del buen pueblo de estas Colonias, solemnemente hacemos público y declaramos: Que estas Colonias Unidas son, y deben serlo por derecho, Estados Libres e Independientes; que quedan libres de toda lealtad a la Corona Británica, y que toda vinculación política entre ellas y el Estado de la Gran Bretaña queda y debe quedar totalmente disuelta; y que, como Estados Libres e Independientes, tienen pleno poder para hacer la guerra, concertar la paz, concertar alianzas, establecer el comercio y efectuar los actos y providencias a que tienen derecho los Estados independientes. Y en apoyo de esta Declaración, con absoluta confianza en la protección de la Divina Providencia, empeñamos nuestra vida, nuestra hacienda y nuestro sagrado honor.

Confesiones e iglesias

Es imposible entender la historia de Estados Unidos sin hacer referencia al amplio abanico de iglesias, confesiones y tradiciones religiosas cristianas que han prosperado en uno u otro momento. Aunque estas confesiones se cuentan por millares, afortunadamente se pueden clasificar en grandes grupos según su actitud hacia la teología, la organización y la jerarquía de su iglesia, y la ceremonia (liturgia).

La Iglesia católica poseía (y posee) una jerarquía muy estructurada, en la que su clero, especialmente obispos y sacerdotes, disfrutaba de una elevada posición. Sus servicios religiosos, centrados en la misa o eucaristía, ofrecían un elaborado ritual. En la Reforma del siglo XVI, los nuevos grupos protestantes atacaron a la Iglesia católica, pero tenían opiniones distintas respecto de cuánto debía ser reformada. En el extremo más conservador se situaban las iglesias nacionales que mantuvieron la vieja jerarquía de obispos y sacerdotes y al menos algunos de los ritos y de las festividades católicas habituales. Los ingleses siguieron la tradición anglicana de la Iglesia de Inglaterra, mientras que daneses y alemanes apoyaron a la jerárquica iglesia luterana. Los emigrantes de estos países llevaron sus correspondientes iglesias a las colonias norteamericanas.

Otros reformadores siguieron a Juan Calvino, que creía en una iglesia oficial, de carácter estatal o nacional, pero rechazaba absolutamente las viejas liturgias y ceremonias, y la jerarquía formal. Las iglesias calvinistas o reformadas buscaban en el Viejo Testamento bíblico reglas de moralidad para aplicarlas a la sociedad en su conjunto. Algunas de estas iglesias creían en una estructura de gobierno formada por ancianos o presbíteros, y se convirtieron así en presbiterianos. Los irlandeses y escoceses-irlandeses dieron un importante tono presbiteriano a la historia temprana de Estados Unidos. Otras Iglesias –denominadas independientes o congregacionalistas– subrayaban la independencia de cada Iglesia o congregación individual.

A principios del siglo XVI, algunos reformadores radicales fueron más allá y trataron de reformar de arriba a abajo la vida eclesiástica. Los anabaptistas insistían en que solamente un adulto informado puede elegir aceptar a Cristo, por lo que rechazaron el bautismo infantil y, con él, prácticamente todas las estructuras tradicionales de las viejas iglesias estatales. Los anabaptistas dieron lugar a iglesias y sectas como los menonitas alemanes y los amish. En el mundo de habla inglesa, este mismo movimiento dio lugar a las iglesias baptistas, que también rechazaban la autoridad del Estado en cuestiones de fe y exaltaban la conciencia individual. La corriente anabaptista dio forma a las ideas radicalmente igualitarias y democráticas del movimiento cuáquero.

Muchas iglesias se dividieron también por cuestiones teológicas. Uno de los debates fundamentales de la Reforma se refería a la cuestión de la Gracia, es decir, a la libre voluntad de Dios para conceder o no la salvación. ¿Hasta qué punto podía la conducta de una persona influir en que se salvase o se condenase? ¿Podía una persona cambiar su suerte a través de sus actos, a través de sus buenas obras? La tradición católica admitía ampliamente el poder de las buenas obras, pero los reformadores protestantes consideraban que admitir tal cosa era un insulto a la omnipotencia divina. Concretamente, Calvino creía que los hombres no tenían absolutamente nada que decir respecto de su salvación, la cual estaba predestinada o predeterminada desde el nacimiento. Algunos ex-

tremistas prolongaron la idea de Calvino hasta sus últimos consecuencias lógicas: ¿por qué una persona que se sabe salvada no habría de permitirse cometer todo tipo de actos pecaminosos,
simplemente para mostrar su desprecio por las normas y restricciones mundanas? Estos grupos iban «contra la ley» –y de la expresión griega para ello derivan su denominación: antinomistas–.
Los arminianos, por el contrario, rechazaban por completo la idea
de predestinación y consideraban que los hombres tenían capacidad de elección y libre arbitrio, en la que se salvaban o condena-
ban. El movimiento evangélico del siglo XVIII adoptó en líneas generales este marco de pensamiento arminiano, y convocaba a
todos los hombres y mujeres a tomar una decisión en pro de la salvación que Dios libremente les ofrecía.

En el siglo pasado, uno de los movimientos más poderosos en el
cristianismo ha sido el pentecostalismo, una corriente radical que
comparte muchas cosas con la teología anabaptista y arminiana:
democracia radical, ausencia de estructuras oficiales, y una gran
insistencia en que todo el mundo puede recibir al Espíritu Santo y
salvarse. El pentecostalismo se caracteriza por su forma desestruc-
turada y extática de celebrar el culto.

Sugerencias de lectura complementaria

En esta sección voy a recomendar a varios autores que han hecho muy valiosas aportaciones sobre temas y períodos concretos. Son, en su mayoría, autores muy prolíficos, y aunque en cada caso sólo se mencionan uno o dos títulos, sus otros trabajos también tienen gran interés. Dadas las limitaciones de espacio, estas sugerencias bibliográficas son necesariamente selectivas y muy subjetivas.

Temas generales

Hay bastantes obras importantes que abarcan temas que se extienden por toda la historia de Estados Unidos, y que nos pueden servir para componer una historia global del país. *The Party of Fear,* de David H. Bennett (2.ª edición, 1995), es por ejemplo un estudio de las tendencias racistas, «nativistas» y xenófobas en la historia de Estados Unidos. Además, Fred Anderson y Andrew Cayton analizan los efectos de la guerra en *The Dominion of War* (2005), mientras que el libro de Mark A. Noll *America's God* (2002) investiga las raíces de la experiencia religiosa norteamericana. La serie de volúmenes de Richard Slotkin sobre la tradición de la frontera y sobre la violencia en la historia de Estados Unidos es una rica fuente para la historia social y cultural. *Dow to Earth* (2002), de Ted Steinberg, examina el papel de la naturaleza en la historia de Estados Unidos. Por lo que se refiere a las relaciones exteriores, George Herring da cuenta de ellas desde la Guerra de la Independencia en *From Colony to Superpower* (2008).

Los períodos colonial y revolucionario

Existen numerosos estudiosos sobre la historia de la Norteamérica indígena. Daniel K. Ritchers ofrece una historia de los comienzos de Estados Unidos desde la perspectiva india en *Facing the East from Indian Country* (2001), y en *The Middle Ground,* Richard White (1991) estudia el encuentro y los enfrentamientos de varias razas e imperios en la región de los Grandes Lagos entre 1650 y 1815. Mi libro *Dream Catchers* (2004) investiga el cambio de actitudes de los norteamericanos blancos hacia la espiritualidad y las culturas religiosas de los pueblos nativos.

Bernard Bailyn, Edmund S. Morgan y Gary B. Nash han publicado mucho sobre la época colonial. *Pursuit of Happines* (1988), de Jack P. Greene, explora el desarrollo social de las colonias como base de la cultura norteamericana posterior, mientras que Jon Butler analiza en *Becoming America* (2000) la formación de las tradiciones políticas y sociales estadounidenses antes de 1776. *Paul Revere's Ride* (1994), de David Hackett Fischer, es una evocadora exploración del submundo revolucionario de Nueva Inglaterra en las décadas de 1760 y 1770; el mismo autor trata los acontecimientos de la guerra revolucionaria en *Washington's Crossing* (2004). Para la elaboración de la Constitución, véase *Ratification* (2010), de Pauline Maier. *American Leviathan* (2007), de Patrick Griffin, examina la interacción entre la expansión de los asentamientos en el Oeste y el creciente movimiento favorable a la separación del Imperio británico. *Changes In The Land* (1983), de William Cronon, presenta un enfoque medioambiental de la historia colonial. Thomas Kidd ha publicado una excelente historia de «el gran desperar» *(The Great*

Awa-kening, 2007), mientras que su *Good of Liberty,* expresa las dimensiones religiosas de la Revolución Americana.

El siglo XIX

Empire of Liberty (2009), de Gordon S. Wood, es un excelente panorama de conjunto de la nueva república entre 1789 y 1815, período que Daniel Walker Howe prolonga hasta 1848 en *What Hath God Wrought* (2007). La guerra de 1812, episodio que ha estado esperando largo tiempo una nueva mirada histórica, recibe la atención debida en *The Civil War of 1812* (2010), de Alan Taylor. En *Manifest Destinies* (2010), Steven E. Woodworth examina la expansión de la nación hacia el Oeste.

Los problemas de las razas, el esclavismo, la Reconstrucción y la segregación han dado lugar a una amplia bibliografía, destacando autores como Herbert Gutman, Leon Litwack, John Hope Franklin, Eugene Genovese, Elizabeth Fox-Genovese, Eric Foner y Kenneth Stampp. Una destacada historia de la esclavitud en Norteamérica es *Many Thousands Gone* (1998), de Ira Berlin. Sobre el mundo de los propietarios de esclavos, véase Elizabeth Fox-Genovese y Eugene D. Genovese, *The Mind of the Master Class* (2005). En *Joining Places* (2007), Anthony Kaye examina el origen de los conceptos afroamericanos de comunidad antes y después de la Guerra Civil.

Hay en la historiografía estadounidense una muy fuerte tradición radical que se centra en las vidas de la gente trabajadora de todas las razas, y en la interacción de los intereses aristocráticos y plebeyos en la política de los partidos a nivel local y nacional. Algunos autores importantes de esta corriente son Herbert Gutman, Eric Foner, Sean Wilentz y David Montgomery. Wilentz es el autor de *The Rise of American Democracy* (2005), que va de Jefferson a Lincoln. Entre los libros de Montgomery, desatacan *The Fall of the House of Labor* (1987) y *Citizen Worker* (1993). *Liberty on the Waterfront* (2004), de Paul A. Gilje, analiza la cultura marítima que fue tan característica de la vida de los primeros estadounidenses.

Las perspectivas según el sexo han ejercido recientemente una destacada influencia en la historiografía reciente. *Reforming Men and Women* (2002), de Bruce Dorsey, estudia el género en las ciudades *antebellum* (antes de la Guerra Civil). En *Manifest Manhood* (2005), Amy Greenberg vincula las ideas norteamericanas sobre la masculinidad con los avances de la nación en México, Centroamérica y el Caribe. La expansión de Estados Unidos es también el tema central de *Dangerous Nation* (2006), de Robert Kagan, quien sostiene que el expansionismo militar ha caracterizado la historia del país desde sus inicios.

La bibliografía sobre el período de la Guerra Civil es tan abundante que ya es en sí un género histórico, y son numerosas las monografías sobre todas las figuras políticas y militares importantes, así como sobre batallas y campañas. Una buena forma de entrar en ese ámbito bibliográfico es *Battle Cry of Freedom* (1989), de James M. McPherson, y *The Civil War: a Narrative* (tres volúmenes, 1958-1974), de Shelby Foote. McPherson ha publicado también *This Mighty Scourge of War* (2007). Mark A. Noll estudia *The Civil War as a Theological Crisis* (2006), mientras que *Race and Reunion* (2001), de David Blight, trata el lugar que ocupa la guerra en la memoria histórica. Edward L. Ayers, en *In the Presence of Mine Enemies* (2003), examina el impacto de la guerra en las comunidades locales tanto del Norte como el Sur. Otros notables historiadores de esta época son Stephen W. Sears y Gary W. Gallagher. *Reconstruction* (1988), de Eric Foner, es un clásico.

En *New Spirits* (2005), Rebecca Edwards proporciona una guía para la Edad de Oro de la segunda mitad del siglo XIX. El proceso de industrialización de aquellos años es objeto de estudio en el espléndido *American Colossus* (2010), de H. W. Brands. Uno de los temas cruciales de este período es sin duda el crecimiento de las ciudades: Stephen Puleo da buena cuenta de la experiencia de Boston en *A City So Grand* (2010).

Dada la enormidad geográfica del país, es claro que «historia regional» significa algo muy distinto en Estados Unidos de lo que podría sugerir en Europa. Después de todo, «regiones» como el Oeste o el Sur estadounidenses son más grandes que varios países europeos juntos, y Estados Unidos tiene una larga tradición de intentos de identificar y explicar las diferencias y culturas locales. En el Sur, entre las obras clásicas de historia y análisis regional, se encuentran *The Mind of the South* (1941), de W. J. Cash, y *Origins of the New South,* de C. Vann Woodward (1951). La historia del Sur sigue siendo un área de investigación muy activa, y no sólo en relación con la predecible cuestión de la interacción racial. *Away Down South* (2005), de James C. Cobb, estudia las cambiantes definiciones de la identidad sureña. Sobre la religión en el Sur, véase *Southern Cross* (1997), de Christine Leigh Heyrman.

Desde la década de 1980, la interesante escuela de New Western History ha tratado de revisar los presupuestos tradicionales sobre el Oeste, especialmente la idea de que sus rasgos característicos de alguna manera desaparecieron con el hipotético «cierre de la Frontera» en la década de 1890. Una de la autoras dentro de esta tendencia es Patricia Nelson Limerick, que ha escrito *The Legacy of Conquest* (1987) y *Something in the Soil* (2000). Susan Lee Jonson describe en *Roaring Camp* (2000) el turbulento mundo de la fiebre de oro californiana, mientras que Kevin Starr ha dado a la luz libros indispensables para la historia de California. Texas es otro estado que capitaliza la atención de muchos estudiosos. S. C. Gwynne, por ejemplo, estudia las difíciles relaciones con el pueblo comanche en su *Empire of the Summer Moon* (2010). El libro de William Cronon *Nature's Metropolis* (1991) analiza la interacción entre el crecimiento urbano y la expansión hacia el Oeste, así como el papel que el cambio tecnológico desempeñó en ambos. En su biografía de William Jennings Bryan, *A Godly Hero* (2006), Michael Kazin nos ofrece muchos detalles sobre las rivalidades regionales y partidistas a finales del siglo XIX.

El siglo XX

La bibliografía sobre la historia de Estados Unidos en el siglo XX es enorme, por lo que aquí solamente nos vamos a aproximar a ella subrayando determinados temas.

Uno de los asuntos que despiertan un constante interés es, sin duda, el activismo social: *A Fierce Discontent* (2003), de Michael McGerr, es un exclente repaso del movimiento progresista.

Entre los autores importantes que se han centrado en los críticos años de la Depresión y del *New Deal* debemos destacar a Alan Brinkley, Robert S. McElvaine y David M. Kennedy, que publicó un importante estudio sobre el período: *Freedom from Fear* (1999). Entre las numerosas publicaciones de Kenneth S. Davis, destaca una magnífica biografía de Franklin D. Roosevelt en varios volúmenes. *Making a New Deal* (1990), de Lizabeth Cohen, es un estudio de la clase obrera de Chicago entre las dos guerras mundiales, mientras que su libro *A Consumer's Republic* (2003) aborda «la política del consumo de masas en la Norteamérica posterior a la guerra». Alan Brinkley, en *The End of Reform* (1996), y Thomas J. Fleming, en *The New Dealer's War* (2001), analizan la transición del *New Deal* a la guerra. Un relato revisionista del *New Deal* lo tenemos en *The Forgotten Man* (2007), de Amity Shlaes.

Como en épocas anteriores, las cuestiones raciales han fascinado a los historiadores, y *Toward Freedom Land* (2010), de Harvard

Stikoff, proporciona un panorama general del movimiento por la igualdad racial. David Garrow ha tratado con gran conocimiento el movimiento de los derechos civiles, y Taylor Branch publicó una trilogía sobre *America in the King Years* (1988-2006). John Egerton examina en *Speak Now Against the Day* (1994) el movimiento de los derechos civiles en los años anteriores a la «revolución» que estalló a mediados de la década de 1950.

Todas las guerras en que ha intervenido el país han atraído poderosamente la atención. *Over Here* (1980), de David M. Kennedy, integra aspectos militares y civiles de la Primera Guerra Mundial en relación con Estados Unidos, mientras que Thomas J. Fleming analiza también la participación norteamericana en dicha guerra en *The Illusion of Victory* (2003). Entre la infinidad de títulos que se refieren a la Segunda Guerra Mundial y Corea, algunas de las páginas más importantes (aunque sesgadas) se encuentran en los muchos libros de Stephen E. Ambrose, el biógrafo de Eisenhower. Aunque nada más terminar la Guerra de Vietnam a muchos norteamericanos el conflicto les resultaba demasiado doloroso como para acercarse a él, esas reticencias han ido desapareciendo con el tiempo, y la bibliografía académica está aumentando hasta el punto de rivalizar con la de la Segunda Guerra Mundial. Son estudios importantes *We Were Soldiers Once –and Young* (1993), de Harold G. Moore y Joe Galloway, y *America's Longest War* (4.ª edición, 2001), de George Herring. La biografía de *Dean Acheson* (2006), por Robert L. Beisner, es una buena base para estudiar la Guerra Fría. Michael S. Sherry utiliza en *In the Shadow of War* (1995) el tema de la guerra y el Estado militarizado como si fuera una lente para explorar la historia de Estados Unidos desde la década de 1930. Como no podía ser de otro modo, H. W. Brands cubre el impacto de la guerra en su amplio panorama de la historia moderna de Estados Unidos *American Dreams* (2010).

Entre las obras importantes sobre los movimientos anticomunistas, se pueden destacar *Not Without Honor* (1998), de Richard Gid Powers, y *Many Are the Crimes* (1998), de Ellen Schrecker. Los nuevos descubrimientos en los archivos del espionaje tanto de Estados Unidos como de la Unión Soviética han corregido de manera crucial las ideas que teníamos sobre el tamaño y la realidad de la «amenaza roja», y hoy en día es indiscutible que el espionaje soviético estuvo presente en muchos niveles del gobierno de Estados Unidos, y que los anticomunistas estaban en lo cierto en mucha mayor medida de lo que decían sus enemigos en aquel momento. En obras como *Spies* (2009) e *In Denial* (2003), John Earl Haynes y Harvey Klehr acusaron a los historiadores de negarse a aceptar esta dolorosa realidad.

Muchos académicos se han sentido atraídos por «los 60», y en esa atracción no juega un papel pequeño el que durante este período haya tantos hechos destacables y personajes notables. En cuanto a la política de esta década, son buenos puntos de partida *The Sixties* (1987), de Todd Gitling, *1968* (2004), de Mark Kurlansky, y *American Uncivil Wars* (2005), de Mark Lytle. *The Politics of Rage* (2.ª edición en 2000), de Dan T. Carter, es una biografía de George Wallace que también analiza los orígenes del nuevo conservadurismo. Un libro excelente para conocer los mundos de Richard Nixon es *Nixonland* (2008), de Rick Perlstein. *Grand Expectations* (1996), de James T. Patterson, es un estudio del período 1945-1974, y su *Restless Giant* (2005) prosigue la narración hasta el final del siglo.

Cuanto más nos acercamos al presente, hay más cuestiones de historia política y social que se pueden explorar apropiadamente a través de textos de sociología y de ciencia política, así como de biografías y autobiografías y, por supuesto, periodísticos. A pesar de ello, hay muchas obras de historia a destacar acerca de la política y la cultura de las últimas décadas. La historia estadounidense posterior a 1975 es hoy en día un campo de estudio que está creciendo rapidísimamente, y en el que trabajan académicos como John Patrick Diggins, David Farber, Godfrey Hodgson y Bruce J. Schulman. Sobre la época de Reagan, disponemos de estudios importantes de John Ehrman y Gil Troy, así como del exhaustivo estudio en dos volúmenes de Steven F. Hayward titulado *The Age of Reagan* (2001-2009). Mi libro *Decade of Nightmares* (2006) se centra en el período 1975-1985 y aborda la historia social, cultural y política. *Altered States* (2006), de Jeremy Black, ofrece un relato admirablemente equilibrado de la historia de Estados Unidos desde los sesenta. En *Stayin' Alive* (2010), Jefferson Cowie examina los rápidos cambios sociales de la década de 1970 y lo que él denomina «los últimos días de la clase obrera», *From Bible Belt to Sunbelt* (2010), de Darren Dochuk, es una obra excelente acerca de la interrelación entre la religión y la política moderna.

Gran parte de lo escrito sobre el período posterior a 1992 es muy partidista, y debe ser manejado con mucha precaución. No obstante, *a Bubble in Timen* (2009), de William O'Neill, y *The Age of Reagan* (2008), de Sean Wilentz, son unos excelentes puntos de partida. A pesar de su título, este último abarca el período hasta 2008. Para la campaña presidencial de 2008 en sí, véanse *Game Change* (2010), de Mark Halperin, y *The Performance of Politics* (2010), de Jeffrey C. Alexander.

Por último, como mejor puede empezar a explorar la historia de Estados Unidos un lector medio es sumergiéndose en su cultura popular, sus películas y sus periódicos, sus novelas y su poesía. Para entender la década de 1930, por ejemplo, ni siquiera las mejores obras eruditas de los historiadores académicos ofrecerán un retrato de la época tan poderoso como el que se obtendrá leyendo la narrativa de ese período, y no necesariamente en este orden: William Faulkner, John Steinbeck, F. Scott Fitzgerald, Richard Wright, Thomas Wolfe, Zora Neale Hurston, Ernest Hemingway,

John Dos Passos, James T. Farell, Erskine Caldwell, Dashiell Hammett, Sinclair Lewis, Thornton Wilder, Raymond Chandler y Nathanael West. Otras figuras menos conocidas pero también a destacar son H. P. Lovecraft, Cornell Woolrich, Pietro di Donato, George Schulyer y John Fante. Habría que fijarse también en las obras de teatro de Eugene O'Neill, Clifford Odets y Lillian Hellman; en la poesía de Robinson Jeffers, Carl Sandburg y Robert Frost. Ver las películas o escuchar la música de la época, así como leer sus cómics y tebeos, viñetas y tiras cómicas, es igualmente valioso. Y lo mismo se puede decir respecto de cualquier otro período de la historia norteamericana.

Índice de cuadros

Índice de mapas

Índice analítico

algodón, *véase* industria algodonera

algonquinos, tribu, 31, 70

Alianzas de Agricultores, 252

Albuquerque (Nuevo México), 30

Allegheny, montes, 98

Allegheny, río, 71

América Central, 24-25, 117, 185, 311, 388-390, 418

América del Sur, 23-24, 28, 40, 117

American, compañía, 294

American Tobacco, compañía, 241

American Telephone and Telegraph, 242

Americanos Nativistas, 153; *véase también* nativismo

anabaptistas, 42, 64, 465-466

anarquistas, 253-254, 260, 262, 285

Anderson, John, 367, 385

Angola, 375, 387

Andros, Edmund, 50-51

anglicanos, 38, 41, 50, 62-64, 464

Angola, 375, 387

Annapolis (Maryland), 50, 55, 91, 102

Antártida, 122

Anthony, Susan B., 268

antiamericanismo, 282-283, 390, 425, 427

antiaristocracia, *véase* antielitismo

anticastristas, 345, 372

anticatolicismo, 151-153, 246, 291; *véase también* católicos; *know-nothings*; Ku Klux Klan.

anticoncepción, 269, 378, 381

anticomunismo, 318-320, 324-329, 340, 346, 348, 350, 370, 386, 389, 420; *véase también* Guerra Fría

antielitismo, 15, 49, 78, 146, 364

antiesclavistas, *véase* abolicionismo

Antietam, batalla (1862), 200-201

antifederalistas, 99-100

Antillas, 57, 81, 86, 123

antimasones, 150-151

antimilitarismo, *véase* pacifismo

antinomistas, 42-43, 466

antipapismo, *véase* anticatolicismo

antisemitismo, 299

antiterrorismo, 389, 421

antitrust, legislación, 236, 265, 267

apaches, tribu india, 176, 226

Apalaches, 8, 29, 48, 76, 116, 196, 222, 275

apocalíptico, pensamiento, 19, 262, 274, 321, 404, 453

Apolo, programa espacial, 369

Apple, compañía, 396

Appomattox (Virginia), 205

Arabia Saudí, 421

aranceles, 89, 125, 147, 179-180, 206, 235, 256

arapahoes, tribu, 223

Ardenas, batalla (1945), 314

Arizona, 29-30, 171, 176, 200, 220, 222, 254, 280, 317, 412-413, 447

Arkansas, 118, 169, 178, 194, 203, 211, 298, 353, 403

armamento nuclear, 317, 322-324, 344-346, 370, 387-388, 399, 423-424

    Tratado de Prohibición de Ensayos Nucleares (1963), 346

armas de fuego, control, 402

arminianos, 38, 466

Arnold, Benedict, 85-86

artes plásticas, 27, 382

Arthur, Chester A., 259

Arthur, T. S., 164

Artículos de la Confederación, 88

Asambleas de Dios, 275, 383

asesinatos políticos, 154, 162, 187-188, 205, 211, 214, 217, 254, 262, 284, 299, 303, 350, 354, 356, 358-359, 363, 371, 447

Ashburton, tratado (1842), 171

asiático-americanos, 415-417

Brautigan, Richard, 382
Bray, John F., 251
Breckinridge, John C., 145, 192
brethren, 64, 68
Bridge, Charles River, 146
Brook Farm (Massachussetts), 159
Brooklyn Dodgers, 335
Brown contra la Junta de Educación, caso judicial, 336, 351, 379
Brown, John, 160, 188, 191
Brown, Moses, 124
Brown University, 65
brujas, 43, 51
 «caza de brujas», 18
Bryan, William J., 258, 261, 293
Bryce, lord, 249
Buchanan, James, 145, 147, 190, 194
Buchanan, Patrick, 395
Buffalo (Nueva York), 138
Bull Run, *véase* Manassas, batalla
Bunker Hill, batalla (1775), 81, 91, 164
Burbank (California), 294
Burgoyne, John, 84-85
Burr, Aaron, 103, 110
Bush, George H. W., 16, 347, 365, 385, 394-395, 399
Bush, George W., 347, 400, 406-407, 410, 418-419, 422-423, 425, 427-431, 437, 444-447, 450
busing, 383
Byrd, familia, 58

Caballeros del Trabajo, 249, 252-253
Caballo Loco, jefe indio, 225
Cabeza de Vaca, Alvar Núñez, 29
Cabot, John, 33
Cadwallader, familia, 59
Cahokia (Illinois), 32
calentamiento global, 446; *véase también* medio ambiente
Calhoun, John C., 180, 185-186

California, 27, 169-171, 219, 228, 243, 286, 294, 298, 316-317, 336, 360, 367, 410, 412, 414, 417-418
colonia española, 29-30, 32-33
Compromiso de 1850, 186, 190
fiebre del oro, 172-173
población autóctona, 28
Calvert, Cecilius (lord Baltimore), 35, 50
calvinistas, 38, 41, 63, 464
Cámara de Representantes, 93, 95, 111, 144, 196, 403, 405, 410, 412, 441, 444, 446
Camboya, 366, 370, 374, 387
Camden, batalla (1780), 85
«Camisas Plateadas», 299, 309
Canadá, 31-32, 74-76, 84, 87, 111-112, 181, 221, 229-230, 314, 413
Cane Ridge, 129
carbón, 124, 138, 215, 238, 241, 243, 251, 254, 283-284, 298
Carbondale (Illinois), 138
Caribe, 21, 233, 310, 388, 418
Carlos I, rey de Inglaterra, 46
Carlos II, rey de Inglaterra, 45, 100
Carmichael, Stokely, 358-359
Carnegie, Andrew, 238-239
Carnegie, empresa, 253
Carolina del Norte, 8, 37, 46-48, 53-55, 60, 78, 82, 86, 96, 101-102, 116-117, 133, 178, 194, 196, 205, 214, 216
Carolina del Sur, 46-48, 53, 55, 60, 62, 78, 92, 96-97, 102, 116, 132-133, 177-180, 193, 205, 211, 214, 285
carpetbaggers, 212-213
carrera espacial, *véase* espacio, exploración del
carretera nacional Este-Oeste, 110
Carroll, familia, 58
Carroll, Charles, 58
Carroll, john, 157